D1749858

Peter Krumbach-Mollenhauer und Thomas Lehment

Führen mit Psychologie

Peter Krumbach-Mollenhauer und Thomas Lehment

Führen mit Psychologie

*Menschen effizient
und erfolgreich führen*

2., aktualisierte und erweiterte Auflage

WILEY-VCH

WILEY-VCH Verlag GmbH & Co. KGaA

2., aktualisierte und erweiterte Auflage 2010

Alle Bücher von Wiley-VCH werden sorgfältig erarbeitet. Dennoch übernehmen Autoren, Herausgeber und Verlag in keinem Fall, einschließlich des vorliegenden Werkes, für die Richtigkeit von Angaben, Hinweisen und Ratschlägen sowie für eventuelle Druckfehler irgendeine Haftung

Bibliografische Information der Deutschen Nationalbibliothek
Die Deutsche Nationalbibliothek verzeichnet diese Publikation in der Deutschen Nationalbibliografie; detaillierte bibliografische Daten sind im Internet über http://dnb.d-nb.de abrufbar.

© 2010 WILEY-VCH Verlag GmbH & Co. KGaA, Weinheim

Alle Rechte, insbesondere die der Übersetzung in andere Sprachen, vorbehalten. Kein Teil dieses Buches darf ohne schriftliche Genehmigung des Verlages in irgendeiner Form – durch Photokopie, Mikroverfilmung oder irgendein anderes Verfahren – reproduziert oder in eine von Maschinen, insbesondere von Datenverarbeitungsmaschinen, verwendbare Sprache übertragen oder übersetzt werden. Die Wiedergabe von Warenbezeichnungen, Handelsnamen oder sonstigen Kennzeichen in diesem Buch berechtigt nicht zu der Annahme, dass diese von jedermann frei benutzt werden dürfen. Vielmehr kann es sich auch dann um eingetragene Warenzeichen oder sonstige gesetzlich geschützte Kennzeichen handeln, wenn sie nicht eigens als solche markiert sind.

Printed in the Federal Republic of Germany

Gedruckt auf säurefreiem Papier

Typesetting Kühn & Weyh, Freiburg
Druck und Bindung CPI – Ebner & Spiegel, Ulm
Umschlaggestaltung Christian Kalkert, Honigsessen

ISBN: 978-3-527-50506-7

Inhalt

Einleitung zur 2. Auflage 11

Einleitung zu diesem Buch 13

Psychologie der Führung 19
Einleitung und Grundgedanken zum Begriff der Führung 19
Begriffsklärung zur Führung 20
Von Häuptlingen, Medizinmännern und anderen wichtigen Einflussgrößen auf das Thema Führung 23
Drei Gründe, warum Mitarbeiter folgen 31
  Motivation 32
  Einsicht oder Pflicht 50
  Herrschaft 52
Zusammenfassung 55

Die psychologische Diagnostik als wichtiges Instrument für den Führungsalltag 57
Jede gute Diagnostik beginnt mit einem gezielten Anforderungsprofil 57
Praxiserprobte Methoden zur Erhebung von relevanten Anforderungen 58
  Die Critical-Incident-Methode 58
  Die Erfolgsmethode 59
  Die Beobachtungsmethode 61
Das dynamische Funktionsprofil 62
Typische Fallstricke bei der Erstellung von Anforderungsprofilen 66
Gewichtung von Anforderungen 66
Eignungsdiagnostik: Vergleich des Soll mit dem Ist 68
  Vorgehen im Beurteilungsgespräch 69
  Bezugsrahmen anderer verstehen 71
  Strategie zur Erhebung relevanter Aspekte des Bezugsrahmens 75
  Wenn die Vergangenheit nicht mehr ausreicht 80

Vom Fragen und Zuhören 81
Was die richtige Wahrnehmung des Gegenübers erschwert 83
Zusammenfassung 87

Der Umgang mit Persönlichkeiten 89
Die Suche nach dem Wesen der Persönlichkeit 89
Steuermannskunst Persönlichkeit 93
   Koordinatensystem Persönlichkeit 94
   Die Big Five: Die fünf Hauptfaktoren der Persönlichkeit 98
Wie veränderbar sind Persönlichkeitseigenschaften? 102
Ein universelles Persönlichkeitstypenmodell 104
   Die Initiativen 108
   Die Gewissenhaften 110
   Die Dominanten 111
   Die Stetigen 113
   Ein Hoch auf die Vielfältigkeit 119
Zusammenfassung 120

Einsicht der Mitarbeiter in ihr Problem schaffen – Veränderungen initiieren 123
»Ich will so bleiben, wie ich bin« – warum Veränderungen so mühsam sind 125
   Das Selbstvertrauen zur Veränderung stärken 127
   Die Attraktivität der Veränderung steigern 128
   Die Angst vor der Veränderung nehmen 131
Der lange Weg zur Veränderung 132
   Stufe 1 – die Absichtslosigkeit: »Ich habe kein Problem!« 134
   Stufe 2 – die Absichtsbildung: Das Problem anerkennen 136
   Stufe 3 – die Vorbereitung: Das Ziel im Visier 136
   Stufe 4 – die Handlung: »Endlich geht es richtig los!« 136
   Stufe 5 – die Aufrechterhaltung und Stabilisierung: Ziel erreicht 136
Strategien der Verhaltensveränderung 137
   Problemerkenntnis fördern – die vier Stufen der Problemerkenntnis 137
   Wahrnehmung förderlicher Umweltbedingungen 142
   Selbstverpflichtung 142
   Kontrolle der Umwelt 143
   Gegenkonditionierung 143
   Nutzen hilfreicher Beziehungen 143
   Selbstbelohnung 144
Die Rolle der Führungskraft als Förderer und Begleiter von Veränderungen 144

Tipps zur Unterstützung des Mitarbeiters in den Stufen der Absichtslosigkeit und
Absichtsbildung 146
Tipps zur Unterstützung des Mitarbeiters in der Stufe der Vorbereitung 147
Tipps zur Unterstützung des Mitarbeiters in der Stufe der Handlung 148
Tipps zur Unterstützung des Mitarbeiters in der Stufe der Aufrechterhaltung und
Stabilisierung 148
Zusammenfassung 149

Transaktionsanalyse, psychologische Spiele und Antreiber im Führungsalltag 151
Grundlagen der Kommunikation aus transaktionsanalytischer Sicht 151
   Das Strukturmodell der Transaktionsanalyse und mögliche
   Kommunikationsmuster 152
      Die Paralleltransaktion 155
      Die gekreuzte Transaktion 156
      Die verdeckte Transaktion 157
Einführung in psychologische Spiele 159
   Was kennzeichnet psychologische Spiele? 161
   Das Drama-Dreieck 163
   Nutzen psychologischer Spiele 167
   Psychologische Spiele und mögliche Ausstiegsformen 168
Innere Antreiber bei sich selbst und anderen (er-)kennen und verändern 177
   Sei perfekt! 179
   Sei gefällig! 180
   Beeil dich! 181
   Streng dich an! 183
   Sei stark! 184
Zusammenfassung 185

Konflikte aus psychologischer Sicht managen 187
Grundgedanken zu Konflikten 187
Konfliktanalyse 187
   Kennzeichen eines Konfliktes 187
   Konfliktanlässe 192
Konfliktverhalten unterschiedlicher Persönlichkeitstypen 197
   Der Dominante 197
   Der Initiative 198
   Der Gewissenhafte 198
   Der Stetige 199
Stufen einer Konfliktentwicklung 200

Stadium 1: Das Konfliktfeld   200
Stadium 2: Erlebte Spannung   203
Stadium 3: Der offene Konflikt   208
Stadium 4: Das Konfliktende   212
Zusammenfassung   215

Die Psychologie von Teams   217
Was macht ein gutes Team aus?   217
Schärfung des Teamzwecks   219
Zielklarheit und -akzeptanz   220
Rollen- und Aufgabenverteilung   224
Wir-Gefühl und Kommunikation   228
  Identitätsstiftende Gruppennormen, Spielregeln der Zusammenarbeit   230
  Gemeinsame Rituale und Symbole   233
  Effektive Kommunikation   234
Die Entwicklung eines Teams   235
  Forming   235
  Storming   236
  Norming   238
  Performing   239
Konflikt und Kooperation   241
  Unter welchen Bedingungen kooperieren Mitarbeiter?   243
Zusammenfassung   246

Gute Entscheidungen treffen   249
Grundgedanken zur Problemanalyse und Entscheidungsfindung   249
Das Problem und dessen Analyse als zentrale Grundlage effizienter Entscheidungen   251
Fehler im Problemlöseprozess   256
Methoden zur Problembearbeitung   260
  Ishikawa-Diagramm   260
  Mind-Mapping   262
Entscheidungen sicher vorbereiten und treffen   263
Fehler in der Entscheidungsfindung   267
  Die Illusion, das Problem sei klar   267
  Die Illusion, wer viele und schnelle Entscheidungen trifft, sei eine gute Führungskraft   267
  Es werden zu wenige Alternativen geprüft   268
  Die Ansicht, die Entscheidung an sich sei wichtig   268

Der Irrglaube, Konsens sei wichtig   269
   Nur komplizierte Methoden führen zur guten Entscheidung   269
   Weitere Fehler in Entscheidungen   270
Methoden zur positiven Entscheidungsfindung   271
   Das Worst-Case-Szenario   271
   Entscheidungsbäume   272
   Das Bilanzmodell   273
   Brainstorming   274
   Osborn-Checkliste   275
Anmerkung zu Entscheidungen in Gruppen   276
   Risky-Shift-Phänomen   276
   Unterschiedliche Motivatoren bei den einzelnen Mitgliedern der Gruppe   277
   Umgang der Gruppe mit nicht-konformen Personen   277
   Wann sind Entscheidungen in der Gruppe sinnvoll?   277
Unterschiedliche Kommunikationsstile von Problemlösern   278
Zusammenfassung   278

Effektive Verhandlungen führen   281
Führungskräfte verhandeln ständig   281
Alle Verhandlungen beginnen mit einem ganzheitlichen Bild   281
Vorbereitung   282
Strategie   287
Einstieg   288
Weg zur Vereinbarung   289
   Gezielte Einflussnahme auf Verhandlungsergebnisse   290
   Macht und Autorität   291
   Sympathie   293
   Knappheit   298
   Soziale Bewährtheit   301
   Fuß-in-die-Tür-Technik   303
Wege aus der Sackgasse   305
Zusammenfassung   309

Die Führungskraft als Manager von Veränderungsprozessen   311
Das Managen von Veränderungen als wesentliche Kompetenz heutiger Führungskräfte   311
   Warum Mitarbeiter so reagieren, wie sie reagieren – Die Psychologik des Misslingens von Veränderungen   312

Prozessstufen der Veränderung – Wie Veränderung wirkungsvoll gesteuert wird *315*
Typische Phasen in Veränderungsprojekten *325*
   Phase 1: Vorahnung *325*
   Phase 2: Verneinung / Schock *327*
   Phase 3: Ärger/Abwehr *330*
   Phase 4: Krise / Tal der Tränen *332*
   Phase 5: Ausprobieren, Neugier *335*
   Phase 6: Integration, Selbstvertrauen *337*
Zusammenfassung *339*

Literaturhinweise *341*

Index *345*

Einleitung zur 2. Auflage

Liebe Leser,

nach drei Jahren wurde es Zeit, den Erfolg, den wir mit unserem Buch hatten, rückblickend zu betrachten. Immer wieder gab es Nachrichten von Lesern, die die Nützlichkeit des Buches für den Führungsalltag herausstellten und die sofortige Verwertbarkeit. Aus der Praxis für die Praxis und ähnliche Aussagen haben uns sehr gefreut. Diese Ziele hatten wir uns gesetzt und anscheinend auch erreicht.

Umso mehr waren wir hoch erfreut, dass die Erstauflage anscheinend so viele Leser gefunden hat, dass uns der Verlag die Möglichkeit gibt, das Buch erneut aufzulegen. Bei der Durchsicht der Kapitel kamen wir zu der Auffassung, dass ein sehr großer Teil auch heute noch ein Höchstmaß an Wirksamkeit hat. Die damals gewählten Kapitel gehören heute noch zum Kapital einer erfolgreichen Führungskraft, die sich dem »Mehr« verschrieben hat. In Trainings und Coachings setzen wir die Themen gezielt auf die Tagesordnung und unterstützen Manager bei der Hebung von Potenzialen ihrer Mitarbeiter. Vielen fachlich versierten Führungskräften ist es eine Abrundung ihrer Kompetenzen und gibt ihnen einen ganzheitlichen Steuerungsansatz, der die Facette Mensch in die Gestaltung des Erfolgs mehr integriert. Eigentlich könnten wir zufrieden sein!

Dennoch haben wir uns zusammengesetzt und festgestellt, dass es neue Dinge gibt, die unsere Führungskräfte bewegen: Veränderungsmanagement und Verhandeln. Aspekte, die in der ersten Auflage noch nicht so sehr gewürdigt wurden. Aber die Zeit hat sich seit 2007 drastisch geändert. Gerade in diesen schwierigen Zeiten ist ein konsequentes Change-Management von zentraler Bedeutung, Menschen müssen bewegt und zum Teil in neue Richtungen bewegt werden. Auch hier kann die Psychologie einen wichtigen Beitrag leisten. Daneben rückt das Feld des Verhandelns für alle Führungskräfte mehr in den Fokus ihres Handelns. Was früher Ver- und Einkäufern vorbehalten war, nimmt nun auch immer mehr bewusst Eingang in die Verhandlungen im Unternehmen und zwischen Unterneh-

Führen mit Psychologie. Peter Krumbach-Mollenhauer und Thomas Lehment
Copyright © 2010 WILEY-VCH Verlag GmbH & Co. KGaA, Weinheim
ISBN: 978-3-527-50506-7

mensteilen. An dieser Stelle verspüren wir teilweise Unsicherheit oder Unwohlsein bei Führungskräften, also haben wir auch diesem Aspekt ein neues Kapitel gewidmet.

Zusammengenommen gibt das Ganze jetzt ein runderes Bild, aber auch mehr Verknüpfungen zwischen den Kapiteln, das werden Sie an den Querverweisen merken. Wir hoffen, dass wir mit diesem Buch das Führungsdasein weiter erleichtert haben und wünschen Ihnen viel Erfolg, aber auch Spaß bei der Umsetzung.

Ihre Autoren im Winter 2009

Thomas Lehment und Peter Krumbach-Mollenhauer

Einleitung zu diesem Buch

Bei den ersten Überlegungen zu diesem Buch zeigten Recherchen, dass im Buchhandel unter dem Stichwort »Führung« über 3.000 Bücher entsprechenden Inhaltes gelistet sind. Nun stellt sich naturgemäß die Frage, welchen Beitrag unser Buch zur Aufarbeitung dieses Themas zusätzlich leisten kann. Hierzu möchten wir einige Gedanken unsererseits einbringen.

Wenn wir uns mit dem Thema Management und Führen in Unternehmen beschäftigen, dann findet dies immer unter dem Aspekt des stetigen Wandelns und Veränderns statt. Nehmen Sie nur als Beispiel das Medium Internet und seinen Einfluss auf unser aller Konsumverhalten. Wer heute ein Produkt kauft, ganz gleich, ob es sich um ein Buch, einen Elektronikartikel oder Musik handelt, der nutzt dafür immer öfter das Internet. Dabei wird virtuellen Empfehlungen von anderen Konsumenten vertraut, auf Statistiken zurückgegriffen, und es werden Preisvergleiche angestellt. Software, Hörbücher und Musiktitel stehen mittlerweile auch als Download zu sofortigen Verfügung, vorausgesetzt, man hat eine entsprechend schnelle Internetverbindung. Sie werden am heimischen Rechner abgespeichert und – im Falle eines Computerabsturzes – nicht wiedergefunden. Deshalb greifen immer noch viele Konsumenten auf die Lieferung nach Hause zurück.

Hierbei spielt dann die Logistik des jeweiligen Anbieters die entscheidende Rolle: Wie schnell erfolgt die Lieferung? Wie zuverlässig ist der Anbieter? Wie sieht es mit dem Datenschutz aus? Jeder, der bereits einmal entsprechende Erfahrungen gemacht hat, wählt den Anbieter, der seine Logistik am besten im Griff hat, auch wenn der ein paar Euro mehr kostet. Insofern bestimmen Logistikprozesse im Sinne eines »Flaschenhalses« die Liefergeschwindigkeit und damit auch die Kundenzufriedenheit.

Unsere langjährigen Erfahrungen als Berater zeigen, dass der Mensch innerhalb der immer komplexer werdenden Arbeitsprozesse ebenfalls als »Flaschenhals« angesehen werden kann. Diejenigen Führungskräfte, denen es gelingt, mit dem limitierenden Faktor Mensch am besten umzugehen, sind erfolgreicher als andere. Die Anforderungen an Führungs-

Führen mit Psychologie. Peter Krumbach-Mollenhauer und Thomas Lehment
Copyright © 2010 WILEY-VCH Verlag GmbH & Co. KGaA, Weinheim
ISBN: 978-3-527-50506-7

kräfte wachsen stetig. Immer umfangreichere Aufgaben gilt es mit immer weniger Mitarbeitern zu bewältigen und dabei Erfolge zu erzielen. Dazu kommt, dass die zunehmende Qualifikation der Mitarbeiter auch immer anspruchsvollere Persönlichkeiten bedingt. Abgesehen von der ethischen Rechtfertigung ist die Trennung von Mitarbeitern heute schwerer denn je. Vielfältige Gründe sprechen dagegen: der knappe Arbeitsmarkt, die entfallende Planstelle, der Einarbeitungsaufwand und so weiter. Die richtige Führung der Mitarbeiter bleibt damit ein wichtiges Thema. Wollen Sie Ihre »Job-Ability«, sprich Ihre Arbeitsmarktqualifikation optimieren, dann bauen Sie Ihre Fähigkeiten und Fertigkeiten im Umgang mit Mitarbeitern aus.

Dieses Buch verwendet psychologisches Praxiswissen, um Führungsverhalten auszubauen. Wir nutzen dafür Erfahrungen aus Hunderten von Führungs-, Kommunikations- und Verhaltenstrainings, die wir im Laufe unserer Trainer-, Coach- und Beraterpraxis gesammelt haben. Viele Führungskräfte berichten uns vom unbekannten Wesen Mitarbeiter. Aussagen wie »Ich fühle mich wie im Kindergarten«, »Ich habe alles schon versucht, und nichts hat geholfen« oder »Ich verstehe nicht, was sich der Mitarbeiter dabei denkt« stehen stellvertretend für die oft empfundene Ratlosigkeit und die damit einhergehenden Ärger- oder Stressgefühle. Führung setzt unserer Meinung nach Verstehen voraus: Maschinen haben Knöpfe, Anleitungen und festgelegte Prozesse. Wir Menschen haben das nicht. Wenn die oftmals unter Zeitdruck stehende Führungskraft erfolgreich mit einem Mitarbeiter umgeht, dann liegt es nahe, dieses erfolgreiche Verhalten auch beim nächsten Mitarbeiter anzuwenden. Leider ist die Wahrscheinlichkeit jedoch groß, dass genau dieses Verhalten bei diesem Mitarbeiter bestenfalls nutzlos ist, schlimmstenfalls Demotivation oder Ärger hervorruft. An dieser Stelle bemerken geschulte Führungskräfte völlig zu Recht, dass es auf die Situation und auf den Mitarbeiter selbst ankommt. Aber worauf genau? Wann ist bei welchem Mitarbeiter welches Verhalten empfehlenswert? Dieses Buch verfolgt das Ziel, Ihnen als Führungskraft praxisorientiertes Wissen und psychologisches Geschick zur effizienten Führung zu vermitteln, um Sie erfolgreicher zu machen!

Führungsfähigkeit ist keine angeborene Eigenschaft. Zwar gibt es Persönlichkeitsmerkmale und Motive, die einem das Führen erleichtern, aber in erster Linie ist Führung erlernbar, fast wie ein Handwerk. Im Gegensatz zum Elektriker, Tischler oder einem anderen Handwerksberuf gibt es jedoch keine formalisierte Ausbildung zur Führungskraft. Im Studium oder während der Ausbildung werden meist ausschließlich fachliche Grundlagen vermittelt. In fachlicher Hinsicht erscheint die vielfach zitierte

Forderung des »lebenslangen Lernens« nachvollziehbar. Die stetig zunehmende Geschwindigkeit technologischer Sprünge, die kontinuierliche Suche nach mehr Effektivität und Effizienz machen eine stetige Aktualisierung des fachlichen Wissens notwendig. Führungskräfte jedoch werden immer noch häufig in das sprichwörtliche »kalte Wasser« gestoßen. Hat man das Glück, in einem Unternehmen zu arbeiten, das entsprechende Weiterbildungsmaßnahmen anbietet, dann erfolgt häufig eine Grundausbildung. Die nächsten 20 Jahre ist man dann jedoch wieder auf sich selbst gestellt. Selbstverständlich gibt es positive Ausnahmen, die an dieser Stelle auch erwähnt werden sollen, aber letztlich basiert Führungsverhalten vielfach immer noch ausschließlich auf dem gesunden Menschenverstand; Fortschritte werden mit »Versuch und Irrtum« erzielt. Nichts gegen den gesunden Menschenverstand, nichts gegen Bauchgefühl oder Intuition. Sie sind wichtig und erleichtern uns den Alltag. Aber welcher Handwerker würde auf die Idee kommen, seiner Profession ausschließlich auf der Basis von »Gefühl und Wellenschlag« nachzukommen? Welches Vertrauen könnten Sie dieser Person entgegenbringen?

Dieses Buch dient dem Zweck, Ihre Selbstwirksamkeit und Verhaltensbandbreite zu erhöhen. Wir möchten Ihnen Wissen und Fertigkeiten vermitteln, Mitarbeiter bewusster zu führen. Wir freuen uns, wenn Sie Ihre intuitive Menschenkenntnis auf Grundlage dieses Buches durch bewusste Anwendung von Methoden und Strategien der Mitarbeiterführung erweitern können.

Die Kapitel folgen dabei wesentlichen Erkenntnissen zum Erwerb von Fähigkeiten: Aufbau von Wissen, Lernen am Modell, Übung entsprechenden Verhaltens und Umsetzbarkeit der dargestellten Inhalte und Führungswerkzeuge.

Aufbau von Wissen

Zunächst einmal vermittelt dieses Buch elementares, aber auch fortgeschrittenes Führungswissen. In Kapitel 1 »Psychologie der Führung« berichten wir über grundlegende Führungstechniken, in Kapitel 2 »Die psychologische Diagnostik als wichtiges Instrument für den Führungsalltag« lernen Sie Methoden zur Beurteilung von Mitarbeitern kennen. Kapitel 3 »Der Umgang mit Persönlichkeiten« informiert über ein praxiserprobtes Persönlichkeitsmodell, das vierte Kapitel »Einsicht der Mitarbeiter in ihr Problem schaffen – Veränderungen initiieren« beschreibt Herausforderungen in der Veränderung und Entwicklung von Mitarbeitern. Kapitel 5 »Psychologische Spiele« zeigt auf, dass der natürliche Spieltrieb auch vor dem beruflichen Alltag nicht Halt macht, und Kapitel 6 »Konflikte aus psychologischer Sicht managen« beschäftigt sich mit grundlegenden Konfliktstrukturen und Stufen einer Konflikteskalation. In Kapitel 7 »Die Psychologie von Teams« werden Merkmale erfolgreicher Teams aufgezeigt, und das achte Kapitel »Gute Entscheidungen treffen« weist auf Möglichkeiten hin, die Treffsicherheit in Entscheidungs- und Problemsituationen zu erhöhen.

Lernen am Modell

In den von uns durchgeführten Trainings erleben wir des Öfteren den durchaus nachvollziehbaren Wunsch der Teilnehmer, dass wir als Trainer neben der Darstellung unterschiedlicher Inhalte und Vorgehensweisen doch einmal zeigen sollen, wie es denn richtig geht. Auch wenn dieses »Vormachen« in vielen Trainings nicht praktikabel ist, so haben wir in diesem Buch viele Praxisbeispiele aufgeführt, die eine Führungskraft in einer typischen Führungssituation beschreibt. Anhand der dargestellten Modelle und Theorien geben wir konkrete Praxistipps, die unserer Meinung nach als Modell für ein idealtypisches Vorgehen dienen können. Denn das »Lernen am Modell« ist für viele von uns immer noch eine wirksame Methode zum Erwerb neuer Fähigkeiten. Wir lernen, indem wir andere und deren Verhalten beobachten und versuchen, dieses zu imitieren. Um nur ein paar Beispiele zu nennen: In Kapitel 1 »Psychologie der Führung« lernen Sie einen Filialeiter kennen, dessen Mitarbeiter an Leistungsbereitschaft verlieren. Wie kann man sie wieder motivieren? In Kapitel 3 »Der Umgang mit Persönlichkeiten« stehen Sie vor der Aufgabe, das Führungspotenzial zweier Mitarbeiter anhand grundlegender Persönlichkeitseigenschaften zu beurteilen. In Kapitel 4 »Einsicht der Mitarbeiter in ihr Problem schaffen – Veränderungen initiieren« lernen Sie einen Mitarbeiter kennen, der sich nach Meinung der Führungskraft verändern soll – genauer gesagt soll er ordentlicher werden –, und es wird gezeigt, wie man die dafür grundlegende Problemerkenntnis schafft. Kapitel 6 »Konflikte aus psychologischer Sicht managen« beschreibt einen typischen Konflikt zwischen Führungskraft und Mitarbeiter (häufiges Verspäten) und gibt konkrete Vorschläge, wie man damit umgehen könnte.

Üben von Verhalten

Üben ist ein zentraler Aspekt des Lernens, um Fähigkeiten zu automatisieren und in kritischen Situationen schnell abrufen zu können. Nur das Wissen, wie man ein Auto fährt, reicht in der Regel nicht aus. Daran kann sich sicherlich noch jeder erinnern, wenn er an seine ersten Fahrstunden zurückdenkt. Wissen muss zur Anwendung kommen und ausgiebig geübt werden, dann entsteht die Verhaltenssicherheit im täglichen Umgang. In einem Präsenztraining ist sicherlich gerade dieser Aspekt förderlich. Das Medium Buch kann hier ebenfalls erfolgreich sein, wenn es gelingt, den Leser zum Mitmachen und Ausprobieren anzuregen. Deshalb haben wir immer wieder darauf geachtet, »Übungen zur Theorie« zu integrieren. Bei Interesse erstellen Sie zum Beispiel ein dynamisches Funktionsprofil (Kapitel 2 »Die psychologische Diagnostik als wichtiges Instrument für den Führungsalltag«), Sie können für einen Ihrer Mitarbeiter die Grundzüge der sogenannten »Veränderungsformel« erarbeiten (Kapitel 4 »Einsicht der Mitarbeiter in ihr Problem schaffen – Veränderungen initiieren«) oder formulieren beispielhaft verschiedene »Ich-Zustände« bei typischen Mitarbeiteraussagen (Kapitel 5: »Psychologische Spiele«).

Umsetzbarkeit der dargestellten Inhalte und Führungsmethoden
Führung ist weniger kompliziert, als es viele theoretische Modelle glauben lassen. Führung enthält viele pragmatische Elemente und ergänzt den gesunden Menschenverstand. In unseren Trainings zeigt sich diese Erkenntnis immer wieder. Je komplizierter eine Theorie, ein Modell, desto weniger Umsetzbarkeit wird wahrgenommen. Deshalb reduzieren wir entsprechende Inhalte auf pragmatische und umsetzbare Tipps. Wir beschreiben ein Persönlichkeitsmodell mit vier wesentlichen Typen (Kapitel 3 »Der Umgang mit Persönlichkeiten«) und nicht mit acht oder zwölf Variationen. Wir konzentrieren uns im Kapitel 7 (»Die Psychologie von Teams«) auf fünf Einflussfaktoren für den Teamerfolg, auch wenn man sicherlich noch andere, zusätzliche finden könnte. Außerdem enthält jedes Kapitel konkrete Checklisten zur Umsetzung. Viele Inhalte können sicherlich noch theoretisch vertieft werden – Hinweise hierfür geben wir selbstverständlich –, grundsätzlich hat uns aber eher der Gedanke getrieben: Es gibt wenig Gutes, es sei denn, man tut es.

Bei aller Strategie im Umgang mit anderen, der Vermittlung von Techniken der Veränderung und Beeinflussung, der Darstellung von Methoden und Instrumenten zur Steuerung – sprich Führung – der Mitarbeiter, ist uns ein Hinweis noch besonders wichtig: In diesem Buch stellen wir den Menschen in den Mittelpunkt! Die Psychologie ist die Lehre des menschlichen Verhaltens. Es wird immer wichtiger, die Individualität des Einzelnen zu verstehen und mit ihr den maximalen Erfolg für ein Unternehmen zu erzielen. Wahre Leidenschaft erweckt man nur, wenn man seine Mitarbeiter sehr gut kennt, kompetenzgerecht einsetzt, Motive beachtet und jeden Einzelnen für sich und im Team zu Höchstleistungen führt. Erst wurde Klinsmann belächelt, als er Mental Coaches bei der deutschen Nationalmannschaft eingeführt hat, dann haben alle gestaunt! Die Kunst der Führung liegt darin, verdeckte Potenziale zu wecken, Mitarbeiter zu fordern und zu fördern. Wir möchten vermitteln, wie Sie diese unterschiedlichen Führungsrollen wahrnehmen können und wie Sie das erfolgreich und mit Spaß tun. Bei aller Kompetenz und Verhaltensvariabilität: Letztlich stehen Sie neben Ihren Mitarbeitern als Mensch und Führungskraft im Mittelpunkt, Sie sind kein Schauspieler, und die quadratisch-praktische Führung gibt es sowieso nicht.

Viel Spaß beim Lesen, Reflektieren und Üben wünschen Ihnen

Thomas Lehment und Peter Krumbach-Mollenhauer

Hinten im Buch finden Sie einen Gutschein. Mit ihm erhalten Sie eine 40%ige Ermäßigung für die Durchführung eines REISS-Profils® und/oder eines DISG-Profils®. Informationen auch unter www.hr-horizonte.de.

Anmerkung: Aus Gründen der besseren Lesbarkeit verwenden wir grundsätzlich die männliche Form.

Psychologie der Führung

Einleitung und Grundgedanken zum Begriff der Führung

Führung ist ein Teilbereich des Managements. Wenn man ihn aus psychologischer Sicht beschreibt, dann beschäftigt sich Führung in erster Linie mit den sozialen (zwischenmenschlichen) Beziehungen zwischen der Führungskraft und den Mitarbeitern. Diese sind sehr vielschichtig und einem stetigen Wandel unterworfen. Grundsätzlich unterscheidet sich die Führung von anderen sozialen Prozessen dadurch, dass sie eine vertikale Beziehung ausdrückt (zwischen beiden Personen ist Macht nicht gleich verteilt). Gerne verwenden wir hierzu ein Beispiel, das den Zusammenhang verdeutlichen soll:

> **Praxisbeispiel:** Es ist ein anstrengender Tag, und Sie sitzen vor einer anspruchsvollen Auswertung des Quartalsberichtes. Sie sind Referent und sagen zu Ihrem Kollegen: »Hallo, hol mir (bitte) mal einen Kaffee«, schauen nicht auf und schieben Ihren Becher zu ihm herüber. Die Antwort kommt prompt: »Bin ich dein Diener? Hol ihn doch selbst.«

In einer vertikalen Beziehung würde sich das Beispiel etwas anders darstellen. Sie sind Führungskraft und zerbrechen sich den Kopf über den Quartalsbericht. Sie wollen sich von der Fragestellung nicht lösen und sagen zu einem Mitarbeiter neben Ihnen: »Holen Sie mir doch (bitte) mal einen Kaffee. Übrigens würde ich gerne mit Ihnen am Donnerstag das Jahresgespräch führen und über Ihre Anfrage nach einer Gehaltserhöhung reden.« Freundlich schallt es von der Gegenseite: »Hätten Sie gerne Milch, Zucker oder etwas Gebäck?«

Der Aspekt der Vertikalität (Nichtgleichheit) ist unabdingbar mit einem gewissen Mehr an Macht verknüpft, die man von dem Geführten zugesprochen bekommt. Dies geschieht automatisch, wenn eine subjektive Abhängigkeit wahrgenommen wird. Dieser Aspekt tritt ein, wenn man eine Führungsrolle annimmt oder von einer Gruppe zugesprochen bekommt.

Wenn man sich intensiver mit dem Aspekt der Führung beschäftigt, so stößt man auf unendlich viele Modelle und Versuche, das Phänomen der Führung in seiner Gänze zu beschreiben. Dies ist ein Vorsatz, der ebenso wenig zu erfüllen ist, als wolle man die Grashalme seines Rasens zählen. Dementsprechend soll hier eher eine pragmatische Vorgehensweise gewählt werden, die aus vielen unterschiedlichen Sichtweisen, Theorien und Modellen einen praktizierbaren Leitfaden schafft, der den Führungsalltag erleichtert.

Es soll ein grundlegendes Verständnis für die Führung aus psychologischer Sicht und damit eine Selbstreflexion über den eigenen Führungsstil gegeben werden. Zudem soll aus dem Bereich der Motivation eine einfache, aber strukturierte Handlungsempfehlung abgeleitet werden, um Mitarbeiter auf dem Weg zum gemeinsamen Ziel mitzunehmen.

Begriffsklärung zur Führung

Folgende drei Aspekte sind für die Erklärung von Führung von wichtiger Bedeutung:

1. Führung findet immer in Gruppen statt, das heißt, dass mindestens zwei Personen miteinander in Wechselbeziehung oder -wirkung treten müssen (psychologisch: Interaktion). Das ist der Aspekt, der im obigen Text mit sozialen Beziehungen beschrieben wurde. Manchmal haben wir zwar Probleme, uns selbst zu führen. Dies soll hier aber nicht behandelt werden.
2. Führung ist eine beabsichtigte soziale Einflussnahme auf andere, wobei es hier keine Rolle spielt, wie dieser Einfluss ausgeübt wird (Näheres wird im weiteren Kapitel noch ausgeführt). Ergänzt werden muss dies noch durch die Komponente des obigen Beispiels, dass Geführten eine Wahrscheinlichkeit der Ausübung der Einflussnahme (Macht) schon ausreicht, um subjektiv das Gefühl des Geführtwerdens zu erleben.
3. Führung zielt in der Regel immer darauf ab, durch Kommunikationsprozesse ein bestimmtes Ergebnis (Ziel) zu erreichen. Insbesondere das Führen auf ein Ziel (Unternehmens- oder Bereichsziel) ist hierbei von zentraler Bedeutung, da es die zentrale Kernaufgabe eines Managers ist, Dinge in die richtige Richtung zu bewirken und damit den Unternehmenserfolg sicherzustellen.

Zusammenfassend bedeutet dies, dass Führung darauf abzielt, dem zu Führenden einen Sinn für sein Handeln zu stiften, bestimmte (fördernde) Rahmenbedingungen in eine unterstützende Richtung zu beeinflussen und über das Feld der Motivation (positive und negative) eine zielgerichtete Bewegung auszulösen. Dies geschieht immer im Rahmen sozialer (menschlicher) Beziehungen.

Im Rahmen der Führung hat man jetzt natürlich verschiedene Möglichkeiten, soziale Beziehungen zu gestalten. Ein Beispiel aus dem Alltag soll hierbei zur Verdeutlichung dienen.

Praxisbeispiel: An einem Freitagabend entschließen Sie sich, ins Kino zu gehen. Da dies der Einstieg in ein geselliges Zusammensein und der Beginn eines schönen Abends ist, rufen Sie Freunde an und versuchen, sie von Ihrer Idee zu überzeugen. Nach dem dritten Telefonat stellen Sie fest, dass die Interessen der einzelnen Personen sehr auseinandergehen und sich erst einmal keine klare Meinung zu einem Film bildet. Im weiteren Verlauf beschließen Sie, Ihre Meinung doch etwas stärker in den Vordergrund zu rücken und erzählen den einzelnen Freunden, weshalb Sie es für zielführend und sinnvoll halten, sich den Film X anzuschauen. Nach einer längeren Diskussion stimmt man Ihnen zu, da man Sie für einen kompetenten und gut informierten Filmkenner hält und bisher mit Ihrer Film- oder Themenauswahl immer gut gefahren ist.

Diese Situation ist eine ganz besondere, denn hier liegt keine Form von Vertikalität vor (siehe oben), sondern hier haben wir eine horizontale soziale Beziehung, die erst einmal nicht als Führungsprozess zu bezeichnen ist.

Ganz anders wäre der Fall, wenn Ihr Chef Sie im Rahmen einer Teamentwicklung darauf anspricht, dass er gerne Bowling spielen möchte. Hier haben Sie natürlich auch die Möglichkeit, Einwände und Gegenargumente einzubringen, letztendlich kann der Chef aber aus einer vertikalen sozialen Beziehung heraus eine Entscheidung treffen. Tut er dies in unserem sozial verträglichen Führungsverständnis, dann integriert er alle Meinungen und Interessen und zieht daraus eine Schlussfolgerung. Markant hieran ist aber, dass die Entscheidungsfunktion an der Führung hängt. Dass das Entscheiden ein zentraler Baustein der Führung und von wichtiger Bedeutung für Führungskräfte ist, wird in dem dazugehörigen Kapitel näher beleuchtet.

Es gibt immer zwei Möglichkeiten, Mitarbeiter zum Folgen zu bringen:

1. Anordnung (aus der zugewiesenen Rolle)
2. Gewinnung der Mitarbeiter für eine Entscheidung

Dies sind die gravierenden Unterschiede im Rahmen von Führung. Wir sprechen bei Letzterem auch davon, dass der Chef in der Gruppe akzeptiert, und aufgrund bestimmter Qualitäten ihm auch die Führungsrolle zugesprochen wird (Legitimation). Dies unterscheidet sich nicht deutlich vom Tierreich, in dem der Führer oft aufgrund seiner physischen Stärke (zentrales Merkmal) und der damit verbundenen Möglichkeit bestimmt wird, die Herde erfolgreich zu führen.

Eine andere Möglichkeit in dem heutigen Führungsverständnis besteht natürlich darin, eine Gruppe durch Anweisung und damit qua ihrer Funktion zu führen. Beispiel: »Ich Robinson, du Freitag, hol das Brennholz!« In diesem Verhältnis ist der gesamte Machtaspekt der Führung von großer Bedeutung. Die Macht ist hierbei ein Zeichen, dass man über eine andere Person eine Bestimmung ausüben kann.

Die im ersten Absatz gemachten Aussagen zeigen deutlich auf, dass man immer zwei Möglichkeiten hat, Führung zu übernehmen. Die eine ist eher formaler Art, dass jemandem die Führung aufgrund seiner Jobbeschreibung zugeschrieben wird und man diese jetzt »ausleben« kann.

Auf der anderen Seite ist es einem natürlich aber ebenso möglich, die ihm zugeteilte Führung auch unter Beweis zu stellen und damit in einer Gruppe als Führungskraft akzeptiert zu werden. Die Grundfrage lautet somit: Was muss man tun, um die Vertikalität in einem sozialen Prozess zu erreichen und zu behaupten?

Die Psychologie geht erst einmal davon aus, dass man nicht »qua Amt« zur Führungskraft bestimmt wird, sondern sich über bestimmte Merkmale die Führung erarbeitet oder sie zugesprochen bekommt. Es gibt also Merkmale, die es einem erleichtern, in der Gruppe eine Führungsrolle so einzunehmen, dass andere bereit sind, sich dieser Person »unterzuordnen«. Dabei ist diese Unterordnung nicht mit Unterwürfigkeit zu verwechseln. Eher führen diese Kompetenzen der Führungskraft dazu, dass man ihr die Rolle zutraut und einen persönlichen Nutzen erwartet.

Diese Merkmale sollen anhand eines anschaulichen Beispiels einmal beleuchtet werden.

Von Häuptlingen, Medizinmännern und anderen wichtigen Einflussgrößen auf das Thema Führung

Wir nehmen Sie jetzt mit auf eine kleine Zeitreise und möchten Sie gerne in ein Szenario einführen, das uns das Führungsverständnis erleichtern soll. Dabei sind nicht alle Aspekte hundertprozentig geschichtskonform und dienen nur dem besseren Verständnis. Bitte stellen Sie sich folgende Situation vor:

Sie sind Mitglied einer Anzahl von Indianern, die sich mit ihren Familien zu einer Gruppe zusammengetan haben. Der Stamm besteht aus zirka 150 Mitgliedern, die sich gemeinsam eine Existenz aufbauen wollen. Es stellt sich nun die Frage, wer einen solchen Stamm anführt. Wie Sie sicherlich wissen, bilden sich in solchen sozialen Strukturen sehr schnell zwei sehr wichtige Personen heraus, die in Indianerstämmen immer von vorrangiger Bedeutung sind: die eine ist der Häuptling, die andere der Medizinmann.

Welche Eigenschaften sind nun für die einzelnen Hauptpersonen wichtig?

Nehmen wir zuerst einmal den Häuptling. Die Kernaufgabe des Häuptlings besteht darin, Beute zu machen und damit die Versorgung des Stammes sicherzustellen. Dazu gehört sicherlich, den Luxus des Stammes über seine Bestandsdauer zu mehren und damit einen positiven Ruf nach außen aufzubauen. Auf der anderen Seite ist es eine zentrale Aufgabe des Häuptlings, in Auseinandersetzungen Gefahren abzuwenden. Dies führt in der Regel dazu, dass man nicht den schmächtigsten und am wenigsten furchteinflößenden Indianer zum Häuptling macht.

Der Häuptling verfügt also über eine bestimmte Fähigkeit oder Kompetenz, beispielsweise Jagen oder Verständnis für Ackerbau, um den Stamm erfolgreich nach vorne zu bringen, aber auch durch Kampfeslist und eine gewisse Waffenbegabung von Gefahrenquellen außerhalb fernzuhalten. Neben diesen beiden Aspekten ist es sehr wichtig, dass einheitliche Regeln im Stamm aufgestellt werden, die möglichst eine Auseinandersetzung oder Schwächung nach innen durch Streitereien vermeiden. In diesem Sinne nimmt der Häuptling auch stets eine gewisse ordnende Kraft ein.

Eine nicht zu unterschätzende weitere Person in einem üblichen Stamm ist der Medizinmann. Der Medizinmann ist in der Lage, die Welt zu beschreiben und ihre große Komplexität zu reduzieren. Dazu verfügt er über ein großes Wissen über Regeln und Strukturen, die in der Vergangenheit erfolgreich gewesen sind. Eine zweite Kompetenz des Medizinmannes liegt im klassischen Heilen. Dies bedeutet, dass er sowohl für psychische als auch für physische Verletzungen durchaus die probaten Mittel an der

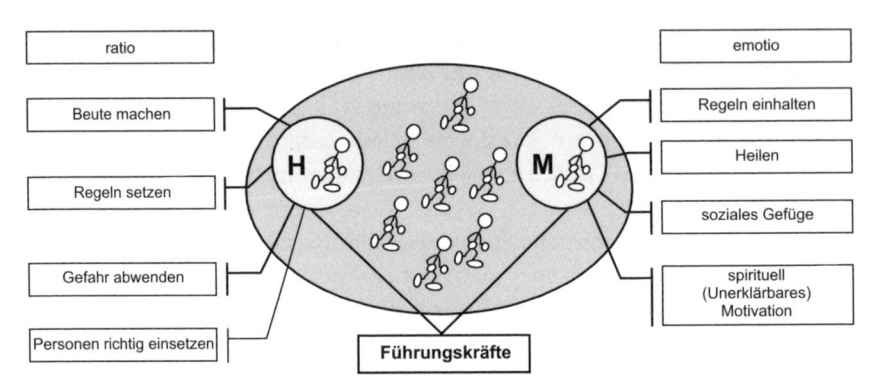

Abb. 1: Wann ist man eine legitimierte Führungskraft?
H = Häuptling, M = Medizinmann

Hand hat, um diese in den Griff zu bekommen. Manchmal praktiziert er sogar vorbeugende Medizin, damit Schwächungen des Stammes erst gar nicht auftreten (erinnern Sie sich noch an den Druiden Miraculix?). Daneben ist eines seiner großen Wissensgebiete die Spiritualität. Er muss teilweise Dinge erklären können, die das rationale Verständnis des Häuptlings übersteigen. Er greift dabei auf übernatürliche Phänomene zurück, damit die Welt weiterhin erklärbar bleibt. Nicht zu unterschätzen ist auch die motivationale Komponente des Medizinmannes, die sich in zwei Aspekten zeigt. Das eine ist die Aufrechterhaltung des sozialen Umfeldes und die Einhaltung der Regeln des Häuptlings. Er steht für das soziale Gefüge und auch die Ächtung von »Abtrünnigen«. Sollte es zu kämpferischen Auseinandersetzungen kommen, so kann der Häuptling zwar den Sinn und Zweck der Mission erklären (Beute vermehren), aber der Medizinmann ist in der Regel für die Motivation und das »Aufputschen« der Indianer zuständig. In vielen klassischen Filmen geschieht dies durch das Tanzen in Trancezustände, Trommeln und Anlegen einer abschreckenden Bemalung.

Um dieses Beispiel nicht noch stärker zu belasten, soll auf weitere Funktionen wie Ältestenrat und Häuptlingsfrau verzichtet werden.

Was sagt uns dieses Beispiel jetzt für die heutige Führungssituation? Grundsätzlich agiert man als moderner Manager nicht anders, als dass man die Funktion eines Häuptlings und eines Medizinmannes in sich integriert.

Der Häuptling
Mitarbeiter schreiben einem dann eine überzeugende Führungsrolle zu, wenn es gelingt, die subjektiv empfundenen Erfolge zu mehren. Beute ist

hier im Sinne von Gehaltssteigerung, Karriere, Weiterentwicklung et cetera zu betrachten. Nicht umsonst bewerben sich viele intelligente Mitarbeiter um Bereiche, in denen es einer Führungskraft gelingt, im Rahmen der Gesamtunternehmung gut dazustehen und auch beim einzelnen Individuum des »Stammes« (der Abteilung) für ein subjektives Wohlergehen zu sorgen.

Nicht unerheblich ist auch der Gedanke des »Gefahrabwendens«. Gefahr bedeutet in diesem Sinne, dass man, mit einem strategischen Fokus ausgestattet, die »Gefahren« (Entwicklungen) begreift, denen sich die Abteilung in Zukunft stellen muss. Das bedeutet, aufmerksam für Veränderungsprozesse zu sein, die ein Überleben in der Umwelt sichern. Dies ist die etwas globalere Sicht auf das Feld des Gefahrabwendens. Im Kleinen bedeutet dies häufig einfach nur, dass man hinter/vor dem Mitarbeiter steht und ihn bei Auseinandersetzungen mit anderen Bereichen in Schutz nimmt. Eine Funktion, die teilweise in Unternehmen abhanden gekommen ist. Man kann auf der einen Seite nicht von den Mitarbeitern erwarten, dass sie sich mutig mit Themen auseinandersetzen und andere Bereiche gelegentlich einmal hinterfragen und dann, wenn es ernst wird, den Mitarbeiter im Regen stehen lassen. Dies wird, psychologisch betrachtet, von dem Einzelnen wahrgenommen und ins Langzeitgedächtnis »eingebrannt«. Dabei heißt dies nicht, dass man ihn hinter verschlossenen Türen nicht einmal tadelt, aber nicht vor anderen Bereichen!

Eine weitere wichtige, teilweise nicht immer ausreichend ausgeprägte Fähigkeit besteht in der klaren Setzung von Regeln, Erwartungen und Rahmenbedingungen. Mitarbeiter brauchen klare Erwartungen, die ihnen deutlich und konkret kommuniziert werden. Sie brauchen aber auch Grenzen, um nicht über die gesetzten Ziele hinaus oder abweichend von diesen mit ihren Handlungen zu agieren. Dazu muss man als Führungskraft immer wieder über Feedback den Weg begleiten. Dabei darf aber der Eigenantrieb der Mitarbeiter durch übertriebene Kontrollen nicht geschwächt werden. Viele der heute klaren Regeln und Erwartungen kleiden wir in Ziele, Spielregeln und Rahmenbedingungen.

Der Medizinmann

Widmen wir uns den heutigen Führungsaufgaben, die aus der Rolle eines Medizinmannes resultieren. Viele Menschen in der heutigen Zeit rufen nach Reduktion der Komplexität, sie fühlen sich überfordert. Sie suchen wieder nach Werten und Normen, die ihnen eine Ausrichtung und Wegweisung geben. Dies ist im Generellen mit Komplexitätsreduktion gemeint. Salopp ausgedrückt könnte man sagen: »Chef, mach mir die Welt einfach. Gib mir klare Richtlinien, diskutiere sie mit mir und zeig mir den Sinn auf, den meine Tätigkeit im Gesamtkontext beinhaltet.« Es sei noch einmal auf das Thema Zielsysteme verwiesen, die sich der Sinnstiftung und damit der Priorisierung von Tätigkeiten widmen.

Der Bereich des Heilens (auch wenn uns einige Personalentwicklungskollegen jetzt steinigen werden) bedeutet, dass man Mitarbeiter auf neue Aufgaben vorbereitet und sie bei einer nicht optimalen Aufgabenausführung unterstützt. Man muss die Kompetenzen der einzelnen Mitarbeiter genau kennen, diese fordern und fördern, um sie auf derzeitige und zukünftige Herausforderungen einzustellen. Dabei muss man Defizite klar ansprechen, eventuell auch neue Funktionen für diese Mitarbeiter schaffen, bei denen das Abstellen von Defizitbereichen nicht gelingt. Systematisch bedeutet dies auch, Potenziale von Mitarbeitern zu heben, die sonst verkümmern würden. Dies ist ähnlich wie mit der Muskelkraft. Muskeln, die nicht gezielt trainiert und auch beansprucht werden, können nicht die volle Leistung erbringen.

Schauen wir uns nun noch den Aspekt der motivatorischen Kompetenz von Führungskräften an. Viele Mitarbeiter ziehen ihre Kräfte daraus, dass sie gerne zur Arbeit gehen und sich in den sozialen Beziehungen des Arbeitsplatzes wohlfühlen. Wichtige Aspekte sind hierbei, dass man offen und ehrlich miteinander sprechen kann und es nicht zu unterschiedlichen Auslegungen von Regeln oder Bevorzugungen Einzelner kommt. Hierzu ist es für die Führungskraft wichtig, glaubwürdig und berechenbar zu agieren, keine Gleichmacherei zu betreiben, aber Gerechtigkeit walten zu lassen. Immer wieder kommt es auch zu Situationen im Arbeitsalltag, in denen wir besondere Leistungen von unseren Mitarbeitern fordern. Wir müssen uns auch ganz besondere Instrumente oder Ideen zurechtlegen, um Mitarbeiter in diesen schwierigen Situationen mitzunehmen. Hier sei auf das nachfolgende Kapitel verwiesen, in dem wir uns mit der Motivation auseinandersetzen wollen.

Jetzt haben Sie sich sicherlich bereits gefragt, was denn die Trancezustände am Arbeitsplatz auszeichnet. Grundsätzlich ist dies der Aspekt von Lob und Anerkennung, um Mitarbeitern Vertrauen in ihre eigene Leistung zu geben. Wenn man immer auf die positiven Aspekte der Mitarbeiter schaut und ihnen vermittelt, dass sie Zutrauen zu sich haben müssen, und dafür auch Vergangenheitsbelege anführt, dann können Mitarbeiter viel erreichen. Wenn man auf der anderen Seite stets an kleinen Dingen »herummeckert« und immer nur auf die 5 Prozent der Fehler schaut (anstatt auf die 95 Prozent der optimalen Leistung), dann braucht man sich nicht über deren »Performance« zu wundern. Hierzu verweisen wir auch noch einmal auf das Kapitel zu den psychologischen Spielen und dem darin enthaltenen »Makelspiel«.

Wir denken, dass der Zusammenhang zwischen der Stammesentwicklung und der Entwicklung einer Führungskraft, die von ihren Mitarbeitern ernst genommen wird, deutlich geworden ist. Wenn man Mitarbeiter nach ihrer subjektiven Rangfolge der Wichtigkeit von Führungseigenschaften befragt, erkennen wir diese oben genannten Facetten wieder.

Ganz oben auf der Skala stehen Aspekte wie Sinn stiften und Komplexität reduzieren, Entscheidungen treffen, aber auch aus der Erfahrung eine gewisse Kompetenz (strategische Fachkompetenz) erworben zu haben, die eine Bewertung von Umweltsituationen sicher und zuverlässig und damit handhabbar macht. Im vorher genannten Kinobeispiel verlässt man sich eben auf den Filmkenner, der in der Vergangenheit immer die richtigen Entscheidungen getroffen und damit die anderen vor einem stundenlangen Lesen von Filmbeschreibungen bewahrt hat.

Wenn wir die oben genannten Aspekte noch einmal anders beschreiben, dann kann man sie formal folgendermaßen darstellen:

1. Richtung geben durch Ziele, damit der Weg zur Beute eindeutig ist. Dazu gehören als Technik das Arbeiten mit Zielen in der Form der Zielfindung und -beschreibung, damit jeder Mitarbeiter die an ihn gestellten Erwartungen genau kennt.
2. Die Bewegung erhalten, da der Mensch eher dazu strebt, in einen Ruhezustand zu gelangen (Komfortzone). Dies ist nicht nur in der Physik so. Lassen Sie Ihre Indianer nicht zu satt und genügsam werden, sonst können sie bei neuen Herausforderungen und Veränderungen der Umwelt nicht schnell reagieren.
3. Die Gemeinschaft erhalten, damit der Weg zu diesen Zielen gemeinsam zurückgelegt wird. Denn ein erfolgreiches Team schafft mehr als seine Mitglieder, wie schon die alten Gestaltpsychologen festgestellt haben: Das Ganze ist mehr als seine Teile. Dies wird umso wichtiger, da immer weniger Personen in Unternehmen (Lean Management) nur über die Synergien mehr erreichen können.

> **Übung zur Theorie:**
>
> Was legitimiert Sie zur Führungskraft? Nennen Sie fünf Aspekte!
>
> _____
> _____
> _____
> _____
> _____
>
> An welchen Facetten wollen Sie in Zukunft arbeiten?
>
> _____
> _____
> _____
> _____
> _____

Einige weitere Aspekte sind wichtig, um sich mit dem Thema Führung auseinanderzusetzen. Es geht um die Bewertung verschiedener Aspekte des in der Realität praktizierten Führungsverhaltens, welches wir häufiger antreffen:

1. Führen als Vorbild (Lernmodell)

Aus psychologischer Sicht sicherlich ein erfolgreiches Mittel, um Mitarbeiter mitzunehmen. Aus der Lerntheorie wissen wir, dass Mitarbeiter sich positiv erlebte Muster des Verhaltens abschauen und übernehmen (kurz gesagt: beobachtetes Verhalten führt zu Erfolg – dann das Verhalten kopieren). Es gibt ihnen eine Orientierung über die »richtigen« Verhaltensweisen. Dies gilt übrigens ebenfalls in der Führung von Kindern. Gerne zitiert wird in diesem Zusammenhang das Thema Arbeitszeit. Ich kann nicht von meinen Mitarbeitern verlangen, dass sie in den nächsten Monaten mehr »reinhauen«, wenn ich immer nur von 9 bis 17 Uhr im Büro bin. Dies führt dann zu einer »Kopie« des nicht gewünschten Verhaltens.

Als Fazit kann man sagen, dass man als Vorbild eine Nachhaltigkeit im Verhalten der Mitarbeiter erzielen kann, wenn man es ernsthaft vorlebt. Das wirkt stärker als kommunikative Appelle!

Notieren Sie einmal, wo Sie Vorbild sind und sein wollen. Außerdem, in welchen Aspekten Sie eventuell »falsche« Signale setzen:

Wo möchten Sie Vorbild sein:

_____

_____

_____

_____

Hier möchten Sie im Bereich Vorbild vorsichtig sein:

_____

_____

_____

_____

---

2. Führen als Treiber

Manche Führungskräfte neigen dazu, immer die Lösung auf der Hand zu haben, sie wissen auf jede Frage sofort die Antwort. Dies kann in einer wenig motivierten und einfallsreichen Gruppe ein gutes Führungsinstrument sein. In einem »reifen« Team ist dieses Vorgehen eher mit Vorsicht zu betrachten. Die Mitarbeiter fühlen sich nur unzureichend abgeholt, was das Commitment in die Sache verringert. Des Weiteren wird die Kreativität des Einzelnen gehemmt. Gemäß dem Moto: »Der Chef wird es schon richten!«

3. Führen mit Sympathie

Manche Führungskräfte versuchen stets, der Freund ihrer Mitarbeiter zu sein. Das hat Vorteile darin, dass man »Freunden« meist unter die Arme greift, wenn es einmal Dinge zu tun gibt, die keiner gerne mag. Außerdem gibt es in solchen Abteilungen häufig ein gutes Betriebsklima, als Chef ist man beliebt. Auf der anderen Seite wird Kritik häufig überinterpretiert, und es treten schneller persönliche Beleidigungen auf. Diese bauen sich nicht mittelfristig wieder ab, die Stimmung kann umschlagen. Die Mitarbeiter sind dann häufig sehr überrascht, dass der Chef einen klareren Ton anschlägt, nehmen ihn gelegentlich sogar nicht ernst. Grundsätzlich gilt:

> **Praxistipp:** Als Führungskraft muss man nicht immer geliebt werden. Erstes Ziel ist es, etwas im Sinne des Unternehmens zu bewirken!

4. Führen mit Autorität

Der Vorteil des Führens durch Autorität – »Ich bin Ihr Chef, Sie werden das jetzt umsetzen!« – ist, dass es kurzfristig zu Erfolgen führen kann. Auch in kritischen und zeitknappen Entscheidungen kann dies zum Nutzen sein und ist legitim. Grundsätzlich gilt aber das Prinzip: Druck erzeugt Gegendruck. Teilweise führt das auch dazu, dass die Mitarbeiter das Denken einstellen: Der Chef wird schon sagen, wie er es sich denkt. Grundsätzlich führt das Verhalten auf Dauer dazu, dass Menschen ausbrechen, die guten Mitarbeiter kündigen und die Bleibenden sich den Anweisungen schleichend widersetzen. Dies macht es notwendig, dass Sie ein sehr hohes Maß an Kontrolle praktizieren müssen, was wiederum sehr viel Ihrer knappen Zeit bindet.

5. Führen mit Sinnhaftigkeit

Hierbei handelt es sich um eine Methode, die eher Vor- denn Nachteile mit sich bringt. Sie funktioniert so gut, weil Menschen von Natur aus gerne wissen, warum sie etwas tun sollen. Kinder können einen mit den Warum-Fragen teilweise schon an den Rand der Verzweiflung bringen, agieren dann aber mit mehr Nachhaltigkeit. Dieses Vorgehen halten wir bis ins Alter bei, wobei es bei Neugiermotivierten eindeutig besser funktioniert. In vielen Forschungsergebnissen zeigt sich, dass die Sinnhaftigkeit von Aufgaben immer wieder zu den Top 3 zählt, wenn Mitarbeiter nach den Aspekten gefragt werden, durch die sie sich am leichtesten führen lassen. Deshalb ist es bei Zielsystemen in Unternehmen auch so wichtig, dass man den Mitarbeitern das große Ganze herunterbricht und jeder seinen Anteil erkennen kann (das reduziert die Komplexität, ein weiteres Streben des Menschen). Diese Ziele motivieren nachweislich stärker. Lediglich in Zeiten des Zeitdrucks ist dieses Führen nicht möglich. Wichtig ist aber dann, dass man den Mitarbeitern im Nachgang der Tätigkeit eine Aufklärung gibt.

> **Praxistipp:** Zentrale Aussage zu erfolgreicher Führung: »Sei maximal ehrlich, glaubwürdig und berechenbar in deinem Handeln.«
>
> Menschen haben ein Elefantengedächtnis bei einem Verstoß gegen diesen Grundsatz. Schon der Volksmund sagt dazu: »Wer einmal lügt, dem glaubt man nicht, auch wenn er dann die Wahrheit spricht.« Dies ist so deutlich, weil wir eine klare Erwartungsenttäuschung erleben. Bei dem Aspekt der Berechenbarkeit gilt Ähnliches, wobei hier auch noch der Ungleichbehandlungsgrundsatz dazukommt. Er löst Gedanken aus wie: Der Chef misst mit unterschiedlichen Maßstäben, er hält sich nicht an die eigenen Regeln. Das macht unsicher und gefährdet bei den meisten Menschen das Streben nach Kontinuität. Ganz besonders schwierig wird dies bei Menschen mit einem hohen Ehremotiv (siehe das nachfolgende Reiss-Profil).

Drei Gründe, warum Mitarbeiter folgen

In den Grundgedanken hatten wir geäußert, dass es das Ziel von Führung ist, sozialen Einfluss auf Mitarbeiter auszuüben. Grundsätzlich ist es deshalb wichtig, dass Mitarbeiter diese Einflussnahme auch wahrnehmen und sich entsprechend der von Ihnen als Führungskraft gewählten Absicht verhalten. Wir sprechen hier im positiven Sinne von »Gefolgschaft«. Dabei reden wir sehr schnell davon, dass Menschen motiviert werden müssen, damit sie etwas tun. Grundsätzlich ist das zwar wünschenswert, aber nicht die einzige Vorgehensweise, um Menschen zum Tun zu veranlassen.

Zur Verdeutlichung der drei Wege zur Erlangung von Gefolgschaft erst einmal ein Modell als Überblick:

Die Nummerierung dieser einzelnen Schritte hat durchaus einen Sinn. Als Führungskraft sollten Sie immer den Weg von 1 (Motivation) nach 3 (Herrschaft) beschreiten, da die Beständigkeit des Verhaltens des Mitarbeiters von 1 nach 3 (aufgrund der Abnahme der eigenen Überzeugung) deutlich abnimmt. Schritt 1 bedarf hingegen nur wenig Beeinflussung, da der Mitarbeiter von sich aus den richtigen Weg geht. Schauen wir uns dies etwas genauer an.

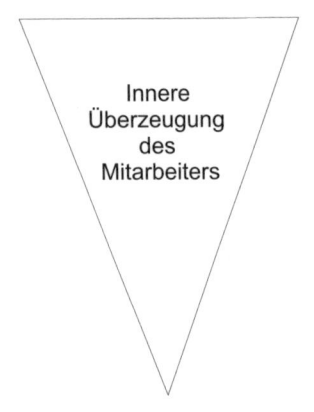

```
         \                          1. Motivation
          \                            - innerer Drang
           \                           - Deal: Aufwands-Ertrags-Modell
    Innere  \                          - Qualität des Weges
   Überzeugung \                          - materiell
      des       \                         - Attraktivität Chef
   Mitarbeiters  \
                  \               2. Einsicht/Pflicht
                   \                 - Einsicht in die Notwendigkeit
                    \                - Pflicht gemäß Arbeitsvertrag
                     \
                      \           3. Herrschaft
                       \             - Anordnung
                        \            - Sanktion
                         \
                          \
```

Abb. 2: Die drei Wege der Führung und der Grad der inneren Überzeugung der Mitarbeiter

Motivation

Motivation ist von jeher eines der wichtigsten Kapitel, mit denen sich die Psychologie des sozialen Miteinanders beschäftigt. Viele unterschiedliche Ansätze hat es in diesem Zusammenhang bereits gegeben. Grundsätzlich muss man hierbei einige Aspekte auseinanderhalten:

1. Schritt – Bedürfnis
Unbefriedigtes Bedürfnis (Der Mensch empfindet subjektiv einen Mangel.)
2. Schritt – Motiv
Es entsteht ein Motiv (der eindeutige Wille, diesen Mangel zu beseitigen und das Bedürfnis zu befriedigen). Das ist eine überdauernde persönliche Neigung. Gelegentlich sprechen wir auch von Drang, (An-)Trieb, Wollen.
3. Schritt – Aktivierung
Es erfolgt eine Aktivierung durch den Anreiz der Bedürfnisbefriedigung. Jetzt werden Wege gesucht und deren Erfolgswahrscheinlichkeit und der Energieeinsatz betrachtet.
4. Schritt – Verhalten
Durch das konkrete, zielgerichtete Verhalten wollen wir das Bedürfnis befriedigen. Dieses Verhalten unterscheidet sich bei Menschen im Abwägen von Alternativen/in der Berechnung von Erfolgswahrscheinlichkeiten, dem Energieeinsatz (Intensität des gezeigten Verhaltens) und der Beharrlichkeit (Ausdauer bei Widerständen auf dem Weg zur Bedürfnisbefriedigung). Einem jeden ist sicherlich noch der Ausspruch zur Tour de France

zu Jan Ullrich bewusst: »Quäl dich, du Sau«, der genau diese Beharrlichkeit aktivieren sollte.

Schauen wir uns nun einige mögliche Ansätze der Psychologie im Hinblick auf ihre Brauchbarkeit für die erfolgreiche Führung an. Eine oft zitierte Sicht auf die Motivation in Führungsveranstaltungen ist die Bedürfnispyramide nach Maslow.

Die Theorie von Maslow

```
                5. Selbstverwirklichung
             Individualität, Güte, Gerechtigkeit,
           Selbstlosigkeit (anderen etwas geben)

                  4. Ich-Bedürfnisse
             Anerkennung, Geltung, Selbstachtung

                 3. Soziale Bedürfnisse
            Liebe, Freundschaft, Gruppenzugehörigkeit

                2. Sicherheitsbedürfnisse
            Materielle, berufliche, Lebenssicherheit

                  1. Grundbedürfnisse
            Wasser, Luft, Nahrung, Unterkunft, Schlaf
```

Abb. 3: Die Bedürfnispyramide nach Maslow (Weiner, B., 1994), ein Stufenmodell der Motivation, das von der Basis der Pyramide nach oben in der Reihenfolge der Bedürfnisse gelesen werden muss

Maslow geht davon aus, dass die unteren vier Bedürfnisse eher Defizitmotive veranlassen, die wir zu befriedigen (zu beseitigen) versuchen. Die Selbstverwirklichung nennt er dann eher ein Wachstumsmotiv. Leider fallen unter diesen Aspekt so viele unterschiedliche Themen, dass es uns in der groben Körnung nicht weiterhilft. Interessant ist aber, dass man als Führungskraft erst einmal eine Unterstützung zur Erreichung der vier Defizitbedürfnisse leisten muss, bevor man überhaupt mit Stufe 5 beginnen kann!

Weitere Aspekte, die zur Motivation erforscht wurden, sind ebenfalls wichtig für die spätere Betrachtung. So unterscheiden wir zwischen zwei Kategorien der Motivation: der intrinsischen und der extrinsischen. Hierbei ist wichtig, ob der Anreiz von innen oder von außen kommt. Genauer gesagt bedeutet dies, ob eine Aufgabe selbstbelohnend ist (beispielsweise akademischer Titel als Selbstverwirklichung, Neugier befriedigen, Bewegung et cetera), oder ob es eine Belohnung von außen gibt (beispielsweise Applaus, Bonus et cetera).

Die Theorie von McDougall

Interessant ist auch ein weiterer Ansatz von James und McDougall, der eher aus der Instinkt- oder Triebecke kommt (ähnlich Freud, Jung, Erikson). Die Triebe erzeugen Instinktlisten, die uns zu Verhaltenstendenzen bewegen. Sie beinhalten folgende Punkte: Sparen, Schaffen, Wissen stillen, Aufmerksamkeit, Familie, Jagen, Ordnung, Spaß, Sex, Zugehörigkeit, Ablehnung (Schmerz) vermeiden, Herde, Rache. Hier zeigen sich viele Aspekte, die auch evolutionsmäßig erklärt werden können, da sie zum Teil auch im Tierreich zu finden sind. Wir werden später auf eine weiterführende Theorie von Steven Reiss eingehen und etwas tiefer in diese Aspekte einsteigen.

Die Theorie von Heckhausen

Auf die weiteren Theorien soll hier verzichtet werden, wobei ein interessanter Ansatz noch von Heckhausen stammt. Er beschäftigt sich mit der Selbstbewertung von Menschen, die eher zuversichtlich (positiv) oder Misserfolge fürchtend (pessimistisch) an Aufgaben herangehen.

Komponenten	Motivtypen	
	erfolgszuversichtlich	misserfolgsvermeidend
a) Zielsetzung/ Anspruchsniveau	realistische, mittelschwere Aufgaben	unrealistisch, Aufgaben zu leicht oder zu schwer
b) Ursachenzuschreibung:		
Erfolg	Anstrengung, eigene Fähigkeit	Glück, Aufgabe zu leicht
Misserfolg	mangelnde Anstrengung, Pech	mangelnde eigene Fähigkeit oder »Talent«
c) Reflexion/ Selbstbewertung	Erfolgs-/Misserfolgsbilanz positiv	Erfolgs-/Misserfolgsbilanz negativ

Abb. 4: Das Selbstbewertungsmodell der Leistungsmotivation (nach Heckhausen, H., 2005)

In diesem Modell wird deutlich, dass sich pessimistische und optimistische Personen in ihrer Wahrnehmung von der Beeinflussung von Leistung unterscheiden. Dies hat einen direkten Einfluss auf den Selbstwert. In der Theorie Heckhausens bedeutet dies, dass Menschen, die an ihren Erfolg glauben (»Erfolgszuversichtliche«), sich eher den mittelschweren (aus subjektiver Sicht vernünftigen) Aufgaben und Zielen nähern. Haben sie dabei Erfolg, dann schreiben sie sich diesen auf die eigene Fahne (Können und Wollen haben zu diesem Ergebnis geführt). Sollte das Ergebnis nicht den Erwartungen entsprechen, halten sie entweder die mangelnde Anstrengung ihrerseits oder äußere Umstände (Rahmenbedingungen oder einfach Pech) für die Ursachen. Beim nächsten Mal muss man sich halt etwas mehr anstrengen, da man ja den Zufall nicht beeinflussen kann (»Ich habe es in der Hand, mich beim nächsten Mal mehr anzustrengen«). In der Regel entstehen dadurch ein positiver Selbstwert sowie eine »positive Erfolgs-/Misserfolgsbilanz« (Heckhausen, H., 2005).

Ganz anders derjenige, der eher eine Anstrengung zeigt, um Misserfolge zu vermeiden (»Misserfolgsvermeider«). In der Regel geht er schon viel zu schwere oder zu leichte und oft unrealistische Ziele und Aufgaben an. Sollte er Erfolg haben, schreibt er dies dem Zufall, den positiven Rahmenbedingungen oder dem Umstand zu, dass diese Aufgabe doch zu leicht war. Tritt ein Misserfolg ein, dann zweifeln diese Personen an ihrer Kompetenz (»Mir fehlen Fähig- und Fertigkeiten«). Sie erhöhen damit beim nächsten Mal die Anstrengungen nicht, da diese ja auch nicht als Ursache für den Misserfolg wahrgenommen werden. Folglich sinkt der eigene Selbstwert, da man selber das Problem bei der Aufgabenbewältigung ist. Heckhausen spricht dann von einer »negativen Erfolgs-/Misserfolgsbilanz«.

> **Übung zur Theorie:**
>
> Schauen Sie sich einmal die Argumente Ihrer Mitarbeiter an. Welche Aussagen der Mitarbeiter sprechen eher für Erfolgszuversichtliche, welche eher für Misserfolgsvermeider? Wie verteilen sich diese in Ihrem Bereich? Erklären Sie den Misserfolgsvermeidern, warum Anstrengung von großer Bedeutung ist und weshalb nicht ihre eigene Kompetenz zu den Misserfolgen geführt hat. Sagen Sie ihnen immer wieder, welche Dimensionen ihrer Fähigkeiten und Persönlichkeit für den Erfolg verantwortlich waren. Werden Sie nicht müde dabei, denn die oben skizzierten Einstellungen wurden über Jahre erworben und können deshalb nicht durch zwei, drei Rückmeldungen verändert werden!

Unser Ansatz versucht nun, verschiedene Aspekte dieser Theorien aufzunehmen und eine Brücke zur praktischen Anwendung zu schaffen. Außerdem soll auf eine neue Theorie von Steven Reiss (2002) verwiesen werden, die die Motivation als sehr individualistischen Prozess sieht und damit der Vielfältigkeit von Mitarbeitern gerecht werden kann.

Die Integration des inneren Antriebes (Drangs)

Die Motivation soll in diesem Kapitel nach drei wichtigen Untergruppen strukturiert werden, die eine Verdichtung aus den vielen Theorien und Ideen der Psychologie beinhalten.

Der Bereich ist eng verknüpft mit dem Thema Sinn, den jemand in seiner Arbeit empfindet. Sinn bedeutet in diesem Zusammenhang, dass jemand seine innere Einstellung, seine inneren Bedürfnisse in den ihm gestellten Aufgaben oder Tätigkeiten befriedigen kann. Grundsätzlich ist dies der Fall, wenn Fähigkeiten und Möglichkeiten voll eingebracht und einige grundsätzliche, innere Motivatoren berücksichtigt werden.

Typische Fehler von Führungskräften bestehen in diesem Zusammenhang darin, sich selbst als Maßstab zu nehmen. Wichtig ist jedoch, durch die Augen des Mitarbeiters zu schauen und nicht in dem eigenen Verständnis zu agieren. Folgendes Beispiel soll dies verdeutlichen:

Praxisbeispiel: Ein Filialleiter einer regionalen Bank hatte einmal ein Problem mit einem Mitarbeiter, dessen Leistungskennzahlen deutlich abfielen. Insbesondere im Kreditgeschäft (Vergabe von Krediten) zeigte sich ein sehr klarer Trend in die negative Richtung, den er gerne durch ein Mitarbeitergespräch stoppen wollte. In der Vergangenheit hatte dieser Filialleiter seinen Mitarbeiter als sehr ordentlichen, zuverlässigen und immer um die qualitativ hochwertige Bewältigung seiner Aufgabe strebenden Mitarbeiter kennengelernt und ihn auch mit solchen Aufgaben betraut. Irgendwie blieb bei der Führungskraft jedoch das Gefühl, dass der Spaß bei dem Mitarbeiter in der Vergangenheit etwas nachgelassen hatte. Im Rahmen des Mitarbeitergesprächs befragte diese Führungskraft den Mitarbeiter nach seiner Motivation. Er war sehr überrascht, dass das Hauptziel des Mitarbeiters nicht in der hochwertigen, akribischen Bearbeitung von Aufgaben zu finden war, sondern sich in folgendem Satz äußerte: »Wissen Sie, Herr Direktor, ich bin jetzt 35 Jahre alt, und mein wichtigstes Ziel ist es, dass ich mit 40 Jahren einen roten Porsche fahren kann.« Schlagartig wurde dem Filialleiter

> deutlich, dass die dem Mitarbeiter übertragenen Aufgaben und Tätigkeiten aus seiner Sicht zwar anspruchsvoll und in seinen Augen motivierend sein sollten, was sich jedoch in keiner Weise beim Mitarbeiter widerspiegelte. Er übertrug dem Mitarbeiter eine Vertriebsaufgabe, um zusätzliche Provisionen erwirtschaften zu können, kaufte einen roten Spielzeugporsche und stellte ihn dem Mitarbeiter auf den Schreibtisch. Dieser entwickelte sich zu einem Top-Verkäufer.

Was lehrt uns das Beispiel? Wir streben häufig danach, unsere Motivation auf andere zu übertragen, grundsätzlich sollten wir uns aber eher bemühen, diese systematisch beim Mitarbeiter zu erheben. Was sind grundlegende Motivatoren, die sich immer wieder in der Beschäftigung mit dem Thema Motivation finden lassen? Hier sind einige dieser Motive einmal aufgeführt:

Selbstverwirklichung
z. B. in einer Sache/Aufgabe aufgehen

Macht und Gestalten
z. B. Prozesse, Entscheidungen oder auch personengerichtet (Kunden, Kollegen und Mitarbeiter)

Neugier und Lernen
z. B. stetige Kompetenzerweiterung, Horizonterweiterung, Dingen auf den Grund gehen

Werkstolz
z. B. Stolz auf eigenes Produkt, ein Konzept oder ein sonstiges Arbeitsergebnis

Beziehung
z. B. im Team akzeptiert sein, beliebt sein, aber auch aus der Gruppe herausstechen und wichtig sein

Status und Prestige
z. B. Statussymbol, gewinnen wollen, vorne sein, auffallen

Anerkennung und Lob
z. B. Wertschätzung erhalten, nicht bloßgestellt werden, Schulterklopfen, Bestätigung für Tätigkeiten

Sicherheit
z. B. Kontinuität in den Aufgaben, sichere Arbeitssituationen, berechenbare Kollegen und Vorgesetzte, keine Überforderung

Abb. 5: Individuelle Faktoren des inneren Antriebs/Drangs (keine Hierarchie wie bei Maslow, diese stehen gleichberechtigt nebeneinander)

Ziel muss es sein, dass Sie diese Faktoren des inneren Drangs systematisch herausarbeiten und in der Arbeits- und Umgebungsgestaltung berücksichtigen. Grundsätzlich lassen sich hierzu Fragen formulieren, die man sich selber oder im Gespräch mit dem Mitarbeiter beantworten muss:

> **Übung zur Theorie: Innere Motivatoren Ihrer Mitarbeiter**
>
> 1. Wofür interessiert sich mein Mitarbeiter?
>
> _____
> _____
>
> 2. Was möchte er letztendlich für sich erreichen (Ziele)?
>
> _____
> _____
>
> 3. Worin erlebt der Mitarbeiter Erfolge?
>
> _____
> _____
>
> 4. Bei welchen Aufgaben strahlt er eine besondere Freude aus?
>
> _____
> _____

> 5. Welche Aspekte mag er überhaupt nicht, wobei sträubt er sich oder zeigt mindere Qualität?
>
> 6. Wie ist seine Persönlichkeitsstruktur? Ist er eher analytisch orientiert, ein Macher, ein extrovertierter/expressiver oder ein ruhiger, integrativer Vertreter seiner Art?

All diese Fragen sollte eine Führungskraft natürlich im Rahmen eines Mitarbeitergesprächs systematisch erarbeiten. Legen Sie sich für jeden Mitarbeiter einen Zettel an!

Im Folgenden möchten wir Ihnen ein Modell von Steven Reiss (2002) vorstellen, das diese Individualität des Einzelnen im Streben nach der Befriedigung der Bedürfnisse in den Mittelpunkt stellt.

Das *Reiss*-Profil®

Mit Hilfe des *Reiss*-Profils® lassen sich 16 existenzielle Bedürfnisse und Werte – die sogenannten »Motivatoren des Lebens« – identifizieren. Diese sind grundlegend dafür verantwortlich, was wir gerne und mit Energie tun, aber auch, was wir bewusst unterlassen. Diese Grundmotive sind von Person zu Person unterschiedlich ausgeprägt. Was den Menschen so einzigartig macht, ist die jeweilige Kombination der Bedürfnisse und was sie für den Einzelnen bedeuten. Dabei ist die individuelle Bewertung jedes der 16 Lebensmotive der Schlüssel, um menschliches Verhalten nicht nur zu verstehen, sondern auch vorhersagen zu können. Wenn man wissen möchte, was Menschen tun werden, muss man zuerst herausfinden, was sie wirklich wollen – und dann davon ausgehen, dass sie diese Wünsche und Bedürfnisse in ihrem Handeln auch befriedigen werden. Die Lebensmotive bestimmen unser Verhalten von innen her – sie motivieren uns

»intrinsisch«. Reiss definiert die 16 Lebensmotive als elementare »Letztmotive« beziehungsweise »Endzwecke« des Handelns, die wir als Grundwerte und sogar als Sinn des Lebens erleben. Im Einzelnen sind dies die folgenden:

niedrige Ausprägung	Lebensmotiv	hohe Ausprägung
geführt werden, keine Verantwortung, klare Arbeitsaufgaben	Macht	Einfluss, Erfolg, Leistung, Führung
Team- und Gruppenorientierung, Verbundenheit	Unabhängigkeit	Freiheit, Autarkie, Selbstbestimmung
Anwendungsorientierung, Umsetzung, Machen, Praktikabilität	Neugier	Wissen, Wahrheit, Dingen »auf den Grund gehen«
Kritik, Zeigen von Selbstbewusstsein	Anerkennung	soziale Akzeptanz, Zugehörigkeit, positiver Selbstwert
Flexibilität, Veränderung, Offenheit für Abweichung von Strukturen	Ordnung	Struktur, Klarheit, Ordnung, Organisation
Großzügigkeit, Wegwerfen, kein Interesse am Sammeln	Sparen	Anhäufung materieller Güter, Eigentum, Archivierung, Sammeln
Ziel- und Zweckorientierung	Ehre	Loyalität, Tradition, moralische Integrität, Regeleinhaltung, Prinzipien
Realismus, soziale Selbstverantwortung	Idealismus	Fairness, soziale Gerechtigkeit, Altruismus
Zurückgezogenheit, Ernsthaftigkeit, Intraversion	Beziehungen	Freundschaft, Geselligkeit, Extraversion, Nähe zu anderen
keine Fürsorglichkeit, keine Abhängigkeit von Kindern	Familie	Familienleben, Fürsorge, Erziehung eigener Kinder
Bescheidenheit, Genügsamkeit,	Status	Prestige, Reichtum, Titel, Anerkennung, öffentliches Ansehen
Harmonie, Kooperation, Konfliktvermeidung, Ausgleich	Wettbewerb	Kongruenz, Aggression, Kampf, Vergeltung
Askese	Sinnlichkeit	Ästhetik, Schönheit, Design, Erotik, Kunst
Hunger stillen	Essen	Genuss und/oder Menge bei Nahrung und »Speisen«
körperliche Ruhe	körperliche Aktivität	Bewegung, Fitness
Stressrobustheit, Risiko nehmen, Unternehmenslust	Ruhe	Entspannung, emotionale Sicherheit, Angst-/Stressvermeidung

Abb. 6: Die 16 Lebensmotive (nach Reiss, S., 2002)

Steven Reiss geht nicht nur von diesen 16 Motiven aus, sondern davon, dass sie in beide Richtungen ausgeprägt sein können. Dies bedeutet zum Beispiel, dass Personen mit einer niedrigen Unabhängigkeit nach einem

Anschluss an andere streben (also so eine Art Anschlussmotiv pflegen). Beiden Enden der 16 Motive liegen also entgegengesetzte Antreiber zugrunde.

Mitarbeiter zeigen dann höchste Einsatzbereitschaft und Leistungswillen, wenn sie eine Aufgabe ausüben, die ihre am stärksten ausgeprägten Lebensmotive befriedigt. In diesem Fall empfinden sie ihre Arbeit als ausfüllend. Dagegen werden Mitarbeiter auf lange Sicht weitaus weniger motiviert sein, wenn sie eine Tätigkeit ausüben, die sie aufgrund ihrer (erlernten) Fähigkeiten zwar am besten können, die ihnen im Hinblick auf ihre Lebensmotive aber keine Befriedigung liefert. Mangelnde Zufriedenheit und Leistung sowie Demotivation und Konflikte können die Folge sein.

Ziel ist es, die Motive der Mitarbeiter zu erkennen, um die Rahmenbedingungen so zu gestalten, dass sie die Motivation begünstigen und der Mitarbeiter seine Bedürfnisse befriedigen kann. Diese individuellen Motive kann man auch einzelnen Persönlichkeitstypen zuordnen (siehe Kapitel 3 »Der Umgang mit Persönlichkeiten«), und ihre Motivationscharakteristika lassen sich in vielen Fällen beschreiben.

Dominante (Macher)

Sie streben stets nach einer Umgebung, in der sie Dinge gestalten und in ihre Richtung beeinflussen können. Gerne steuern sie andere und geben den Ton an (Macht). Ihnen ist es wichtig, dass man auf ihre Leistung aufmerksam wird und dementsprechend ihre Bedeutung für das Unternehmen ausgesprochen würdigt. Gerne befriedigen sie ihre Bedürfnisse auch durch Statussymbole, die aber eher am Understatement ausgerichtet sind (Dienstwagen, Top-Handy et cetera). Reiss-Motive mit höherer Wahrscheinlichkeit bei dieser Personengruppe sind: Macht, Status, Wettbewerb, Unabhängigkeit.

Initiative (Expressive)

Sie liebäugeln insbesondere mit Aufgaben, in denen sie sich ins Rampenlicht bringen können und sozusagen die Bühne für sie gestaltet wird. Ihnen ist es wichtig, Individualität auszuleben und dafür die nötige Anerkennung in Form von Applaus zu bekommen. Reiss-Motive mit höherer Wahrscheinlichkeit bei dieser Personengruppe sind: Status, Anerkennung, Ehre (niedrige Ausprägung), Beziehungen, Ordnung (niedrig), Sinnlichkeit.

Gewissenhafte (Analytiker)

Der Analytiker zeichnet sich häufig dadurch aus, dass er ein Werk zur perfekten Vollendung treiben möchte, was ihn dann mit einem hohen Maß an Stolz erfüllt. Probleme sind für ihn Herausforderungen, dementsprechend gehört die Befriedigung der forscherischen Neugier zu seinem Element. Er möchte Dingen auf den Grund gehen. Reiss-Motive mit höherer Wahrscheinlichkeit bei dieser Personengruppe sind: Neugier, Ordnung, Sparen, Wettbewerb, Ruhe.

Integrative (Verbindliche)

Eines seiner wichtigsten Anliegen ist es, in einer überschaubaren, regelhaften Umgebung seiner Tätigkeit nachzukommen und nicht ständig in kreative Prozesse hineingezogen zu werden. Des Weiteren strebt er nach einer guten Beziehung zu seinem Umfeld, geprägt ist die Beziehungsmotivation durch ein häufig gezeigtes Harmoniestreben. Ebenso bevorzugt er Situationen, in denen er nicht unbedingt auffällt oder den Kopf aus der Menge herausheben muss. Reiss-Motive mit höherer Wahrscheinlichkeit bei dieser Personengruppe sind: Ordnung, Ruhe, Anerkennung, Sparen, Wettbewerb (niedrig), Familie.

Insgesamt hat es sich als sehr zielführend erwiesen, dass man für jeden seiner Mitarbeiter eine »Motivationslandkarte« anlegt, in der die oben genannten Aspekte systematisch aufgeführt sind. In der psychologischen Forschung wird immer wieder deutlich, dass es, wenn man diese inneren Motivatoren der Mitarbeiter befriedigt, zu einer kontinuierlichen und dauerhaften Ausprägung der Leistung kommt.

Andere hinsichtlich ihrer Motivationslandkarte einzuschätzen heißt, zuerst einmal sich selbst zu kennen. Welche fünf der oben genannten Motive von Reiss treffen auf Sie am meisten zu? Machen Sie zuerst eine Selbsteinschätzung und fragen Sie dann Ihren Partner, andere Bekannte, Kollegen, eventuell auch Mitarbeiter. Holen Sie sich möglichst viele Fremdbilder ein!

Checkliste: Einschätzung meiner fünf wichtigsten Motive nach Reiss (Einschätzung ohne Test)

Selbstbild	Fremdbild
1.	1.
2.	2.
3.	3.
4.	4.
5.	5.

Ein Aspekt wird hier sehr deutlich, der durch die Motivations-Gurus immer wieder falsch dargestellt wird: Die Kraft und Motivation, etwas zu tun, kommt von innen und ist nicht etwas, was ich durch Feuerläufe oder andere Absurditäten in Leute hineinpflanzen kann.

Außerdem ist es sehr wichtig, die Individualität des Einzelnen in den Mittelpunkt zu rücken. Nur so kann eine wirklich gute Führung erfolgreich praktiziert werden.

Der Deal

Grundsätzlich kann man Menschen zu Taten bewegen, indem man ihnen dafür eine Belohnung anbietet (extrinsische Motivation). Belohnung meint in diesem Sinne, dass der im Vorfeld zu leistende Aufwand subjektiv vom Mitarbeiter als geringer eingeschätzt wird als der Genuss, der die Belohnung repräsentiert (Aufwands-/Ertragsmodell). Dies kann sehr individuell wirken, wie ein kurzes Beispiel belegen mag:

Praxisbeispiel: Der Abteilungsleiter sagt stolz zu einem seiner Mitarbeiter: »Sehr geehrter Herr König, ich freue mich, Ihnen eine Gehaltserhöhung anbieten zu können, die aufgrund Ihrer doch sehr intensiv geleisteten Überstunden dringend notwendig gewesen ist. Ich schätze Ihren Einsatz und Ihre Mühe, die Sie über das gesamte letzte Jahr gezeigt haben, und möchte mich hierfür erkenntlich zeigen. Dementsprechend habe ich bei der Geschäftsleitung durchgesetzt, dass wir Ihnen eine Erhöhung von 49,80 Euro pro Monat zusagen können. Ich freue mich, wenn Sie Ihre hervorragende Leistung auch weiterhin aufrechterhalten.« Herr König, der pro Woche zirka 10 bis 15 Überstunden leistet, empfindet diese Belohnung als nicht angemessen. Ferner ist die Erhöhung bei seinem Monatsgehalt von 5.000 Euro nun wirklich nicht deutlich genug.

Was lehrt uns diese kurze Geschichte? »Erst einmal muss der Wurm dem Fisch und nicht dem Angler schmecken.« Das ist ein häufig gebrauchtes Wort, was aber insbesondere im Rahmen des »Deals« von zentraler Bedeutung ist. Grundsätzlich muss es nämlich jemandem gelingen, den Mehraufwand, den er subjektiv erarbeitet hat, auch zu belohnen. Hierbei ist das alte Apothekerwaagen-Modell sehr wichtig. Es muss sich also die Schale des subjektiven Empfindens deutlich tiefer senken als die Belastungssituation, die in der anderen Schale liegt.

Damit ist der Deal eine Variante, die eher zum Einsatz kommt, wenn unangenehme und nicht unbedingt dem inneren Drang entsprechende Aufgaben vom Mitarbeiter gefordert werden. Wenn ich beispielsweise einen zurückhaltenden Mitarbeiter, der nicht gerne im Rampenlicht steht, bei einer Kundenveranstaltung von 200 Teilnehmern einsetze, dann entspricht dies nicht seiner Primärmotivation nach Sicherheit und dem Bedürfnis nach kontrollierbaren Situationen (Ruhe nach Reiss). Auf der anderen Seite kann ich ihm aber einen Anreiz schaffen, der diese subjektiv empfundene Last ausgleicht. So besteht hier die Möglichkeit, die neue zukünftige Position in Aussicht zu stellen, wenn er diese Herausforderung (neben anderen) gemeistert hat.

Ein etwas humorvolles Beispiel aus der Lernpsychologie soll dies noch einmal verdeutlichen. Stellen Sie sich folgende Versuchsanordnung eines psychologischen Lernlabors vor: In einem Käfig von 50 mal 50 Zentimetern haben Sie eine weiße Ratte. Diese Ratte soll lernen, einen Schalter am Ende des Käfigs zu bedienen. Grundsätzlich verspürt die Ratte überhaupt kein Interesse daran, es sei denn, sie ist mit einer gewissen Neugiermotivation ausgestattet. Ist sie dies nicht, so wird sie alles Mögliche tun, aber nicht den Schalter drücken. In dieser Versuchsanordnung behilft man sich deshalb damit, eine Belohnung zu verabreichen. Immer, wenn die Ratte die Taste drückt, öffnet sich eine Schleuse, und Zuckerwasser tritt in ein kleines Behältnis, aus dem die Ratte trinken kann. Der Lernerfolg der Ratte steigt drastisch an, wenn man die Konzentration der Zuckerlösung erhöht. Geben Sie nur Wasser in das Gefäß, dann wird das subjektive Erfolgserlebnis der Ratte geschwächt, und die Häufigkeit des Tastendrucks nimmt signifikant ab. Sie erinnern sich noch an das Anglerbeispiel?

Dieses Beispiel aus der Lernforschung hat zu einem großen Irrtum in der Motivationsforschung geführt. Noch heute hält sich oft die falsche Erkenntnis, dass Geld dieses Zuckerwasser im unternehmerischen Umfeld darstellt. Dennoch stellen wir auch hier fest, dass Geld nur dann als Anreiz sinnvoll ist, wenn es eher ein Defizitbedürfnis (vergleiche Maslow) befriedigt. Sind diese Bedürfnisse befriedigt, verliert Geld an Wirksamkeit. Falsch ist damit aber auch die gegenteilige Behauptung, Geld sei kein Motivator. Das können nur Leute behaupten, die nach Maslow bereits in der fünften Stufe sind. Wirksam ist Geld auch dann, wenn es indirekt zur Befriedigung des inneren Dranges dient, beispielsweise im Rahmen von idealistischen Handlungen (Schulen in Afrika) oder als Maß für die Wettbewerbsorientierung (Rennlisten im Vertrieb).

Befinden wir uns im Bereich der Selbstverwirklichung unserer Letztmotive nach Reiss, dann kann Geld sogar den gegenteiligen Effekt erzielen.

Wir fühlen uns für ein Verhalten belohnt, das wir aus der intrinsischen Motivation nicht zeigen würden. Dies erleben wir als nicht konsistent mit unserer Selbstbewertung (wir werden korumpiert!). Kommen wir nun aber zu den Aspekten zurück, die einen Deal außerhalb der monetären Betrachtung darstellen können.

Praxistipp: Was kann ich einem Mitarbeiter als Deal anbieten?
Wichtige weitere Faktoren sind Deals, die auf die bereits erwähnten inneren Drangfaktoren abgestellt sind und den Mitarbeiter langfristiger aktivieren. Dementsprechend sind diese für unterschiedliche Persönlichkeiten genau zu bewerten. Hier einige Ideen für Deals:

- Geben Sie Ihrem Mitarbeiter interessante und herausfordernde Aufgaben und Tätigkeiten. Eine Erweiterung von Verantwortung und das Lernen von Neuem (Job Enrichment) sind Anreize.
- Geben Sie dem Mitarbeiter die Möglichkeit zur Darstellung der eigenen Person im Rahmen des Prestigestrebens in Form von Präsentationen, Auftritten und Repräsentationsmöglichkeiten.
- Herausheben des Mitarbeiters in größeren Gruppen, Aktion des »Schulterklopfens« oder Ernennung des »Mitarbeiters der Woche«. Auch Sonderaufgaben mit Öffentlichkeitswirksamkeit seien hier erwähnt.
- Geben Sie Mitarbeitern die Möglichkeit, die eigene Leistung auch in einer Präsentation der eigenen Person zu verwirklichen (beispielsweise Publikationen, namentliche Nennung in Firmenprospekten et cetera).
- Geben Sie Mitarbeitern die Möglichkeit, eigene Leistungen auch selber zu präsentieren. Man muss als Chef diese Chance dem Mitarbeiter nicht immer wegnehmen.
- Übertragen Sie ihm innovative oder herausfordernde Problemaufgaben/Fragestellungen oder Repräsentationspflichten, die sonst gerne von Führungskräften ausgeführt werden.
- Geben Sie Möglichkeiten, um die Mitarbeiterqualifikation zu erhöhen und sich weiterzubilden.
- Geben Sie dem Mitarbeiter Möglichkeiten, andere zu entwickeln und anzuleiten, Projektgruppen zu führen oder den Lead für Fragestellungen zu übernehmen.
- Definieren Sie mit ihm Wachstumsaufgaben und beschreiben Sie sie so, dass sie der Lernmotivation förderlich sind.

- Winken Sie mit Titeln und Statussymbolen, die für den Einzelnen von hoher Relevanz sind (Dienstwagen, Privatnutzung des Handys et cetera).
- Bieten Sie aktiv einen Freizeitausgleich an oder ein verlängertes Wochenende. Ein Essen mit dem Lebenspartner kann ebenfalls sehr hilfreich sein, weil dieses auch den Verzicht des Partners in den Deal einbezieht.
- Geben Sie dem Mitarbeiter die Möglichkeit zur Flexibilisierung der Arbeitszeit (später kommen, früher gehen) gemäß seiner persönlichen Präferenz.
- Geben Sie ihm Unterstützung durch helfende Hände (Praktikanten, Teilzeitkräfte, Assistenten). Diese Teilführung wird insbesondere von Status- und Machtmotivierten gerne wahrgenommen.
- Stellen Sie sich selber als Sparringspartner zur Verfügung, erleichtern Sie, Kontakte zu anderen wichtigen Personen im Unternehmen herzustellen. Dies fördert den wahrgenommenen Selbstwert.

Bei den genannten Aspekten gilt die alte Regel: Der Deal muss attraktiv sein und den dafür zu erbringenden Aufwand rechtfertigen. Ist er es nicht, verpufft die motivatorische Wirkung!

Die Qualität des gemeinsamen Weges

Sollten Sie den inneren Drang Ihres Mitarbeiters nicht sofort treffen oder sollte das subjektive Aufwands-/Ertragsmodell des Mitarbeiters Ihren Deal zurückweisen, dann stellt sich die Frage nach weiteren Möglichkeiten. Eine dieser Möglichkeiten ist, über die Qualität des gemeinsamen Weges vorzugehen. Hierbei lassen sich zwei Aspekte unterscheiden:

a) der materielle Weg,
b) die Person des Chefs.

Der materielle Weg

In diesen Aspekten gibt es eine gewisse Nähe zum Thema Deal. In dieser eher materiellen Facette geht es darum, die Umgebungsvariablen des Mitarbeiters so zu gestalten, dass er sich besonders wohl fühlt. Viele Menschen schätzen Chefs, die ein angenehmes Arbeitsklima schaffen können. Solche Aspekte fördern den Spaß an der Arbeit, wobei nicht unbedingt innere Motivatoren befriedigt werden müssen. Man geht aber gerne zur Arbeit.

Praxisbeispiel: Eine mittelgroße Beratungsfirma für IT-Projekte hat immer wieder Qualitätsprobleme bei der Erstellung von Präsentationsunterlagen, die durch sogenannte »Projektassistentinnen« erfolgten. Dies lag zum einen daran, dass das Arbeitsumfeld der Projektassistenz nicht optimal ausgestattet war, aber auch daran, dass die Attraktivität der Firma als Arbeitgeber nicht sehr hoch war. Letzteres beruhte darauf, dass sich die nicht optimalen Rahmenbedingungen bereits unter den Bewerbern herumgesprochen hatten. Aus diesem Grund beschloss man, attraktive Rahmenbedingungen für Assistenzkräfte gestalterisch umzusetzen. Dies erfolgte, indem man für schnellere Rechner, große, layouterprobte Bildschirme und auch eine ausgefeilte und innovative Peripherie (Farblaserdrucker, DIN-A3-Scanner und weitere Tools) sorgte, die sowohl dem Aspekt der Innovation als auch der angenehmen Gestaltung des Arbeitsplatzes entgegenkam. In kürzester Zeit sprach sich in der eher ländlichen Region herum, dass man in diesem Unternehmen als Projektassistentin mit »State-of-the-Art-Instrumenten« arbeitete, was die Bewerbungen qualifizierter Mitarbeiter/-innen deutlich erhöhte. Ebenfalls steigerte sich die Leistung der Mitarbeiter/-innen im Assistenzbereich deutlich. Die Fehlerrate reduzierte sich merklich.

Was lernen wir daraus? Für eine Führungskraft spielt die Gestaltung der Randvariablen eine bedeutsame Rolle. Dies bezieht sich auf das Thema Arbeitsklima und kulante Überstundenregelungen, umfasst aber durchaus auch einmal den Blumenstrauß am Arbeitsplatz. All diese Faktoren fördern die Qualität des gemeinsamen Arbeitsplatzes und können die Mitarbeiter zu Aufgaben bewegen, die sie von sich aus nicht unbedingt in Angriff genommen hätten. Dies zum materiellen Wohlfühlfaktor.

Die Person des Chefs

Einen viel stärkeren Einfluss auf die Motivation hat aber die Qualität des gemeinsamen Weges, wenn man dazu die Person der Führungskraft als zentrales Element betrachtet. Weniger steht hier die Passung der Motivation mit der Aufgabe im Vordergrund, wie in den zwei Wegen vorher besprochen. Dies kann dadurch der Fall sein, dass die Attraktivität (der Deal) einer Aufgabe zu niedrig ist oder sie keine »Letztmotive« befriedigt. In der Qualität des gemeinsamen Weges ist eher die Frage von Bedeutung, warum ein Mitarbeiter etwas für eine gute soziale Beziehung zu seinem Chef tun soll. Hierbei kann es fünf Aspekte geben, die nicht unabhängig vom Persönlichkeitstyp eines Chefs sind. Es muss Ihnen also gelingen, dass der Mitarbeiter etwas für Sie tut! Wie kann das gelingen? Fünf »Cheftypen« geben diesen Anlass:

Der bunte Vogel (der Inspirator)

Diese Art von Führungskräften ermöglicht einem dynamischen und energischen Mitarbeiter, stets auf dem Sprung zu sein, Ideen und Innovationen einzubringen und gelegentlich auch anzuecken. Die Führungskraft hat für ihn Verständnis und gibt ihm die entsprechenden Freiräume und Spielwiesen, um sein Innovationspotenzial voll zu entfalten. Er ist kreativer Sparringspartner, verkauft die Ideen des Mitarbeiters nicht als die seinen und ist offen für Gedankenblitze und Anregungen. Grundsätzlich hört er sich alle Dinge erst einmal an, versucht sie machbar zu gestalten und strukturiert so teilweise die etwas wirre Welt seines Mitarbeiters.

August der Starke (die »toughe« Führungskraft)

Insbesondere unsichere Mitarbeiter suchen stets nach Halt, Ausrichtung und klaren Ansagen. Sie schätzen Führungskräfte, die ihnen diese Ordnung geben und die im Häuptlingssinne auch Gefahren von ihnen abwenden können. Sie stehen insbesondere vor ihren Mitarbeitern, wenn es eng wird. Die Attraktivität dieses Chefs ist besonders dann sehr hoch, wenn er eine wichtige Rolle im Stamm der Häuptlinge eines Unternehmens spielt. Jemand, der entscheidet, durchsetzt und auch gegen Widerstände in der Regel erfolgreich ist, ist für diese Menschen eine Person, für die man gerne arbeitet und für die man auch schon mal »die Kohlen schleppt«.

Praxisbeispiel: Herr Schulz ist Kundenberater des bereits erwähnten IT-Beratungshauses. Als Projektmitarbeiter sitzt er gerade bei einem Kunden und erarbeitet im Rahmen eines Projektes eine Aufgabenlösung auf einem Server des Kunden. Um eine Simulation zu machen, hat sich der Mitarbeiter einige Informationen auf seinen USB-Stick gezogen, die er nun an seinem Laptop bearbeitet. Aufgrund eines plötzlichen Anrufes seiner Frau muss der Mitarbeiter nun dringend die Kundenfirma verlassen und begibt sich zu seinem Auto. An der Pforte wird er von einem Mitarbeiter des Sicherheitsdienstes angehalten und muss seine Aktentasche vorzeigen. Dabei entdeckt der Sicherheitsbeamte das noch laufende Laptop und den darin befindlichen USB-Stick. Er bittet deshalb den Mitarbeiter, ihm einmal zu zeigen, was für Informationen auf diesem USB-Stick abgespeichert sind. Sofort identifiziert der Sicherheitsbeamte diese als Informationen des Unternehmens und ruft seinen entsprechenden Vorgesetzten an. Dieser ruft wiederum die Führungskraft des IT-Beraters völlig erbost an und schildert ihm, dass ein Mitarbeiter Informationen des Hauses auf einem USB-Stick nach außen befördern wollte. Hierzu gab es aufgrund der Sensibilität solcher Daten im Auftrag extra eine Klausel, die dieses untersagte. Die Führungskraft, ein gewandter Reklamationsbearbeiter, ging in die Gegenoffensive und nahm seinen Mitarbeiter in Schutz. Durch seine beharrliche Intervention erreichte er, dass der Mitarbeiter weder einen negativen Vermerk erhielt noch von dem Kundenprojekt abgezogen wurde. Dieses Verhalten machte dem Mitarbeiter deutlich, dass er einen Chef hat, der sicher Gefahren abwenden und ihm das nötige Maß an Rückendeckung geben kann.

Der Kümmerer (der immer für mich da ist)

Es gibt Führungskräfte, die Notsituationen ihrer Mitarbeiter sofort entdecken und diese dann schnell und unbürokratisch abstellen. Ebenso sind sie stets bereit, bei Problemstellungen des Mitarbeiters einzugreifen und ihm in seinen Ängsten und Sorgen zur Seite zu stehen. Der Vorgesetzte kümmert sich darum, Informationen von anderen Führungskräften zu bekommen, die nicht in direkter Kommunikationslinie mit dem Mitarbeiter stehen, hört privaten Problemen zu und hat im landläufigen Sinne »stets die Tür offen stehen«. Mitarbeiter mit einer hohen Beziehungsmotivation, die auf eine kontinuierliche Zusammenarbeit angelegt sind, schätzen solche sehr engagierten und stets um ihr Wohl bemühten Chefs. Dies äußert sich in der Regel darin, dass sie hoch loyal auch einmal für Aufgaben zur Verfügung stehen, die sie sonst nicht unbedingt erledigen würden. Bei ihnen gilt in der Regel das Prinzip: »Eine Hand wäscht die andere.«

Der Lehrer (der Vorbild und Lernfunktion repräsentiert)

Hier ist die Person der Führungskraft eine häufig kompetente und auch in ihrem Verhalten positiv ausgeprägte Erscheinung. Mitarbeiter, die sowohl eine Lernmotivation haben als auch sich gerne weiterentwickeln wollen, schauen sich an dieser Person gerne Aspekte ab, die ihre Sichtweise und Kompetenz verbreitern. Solange Mitarbeiter lernen können, sind sie auch bereit, nicht immer so motivierende Aufgaben zu bewerkstelligen, da hier auch der »tolle Chef« als Anreiz fungiert und das Prinzip des Gebens und Nehmens in einem guten Verhältnis steht. Grundsätzlich schwingt dabei immer ein hohes Maß an Bewunderung für den Chef mit, was sich sowohl auf bestimmte Kompetenzen als auch auf Erfahrungen beziehen kann.

Der »Brenner« (der immer etwas bewegt)

Diesen Personen folgt man gerne, weil immer etwas passiert. In der Psychologie sprechen wir auch von »Arousal«. Führungskräfte dieser Kategorie halten viele Bälle im Spiel, schaffen spannende Zustände und lassen es nie langweilig werden. Dazuzugehören heißt, auf dem Kamm der »Megawelle« zu surfen oder einfach nur »dabei zu sein«. Mit diesen Chefs wird es nie langweilig, sie befriedigen die eigene Neugier, innere Unruhe und den Wunsch nach positiver Rastlosigkeit. Auch der Aspekt des Veränderns und Wachsens spielt hierbei eine bedeutende Rolle. Grundsätzlich aber stellt Sie dies als Chef immer vor die Aufgabe, dieses Tempo beizubehalten. Bei einer Konsolidierung und dem Streben nach Ruhe von Seiten des Chefs (Reduktion der Rotation) werden diese Mitarbeiter meist schnell ungeduldig und wenden sich relativ zügig ab.

Auch die Qualität des Weges kann man aktiv bei einem Mitarbeiter erfragen, indem man sich nach seiner Attraktivität und den Ursachen dafür erkundigt:

- Was sind Erwartungen, die Sie an mich knüpfen?
- Was dürfte in unserer Zusammenarbeit nicht passieren?
- Was reizt Sie besonders, in meiner Abteilung zu arbeiten?
- Welche Aspekte in der Zusammenarbeit haben Sie in der Vergangenheit besonders gerne gehabt und was ist in der Vergangenheit für Sie eher hinderlich gewesen?

Durch diese Fragen wird Ihnen deutlich, welche Aspekte im gemeinsamen sozialen Kontext dem Mitarbeiter besonders wichtig sind. Sollte auch dieser Weg nicht von Erfolg gekrönt sein und der Mitarbeiter die Aufgabe immer noch nicht erfüllen, muss in Stufe 2 übergegangen werden. Hierauf bezieht sich der nächste Abschnitt.

Einsicht oder Pflicht

Wenn sich die drei Bereiche des Punktes Motivation mit der inneren Bereitschaft des anderen beschäftigt haben, von sich aus etwas zu tun, so ist dieser Abschnitt hier dem »sanften Schieben« gewidmet. Sicher kennen

Sie als Führungskraft die Situation, dass es immer wieder Aufgaben gibt, die einfach gemacht werden müssen, auch wenn das Strahlen des Mitarbeitergesichts nicht besonders ausgeprägt ist.

Auf dieser Stufe appellieren Sie grundsätzlich an das Pflichtbewusstsein des Mitarbeiters und seine Einsicht in die Notwendigkeit. Insbesondere Mitarbeiter, die wir im oberen Teil als stetig und verbindlich gekennzeichnet haben, lassen sich durch eine kurze Erinnerung an ihre Pflichten (beispielsweise aus dem Arbeitsvertrag oder der Arbeitsplatzbeschreibung) dazu bewegen, nicht so bevorzugte Aufgaben zu erledigen.

Grundsätzlich ist es in diesem Fall sehr hilfreich, auf die schwierige oder unspannende Aufgabe hinzuweisen und die Notwendigkeit ihrer Erfüllung darzulegen (Sinnhaftigkeit vermitteln). Hilfreich ist es ferner, wenn jeder Ihrer Mitarbeiter einmal eine unangenehme Aufgabe lösen muss und nicht der »Abteilungsdepp« immer wieder zu solchen Aufgaben herangezogen wird. Grundsätzlich schaffen es nämlich einige Mitarbeiter mit fast spielerischer Leichtigkeit, sich aus unangenehmen Themen geschickt zurückzuziehen und anderen den »Schwarzen Peter« zuzuschieben. Solche Vorgänge werden in dem Kapitel zu den psychologischen Spielen noch einmal vertieft bearbeitet.

Grundsätzlich hilfreich ist in diesem Themengebiet, dass man dem Mitarbeiter folgende Aspekte verdeutlicht:

- Ziele des Bereichs oder der Unternehmung, die mit der Aufgabe im Zusammenhang stehen: Was ist das übergeordnete Ziel? Welche Priorität nimmt diese Aufgabe im Unternehmen ein? Weshalb werden so viele Ressourcen zur Verfügung gestellt?
- Hintergründe der Aufgabe: Wie kam sie zustande? Weshalb ließ sie sich nicht abwenden?
- Notwendigkeiten der Aufgabe: Wer braucht eventuell einen Output zur Weiterverarbeitung?
- Zukünftige Interessen, die mit der Aufgabe bewältigt werden können: Was können wir mit dem Ergebnis weiter machen? Wieso erleichtert uns diese Aufgabe die Zukunft?

Wichtig ist in diesem Zusammenhang, dass Sie dem Mitarbeiter einmal die oben genannten Punkte transparent darstellen und ihn dann bitten, diese Aufgabe zu erledigen. Es ist nicht sinnvoll, immer wieder darauf hinzuweisen, dass diese Aufgabe schwierig und unangenehm ist und dass es einem fürchterlich leid tut, dass sie erledigt werden muss. Dieses »falsche« Mitleid wird vom Mitarbeiter häufig falsch verstanden. Psychologisch betrachtet, willigt der Mitarbeiter bei Einsicht in der Regel relativ schnell in diese Aufgabenerfüllung ein, ein »Überverkauf« macht ihn eher skeptisch und nachdenklich und lässt häufig zusätzliche Widerstände entstehen.

Grundsätzlich müssen Sie es auf dieser Stufe auch ertragen, dass Mitarbeiter nicht mit einem Lächeln von Ohr zu Ohr die Aufgabenbewältigung angehen und Sie besonders lieben. Sicherlich hören Sie das eine oder andere Stöhnen und Meckern. Lassen Sie sich hiervon nicht irritieren. Die wenigsten Menschen stehen morgens mit einem Lächeln im Gesicht auf, sondern erinnern sich eher ihrer Pflichten, den Lebensunterhalt zu verdienen oder auch das kleine Familienunternehmen in Gang zu halten. Wie heißt es doch so schön: »Vor den Erfolg haben die Götter den Schweiß gesetzt.«

Grundsätzlich lassen sich jene Mitarbeiter, die ein hohes Anerkennungsmotiv, ein geringes Unabhängigkeitsstreben und insgesamt ein hohes Pflichtbewusstsein bei Deals haben (Arbeitsvertrag als zweiseitige Verpflichtung), von diesem Weg am besten ansprechen.

Nicht zu vernachlässigen ist auf diesem Weg aber der Aspekt des Herausstellens des Nichthandelns des Mitarbeiters. In der Lernpsychologie tritt hier eine Form der Bestrafungserwartung ein, wenn ein gewünschtes Verhalten nicht gezeigt wird. Stellen Sie Ihrem Mitarbeiter durchaus die Konsequenzen des Nichthandelns in Aussicht, sodass dieser sich frei für die eine oder andere Variante entscheiden kann. Häufig wird uns hier vorgehalten, dass wir von Drohung sprechen. Dies ist nicht gemeint. Dennoch ist die Ankündigung des Entzugs von Privilegien oder auch die Übernahme einer unangenehmen Schicht sicherlich ein Mittel, um die notwendige Aufmerksamkeit für die Einsicht in die Pflicht zu schaffen. Auf das Umgehen mit mangelnder Einsicht wird noch einmal im Kapitel 4 »Einsicht in Probleme schaffen und Veränderungen initiieren« vertieft eingegangen.

Herrschaft

Dies ist die Stufe, die Sie erst nach sorgfältiger Prüfung der vorhergehenden einleiten sollten. Auf dieser Stufe muss Ihnen auch klar sein, dass Sie hier nicht mehr motivatorisch, sondern eher mit Druck agieren. Hier kommt die klare Aussage zum Ausdruck: »Du bist nicht o.k.!« In der Psychologie sprechen wir in diesem Fall teilweise vom »Lernen durch Ausbleiben der Bestrafung«. Grundsätzlich bedeutet dies, dass ich als Führungskraft unangenehme Reize (Sanktionen, Abmahnungen et cetera) aussprechen muss und der Mitarbeiter das Negative dieser Vorgehensweise als bedrohlicher empfindet als die von ihm verlangte Aufgabe auszuführen.

Hier geht es also darum, den negativen Ertrag zu vermeiden (Aufwands-/Ertragsmodell).

Im Folgenden zur Auflockerung noch einmal ein kurzes Beispiel aus der Lernforschung mit Ratten.

Folgende Versuchsanordnung liegt den Ausführungen zugrunde: Sie haben einen Käfig in der Größe von 50 mal 50 Zentimeter, dessen Boden Sie unter Strom setzen können. Auf der einen Seite dieses Käfigs befindet sich ein Schalter, der zur Unterbrechung des Stroms führt. Wenn Sie nun eine Ratte in diesen Käfig stellen und den Strom anstellen, so läuft sie erst einmal relativ ziellos umher. Dann realisiert sie irgendwann, durch ein häufig zufälliges Stoßen gegen die Taste, dass dies zur Unterbrechung des Stroms führt. Nach der Unterbrechung nehmen Sie die Ratte aus dem Käfig und gehen wieder in die Ausgangslage des Versuchs zurück. Setzen Sie die Ratte nun wieder in den Käfig, schalten den Strom ein, und Sie werden merken, dass die Ratte immer schneller zur Taste findet und diese drückt. Nach zirka sieben bis acht Versuchen drückt die Ratte die Taste, bevor Sie den Strom überhaupt anstellen können. Übrigens: Die Ratte lernt schneller, je höher die Stromstärke ist.

Gegenüber dem Rattenversuch hat die Führung von Mitarbeitern verschiedene Vorteile. Erstens können Sie dem Mitarbeiter kommunikativ erklären, welche Reaktion (Tastendruck) Sie von ihm erwarten. Dieser Kommunikationsvorteil führt in der Regel zu schnellerem Lernen. Ein Aspekt bleibt aber gleich: Je unangenehmer die Ergebnisse des Nichthandelns für den Mitarbeiter sind, desto eher ist er bereit, sein Verhalten in die gewünschte Richtung zu verändern. Nicht umsonst ist die Abmahnung mit Kündigungsdrohung oft der finale Zustand dieser Herrschaftsstufe. Emotional angenehm ist diese Stufe für Führungskräfte sicherlich nicht, aber das Primat, Ergebnisse zu erzielen, steht hier über der emotionalen Befindlichkeit.

Die Stufe 3 lässt sich grundsätzlich aus zwei Aspekten betrachten:

1. Anordnung/Androhung
2. Sanktionen

In dieser Stufe muss auf ein weiteres Phänomen im Führungsalltag hingewiesen werden, das von großer Bedeutung ist.

Erstens besteht hier nicht nur für den Mitarbeiter ein »psychischer Druck«, sondern in der Regel auch für den Vorgesetzten, zu solchen Maßnahmen greifen zu müssen.

Zweitens ist ebenso wichtig zu bedenken, dass Stufe 1 (Androhung) immer zu Stufe 2 führen muss (Sanktion/Konsequenz), da ansonsten Stufe 1 unwirksam ist. Viele Führungskräfte sind sich über diese Konsequenz nicht im Klaren, denn in der »Herrschaft« findet häufig bereits eine soziale Ausweitung statt. Andere Mitarbeiter oder angrenzende Bereiche schauen sich ziemlich genau an, wie konsequent Sie die weiteren Schritte gehen. Das heißt, dass ein Nichtagieren als Signal der Schwäche und nicht als konsequente Regelverfolgung gewertet wird (Vernachlässigung der Pflichten des Medizinmannes) und Sie sich nicht wundern müssen, wenn andere Mitarbeiter Ihre Anordnungen ebenfalls nicht ernst nehmen (Flächenbrandphänomen).

Da diese Konsequenzen nicht unerheblich sind, sollten Sie im Vorfeld vier Aspekte näher beleuchten:

1. Check des bisherigen Verlaufs
   - Sind Sie die zwei vorherigen Wege konsequent gegangen?
   - Haben Sie alle vorher genannten Aspekte berücksichtigt, bevor Sie in diese Eskalationsstufe hineingehen?
   - Welche Konsequenzen ergeben sich aus dem weiteren Vorgehen?

2. Faktensammlung
   - Ist die Beweislage eindeutig?
   - Haben Sie klare Beobachtungen dokumentiert, sodass Sie diese auch in Auseinandersetzungen klar belegen können?
   - Sind »Zeugenaussagen« belastbar oder fallen sie im Ernstfall in sich zusammen?

3. Prozess kommuniziert
   - Konfrontieren Sie den Mitarbeiter klar mit der weiteren Eskalation, sprechen Sie die Konsequenzen offen und transparent an?
   - Kann und will der Mitarbeiter eine weitere Person hinzuziehen (Betriebsrat, Ombudsmann/-frau)?

4. Weg konsequent gehen!
   - Wer A sagt, muss auch B sagen, seien Sie konsequent!
   - Haben Sie die Vorgehensweise klar vorbereitet?
   - Haben Sie mit dem Personalbereich bezüglich rechtlicher Schritte gesprochen?
   - Wie kommunizieren Sie diesen »harten Weg« an die übrigen Mitarbeiter?

Jetzt haben Sie die drei Wege kennengelernt auf denen Mitarbeiter folgen und hoffentlich den einen oder anderen Gedanken für Ihren Alltag erhalten. Natürlich können Sie dieses Führungsmodell nicht nur auf Mitarbeiter, sondern auch auf Kollegen, Kunden und sogar Chefs anwenden. Wenn Sie sich intensiv mit deren innerem Antrieb beschäftigen und dementsprechend Ihre Kommunikation so ausrichten, dass dieser Aspekt geweckt wird, dann kann in solchen »Führungssituationen« eigentlich wenig schiefgehen.

Dennoch ist natürlich nicht auszuschließen, dass sich der eine oder andere durch Ihre Vorgehensweise in eine Konfliktsituation gedrängt sieht und mit Ihnen eine verdeckte oder offene Auseinandersetzung sucht. Der Umgang mit Konflikten wird in dem entsprechenden Kapitel detailliert erläutert werden.

Zusammenfassung

Die Führung von Mitarbeitern hat mit sozialen Prozessen zu tun. Menschen treffen in Gruppen aufeinander, es entwickelt sich in der Regel recht schnell eine Führungssituation, weil Einzelne den »Ton« angeben. Dies passiert sogar in zufällig zusammengewürfelten Gruppen. Führung ist in diesen Fällen durch eine Vertikalität in der »Machtbeziehung« gekennzeichnet. Wenn man eine Führungsrolle zugesprochen bekommen hat, dann kann man diese immer in zwei Richtungen leben: qua Amt und Urkunde oder legitimiert durch die »Geführten«.

Mitarbeiter geben Ihnen die Legitimation als Chef, wenn Sie die Aufgaben des »Häuptlings« und »Medizinmannes« vereinen. Das bedeutet, dass Sie Ihren »Stamm« nach vorne bringen, Bedrohungen gegen Sie und Einzelne abwenden und klare Strukturen schaffen. Diese müssen Sie konsequent einfordern, ebenfalls gegen sich selbst. Zur »Gesunderhaltung« des Stammes müssen Sie diesen durch gezielte Entwicklung und ständiges Lernen fördern. Jedem »Indianer« muss ferner klar sein, welche Erwartungen Sie an seine Funktion haben und welche Rolle er spielt. In der Funktion des Medizinmannes müssen Sie für eine gewisse Form des erfolgreichen sozialen Gefüges und die Motivation der Einzelnen sorgen, um eine »fette Beute« zu erhalten.

Dabei folgen Ihnen Mitarbeiter mit unterschiedlicher innerer Verpflichtung. Es gibt insgesamt drei Wege, wie Sie Mitarbeiter zum Folgen veranlassen können:

1. Motivation
2. Einsicht oder Pflicht
3. Herrschaft

Ideal ist es, über den ersten Weg zu führen und die inneren Motivatoren Ihrer Mitarbeiter (die intrinsische Motivation) zu kennen. Hilfreich dazu ist es, die von Reiss postulierten »Letztbedürfnisse« (den inneren Drang Ihrer Mitarbeiter) zu kennen, also eine Motivationslandkarte zu erstellen und die Aufgaben entsprechend auszuwählen und den Mitarbeitern nahezubringen. Dies führt zu einem selbst gesteuerten Umsetzen durch den Mitarbeiter. Ihr Steuerungsaufwand sinkt.

Der »Deal« ist der zweite Unterpunkt zur Motivation. Es handelt sich um ein persönliches Aufwands-/Ertragsmodell des Mitarbeiters. Ein subjektiv höher empfundener Ertrag führt zum Handeln. Hierbei sind aber nicht nur finanzielle Anreize gemeint.

Der dritte Aspekt der Motivation ist die Qualität des Weges. Dies meint, dass die Umfeldvariablen der Tätigkeit positiv gestaltet werden. Das betrifft sowohl die dinglichen Aspekte (Qualität der Arbeitsmittel et cetera) als auch insbesondere den positiven Einfluss des Chefs (persönliche Aspekte). Mit Letzterem ist gemeint, ob der Chef so »attraktiv« ist, dass man für ihn eine Aufgabe erledigt.

Der zweite Weg ist der Appell an Einsicht oder Pflicht. Hier fordern Sie Dinge ein, wobei die Aufgaben jetzt weniger durch den inneren Drang des Mitarbeiters als durch den äußeren »Anschub« angegangen werden. Viele Mitarbeiter gehen mit ihrem Arbeitgeber einen Tauschhandel ein: »Arbeit gegen Brot«. Manchmal muss man sie an den ersten Teil der Übereinkunft noch einmal heranführen.

Der letzte Weg ist die Herrschaft. Psychologisch betrachtet, setzen Sie hier jemandem »stressende Anreize«, damit er eine Tätigkeit ausführt. Diesen Weg sollten Sie nur dann einschlagen, wenn Sie alle anderen Wege bereits probiert haben; er ist sehr betreuungsintensiv. Ferner erfordert er Konsequenz, wenn Sie nicht Ihre Legitimation als Führungskraft verlieren wollen.

Insgesamt sollten Sie nach diesem Kapitel für sich eine Positionierung als Führungskraft vorgenommen und die ersten Instrumente zur erfolgreichen Führungskraft gelernt haben. Vertiefungen zu einzelnen Aspekten erfolgen in den nächsten Kapiteln.

Die psychologische Diagnostik als wichtiges Instrument für den Führungsalltag

In diesem Kapitel werden diagnostische Fragestellungen (Einstellungen, Potenzialanalysen und Beurteilungen) anhand psychologischer Instrumente erläutert. Daraus resultieren ein höheres Maß an Sicherheit bei Entscheidungen und eine Reduktion des Unwohlseins bei Beurteilungsprozessen. Wichtig ist dies, da diagnostische Fehlentscheidungen häufig von hoher Bewandtnis für den gesamten Führungsalltag sind und Korrekturmaßnahmen sowohl für die Führungskraft als auch für den Mitarbeiter zu Spannungen und Disharmonien führen und zu guter Letzt auch kostenintensiv sind.

Jede gute Diagnostik beginnt mit einem gezielten Anforderungsprofil

»Nur wer weiß, was er sucht, wird es finden!« Bei vielen an uns herangetragenen diagnostischen Fragestellungen fällt auf, dass sich die Auswählenden nicht sicher sind, was sie denn eigentlich für einen Mitarbeiter haben wollen. Es geht dabei weniger um die Tatsache, dass keine Vorstellungen vorhanden sind, sondern dass diese häufig zu wenig differenziert sind. Dies äußert sich in Aussagen wie: »Mein Mitarbeiter muss teamorientiert, kreativ und durchsetzungsstark sein.« Allein diese Zusammenstellung lässt riesige Spielräume und Interpretationen zu, was eine solche Person können muss. Schwierig ist es ferner, eine Beurteilung einer Person im Unternehmen nach den oben genannten Kriterien so zu treffen, dass unabhängige Beurteiler das Gleiche darunter verstehen.

Betrachten wir einmal das Feld der Teamfähigkeit. Dieser Begriff, in unserer Arbeitswelt täglich tausendfach genannt, kann Unterschiedlichstes bedeuten. Teamfähig kann beispielsweise eine Führungskraft sein, die sehr basisdemokratisch mit ihren Mitarbeitern über alle ihre Entscheidungen spricht und nur Konsensentscheidungen herbeiführt. Eine andere Interpretation, die uns öfter einmal beschäftigt, geht eher von einem anderen

Aspekt aus. Sie schreibt einer teamorientierten Führungskraft die Eigenschaft zu, andere dazu zu bringen, ihrer Meinung/Ansage zu folgen und Vorgaben gemäß Anweisungen umzusetzen. Irgendwo zwischen diesen beiden Vorstellungen wird ein jeder sein Bild von Teamorientierung haben. Aus diesem Grund ist es sehr ratsam, sich etwas intensiver mit einzelnen Möglichkeiten der konkreten Erarbeitung von Anforderungen zu beschäftigen. Nur so ist gewährleistet, dass man unter einem Begriff möglichst auch das Gleiche versteht.

Es ist bei der Anforderungsanalyse ebenfalls wichtig, dass sie reale und damit vernünftige Anforderungen an Personen stellt und nicht durch überzogene Vorstellungen gekennzeichnet ist. Häufig findet man solche Anforderungen, die eher auf Superman oder Superwoman passen, aber nicht die Realität beschreiben. Oft zeigt sich auch die Tendenz, dass sich die Führungskräfte selbst »klonen« möchten. Sie suchen nach jemandem, der über ähnliche Eigenschaften wie sie selbst verfügen; immerhin sind sie ja erfolgreich!

> **Praxistipp:** Ziel der Anforderungsanalyse ist es, eine realistische Messgröße für den Bewerber/Beurteilten zu finden und somit fachlichen und außerfachlichen Kompetenzen (beispielsweise Facetten der sozialen Kompetenz) Rechnung zu tragen. Dazu betrachtet man eine Position oder Funktion!

Praxiserprobte Methoden zur Erhebung von relevanten Anforderungen

In der beruflichen Praxis haben sich unterschiedliche Methoden bewährt, um sich den Anforderungen an eine Position zu nähern. Die drei gängigsten sollen hier einmal erläutert werden:

Die Critical-Incident-Methode

Die Critical-Incident-Methode geht in erster Linie davon aus, dass man erfolgskritische Situationen/Ereignisse der Position/Funktion etwas genauer betrachtet. Bei einem Key-Account-Manager könnte das beispielsweise sein, wie er in dem Bereich des Selbstmanagements Kundenkontakte nachbetreut, Verkaufsgespräche zum Erfolg führt oder auch Präsentationen vor größeren Gruppen gestaltet. Hierzu werden Stelleninhaber der Vergangenheit hinsichtlich ihres Verhaltens eingehend betrachtet beziehungsweise durch Befragung der Stelleninhaber Verhaltensweisen herausgearbeitet. Natürlich muss man auch zukünftig gewünschte Kompetenzen betrachten. Anschließend wertet man aus, welches Verhalten zu Erfolgen geführt hat und welches eher zu Misserfolgen tendierte. Diese erarbeiteten Informationen bieten dann die Grundlage für konkrete Situationen, mit denen ein Bewerber beziehungsweise Mitarbeiter in einer Beurteilung konfrontiert werden kann.

Die Erfolgsmethode

Bei dieser Vorgehensweise ist es wichtig, erfolgreiche und nicht erfolgreiche Stelleninhaber anhand ihrer Ergebnisse klar zu differenzieren und ihre Unterscheidung herauszuarbeiten. Hierbei können Zahlen, qualitative Zielerreichung oder auch konkrete Verhaltensweisen im internen und externen Umgang herangezogen werden. Diese Methode hat den gravierenden Vorteil, dass sie erfolgreiche Verhaltensweisen vor dem Hintergrund der eigenen Unternehmenskultur betrachtet und nicht Aspekte, wie jemand generell erfolgreich sein kann.

Die hieraus gewonnenen Informationen haben ein höheres Maß an Gültigkeit für zukünftige Mitarbeiter, ein erfolgreiches Verhalten zu praktizie-

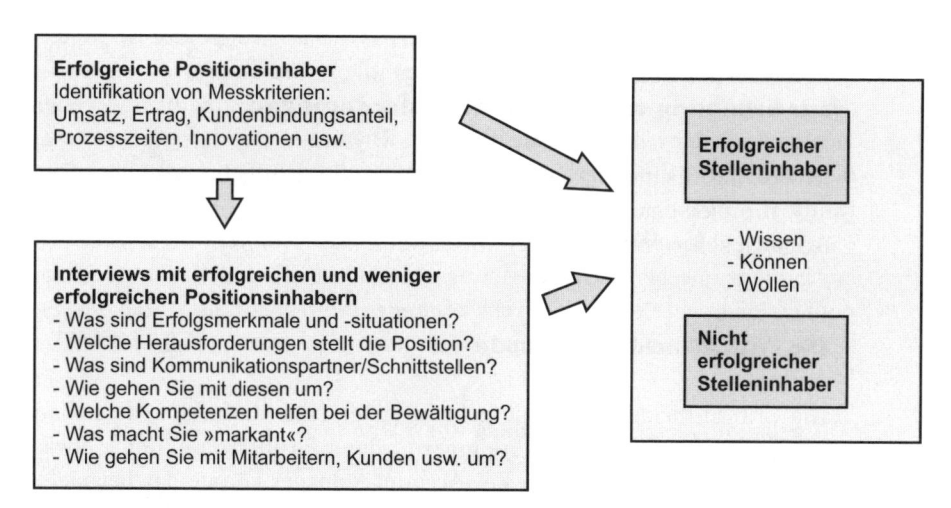

Abb. 7: Durchführung einer Anforderungsanalyse nach der Erfolgsmethode

ren. Häufig wird bei dieser Methode unterschätzt, dass auch das Gespräch oder die Beobachtung von nicht erfolgreichen Positionsinhabern wichtige Aspekte darüber liefern können, wie eine Aufgabe nicht angegangen werden sollte.

> **Praxisbeispiel:** Herr Kaiser ist Vertriebsbeauftragter eines Unternehmens im Bereich der Kopiertechnik. Er zeichnet sich dadurch aus, dass er morgens so gegen 8 Uhr das Büro betritt, seinen Schreibtisch sortiert und anschließend erst einmal einen Tagesplan aufstellt. Sie haben dabei festgestellt, dass Herr Kaiser frühestens um 9.45 Uhr mit Telefonaten mit seinen Kunden beginnt. Spätestens um 10.30 Uhr beginnt er sehr frustriert mit der Nachbearbeitung gestriger Fälle, da er telefonisch keinen Kontakt zu den Kunden bekommen konnte. Auf diese Tatsache angesprochen, berichtet er, dass er nichts dafür könne, wenn Kunden nicht erreichbar seien.
> Herr Schulz hingegen ist ein Mitarbeiter, der getreu dem Motto »Morgenstund hat Gold im Mund« agiert. Er sitzt bereits um 8 Uhr an seinem Schreibtisch, hat am Vorabend eine Kundenliste vorbereitet und telefoniert diese spätestens ab 8.05 Uhr ab. Um 9 Uhr hat Herr Schulz seine wichtigsten Kunden erreicht und trinkt so zirka gegen 9.15 Uhr seinen ersten Kaffee. Er liegt in dem Wert für die Kundenbindung um zirka 30 Prozent höher als Herr Kaiser.

Aus dieser Episode lässt sich ableiten, dass das erfolgreiche Verhalten damit zusammenhängt, dass die Kunden allem Anschein nach besser in der Zeit vor 9 Uhr zu erreichen sind und dass das vorzeitige Anrufen eher Erfolge zeigt. Mitarbeiter, die sich diesem Rhythmus und diesem Selbstmanagement nicht unterwerfen, scheinen nicht die richtigen Funktionsträger für diese Aufgabe zu sein (gemessen an den Erfolgszahlen).

An diesem kleinen Beispiel wird deutlich, dass Anforderungsprofile auf der Dimensionsebene (Durchsetzungsfähigkeit, Kooperation, Kommunikationsfähigkeit et cetera) durch sehr konkrete und realistische Verhaltensbeispiele (Verhaltensanker) ergänzt sein sollten. In diesem Fall würde das bedeuten:

- beginnt seinen Arbeitsalltag um 8 Uhr
- bereitet den nächsten Werktag am Vorabend vor
- belohnt sich nicht im Vorhinein für eine Tat, sondern erst nach gelungener Aktion

So gewonnene Informationen werden in Anforderungsprofilen zusammengetragen und können in konkreten Beurteilungssituationen herangezogen werden. Die zu beurteilende Person wird dann hinsichtlich dieser Merkmale beurteilt.

> **Praxistipp:** Je genauer und detaillierter die Erfolgsmerkmale herausgearbeitet werden, desto sicherer werden Sie im Beurteilungsprozess (oft replizierte Forschungsergebnisse)!

Die Beobachtungsmethode

Die Beobachtungsmethode ist ein Spezialfall der Erfolgsmethode. Hierbei wird der Positionsinhaber in konkreten Situationen seines Arbeitsalltages begleitet, um über einen gewissen Zeitraum möglichst viele konkrete Verhaltensweisen aufzunehmen. Dies kann beispielsweise bedeuten, dass man sich Arbeits-, Gesprächstechniken und Aspekte einer Meetingsteuerung genauer anschaut. Gerade in vertrieblichen Situationen sind es häufig kleinere Merkmale, die zwischen einem gelungenen und einem weniger gelungenen Verkaufsgespräch unterscheiden. Hierzu gehören beispielsweise Blickkontakt, Höflichkeitsgesten und auch Möglichkeiten, Gesprächsteile zusammenzufassen.

> **Praxisbeispiel:** Während einer Anforderungsanalyse bei einem dänischen Anbieter für HiFi-Designanlagen sollte das Merkmal betrachtet werden, wie ein guter Vertriebsmann die hohe Qualität der Produkte beschreibt. Dazu gingen wir in einen erfolgreichen HiFi-Shop und fragten den Verkäufer, was denn den hohen Qualitätsanspruch ausmachen würde. Er nahm daraufhin eine Fernbedienung und warf diese auf den Parkettboden, sodass die Batterien und die entsprechende Batterieklappe über den Boden flogen. Er setzte die Batterien wieder ein, schloss die Abdeckung und gab mir die Fernbedienung mit dem Satz in die Hand: »Schalten Sie einmal den Fernseher da drüben an!« Ich folgte dieser Anweisung und tatsächlich, die Fernbedienung funktionierte einwandfrei.

Diese sehr konkret in solchen oder ähnlichen Situationen beobachteten Aspekte können für die Beurteilung später hilfreich sein. Ganz besonders zielführend ist diese Vorgehensweise, wenn die Möglichkeit besteht, kurze

Rollenspiele in den Beurteilungsprozess einzubeziehen (siehe auch das Kapitel »Sich Dinge zeigen lassen«).

Worauf muss zusammenfassend bei der Anforderungsanalyse geachtet werden (siehe auch Bisani, F., 2000)?

Anforderungsnähe

Die Zieleigenschaften, -fertigkeiten und Einstellungen sollten den tatsächlichen Anforderungen angepasst werden. Häufig sind sie in ihrer Anzahl und geforderten Ausprägung insgesamt als überzogen zu bewerten. Es ist verständlich, dass man in einer Beurteilungs- und Auswahlsituation sehr anspruchsvolle Eigenschaften voraussetzen möchte, dennoch ist es notwendig, immer die Realitäten zu beachten. Wichtiger ist es, eine realistische Messgröße für die Beurteilung zu finden und somit fachlichen und überfachlichen Kompetenzen Rechnung zu tragen.

Beobachtungs- und Verhaltensnähe

Immer wieder ist zu erleben, dass man sich zwar in den genannten Anforderungen einig ist, dennoch ist unklar, was denn darunter zu verstehen ist. Insbesondere im Fall überfachlicher Anforderungen, wie beispielsweise der immer wieder gerne zitierten »Teamfähigkeit«, ist das Spektrum der zugrunde liegenden Verhaltensweisen vielfältig und reicht von Konsensfähigkeit über Freundlichkeit bis hin zur Überzeugungskraft oder sogar dem Vertreten eigener Interessen im Team. Zusätzlich ist darauf zu achten, dass die Anforderungen in dem Zielverfahren auch beobachtbar sind. Anforderungen wie »Loyalität«, »Kreativität« oder »Sendungsbewusstsein« sollten sehr kritisch auf die gewünschte Operationalisierung hin überprüft werden.

Verfahrensnähe

Schließlich sind die gewünschten Anforderungen auf das später einzusetzende Verfahren abzustimmen. In einem Interview beispielsweise können Aspekte wie »Problemlösungsfähigkeit« weniger gut erhoben werden, als dies in einem strukturierten Assessment Center der Fall wäre.

Das dynamische Funktionsprofil

Einen sehr systematischen Ansatz, sich einer Position zu nähern, bietet das dynamische Funktionsprofil, welches die oben skizzierten Informationen integriert.

Funktionsziele	Was soll mit der Stelle erreicht werden? Welche Wertschöpfung wird generiert? Weshalb wollen wir Geld für diese Stelle ausgeben?

⇩

Kernaufgaben	Welche Kernaufgaben müssen zur Zielerreichung bewältigt werden? Was sind die dazugehörigen Teilaufgaben? **Festlegung von fünf bis acht Kernaufgaben**

⇩

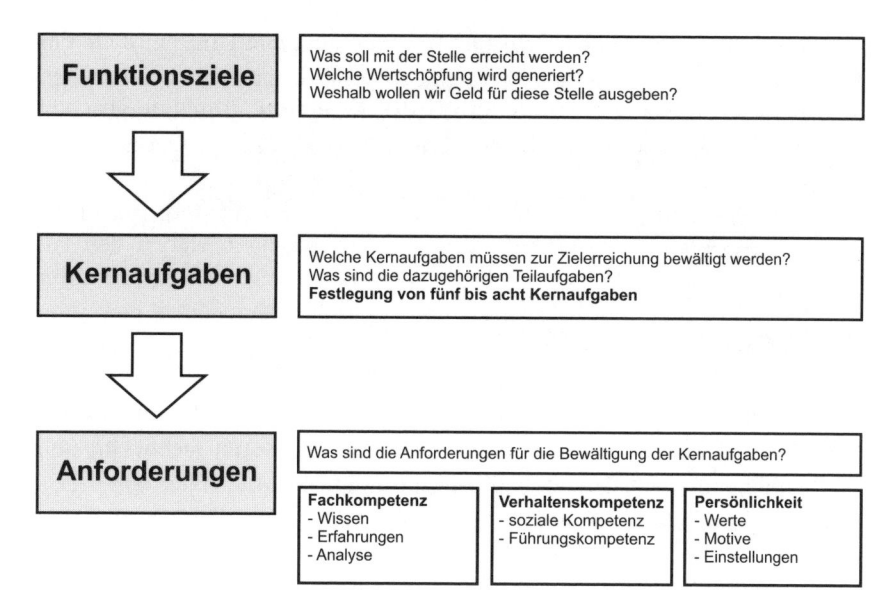

Anforderungen	Was sind die Anforderungen für die Bewältigung der Kernaufgaben?

Fachkompetenz	**Verhaltenskompetenz**	**Persönlichkeit**
- Wissen	- soziale Kompetenz	- Werte
- Erfahrungen	- Führungskompetenz	- Motive
- Analyse		- Einstellungen

Abb. 8: Das dynamische Funktionsprofil

Das dynamische Funktionsprofil stellt sich zuallererst die Frage nach den Zielen, die die Funktion/Position erreichen soll.

Fragen nach solchen Zielen fangen meist mit einer Aufzählung von Aufgaben und Tätigkeiten an, was insbesondere für den Hintergrund einer strategischen Ausrichtung zu kurz greift. Gerade die strategische Auseinandersetzung mit den Zielen einer Position hat aber den gravierenden Vorteil darin, dass sie nach vorne gewandt ist und keine Beschreibung einer Funktion in der Vergangenheit darstellt. Inhaltlich wird dabei konkret fixiert, welchen Beitrag diese Stelle zu Bereichs- und Abteilungszielen leistet.

Dies ist wiederum die Basis für die Ableitung von Kernaufgaben (Was muss zur Erreichung der Ziele getan werden?). Diese Kernaufgaben sollten relativ abstrakt formuliert werden und dennoch die Kerninhalte einer solchen Funktion beschreiben. Bei dem oben genannten Key-Account-Manager könnte dies beispielsweise sein:

- Gewinnung von Neukunden
- Pflege von Bestandskunden
- Repräsentation und Lobbyarbeit beim Kunden
- systematische Pflege des Customer-Relationship-Management-Programms

Natürlich können diese Kernaufgaben durch drei, vier Unterteilungen in Form von konkreteren Aufgaben ergänzend beschrieben werden, sie sollten jedoch nicht auf dem Aufgabenniveau des Kopierens, Bindens oder Abheftens orientiert sein, wie dies viele Funktionsbeschreibungen von Unternehmen fordern.

Für die Kernaufgabe der »Gewinnung von Neukunden« könnte diese Unterteilung wie folgt aussehen:

- Kaltanrufe bei Firmen vornehmen
- Messebesuche durchführen
- Zielgruppen bestimmen (beispielsweise Universitäten)
- et cetera

In der nächsten Ebene geht es darum, welche Kompetenzen im Bereich des Wissens, des sozialen Verhaltens und in der Persönlichkeit notwendig sind, um diese Kernaufgaben zu bewältigen. Hierbei empfiehlt es sich, wie oben bereits skizziert, auf konkrete Verhaltensweisen zurückzugreifen und nicht in dem üblichen Sinne nur die einzelnen Dimensionen aufzuführen. Es zeigt sich leider immer wieder, dass auf dieser Ebene zu wenig in die Tiefe gegangen wird. Damit bleiben die Anforderungen zu pauschal.

Für die Kernaufgabe der »Gewinnung von Neukunden« könnten die konkreten Anforderungen/Kompetenzen beispielsweise folgendermaßen ausgeprägt sein:

Wissen/Fachkompetenz

- verfügt über Marktwissen in seiner Region
- kennt die Produktpalette und die wichtigsten Produktmerkmale
- strukturiert die Kunden nach A-B-C
- technische Ausbildung

Soziales Verhalten/Verhaltenskompetenz

- beherrscht Kaltanrufe, kann neugierig machen
- präsentiert die Nutzenaspekte flüssig
- macht eine strukturierte Anforderungsanalyse
- erkennt Kaufsignale und hakt ein/nach

Motive und Einstellungen/Persönlichkeitskompetenz

- ist frustrationstolerant, wirkt auch nach zehn Absagen nicht genervt
- tritt dynamisch auf, erweckt mit dieser Art eine gute Aufmerksamkeit

- lässt sich bei »Gegenwind« des Kunden nicht aus der Ruhe bringen (Stressresistenz)
- Kunde steht im Mittelpunkt, kann diesem »dienen«

> **Übung zur Theorie**
>
> Erstellen Sie ein dynamisches Funktionsprofil für eine exemplarische Funktion, gehen Sie dabei nach dem obigen Muster vor!

Funktionsziele ⬇

Kernaufgaben ⬇

Anforderungen — Fachkompetenz | Verhaltenskompetenz | Persönlichkeit

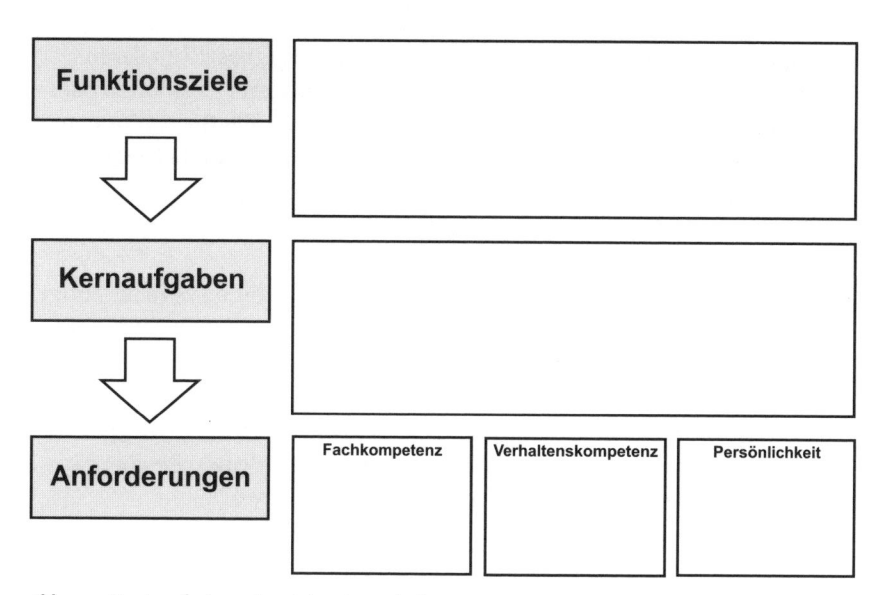

Abb. 9: Praxisaufgabe anhand des dynamischen Funktionsprofils

Dieses dynamische Funktionsprofil kann dann als Grundlage für konkrete Fragestellungen im Rahmen des diagnostischen Prozesses verwandt werden.

Die so gewonnenen Funktionsprofile haben zusätzlich noch die folgenden Vorteile:

- Sie machen eine schnelle Änderung und Anpassung an Veränderungen der Stelle möglich, ohne dass immer alle einzelnen Aspekte über Bord geworfen werden müssen.
- Sie orientieren sich an konkreten Anforderungsbereichen und nicht an sogenannten Wunschlisten.

- Sie bieten dem Positionsinhaber eine ständige Orientierung und machen ihm klare Erwartungen an die Funktion deutlich.
- Sie helfen einem, gezielt und individuell Anzeigen zu verfassen, die für potenzielle Bewerber hilfreich sind.
- Sie können auch zu Gehaltsfindungsprozessen herangezogen werden.

Typische Fallstricke bei der Erstellung von Anforderungsprofilen

- Auf die Anforderungsanalyse wird zugunsten eines schnelleren Prozesses ganz verzichtet, Anforderungen anderer Positionen oder Funktionen werden einfach übernommen oder die Beurteilung erfolgt auf der Basis allgemeiner Anforderungen, wie beispielsweise Freundlichkeit, Passung zum Unternehmen et cetera
- Zu viele (zehn und mehr) oder zu wenig Anforderungen (unter fünf) werden definiert.
- Nur die aktuell notwendigen Anforderungen werden berücksichtigt, zukünftige Anforderungen und die damit verbundenen Entwicklungspotenziale, allgemein erfolgsrelevante Merkmale, werden nicht erfasst.
- Die Gewichtung der Anforderungen, bezogen auf deren Bedeutung für den zukünftigen Berufserfolg, werden nicht oder nur oberflächlich definiert.

Gewichtung von Anforderungen

Dass Anforderungen gewichtet werden, hat einen gewissen Charme. Aber wer dies bei der Anforderungsanalyse schon einmal versucht hat, kennt die damit verbundenen Schwierigkeiten. Wer will bei einem zehn Dimensionen umfassenden Anforderungsprofil die unterschiedlichen Bedeutsamkeiten für den Praxisalltag abbilden? Diese Aufgabe ist komplex, und erfahrungsgemäß ist man nachher nur wenig schlauer als vorher. Schließlich sagt man sich, dass alle Anforderungen irgendwie wichtig sind, denn sonst würde man sie ja gar nicht in Erfahrung bringen wollen. Dennoch spricht nur die Schwierigkeit bei der Gewichtung von Anforderungen gegen diese Methode. Denn es wird immer einige wenige Kernanforderungen geben, die »Pflicht« sind, andere sind »Kür«. Sie suchen ja nicht die Eier legende Wollmilchsau!

Angesichts dieser Herausforderung greifen wir auf IT-Unterstützung zurück und setzen ein Instrument namens PaiRS ein. PaiRS ist als computergestütztes Skalierungsverfahren für die Eignungsdiagnostik konstruiert. Das Verfahren basiert auf Paarvergleichsurteilen und ermöglicht eine differenzierte, psychometrisch fundierte Messung auf Verhältnisskalenniveau. Neben der Quantifizierung von Anforderungen ermöglicht es zudem eine Aussage über die interne Stimmigkeit der Urteile einer Person (Konsistenz). Das Verfahren wurde von Staufenbiel entwickelt (Staufenbiel, T., 2002) und basiert auf einem unter dem Namen »Analytic Hierarchy Process« entwickelten Vorgehen zur Unterstützung komplexer Entscheidungen. Nachdem der Anwender alle relevanten Anforderungen in PaiRS eingegeben hat, gibt das Programm randomisiert Paarvergleiche vor. Jeder Paarvergleich beinhaltet die Frage nach »Was ist wichtiger?« und »Wie viel ist es wichtiger?« (es sei denn, die beiden Anforderungen werden als gleich wichtig eingestuft).

Weil die Anzahl der notwendigen Paarvergleiche mit der gewünschten Anzahl der Anforderungen schnell unverhältnismäßig ansteigt (bei 15 Anforderungen bereits 105 Paarvergleiche), reduziert PaiRS die durchzuführenden Paarvergleiche anhand eines Konsistenzkoeffizienten. So ist eine optimale Auswahl der verringerten Zahl an durchzuführenden Paarvergleichen sichergestellt.

Dimension	Gewicht
Strukturiertes Arbeiten	41,5
Analysevermögen	22,6
Kundenorientierung	16,6
Überzeugungskraft	7,6
Leistungsvermögen	7,5
Sensibilität	4,2

Abb. 10: Beispielhafte PaiRS-Ergebnismatrix

Das Ergebnis der Paarvergleiche und der entsprechenden Berechnungen zeigt, wie groß die Gewichte der einzelnen Anforderungen (Dimensionen) sind.

Einsatz von PaiRS in der eignungsdiagnostischen Praxis
PaiRS ist ein IT-gestütztes Skalierungsverfahren für den Einsatz in der Eignungsdiagnostik. Es erlaubt, gewichtete Kompetenzprofile zu erstellen, Laufbahnzuordnungen zu treffen und strategische Kompetenzportfolios abzuleiten. Es erfüllt höchste wissenschaftliche Gütekriterien (entwickelt und evaluiert an den Universitäten Marburg und Osnabrück) sowie hohe Akzeptanz beim Anwender. PaiRS arbeitet mit Paarvergleichsurteilen, es quantifiziert Eigenschaften, erlaubt eine Aussage über die interne Stimmigkeit von Bewertungen (Konsistenz) und dauert (je nach Anzahl der Paarvergleiche) zwischen 10 und 20 Minuten.

Eignungsdiagnostik: Vergleich des Soll mit dem Ist

Der zweite Grundgedanke in diesem Kapitel besteht darin, dass man im diagnostischen Prozess die Passung zwischen den Soll-Anforderungen mit den Ist-Ausprägungen beim Bewerber/Mitarbeiter erarbeitet. Wichtig ist hierbei, sich systematisch an den zentralen Anforderungen zu orientieren und sich von diesem Vorhaben nicht abbringen zu lassen. Die Ablenkung erfolgt dann besonders schnell, wenn die Beurteilung einen anekdotalen Charakter erhält (»Was, Sie spielen auch Fußball?« oder »Sie sind Bergsteiger! Das ist ja interessant, erzählen Sie mal!«).Noch einmal, weil es so wichtig ist: Der diagnostische Prozess konzentriert sich zu 100 Prozent auf die Kompetenzerhebung bezogen auf die vorher erarbeiteten Anforderungen. Untersuchungen haben immer wieder gezeigt, dass dies die einzig erfolgreiche Vorgehensweise ist, Dinge zu erfahren, die wir auch erfahren möchten. Das erfordert Vorbereitung und Systematik.

> **Praxistipp:** Die Durchführung einer soliden Anforderungsanalyse und die Gewichtung der Anforderungen sind zu einem sehr hohen Prozentsatz an der richtigen diagnostischen Beurteilung beteiligt!

Vorgehen im Beurteilungsgespräch

Im gesamten Beurteilungsgespräch (hiermit ist der Einfachheit halber im Textfluss auch das Auswahlgespräch gemeint) ist es wichtig, einen Erzählstrom zu erzeugen (Schuler, H., 2002). Ein weitgehend freier Erzählstrom gibt den Beurteilenden wichtige, die Person betreffende Informationen. Man erfährt etwas über vergangene Situationen, Sichtweisen und persönliche Vorstellungen, die es einem ermöglichen, zukünftiges Verhalten vorherzusagen.

> **Praxistipp:** In der diagnostischen Psychologie gilt: Die beste Vorhersage für zukünftiges Verhalten ist vergangenes Verhalten! Das heißt, wenn jemand eine Kompetenz in der Vergangenheit bereits gezeigt hat (beispielsweise erfolgreiche Akquisition), dann ist die Wahrscheinlichkeit hoch, dass er dies auch in der Zukunft können wird (Amelang, M./ Bartussek, D. H., 2006).

Erzählstrom

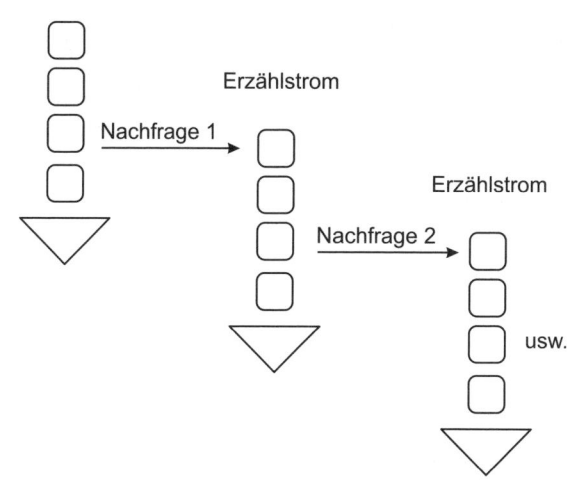

Abb. 11: Erzeugung eines Erzählstroms im Beurteilungsgespräch

Wichtig ist, dass der Beurteilte erzählt und nicht der Beurteiler. Dies findet man häufig in Auswahlprozessen. Was soll man dann aber bitte schön von einem anderen Menschen erfahren, wenn man ständig selber spricht?

Sicherlich fragen Sie sich spätestens jetzt, wie man diese sintflutartige Informationsmenge aus dem Erzählstrom verarbeitet. Vorher möchten wir aber noch einen anderen Aspekt anführen. Es gibt noch ein weiteres wichtiges Merkmal, wann diagnostische Prozesse mit einer hohen Wahrscheinlichkeit gut werden. Es ist von erheblicher Bedeutung, dass wir drei Dinge in dem Prozess mit dem Beurteilten voneinander trennen. Diese heißen: Beobachtung, Beschreibung und Bewertung.

Beobachtung

- Beobachtung meint, dass wir während eines diagnostischen Prozesses Beobachtungen nicht zufällig, sondern planmäßig durchführen. Dies bedeutet, dass wir konkretes Verhalten betrachten, das in den Anforderungen und den dort beschriebenen Situationen relevant ist.
- Ferner ist es wichtig, dass uns dieses Verhalten in verschiedenen Situationen (mehr als einer) gezeigt wird, womit sich die Glaubwürdigkeit und die Kontinuität deutlich erhöhen.
- Neben der Empfehlung, zu beachten, was jemand tut, ist es ebenso wichtig, den Dingen Aufmerksamkeit zu schenken, was jemand nicht tut oder getan hat.
- Körpersprachliche Signale zeigen uns, ob jemand mit dem Gesagten konform geht oder sich verstellt. Berichtet er beispielsweise, dass Dinge ganz einfach gingen, und wirkt dabei verspannt? Lächelt er an den falschen Stellen, oder wirkt er gar nervös, je mehr man sich in Details bewegt?
- Alles dies sind Aspekte, die man festhalten sollte, zusätzlich auch Redezeiten und die Intensität, mit der eine bestimmte Thematik beschrieben wird.

Beschreibung

- Während des diagnostischen Prozesses sollten Sie wichtige Zitate mitschreiben und eine Beschreibung von Mimik und Gestik vornehmen. Dabei ist es durchaus erlaubt, die Wirkung des Gesagten auf sich festzuhalten und kurze Begründungen für die eigenen Aussagen aufzuschreiben.
- Konzentrieren Sie sich insgesamt aber auf wichtige Wortbeiträge und in welcher Art und Weise geschilderte Sachverhalte betont oder formuliert werden.

Bewertung

- Grundlage eines objektiven Bewertungsprozesses ist eine saubere Trennung zwischen Beobachtung und Bewertung des Verhaltens.
- Zitate müssen so formuliert sein, dass Dritte sie verstehen und auch dem Gesprächspartner das Urteil hinterher beschrieben werden kann.
- Für die anschließende Bewertung ist es sinnvoll, sich an einer Skala zu orientieren, auf der man Bewertungskriterien einzeln abträgt. Bewährt hat sich hierbei insbesondere eine Skala, die fünf Abstufungen hat:

- -	-	o	+	+ +
deutlich unter den Anforderungen	unter den Anforderungen	entspricht den Anforderungen	über den Anforderungen	deutlich über den Anforderungen

Abb. 12: Gängige Fünfer-Skala für eine diagnostisch saubere Beurteilung

- Geben Sie hier Ihren subjektiven Eindruck wieder, den Sie dann mit anderen Eindrücken (beispielsweise Mitbeurteilern) vergleichen können.
- In dem Bewertungsprozess werden also Beobachtungen und Beschreibungen zusammengebracht, auf einer Skala bewertet und in Folge mit den Anforderungen verglichen (unnötig, darauf hinzuweisen, dass die verwendete Skala in der Anforderungsanalyse identisch mit der in der Beurteilung der Ist-Ausprägungen sein sollte).

Bezugsrahmen anderer verstehen

Als erste Grundregel kann festgehalten werden, dass es in einem diagnostischen Prozess wichtig ist, sein Gegenüber möglichst umfassend zu verstehen, also zu erkennen, wie jemand Sachverhalte, Situationen und Erlebnisse beschreibt, um daraus Folgerungen für ein zukünftiges Verhalten zu ziehen. Suchen wir nur nach den besten Fragen, um den anderen auszutricksen, dann gewinnen wir vielleicht an Taktik, nicht aber an diagnostischer Reichhaltigkeit.

Praxistipp: Standardfragen ergeben Standardantworten!

Jeder Mensch entwickelt im Laufe seines Lebens eine sehr individuelle Betrachtung seiner Lebensumstände. Ein Psychologe namens Kelly (Pervin, L. A., 2005) hat einmal gesagt, dass es eigentlich keine objektiven Welten gibt, sondern dass sich jedes Individuum seine Welt, oder besser gesagt seine Wahrnehmung der Welt, selbst konstruiert. Diese subjektive Realität resultiert aus vielen Umgebungsvariablen, die sich im Laufe eines Lebens bei einem Menschen ausprägen. Zentrale Merkmale sind hierbei das Elternhaus, die Erziehung, die Schule, eine Ausbildung oder auch der Arbeitsplatz. Daneben spielt Partnerschaft hier ebenso eine bedeutsame Rolle wie zentrale Theorien oder Vorbilder und beeindruckende Persönlichkeiten. Erweitert wird dieses Bild ständig durch Erfahrungen, Feedback und Beobachtungen. All dies zusammengenommen bezeichnen wir als Bezugsrahmen.

Wenn zwei Menschen niemals das gleiche Umfeld miteinander teilen oder auf die gleichen Hintergrundvariablen zurückgreifen können, sehen sie die Welt grundsätzlich mit anderen Augen oder durch ihre subjektiv gefärbte Brille. Wenn wir uns nun diesem Bezugsrahmen aus psychologischer Sicht nähern wollen, dann müssen wir auf spezifische Aspekte besonders achten. Diese sind:

- individuelle Motivatoren
- Werte und Wertehierarchien
- Glaubenssätze
- Einstellungen

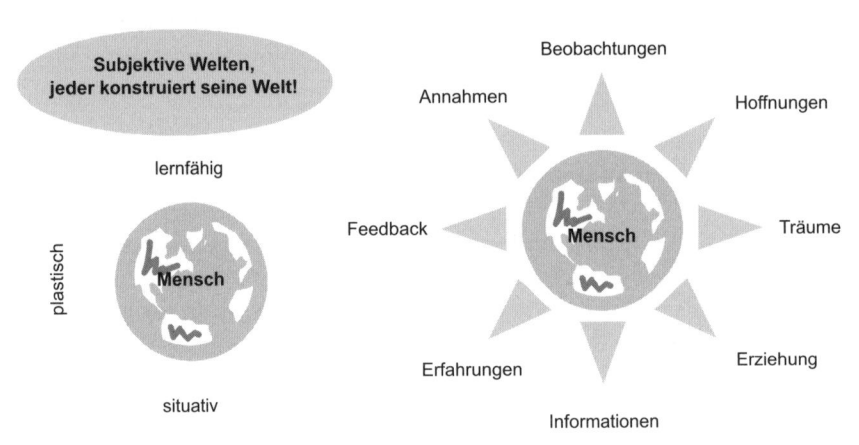

Abb. 13: Elemente des psychologischen Bezugsrahmens[1]

1 In der Psychologie werden die Begriffe »Bezugsrahmen« und »mentale Landkarte« gleichbedeutend verwendet (siehe auch das Kapitel: Einsicht der Mitarbeiter in ihr Problem schaffen – Veränderungen initiieren).

Motivatoren

> **Übung zur Theorie**
>
> Bitte blättern Sie noch einmal zum Kapitel »Psychologie der Führung« und schauen Sie sich die einzelnen Motivatoren dort im Detail an.

Werte

Hier gibt es sehr unterschiedliche Ausprägungen, wie Sie sicherlich auch im Vergleich zu anderen Menschen feststellen können. Persönlichkeiten unterscheiden sich hier in sehr differenzierter Weise. Beispiele für Werte sind Zuverlässigkeit, Ehrlichkeit, Vertrauen, Glaubwürdigkeit, Wettbewerbsorientierung et cetera.

> **Übung zur Theorie**
>
> Welche Wertvorstellungen sind für Sie besonders wichtig? Bitte stellen Sie eine Rangordnung für sich persönlich auf! Lassen Sie Ihren Partner oder einen guten Freund ebenfalls eine Einschätzung vornehmen. Wie sehr unterscheiden sich die beiden Rangordnungen?
>
> | *Individuelle Wertvorstellung* | *Meine Einschätzung (von 1 bis 13)* | *Einschätzung anderer (von 1 bis 13)* |
> |---|---|---|
> | Anerkennung | | |
> | Ausgeglichenheit | | |
> | Effizienz | | |
> | Familie | | |
> | Freiheit | | |
> | Gesundheit | | |
> | Glaubwürdigkeit | | |
> | Intellektueller Status | | |
> | Leistung | | |
> | Partnerschaftlichkeit | | |
> | Spaß | | |
> | Vertrauen | | |
> | Zielorientierung | | |

Glaubenssätze

Im dritten Aspekt, den Glaubenssätzen, richten wir uns nach verinnerlichten Sprüchen, Weisheiten oder auch sogenannten »Lebensmottos« aus. Beispiele hierfür können sein:

- »Ehrlich währt am längsten«
- »Lügen haben kurze Beine«
- »Andere sind kein Maßstab«
- »Erst das Brot, dann die Wurst«
- »Achte deinen Nächsten«
- »Wer nicht will, der hat schon«
- »Es gibt immer jemanden, dem es noch schlimmer geht«
- »Carpe diem«

Übung zur Theorie:

Nennen Sie zwei Ihrer Glaubenssätze, die eine Bedeutung in Ihrem Leben haben. Sprechen Sie darüber auch einmal mit Partner oder Freunden!

1. _____

2. _____

Einstellungen

Diese entstehen im Laufe unserer Entwicklung und sind durchaus variabel. Gerade Einstellungen müssen nicht immer rationalen Gesichtspunkten genügen, sondern können zum Teil durch unsere Vorurteile gespeist sein. In diesem Zusammenhang sind wir einmal auf einen Versicherungsvorstand getroffen, der für seine Organisation behauptete, dass es keine erfolgreichen Vertriebsmitarbeiter mit Ohrringen gäbe. Von dieser Aussage war er hundertprozentig überzeugt und stellte deshalb nie jemanden ein, der auch nur annähernd dieses Kriterium erfüllen könnte.

Andere Einstellungen beziehen sich auch auf Gruppen, denen bestimmte Merkmale zugeordnet werden. Über manche werden sogar Witze gemacht, zum Beispiel über Blondinen, Mantafahrer oder regionale Gruppen (Ostfriesen et cetera). Ein bekannter Vorstand einer deutschen Großbank hat einmal in einem Meeting verkündet, dass die Banker seines Institutes keine braunen Schuhe tragen würden. Wie nicht anders zu erwarten, war genau dies am anderen Tag der Fall, nachdem sich diese Nachricht überall herumgesprochen hatte. Einstellungen dieser Art sind in der Regel nicht überprüfbar, dennoch lassen sich viele Menschen auch durch wissenschaftliche Widerlegungen nicht davon abbringen.

In der Betrachtung von Menschen wird deutlich, dass alle diese Motive, Werte, Glaubenssätze und Einstellungen unser konkretes Verhalten recht stabil beeinflussen. Sollte beispielsweise jemand den Glaubenssatz haben »Ohne Fleiß kein Preis«, dann bedeutet dies, dass er sich darüber im Klaren ist, dass vor einem gewissen Erfolg auch eine Anstrengung zu zeigen ist. Er erhöht diese in der Regel, wenn der Erfolg nicht sofort eintritt. Dies kann natürlich für uns als Führungskräfte von hoher Bewandtnis sein, wenn wir ihm eine Aufgabe übertragen, die bis zu einem bestimmten Zeitpunkt fertig sein muss. Der mit diesem Glaubenssatz ausgestattete Mitarbeiter wird, entsprechend seinem inneren Antrieb, die Aufgabe mit Fleiß und Energie bewerkstelligen.

Aufgrund dieses hohen Zusammenhanges ist es diagnostisch wichtig, den Bezugsrahmen eines Menschen in der Beurteilung zu »begreifen«. Wir benötigen ein klares Verständnis seines Bezugsrahmens, um damit Rückschlüsse auf sein zukünftiges Verhalten zu ziehen. Er gibt Richtung, Intensität und Ausprägung von Merkmalen (Verhaltensweisen) vor.

Strategie zur Erhebung relevanter Aspekte des Bezugsrahmens

Wie bereits im vorherigen Kapitel gesagt, besteht die Aufgabe der diagnostischen Befragung darin, Antworten auf Anforderungen zu bekommen. Nehmen wir jetzt noch einmal die Aussage hinzu, dass das vergangene Verhalten die beste Vorhersage des zukünftigen ist und dass der Bezugsrahmen eine Konstanz in diesem Verhalten bewirkt, dann ergibt sich daraus die weitere Vorgehensweise.

Wir wenden eine Technik an, die es uns ermöglicht, den Kandidaten in Situationen seines früheren Verhaltens zurückzuversetzen (ihn wieder in den »Film« zu bringen), um daraus Schlüsse für die Zukunft abzuleiten. Wir bestimmen Motivatoren, Werte, Glaubenssätze und Einstellungen. Hierzu hat sich eine Vorgehensweise etabliert, die auf der Grundlage des sogenannten Verhaltensdreiecks beruht. Erfragt wird eine typische Situation in der Vergangenheit, in der das damals gezeigte Vorgehen und das damit verbundene Ergebnis beschrieben wird. Erweitert wird dieser »Dreischritt« um reflektorische Anteile (siehe Abbildung 14).

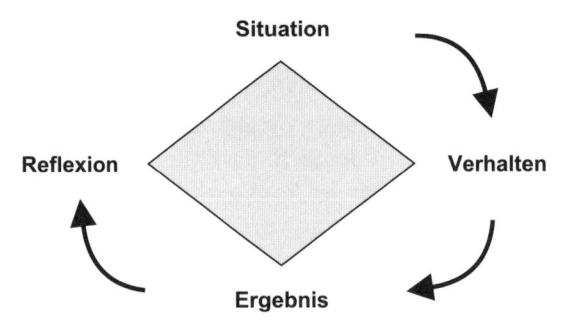

Abb. 14: Vorgehensweise bei der diagnostischen Befragung auf Grundlage des Verhaltensdreiecks

A: Situation

In der Befragung des Kandidaten beginnt man in der Regel mit einer Frage nach einer spezifischen Situation.

> **Praxisbeispiel:** Anforderung: Für eine Funktion in einem Callcenter suchen Sie eine Person, die sicher mit Reklamationen umgehen kann. Dabei ist es Ihnen insbesondere wichtig, dass diese Person emotional sehr aufgewühlten Menschen zielgerichtet zuhören und diese beruhigen kann. Die Vorgehensweise in einem Interview könnte dementsprechend folgendermaßen aussehen:
>
> »Bitte nennen Sie uns einmal eine konkrete Situation, in der Sie mit der Reklamation eines Kunden konfrontiert worden sind!« Lassen Sie sich diese Situation möglichst genau schildern, fragen Sie nach Details und achten Sie insbesondere darauf, dass die Person diese Situation aus der Ich-Perspektive berichtet. Beispiel: »Ich habe während meines Studiums in der telefonischen Anrufannahme einer IT-Firma gearbeitet, die Bildschirme versandt hat.«
>
> Die Kandidaten, die eine solche Situation noch nicht erlebt haben, beantworten die eben genannte Frage oft in folgender Weise: »Wenn man dann mit einem Kunden konfrontiert wird, was mir schon mehrmals in meinem Leben passiert ist, muss man erst einmal sehr ruhig bleiben.«
>
> Der Unterschied besteht eindeutig darin, dass der erste Kandidat die Situation für sich schon erlebt hat, die Psychologie spricht davon, dass ein innerer Film abläuft. Dieses Bewirken eines inneren Films (Erzeugen eines Erzählstroms) ist die große Kunst der Diagnostik.

B: Verhalten

In einem zweiten Schritt geht es uns darum, welches Verhalten der Kandidat in der konkreten Situation gezeigt hat.

> **Praxisbeispiel (Fortsetzung):**
> »Grundsätzlich versuche ich erst einmal, einem jeden Menschen zuzuhören und glaube zunächst, dass es sicher eine Berechtigung für die Reklamation gibt. Dementsprechend warte ich teilweise 10 bis 15 Sekunden und lasse mir das Anliegen schildern.«

> **Praxistipp:** Je detaillierter dieses Verhalten beschrieben wird, desto wahrscheinlicher ist es übrigens, dass der Kandidat die Wahrheit sagt. Schaut er Ihnen auch noch in die Augen, dann sinkt die »Flunkerwahrscheinlichkeit« noch einmal deutlich!

C: Ergebnis

Im nächsten Schritt wollen wir etwas über das Ergebnis hören. Wozu hat dieses Verhalten geführt? War es erfolgreich oder nicht?

> **Praxisbeispiel (Fortsetzung):**
> Die entsprechende Frage lautet also: »Was passiert normalerweise, wenn Sie zuhören und erst einmal eine gewisse Zeit verstreichen lassen, bevor Sie antworten?«
> Eine mögliche Antwort von Seiten des Kandidaten könnte sein: »In der Regel beruhigen sich meine Anrufer bei meinem Vorgehen in fünf bis sieben Minuten, sodass ich die Angelegenheit mit ihnen mit sachlichen Argumenten auf einem vernünftigen Niveau besprechen kann.«

Sie sind die drei Schritte gegangen, die in der Interviewforschung häufig als das Fragendreieck bezeichnet werden. Jetzt haben Sie zwar die ersten Schritte in die richtige Richtung getan, aber das reicht noch nicht ganz aus, da Sie Gesetzmäßigkeiten aus den Antworten ableiten wollen.

Erst der Bezugsrahmen gibt Ihnen noch mehr Sicherheit, dass der Kandidat auch in Zukunft dieses Verhalten zeigen wird.

D: Selbstreflexion

In einem weiteren Schritt sollten deshalb Fragen nach den Erkenntnissen aus diesem Prozess gestellt werden. Welche Selbsterkenntnis hat der Kandidat? Was bedeuten das Ergebnis und das vorhergehende Verhalten für ihn? Was wird er zukünftig ändern, was beibehalten und was sagt das Verhalten typischerweise über ihn aus?

Diese und noch verschiedene andere »selbstreflektorische Fragen« lassen sich nach verschiedenen Kategorien sortieren:

Beschreibung der Individualität
- Was hebt Sie ab/hervor?
- Was macht Sie markant/außergewöhnlich/anders?
- Was zeichnet Sie in dieser Hinsicht gegenüber anderen aus?
- An welchen Stellen nehmen Sie sich im Vergleich zu anderen zurück?

Beschreibung von anderen Personen
- Was schätzt man an Ihnen?
- Wo kommen Sie nicht an?
- Wie hat man Sie hier wahrgenommen?

Beschreibung der persönlichen Quintessenz
- Was haben Sie für sich gelernt?
- Was haben Sie seitdem für sich verändert?
- Wenn Sie diesem Verhalten eine Gesetzmäßigkeit zuordnen sollten, wie würde diese lauten?
- Welcher Ihrer Werte würde das Verhalten am besten charakterisieren?

Beschreibung von Bewertung und Prioritäten
- Was war für Sie hierbei besonders wichtig?
- Was steht für Sie im Vordergrund?
- Bringen Sie die X-Aspekte in eine persönliche Reihenfolge!
- Was würden Sie vermissen?

Beschreibung üblicher Verhaltensweisen
- Was ist Ihre Philosophie im Umgang mit X?
- Wie gehen Sie an Y heran?
- In welchen Fällen würden Sie von dieser Regel abweichen?

Beschreibung der Motivation
- Was bringt Sie dazu, X zu tun?
- Wo wären Ihre Grenzen?
- Was fasziniert Sie an ...?
- Was treibt Sie an in diesem Fall?

Beschreibung von Einstellungen/Werten
- Warum ist Ihnen das wichtig?
- Was denken Sie zu X?
- Worauf achten Sie besonders?
- Welcher Wert repräsentiert diesen Aspekt des Verhaltens am besten?

Dieser selbstreflektorische Prozess setzt eine Auseinandersetzung mit sich selber und seinem Verhalten voraus. Hat ein Kandidat diesen Prozess für sich abgeschlossen, kann er selbstreflektorische Fragen auch beantworten.

Worthülsen

Ein Aspekt in der Bearbeitung des Bezugsrahmens ist zusätzlich sehr wichtig, die sogenannten »Worthülsen«. Damit ist die Erkenntnis gemeint, dass es bestimmte Begriffe gibt, die zunächst einmal sehr klar sind, aber bei weiterer Betrachtung sehr unterschiedlich verstanden werden können. Dies ist beispielsweise bei den Begriffen Teamorientierung, Durchsetzungsvermögen oder Gewissenhaftigkeit der Fall. Tatsache ist, dass wir viele Wörter und Begriffe mit unserem individuellen Bezugsrahmen füllen. Das führt zu den bereits dargestellten »Worthülsen«.

Ein Beispiel: In unseren Seminaren fragen wir unsere Teilnehmer im Rahmen der Worthülsen immer wieder gerne, wie viele Gäste eine »große Hochzeit« hat. Die genannten Zahlen variieren von 50 bis zu 1.300 Personen und sind von eigenen Erlebnissen, Erzählungen oder anderen Quellen abhängig. Fragt man im Vorfeld, welche Abweichung erwartet wird, dann sprechen die Teilnehmer nie von mehr als 30 Prozent Unterschied.

Was heißt das für unseren Prozess? Verwendet ein Gesprächspartner eine Worthülse, dann stellt sich immer die Frage: »Was meinen Sie konkret/im Detail damit? Was bedeutet das für Sie?«

Grundsätzlich sind die selbstreflektorischen Fragen diejenigen, die dem Gesprächspartner die höchste Konzentration und Sortierleistung im Gehirn abverlangen. Dementsprechend sollten Sie darauf vorbereitet sein, dass die Beantwortung nicht wie aus der Pistole geschossen erfolgt. Dieser Transferprozess braucht etwas Geduld, der diagnostische Wert der Antwort entschädigt Sie aber dafür.

Wenn die Vergangenheit nicht mehr ausreicht

Es gibt Fälle, in denen die Suche nach möglichen Verhaltensbeispielen in der Vergangenheit des zu Beurteilenden zur Geduldsprobe wird. Dies ist bei jüngeren Menschen ohne berufliche Praxis oft zu beobachten. Auf die Frage nach Beispielen zur Konfliktfähigkeit erfährt der Interviewer, dass man im Studium eigentlich keinen Ärger mit Studienkollegen hatte. Selbst die Frage nach der Teamfähigkeit erschöpft sich vielleicht darin, dass der Kandidat im Fußballverein ist und dass man dort natürlich im Team spielt.

Wir kennen Interviews, die sich anlässlich dieser Aussage (insbesondere, wenn der Interviewer auch Fußball spielt) fast ausschließlich um diesen Sport drehten und bei denen der Beurteiler am Ende nahezu begeistert von der Eignung des Bewerbers war. Auf die Nachfrage, auf welchen Beobachtungen diese Bewertung fuße, wurde fast ungläubig geantwortet, dass das doch nahelege, schließlich hätte der Bewerber alle notwendigen Fähigkeiten im Fußballsport gezeigt.

Inwieweit dieser Sport jedoch Aussagekraft hat für die Eignung in der zu suchenden Funktion, bleibt unklar; immerhin wird ein neuer Mitarbeiter und kein Libero oder Verteidiger gesucht. In solchen Fällen wird eine Erkenntnis aus der Eignungsdiagnostik bestätigt: Oftmals sagt die Beurteilung mehr über den Beurteilenden als über den Beurteilten aus!

Wenn also die Vergangenheit nicht ausreicht, um eine Verhaltensprognose für die Zukunft abzuleiten, bleibt eine weitere Fragestrategie: die des situativen Fragens. Hier wird der zu Beurteilende gebeten, sich in eine spezielle Situation hineinzuversetzen. Mit der Bitte »Stellen Sie sich vor ...« werden Fragen dieses Typs eingeführt.

> **Praxisbeispiel:** Gesucht wird ein Personalreferent. Der Interviewer stellt folgende situative Frage: »Stellen Sie sich vor, Sie arbeiten als Personalreferent in unserem Unternehmen. Nach einer geeigneten Einarbeitungszeit erreicht Sie ein Anruf eines Ihrer internen Kunden. Der Abteilungsleiter beschwert sich sehr emotional über einen seiner Mitarbeiter und fordert von Ihnen unmissverständlich, alles Notwendige zu unternehmen, diesen Mitarbeiter loszuwerden. Er erwartet, dass Sie sich der Sache schnellstmöglich annehmen. Was tun Sie?«
>
> Diese Frage hat keine vergangenheitsbezogene Zielsetzung. Jeder, der eine solche Situation noch nicht erlebt hat, wird ins Nachdenken kommen und die Antwort wird viele Ansätze offenbaren, Kompetenzen des Kandidaten kennenzulernen und den Bezugsrahmen in Erfahrung zu bringen.

Praxistipps:
- Verwenden Sie diese Fragestrategie immer, wenn Sie glauben, dass der zu Beurteilende wenig bis gar keine Erfahrung bezogen auf bestimmte Kompetenzfelder hat.
- Suchen Sie sich eine Fragestellung, die gewisse Dilemmata offenbart. Im obigen Beispiel wäre das das Spannungsfeld zwischen internen Kundenanforderungen (»Helfen Sie mir«) und der Notwendigkeit, sich nicht zu sehr instrumentalisieren zu lassen (»Kündigen Sie ihm!«).
- Formulieren Sie nicht nur die Fragestellung, sondern auch die möglichen Antworten. Wie sollte Ihrer Meinung nach die Idealantwort aussehen?
- Nutzen Sie die situative Fragetechnik, um das Interview um eine Verhaltensbeobachtung zu bereichern. Beginnen Sie ein kleines Impulsrollenspiel.

Vom Fragen und Zuhören

Im vorausgegangenen Kapitel wurden immer wieder Fragen gestellt und im letzten Absatz insbesondere darauf hingewiesen, dass das Zuhören eine der wichtigsten Kompetenzen eines guten Diagnostikers ist. Hierzu einige zentrale Anmerkungen.

Die richtigen Fragen stellen

Fragen lassen sich nach verschiedenen Typen unterscheiden, die in bestimmten Phasen eines Gesprächs sinnvoll sein können. Die offene W-Frage (weshalb, welche, wie, was, warum, wozu et cetera) hat hier für unser oben skizziertes Vorgehen eine sehr positive Auswirkung, da sie:

- das Gehirn am meisten aktiviert,
- in der Regel viele Informationen erbringt,
- subjektiv vom Interviewten als Wertschätzung gewertet wird,
- zum Nachdenken und zur inneren Auseinandersetzung anregt und
- im Allgemeinen eine offene Atmosphäre schafft.

Welche Fragentypen sind die gängigsten in der Diagnostik?

- Offene Frage (W-Frage):
  Was hat Sie dazu geführt? Wie ist diese Idee entstanden?
- Geschlossene Frage (Ja/Nein):
  Haben Sie einen Abschluss in diesem Studiengang?
- Alternativfrage (... oder ...):
  Lieben Sie eher konzeptionelle oder pragmatische Tätigkeiten?
- Informationsfrage:
  Welche Fachliteratur haben Sie abonniert?
- Suggestivfrage:
  Ich gehe doch recht in der Annahme, dass ...
- Rhetorische Frage:
  Sie haben doch sicherlich unsere Homepage angesehen?
- Angriffsfrage:
  Können Sie diesen Punkt nicht vertiefen? Wollen Sie dieses Feld meiden?
- Kontrollfrage:
  Würden Sie diesen Fall auch so betrachten (Beschreibung ...)?
  Sieben Jahre sind aber lang für ein Studium, oder?

Die Anwendung dieser Fragetechniken führt gelegentlich zu einer Art Pingpongspiel: Sie stellen eine Frage, der Kandidat beantwortet diese mehr oder weniger erfolgreich, Sie stellen eine neue, thematisch andere Frage, Ihr Gegenüber antwortet, so geht das bis zum Ende des Gesprächs weiter. Nachher sind Sie oftmals genauso schlau wie vorher, obwohl Sie eigentlich alle Fragen gestellt haben. Der Grund hierfür ist, dass das Frage- und Antwortspiel oftmals nicht in die Tiefe geht. Sie haben so keinen »Erzählstrom« (siehe Abbildung 11) erzeugen können. Unsere Erfahrung ist, dass eigentlich jede Antwort Ihres Gegenübers eine Nachfrage wert ist. So gut wie immer tauchen sprachliche Unklarheiten auf, die Signale für ein gezieltes Nachfragen sind.

> **Praxistipp: Signale des Nachfragens**
> Stets zu hinterfragen sind folgende Aussagen, die einige Unklarheiten aufkommen lassen:
> - Aussagen, die keine Ausnahme zulassen, wie *alle, jeder, niemand, immer, nie:* »In meiner Abteilung wusste niemand, wo es langgeht.«

- Aussagen, die durch unausgesprochene Regeln Grenzen setzen: »Ich konnte nicht anders, die Geschäftsleitung hat es so angeordnet.«
- Aussagen, die weiterer Klärung bedürfen: »Der Markt war einfach zu schwierig.«
- Aussagen mit halben Vergleichen: »Die Kollegen in Abteilung X haben es besser.«
- Aussagen, die aus einem dynamischen einen statischen Vorgang machen: »Ich bedauere meine Entscheidung.«
- Aussagen, bei denen der Sprecher zu wissen glaubt, was der andere denkt/fühlt: »Wir wissen beide, wie es in solchen Unternehmen zugeht.«

Zuhören

Nachdem wir uns nun mit den richtigen Fragen beschäftigt haben, ist ein weiterer Aspekt für den Erfolg entscheidend, das aktive Zuhören.

Was bringt das aktive Zuhören für den Gesamtprozess?

- volle Aufmerksamkeit auf das Gehörte (keine Kritzeleien auf dem Block!)
- Zeit für Beobachtungen und Beschreibungen (siehe oben)
- einen ununterbrochenen Erzählstrom
- Erfassung der inneren Zusammenhänge der Aussagen
- kritische Überprüfung der eigenen Wahrnehmung
- Zeit für das Gegenüber, seine Gedanken zu sortieren

Welche Gefahren entstehen, wenn Sie nicht aktiv zuhören?

- Der Partner fühlt sich nicht verstanden.
- Der Partner öffnet sich nicht.
- Der Partner ist nicht bereit, Gründe und wirkliche Zusammenhänge zu suchen oder zu nennen.

Sie sehen, dass ein gezieltes Fragen und ein aufmerksames Zuhören den Prozess und damit auch die Aussagekraft der Beurteilung deutlich erhöhen.

Was die richtige Wahrnehmung des Gegenübers erschwert

Trotz eines wie oben sauber beschriebenen Prozesses kommt es doch immer wieder dazu, dass wir auch eigene Färbungen aus unserem Bezugsrahmen in die Beurteilung eines Menschen einbringen. Das liegt daran, dass wir durch unsere Brille auf andere Menschen schauen. Wie kann man diese Wahrnehmungstendenzen in den Griff bekommen?

1. Durch ein klares Verfolgen des Anforderungsprofils und die dort gestellten Fragen. Andere Aspekte zählen erst einmal nicht, auch wenn sie uns persönlich interessieren.
2. Vermeidung von Self-Hugging. Es ist für einen selbst oft schwer zu begreifen, dass andere Menschen andere Motive, Wünsche und Interessen haben und nicht so denken, handeln oder fühlen wie man selbst. Die Neigung zu Self-Hugging (Selbstbezogenheit) ist für viele zwischenmenschliche Missverständnisse verantwortlich. Sie schafft regelrecht blinde Flecken in unserem Verständnis für andere und beeinträchtigt die Art, wie wir Partner, Arbeitskollegen et cetera beurteilen und einschätzen.
3. Durch das Kennen der zentralen Fehler in der Wahrnehmung anderer. Diese führen uns in eine Falle, da wir Informationen nur noch selektiv wahrnehmen.

Was sind die zentralen Aspekte in der selektiven und damit oft unvollkommenen Wahrnehmung (Schuler, H., 2002)?

Der erste Eindruck

Der Mensch neigt dazu, seinem Urteil nach dem ersten Eindruck eine feste Richtung zu geben. Er nimmt dann alle weiteren Informationen unter einer bestimmten Hypothese (beispielsweise »Teilnehmer ist unsympathisch«) wahr und sucht nur noch nach einer Bestätigung.

Tipp: Halten Sie diesen ersten Eindruck schriftlich fest!

Das Trichterdenken

Zu Beginn des Interviews: Der Beurteiler nimmt Informationen über etwas Neues noch in gewisser Breite auf. Die ersten Signale, die ersten Wahrnehmungen führen zu einer Meinungsbildung (beispielsweise Sympathie). Wie bei einem Trichter wird die Öffnung schnell kleiner, bis nur noch ein kleiner Ausschnitt durchgelassen wird. Im Folgenden werden nur noch die zum gefällten Urteil passenden Äußerungen als Bestätigung wahrgenommen, andere Aspekte passen nicht mehr durch den Trichter.

Die psychologische Nähe
Ergeben sich Ähnlichkeiten oder Gemeinsamkeiten (beispielsweise gleicher Studienort, gleiche »Einheit«, Golfsport) zwischen Beurteiltem und Beurteiler, wird das Urteil positiv beeinflusst werden.

Die Projektion
Wo ich selbst gut bin, erwarte ich dies auch von anderen, beispielsweise wenn ich als Controller gut kopfrechnen kann, dann erwarte ich dies für eine solche Position. Das braucht man halt im Leben.

Die Verdrängung
Wo ich selbst schlecht bin, habe ich auch geringere Ansprüche an andere, beispielsweise, wenn ich selber keine Prioritäten setze, dann erwarte ich dies auch nicht von anderen. Immerhin habe ich es auch ohne diese Fähigkeit weit gebracht, deshalb kann sie nicht so wichtig sein.

Der Stimmungseffekt
Persönliche und externe Faktoren beeinflussen die Stimmung des Beurteilers und führen zu Verzerrungen, beispielsweise Kopfschmerzen, wenig Schlaf, vorher Konfliktgespräch mit Kollegen und so weiter.

Der Umgebungseffekt
Beeinflussung durch die äußere Umgebung führt leicht zu einer positiveren oder negativeren Bewertung, beispielsweise hohe Sommertemperaturen, Baustelle im Haus, Lottogewinn und so weiter.

Die Mildetendenz
Die Tendenz, die Person auf der Skala insgesamt positiver zu beurteilen.

Die Strengetendenz
Die Tendenz, die Person auf der Skala insgesamt negativer zu beurteilen.

Die Tendenz zur Mitte
Die Tendenz, die Person auf der Skala im neutralen Bereich einzustufen und dementsprechend Extremurteile zu vermeiden.

Der Analogieschluss
Der Beurteiler schließt von der Einzelbeobachtung auf übergeordnete beziehungsweise allgemeine Eigenschaften, beispielsweise wenn jemand laut spricht, hält man dies für ein Indiz für Dynamik.

Der Primacy-Effekt

Erste Informationen haben einen unverhältnismäßig starken Einfluss auf den Gesamteindruck des Teilnehmers. Alle nachfolgenden Informationen werden diesem Eindruck angepasst.

Der Recency-Effekt

Hier beeinflussen insbesondere die zuletzt erhaltenen Informationen aufgrund der aktuellen Präsenz im Gedächtnis den Eindruck über den Teilnehmer.

Der Halo- oder Überstrahlungseffekt

Überstrahlung eines Merkmals des Teilnehmers auf sein gesamtes Verhalten. Unterschiedliche Merkmale werden nicht unabhängig voneinander wahrgenommen. Ein bedeutsamer, in der Wissenschaft immer wieder vorgefundener Halo ist die physische Attraktivität, die zu positiveren Beurteilungen führt.

Die implizite Persönlichkeitstheorie

Bildung einer unbewussten Meinung darüber, welche Persönlichkeitsmerkmale gemeinsam auftreten und welche einander ausschließen (»Man merkt es schon am Händedruck«, Fliegenträger und so weiter). Wenn einer Gruppe solche Merkmale zugeschrieben werden, dann spricht man auch von einem Stereotyp: beispielsweise Mantafahrer, Blondinen, Golfer, Camper und dergleichen.

Der Sympathieeffekt

Personen, die als sympathisch erlebt werden, werden besser bewertet als solche, die einen unsympathischen Eindruck hinterlassen. Dieser ist einer der am häufigsten zu findenden Effekte.

> **Übung zur Theorie:**
>
> Welcher dieser Wahrnehmungsfehler ist Ihr Favorit, wofür sind Sie besonders anfällig? Reflektieren Sie Ihre letzten Beurteilungsgespräche!

Zusammenfassung

Nehmen wir jetzt alle in diesem Kapitel genannten Faktoren zusammen, dann stellt sich ein guter diagnostischer Prozess, der uns Sicherheit gibt, wie folgt dar:

1. Schritt: Anforderungsanalyse
   - systematische Anforderungsanalyse auf konkreter Ebene
   - dynamisches Funktionsprofil mit Zielen, Kernaufgaben und Kompetenzen
   - Gewichtung der Anforderungen

2. Schritt: Gesprächsdurchführung
   - positive Gestaltung der Gesprächssituation
   - aktives Erarbeiten der Anforderungen mit dem Fragendreieck: Situation, Verhalten, Ergebnis, Reflexion
   - situative Fragen stellen
   - offene Fragen stellen und aktiv zuhören
   - Bezugsrahmen der Gesprächspartner mit selbstreflektorischen Fragen erarbeiten
   - eigene Beobachtungsverzerrungen beachten (interessantes Gespräch – weg von den Anforderungen, Self-Hugging, Wahrnehmungsverzerrungen)
   - Gespräche möglichst zu zweit führen (mehr Beobachtungen/ Kontrolle der Wahrnehmungsfehler)
   - Trennung von Beobachtung, Beschreibung und Bewertung

3. Schritt: Auswertung
   - subjektiven Eindruck aufschreiben
   - Anforderungsbereiche (Dimensionsbereiche) systematisch auswerten

Der Umgang mit Persönlichkeiten

Die Suche nach dem Wesen der Persönlichkeit

Was macht die Persönlichkeit eines Menschen aus? Bei der Beantwortung dieser Frage geht es natürlich auch um Intellekt und Leistungsfähigkeit, aber eine Persönlichkeitsbestimmung im weiteren Sinne wird mehr umfassen.

> **Praxisbeispiel:** Im Rahmen eines Teammeetings geht es um die Einführung eines neuen Softwaretools: Während ein Mitarbeiter dieser Änderung sehr offen gegenübersteht und dieses auch kundtut, sind weitere Mitarbeiter eher still, sie äußern vielleicht Ärger, mal verhalten und ironisch, mal offensiv und persönlich verletzend. Andere wiederum verstricken Sie in lang andauernde Diskussionen, warum es gerade dieses Programm sein muss und nicht ein anderes, ihrer Meinung nach viel besseres. Nach einer Stunde haben sich schließlich alle beruhigt und sind mehr oder weniger überzeugt von der Entscheidung.
>
> Je nach Persönlichkeit haben die Mitarbeiter in dem Beispiel sehr unterschiedlich reagiert. Die Führungskraft kann diese anspruchsvolle soziale und interaktive Aufgabe nur lösen, wenn sie die Mitarbeiter in ihrer Persönlichkeit, in ihrem Wesen einschätzen kann. Führungshandeln ist in diesem Sinne vor allem die Fähigkeit, die Mitarbeiter kennenzulernen und dieses Wissen in seinem persönlichen Führungshandeln zu berücksichtigen.

Das Fallbeispiel zeigt exemplarisch auf, was unsere alltäglichen Erfahrungen uns lehren: Personen unterscheiden sich in ihrem Erleben und Verhalten selbst dann, wenn sie sich in identischen oder vergleichbaren Umgebungen befinden. Psychologisch gesprochen führen sehr ähnliche Reize bei unterschiedlichen Persönlichkeiten zu unterschiedlichen Reaktionen.

INPUT → BLACK BOX → OUTPUT

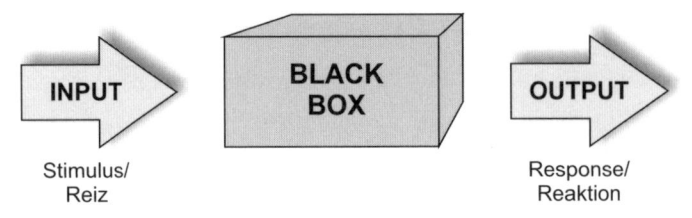

Stimulus/Reiz Response/Reaktion

Abb. 15: Das Modell der Black Box in der Psychologie

Leider sind Persönlichkeitseigenschaften nicht direkt beobachtbar, deshalb sind uns manche Mitarbeiter/Kollegen/Vorgesetzte und Partner auch ein solches Rätsel.

Persönlichkeit ist kein einheitlich zu definierendes Konzept. Sie ist ein kompliziertes Wechselspiel zwischen unseren Erbanlagen einerseits und Erfahrungen, erlernten Bewertungen andererseits, die uns als Persönlichkeit prägen. Umgekehrt prägt unsere Persönlichkeit wiederum die Sichtweise, wie wir unsere Umwelt wahrnehmen und uns schließlich verhalten.

Die Persönlichkeitspsychologie beschäftigt sich mit der Erklärung und Vorhersage individueller Unterschiede im Verhalten von Menschen (Dieterich, R., 2000).

Was macht Persönlichkeit aus? Diese Frage stellte sich schon der Arzt Hippokrates (430–377 v. Chr.). Er entwickelte ein Typenmodell, in dem er vier Persönlichkeitstypen in Abhängigkeit der vier Körpersäfte (Blut, Schleim, gelbe und schwarze Galle) in Sanguiniker, Phlegmatiker, Choleriker und Melancholiker unterteilte. Kann diese Viererkategorisierung die Komplexität der Realität überhaupt abbilden? Führt dies nicht zu einer fast schon banalisierenden Vereinfachung? Wir werden im weiteren Verlauf sehen, dass Vereinfachung und damit Komplexitätsreduktion nicht immer schlecht ist, schließlich wäre es auch Nonsens, Landkarten im 1:1-Maßstab zu produzieren. Tatsächlich hat sich die Viererkategorisierung in einer allerdings sehr geänderten Form bis in die Neuzeit gehalten, ein Modell, das uns im Rahmen dieses Kapitels immer wieder beschäftigen wird.

Zunächst einmal geht es um *Eigenschaften*. Kennen wir die zentralen Eigenschaften eines Mitarbeiters, dann wird er verständlich und berechenbar. So ist zumindest der Anspruch oder besser gesagt das Ideal. Wenn Sie einen neuen Mitarbeiter suchen, dann werden in den Auswahlgesprächen (siehe auch das Kapitel »Die psychologische Diagnostik als wichtiges Instrument für den Führungsalltag«) auf zentrale Eigenschaften achten. Wenn Sie ein Beurteilungsgespräch führen, dann beurteilen Sie Verhalten auf der Basis bestimmter Eigenschaften.

Praxisbeispiel:

	Weil der Mitarbeiter...	ist der Mitarbeiter ...
a.	Überstunden macht,	leistungsmotiviert.
b.	Verständnis für andere hat,	teamfähig.
c.	Rhetorik situativ einsetzt,	überzeugend.

So weit, so gut. Doch wo zeigen sich in Ihrem Führungsalltag die Umsetzungsschwierigkeiten?

1. Der Rückschluss von dem beobachteten Verhalten auf die zugrunde liegende Eigenschaft ist unsicher, manchmal falsch. *Warum?* Der Überstunden machende Mitarbeiter kann schlichtweg auch entscheidungsschwach, der verständnisvolle Mitarbeiter durchsetzungsschwach und der rhetorisch so brillante Mitarbeiter unsensibel sein. Oder kann der Mitarbeiter vielleicht alles gleichzeitig sein?

Übung zur Theorie:

Welche Eigenschaften vermuten Sie, wenn Ihr Mitarbeiter folgende Verhaltensweisen zeigt?

1. Reagiert auf Andeutungen und verdeckte Reaktionen seines Gegenübers
Eigenschaft? _____

2. Entwickelt tiefe wie auch breite Kontaktnetzwerke.
Eigenschaft? _____

3. Zeigt sich Neuerungen und aktuellen Trends gegenüber aufgeschlossen.
Eigenschaft? _____

2. Die schiere Fülle an möglichen Eigenschaftsbegriffen ist schlichtweg unübersichtlich und in der Handhabung nicht praktikabel, das führt zur Stigmatisierung der Mitarbeiter. *Warum?* Englische Wissenschaftler haben sich vor langer Zeit einmal die Mühe gemacht zu zählen, wie viele Eigenschaftsbegriffe es in der englischen Sprache gibt. Raten Sie mal: 1.000? 5.000? Damals zählte man 18.000 Eigenschaftsbezeichnungen (Allport, G./Odbert, H. S., 1936).

Diese unübersehbare Fülle führt selbstverständlich zu Vereinfachungen, die im (beruflichen) Alltag gern als Stereotype gelebt werden. Wenn wir in unseren Coachings Führungskräfte fragen, wie sie ihre Mitarbeiter beurteilen, dann wird gerne mal zu offenkundigen, oftmals sehr emotionalisierten Generalisierungen gegriffen: »Mein Mitarbeiter ist ein wenig faul, der will zum Jagen getragen werden, dabei ist er ein Zeitklauer und insgesamt sehr kompliziert.«

Übung zur Theorie:

Beschreiben Sie doch mal einen Ihrer Mitarbeiter! Welche Begriffe, Beschreibungen, Charakterisierungen verwenden Sie?

_____

_____

_____

---

3. Dass bestimmte Eigenschaften das Verhalten eines Mitarbeiters typisch und eindeutig charakterisieren, ist nicht immer richtig. *Warum?* Ihr Mitarbeiter ist nicht nur Mitarbeiter, er ist auch Vater, Freund, Kollege, Ehemann oder ähnliches. Wenn Sie an sich selbst denken, dann haben Sie vielleicht auch die Erfahrung gemacht, dass Sie sich im privaten Umfeld anders verhalten als im Beruf als Führungskraft. Diese Erkenntnis wird unter der Bezeichnung Rollentheorie zusammengefasst. Die Rollentheorie beschreibt, welche Spiel- und Handlungsfreiräume dem Individuum in einer Rolle offenstehen, wie es die gesellschaftlich vorgegebenen Rollen erlernt, verinnerlicht und ausfüllt (Popitz, H., 1975).

Hier wird postuliert, dass wir uns nach den Erwartungen richten, die an uns gestellt werden. Aber wie unterschiedlich kann man wirklich sein? Kann man in jeder Rolle völlig unabhängig voneinander agieren oder gibt es einen übergreifenden, gemeinsamen Nenner?

> **Übung zur Theorie:**
>
> Welche Rollen nehmen Sie ein (siehe auch Seiwert, L. J., 2006)?
>
> – _____ – _____ – _____ – _____
> – _____ – _____ – _____ – _____

4. Persönlichkeitseigenschaften sind nicht so stabil, wie man meinen könnte. *Warum?* Häufig hört man von Führungskräften die Aussage: »Den kannst du nicht mehr ändern! Das haben schon ganz andere versucht!« Tatsächlich wird oft die Meinung vertreten, dass die Persönlichkeit eines Menschen spätestens mit Anfang 30 abgeschlossen und unveränderbar ist. Neuere Untersuchungen zeigen eine andere Kernbotschaft auf: Jeder kann sich verändern (Asendorpf, J. B., 2004).

> **Übung zur Theorie:**
>
> In welchen Eigenschaften haben Sie sich in der jüngst zurückliegenden Zeit verändert? Was glaubten Sie, niemals machen zu können, und tun dies heute ohne größere Probleme?
>
> _____
>
> _____
>
> Wo haben Sie sich nicht verändern können oder wollen? Welche Eigenschaften sehen Sie als stabil über verschiedene Rollen hinweg?
>
> _____
>
> _____

Steuermannskunst Persönlichkeit

Stellen Sie sich vor, Sie sind Seefahrer und möchten den Seeweg nach Indien und China entdecken. Gut, das kommt Ihnen bekannt vor und führt uns in diesem Zusammenhang auch nicht weiter. Der Hinweis soll vor allem den Zusammenhang zwischen der Navigation und der aktiven Nutzung der Persönlichkeitspsychologie aufzeigen: Navigation ist klassischerweise die »Steuermannskunst« zu Meer, zu Land und in der Luft. Typischerweise besteht die Navigation aus drei Aufgaben:

1. Bestimmen der geografischen Position durch Ortsbestimmung nach verschiedensten Methoden,
2. Berechnen des optimalen Weges zum Ziel und
3. Führen des Fahrzeugs zu diesem Ziel, also vor allem das Halten des optimalen Kurses.

Auch die Führung von Mitarbeitern hat etwas mit Steuern zu tun, hier heißt es analog:

1. Bestimmen der Persönlichkeitsmerkmale des Mitarbeiters nach verschiedenen Methoden,
2. Überlegen, welche Strategie das Commitment des Mitarbeiters optimal erzeugt und was ihn demotiviert und
3. Führen des Mitarbeiters zu diesem Ziel, also vor allem das Halten des optimalen Kurses.

Um weiterhin in der Analogie der Navigation zu bleiben: Als Führungskraft ist es sinnvoll, über ein grundlegendes Koordinatensystem sowie über geeignete Techniken und Instrumente zu verfügen, um sich innerhalb dieses Koordinatensystems zu orientieren. Ebenso wie in der Navigation sind aber auch Techniken zur Berechnung der optimalen Route notwendig. Die Führungskraft zeigt in diesem Falle größtmögliche Verhaltensflexibilität in der Umsetzung dieser Strategie.

Der erste Schritt in der Steuermannskunst beinhaltet elementares Wissen über die Persönlichkeit von Menschen, Kenntnis über ein relevantes und praxisgerechtes Koordinatensystem und welche Persönlichkeitsmerkmale wirklich das Verhalten eines Mitarbeiters beeinflussen.

Koordinatensystem Persönlichkeit

Zunächst einmal ist es sinnvoll, die mögliche Vielzahl an Kompetenzen und Eigenschaften stärker zusammenzufassen. Hier hat sich eine Dreiteilung im Bereich des *Wissens/der Kenntnisse (Kognition)*, im Bereich *sozialen Verhaltens (Umgang mit Menschen)* und im Bereich *Motivation/Einstellungen* durchgesetzt.

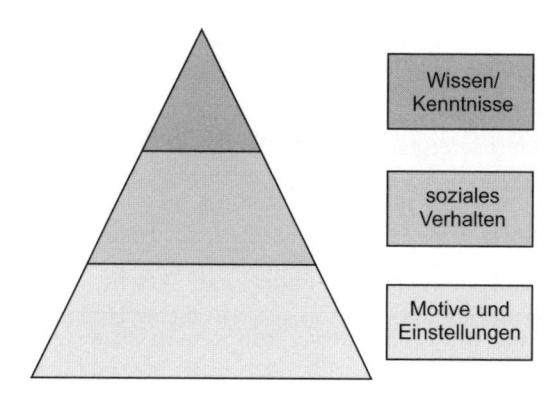

Abb. 16: Die Kompetenzpyramide

Beispiele sind (siehe auch Sarges, W., 2000):
Kompetenzen im Bereich des Wissens/der Kenntnisse (Kognition)
- Analysevermögen
- Logik und Schlussfolgern
- ganzheitliches Denken
- entscheiden
- Planung und Organisation

Kompetenzen im Bereich des sozialen Verhaltens
(Umgang mit Menschen)
- Kommunikation
- Team- und Kooperationsfähigkeit
- Verhandlung und Konfliktlösung
- Führung
- Einfühlungsvermögen und Sensibilität

Kompetenzen im Bereich der Motive und Einstellungen
- Leistungsmotivation
- Flexibilität
- Tatkraft und Dynamik (Handlungsmotivation)
- Belastbarkeit
- Verantwortungsbereitschaft

> **Übung zur Theorie**
>
> Probieren Sie dies doch einmal selbst: Stellen Sie sich einen Ihrer Mitarbeiter vor und charakterisieren Sie ihn nach Art der Kompetenzpyramide:
>
> Wissen/Kenntnisse (Kognition)
>
> In welchen Wissensgebieten kennt er sich besonders aus? Welche Kenntnisse sind besonders ausgeprägt? Wo sehen Sie in dieser Hinsicht noch Entwicklungsbedarf?
>
> + _____ − _____
> + _____ − _____
> + _____ − _____
>
> Soziales Verhalten (Umgang mit Menschen)
>
> Wo ist er im Umgang mit anderen besonders geschickt? Durch welche sozialen Fähigkeiten zeichnet er sich aus, wo sehen Sie aber auch noch Entwicklungsbedarf?
>
> + _____ − _____
> + _____ − _____
> + _____ − _____
>
> Motive und Einstellungen
>
> Was zeichnet den Mitarbeiter darüber hinaus aus? Welche Einstellungen äußert er, was motiviert ihn, welche Werte sind für ihn wichtig? In welchen Motiven und Einstellungen sehen Sie noch Entwicklungsbedarf?
>
> + _____ − _____
> + _____ − _____
> + _____ − _____

Neben der Zusammenfassung in drei Kompetenzbereiche macht es ebenfalls Sinn, die Persönlichkeitseigenschaften herauszuarbeiten, die am wenigsten einer situativen Veränderung unterworfen sind – zentrale Persönlichkeitseigenschaften, deren Ausprägung charakteristisch für eine Persönlichkeit ist.

Beispiele:
1. Ein Mitarbeiter, der Angst hat, vor einer großen Gruppe zu reden, und diese Situationen vermeidet, wird ebenfalls sehr wahrscheinlich kein begnadeter Redner im privaten Kreis sein und diese Situationen vermeiden wollen.
2. Ein Mitarbeiter, der bevorzugt das Negative in einer Veränderung sieht, wird im privaten Bereich sehr wahrscheinlich nicht zu den Mutigsten und Aufgeschlossensten zählen.
3. Ein Mitarbeiter, der es schafft, seinen Bürotisch innerhalb kürzester Zeit zu verwüsten, wird im privaten Bereich kein Ordnungsfanatiker sein.

Diese Beispiele deuten darauf hin, dass bestimmte Eigenschaften und Merkmale relativ unabhängig sind von der jeweiligen sozialen Rolle beziehungsweise Situation. Die Psychologie spricht in diesem Zusammenhang von zentralen Persönlichkeitseigenschaften, die weitgehend stabil sind und die Persönlichkeit eines Menschen maßgeblich beeinflussen. Sie sind geeignet, zukünftiges Verhalten zu prognostizieren.

Bei den zentralen Persönlichkeitseigenschaften handelt es sich um sehr abstrahierende, übergreifende Merkmale. Die Persönlichkeit eines Menschen wird oft mit einer Zwiebel verglichen: Im Inneren befinden sich diese zentralen Persönlichkeitsfaktoren, je weiter man in die Schichten

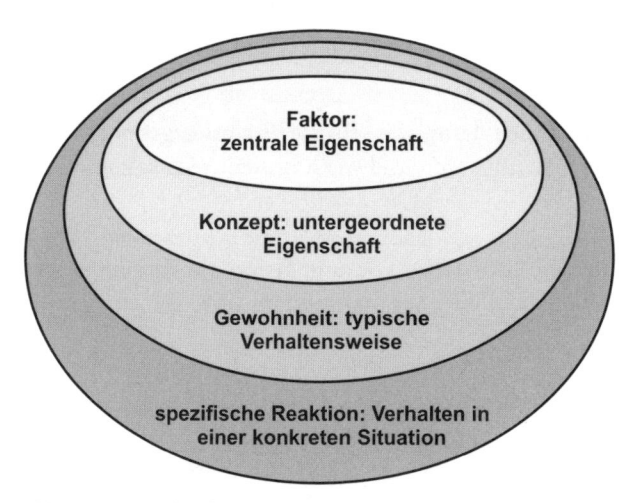

Abb. 17: Hierarchisch organisierte Persönlichkeitsstruktur

nach außen geht, desto konkreter, spezifischer und situationsabhängiger wird das Verhalten. Das beobachtbare Verhalten wird jedoch bestimmt von den im Inneren liegenden Persönlichkeitsmerkmalen.

Die Big Five: Die fünf Hauptfaktoren der Persönlichkeit

Die persönlichkeitspsychologische Forschung der letzten Jahre konnte zeigen, dass es sinnvoll ist, fünf wesentliche zentrale Persönlichkeitseigenschaften anzunehmen, um Unterschiede zwischen Menschen zu beschreiben, die sogenannten »Big Five«.
Sie lauten:

Emotionale Sensibilität
Mitarbeiter unterscheiden sich darin, wie sie mit negativen Emotionen umgehen: Lassen sie sich dadurch (negativ) beeinflussen (emotional sensibel) oder nicht (emotional stabil)?

Extraversion
Mitarbeiter unterscheiden sich darin, wie sie mit anderen umgehen und ob sie die Interaktion/Kommunikation suchen oder lieber für sich bleiben.

Offenheit (für neue Erfahrungen)
Mitarbeiter unterscheiden sich darin, welches Interesse sie an neuen Erfahrungen haben und wie sie mit diesen Erlebnissen umgehen.

Verträglichkeit
Mitarbeiter unterscheiden sich darin, wie sehr sie sich an gegebene Situationen und andere Menschen anpassen und wie kompetitiv sie agieren.

Gewissenhaftigkeit
Mitarbeiter unterscheiden sich darin, wie organisiert sie vorgehen, wie sehr sie ihre Handlungen planen oder spontan und intuitiv agieren.

Emotionale Sensibilität

niedrig ausgeprägt	hoch ausgeprägt
belastbar, ruhig, sorgenfrei, ausgeglichen, gelassen	nachdenklich, angespannt, vorsichtig, einfühlsam, kann zwischen den Zeilen lesen

Extraversion

niedrig ausgeprägt	hoch ausgeprägt
zurückhaltend, lieber allein, verhalten, Aufregung meidend, unabhängig	gesellig, aktiv, gesprächig, personenorientiert, herzlich, optimistisch, heiter

Offenheit (für Erfahrungen)

niedrig ausgeprägt	hoch ausgeprägt
konservativ/konventionell, beharrlich, treu, loyal, gehorsam	ehrgeizig, leistungsmotiviert, Abwechslung suchend, selbstüberzeugt, zielstrebig

Verträglichkeit

niedrig ausgeprägt	hoch ausgeprägt
beharrlich, unabhängig, skeptisch, individuell, wettbewerbsorientiert, eigenständig	hilfsbereit, verständnisvoll, mitfühlend, harmoniebedürftig, kooperativ, nachgiebig, umgänglich, bescheiden

Gewissenhaftigkeit

niedrig ausgeprägt	hoch ausgeprägt
wenig systematisch, locker, spontan, kreativ, pragmatisch	diszipliniert, zuverlässig, pünktlich, ordentlich, akkurat

Abb. 18: Die Big Five der Persönlichkeit

Praxisbeispiel: Stellen Sie sich vor, Sie haben eine Position als Teamleiter zu besetzen. Zwei Ihrer besten Mitarbeiter kommen grundsätzlich dafür in Frage. Sie entscheiden sich, mit beiden potenziellen Führungskräften ein Gespräch zu führen. Herrn Schulz kennen Sie als sehr belastbare Persönlichkeit, die auch in den hektischsten Situationen ruhig bleibt. Er gilt unter Kollegen als sehr ausgeglichen, herzlich und optimistisch. Er arbeitet hart und pflichtbewusst, hat in der Vergangenheit zwar nie mit außergewöhnlichem Verhalten geglänzt, aber seine Kollegen schätzen seine Beständigkeit und Hilfsbereitschaft, sie schätzen und respektieren Herrn Schulz. Auf Ihre Frage, ob er die Teamführung gerne übernehmen würde, antwortet er nach einer längeren Pause des Nachdenkens mit einem »Ja«. Er hätte schon des Öfteren über die Teamführung nachgedacht, sei sich aber nicht sicher gewesen, ob er geeignet sei, diese Verantwortung zu übernehmen. Jetzt, wo Sie ihm dies offensichtlich zutrauen würden, könne er sich diese Herausforderung durchaus vorstellen.

Der zweite Mitarbeiter, den Sie an diesem Nachmittag zum Gespräch bitten, ist von seiner Persönlichkeit her anders. An Herrn Weber schätzen Sie ebenfalls seine emotionale Stabilität, in den schwierigsten Situationen läuft er zur Hochform auf. Man sieht ihm den Stress nicht an, er gilt im Kollegenkreis als gesellig, wenn es etwas zu organisieren gibt, dann ist er nicht weit. Den letzten Betriebsausflug hat er im Wesentlichen gestaltet, und alle haben diesen Tag gelobt. Was Sie weniger an Herrn Weber mögen, ist sein offensichtlicher Geltungsdrang. Er ist ehrgeizig, hat einen hohen Leistungsanspruch und schießt gelegentlich über das Ziel hinaus. Dies hat ihm nicht nur Freunde gebracht. Darauf sprechen Sie ihn jetzt an. Er reagiert zwar einsichtig, macht jedoch auch klar, dass er den Wettbewerb sucht, Außergewöhnliches leisten möchte und Konflikte manchmal als Weg sucht, um Klärungen zu bewirken. Deswegen sind Sie auch nicht erstaunt, als Herr Weber von sich aus die Frage der Teamführung anspricht und sich dafür empfiehlt. Ihre Unsicherheit wird gesteigert durch die Tatsache, dass Herr Weber nicht gerade der Gewissenhafteste ist. Gelegentlich haben Sie schon erlebt, dass er zu spät in Besprechungen kam.

Für welchen Mitarbeiter würden Sie sich spontan entscheiden? Warum haben Sie diese Entscheidung getroffen?

_____

_____

Übung zur Theorie:

Führen Sie sich doch jetzt noch einmal das eben dargestellte Beispiel von der Suche nach einem Teamleiter vor Augen.
Wie schätzen Sie die Big Five bei Herrn Schulze ein?

	niedrig	durchschnittlich	hoch
Emotionale Sensibilität			
Extraversion			
Offenheit			
Verträglichkeit			
Gewissenhaftigkeit			

Und bei Herrn Weber?

	niedrig	durchschnittlich	hoch
Emotionale Sensibilität			
Extraversion			
Offenheit			
Verträglichkeit			
Gewissenhaftigkeit			

Tatsächlich scheint es zur Übernahme von Führungsverantwortung ein bestimmtes, erfolgversprechendes Grundprofil zu geben:

	niedrig	durchschnittlich	hoch
Emotionale Sensibilität	●		
Extraversion			●
Offenheit			●
Verträglichkeit		●	
Gewissenhaftigkeit		●	

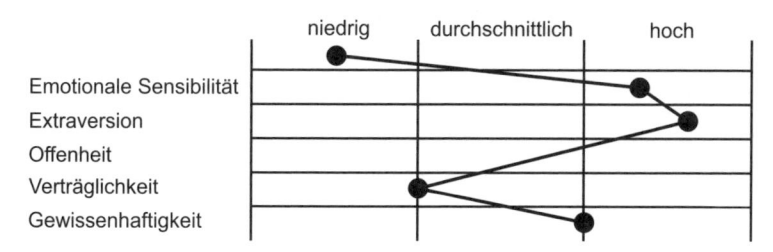

Abb. 19: Die Big Five der Persönlichkeit: Führungspotenzial

Wie veränderbar sind Persönlichkeitseigenschaften?

Das Wesen grundlegender Persönlichkeitseigenschaften ist zunächst einmal, dass sie über die Zeit und in unterschiedlichen Situationen stabil bleiben. Damit unterscheiden sich diese von anderen Facetten unserer Persönlichkeit, nämlich von Fähigkeiten und Kompetenzen, zum Beispiel im Bereich des Wissens und des Verhaltens.

Trotz oder vielleicht gerade wegen der genannten Schwierigkeiten sind das Verständnis und das gezielte Nutzen der Erkenntnisse aus der Persönlichkeitspsychologie ein zentraler Erfolgsfaktor einer Führungskraft. Ein gesundes Maß zwischen dem (übertriebenen) Psychologisieren einerseits und dem (banalen) Rückgriff auf Vorurteile und »Bauchgefühl« andererseits ist zu wahren.

Greifen wir zurück auf die bereits beschriebene Unterteilung von Kompetenzen im Bereich des *Wissens/der Kenntnisse (Kognition)*, im Bereich des *sozialen Verhaltens (Umgang mit Menschen)* und im Bereich der *Motivationen/Einstellungen*. Die Veränderbarkeit von Fähigkeiten und Kompetenzen ist sehr unterschiedlich und lässt sich gut anhand der Kompetenzpyramide aufzeigen.

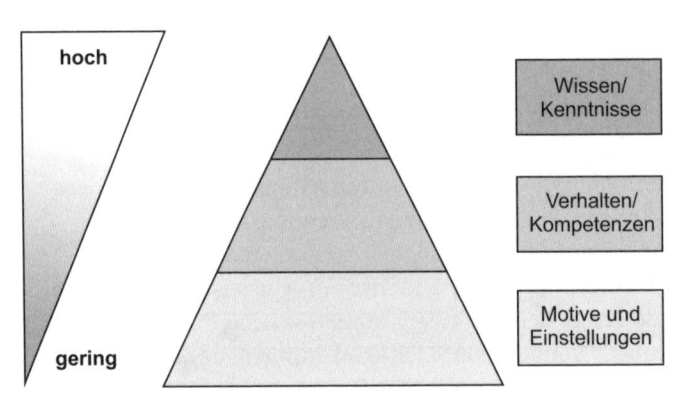

Abb. 20: Die Kompetenzpyramide: Veränderbarkeit von Kompetenzen

Der Bereich des Wissens/der Kenntnisse ist – selbstverständlich in Abhängigkeit vom jeweiligen intellektuellen Verständnis – am leichtesten veränderbar. Hier spielen zumeist nur das Kosten-Nutzen-Verhältnis und der notwendige Zeitaufwand eine Rolle. Seminare, Abendstudium, Selbststudium: alles Möglichkeiten, das Wissensspektrum einer Person/eines Mitarbeiters gezielt zu erweitern. Stellen Sie fest, wo die Wissensdefizite sind, welche Anforderungen aktuell und zukünftig relevant sind, und leiten Sie die entsprechenden Maßnahmen ab.

Der Bereich der sozialen Kompetenzen ist schon schwieriger veränderbar. Wie wird man überzeugender, kooperativer oder durchsetzungsfähiger? Hier sind zunächst einmal »handwerkliche« Fähigkeiten ausschlaggebend: Kenntnis und Einsatz von Gesprächsstrategien, Argumentationsmethoden, Konfliktmanagementtechniken. Diese Fähigkeiten sind zumeist in Form von Trainings, aber auch Coachings, Praxisbegleitungen et cetera erfahr- und erlernbar. Nicht zu überschätzen ist aber auch die Veränderbarkeit von Verhaltenskompetenzen. Wer schon einmal eine Sportart oder ein Musikinstrument erlernt hat, weiß, wie schwierig es ist, neue Techniken automatisiert anwenden zu können, und wie viel schwieriger es darüber hinaus ist, falsche oder bereits automatisierte Verhaltensweisen zu verändern.

Machen Sie doch einmal folgendes kleines Experiment: Überlegen Sie bitte, mit welchem Arm Sie zum Beispiel zuerst in Ihr Jackett schlüpfen. Bitte benutzen Sie doch mal aktiv den anderen, ungeübteren Arm! Sie werden sehen, wie ungewohnt es ist und wie relativ schwer es uns fällt, so eine vergleichsweise unbedeutende Angewohnheit/Fähigkeit zu verändern. Doch wenn es schon schwer ist, Verhaltenskompetenzen zu verändern, wie sieht es erst mit den Motiven und Einstellungen aus? Sind diese überhaupt zu verändern? Und welche Konsequenzen hat dies im Umgang mit Mitarbeitern?

Praxistipp: Wenn Menschen nicht oder nur sehr schwer zu verändern sind, dann sollte man sich darauf konzentrieren, die vorhandenen Eigenschaften und Potenziale bestmöglich zu nutzen. Immer mehr setzt sich die Erkenntnis durch, dass Menschen – insbesondere bezogen auf grundlegende Persönlichkeitseigenschaften – weniger veränderbar sind, als wir glauben. Nennenswerte Untersuchungen (zum Beispiel der Gallup Organisation, Buckingham, M./Coffmann, C., 2005) zeigen, dass man die Persönlichkeit eines Mitarbeiters akzeptieren lernen sollte und als Führungskraft gut daran tut, sich eher auf die Stärken und weniger auf die Schwächen zu konzentrieren: »Die Menschen sind weniger veränderbar, als wir glauben. Verschwende nicht deine Zeit mit dem Versuch, etwas hinzuzufügen, das die Natur nicht vorgesehen hat. Versuche herauszuholen, was in ihnen steckt.«

Für Ihren Führungsalltag heißt dies konkret:

- Lernen Sie Ihre Mitarbeiter kennen – nicht nur zwischen Tür und Angel, nicht nur bezogen auf kleine (oder größere) berufliche Probleme. Achten Sie auf ihr grundsätzliches Denken und Handeln, reden Sie mit ihnen über ihre persönlichen Einstellungen und Vorlieben. Kenntnis von Persönlichkeiten lässt Rückschlüsse auf zukünftiges Verhalten zu. Machen Sie sich das Leben zukünftig leichter!
- Zeigen Sie Respekt – Ihre Mitarbeiter sind keine kleinen Kinder (auch wenn viele Führungskräfte dies in Momenten der besonderen Pein gerne mal sagen), sondern Erwachsene, das heißt gewachsene Persönlichkeiten. Behandeln Sie sie auch so! Sie sind nicht in der Rolle des Lehrers, sondern in der einer Führungskraft. Auch wenn Personalentwicklung eine wichtige Führungsaufgabe ist, so hat sie ihre Grenzen – nämlich dort, wo der Mitarbeiter sie für sich selbst setzt. Der Mitarbeiter ist dann am effektivsten, wenn er seine Stärken nutzen und seine Potenziale ausbauen kann. Sobald Sie diese erkannt haben, wird Produktivität und Zufriedenheit (die des Mitarbeiters wie auch Ihre) steigen.
- Nutzen Sie Modelle zur Typisierung der Persönlichkeit – nur wer weiß, was er sucht, wird finden! Grundsätzlich sind wir alle Experten in der Einschätzung und Beurteilung von Menschen und Persönlichkeiten. Unser »Bauchgefühl« wird uns schon leiten. Aber Führung heißt auch Profession und Professionalität. Oder würden Sie einem Arzt vertrauen, der auf die Frage, warum er Sie operiert, antwortet: »Das sagt mir mein Bauchgefühl«?

Im Folgenden möchten wir Sie mit den fünf Hauptfaktoren der Persönlichkeit und einem pragmatischen Persönlichkeitstypenmodell vertraut machen. Beides kann Ihnen im Führungsalltag im Umgang mit den Mitarbeitern helfen.

Ein universelles Persönlichkeitstypenmodell

Zurückkommend auf die Analogie des Navigierens, fehlten jetzt noch zwei Aufgaben:

1. Überlegen, welche Strategie das Commitment des Mitarbeiters optimal erzeugt und was ihn demotiviert und
2. Führen des Mitarbeiters zu diesem Ziel, also vor allem das Halten des optimalen Kurses.

Die damit verbundenen Überlegungen und Tipps finden Sie im Folgenden.

Wir sind Gewohnheitstiere. Schon früh im Leben lernen wir, Dinge zu tun, über die wir später als erwachsene Menschen gar nicht mehr nachdenken. Wir lernen zum Beispiel, auf eine bestimmte Art zu sprechen, und nehmen dabei eventuell den Dialekt unserer Umgebung an. Wir lernen, unseren Namen zu schreiben oder unsere Arme in einer ganz bestimmten Weise zu überkreuzen und vieles mehr. So entstehen Verhaltensweisen, die für uns natürlich, bequem und effizient sind (persönliche Komfortzonen). Auch für das Zusammentreffen mit anderen Menschen haben wir schon früh Verhaltensweisen erlernt, mit denen wir individuell zwischenmenschliche Beziehungen anknüpfen und ganz unterschiedliche Reaktionen hervorrufen.

Beim ersten Zusammentreffen mit einer anderen Person bilden wir uns ein Vorurteil. Wir vergleichen das Verhalten eines anderen Menschen – oft ganz unbewusst – aus unserer eigenen Komfortzone heraus mit unseren Verhaltensweisen und Erwartungen. Je nachdem, wie sehr das Verhalten des anderen unseren Vorstellungen und Erwartungen gerecht wird, fällt unser Urteil positiv oder negativ aus.

Der Begriff »Verhaltensstil« beschreibt die Gesamtheit aller wahrnehmbaren Verhaltensweisen. Der Verhaltensstil bezieht sich lediglich auf das, was wir sehen und hören. Wie bereits festgestellt, sind Persönlichkeitsmerkmale wie Intelligenz, Werte, individuelle Fähigkeit, Motivation et cetera nicht direkt zu beobachten, sie können aus den beobachteten Verhaltensweisen lediglich mittelbar abgeleitet werden. Wir können Rückschlüsse auf zugrunde liegende Persönlichkeiten ziehen. Diese Schlussfolgerung, oft auch Vermutung, ist oftmals richtig, kann aber auch voreilig getroffen sein. Der Begriff »Verhaltensstil« ist wertneutral im Sinn von gut oder schlecht. Er hilft uns lediglich, verschiedene Verhaltensweisen zu benennen.

Wir setzen im Rahmen der von uns durchgeführten Führungstrainings gerne das DISG®-Persönlichkeitsprofil ein. Entwickelt wurde es von William Moulton Marston (1893–1947), um menschliches Verhalten systematisch zu beschreiben und zu erklären.

Das Persönlichkeitstypenmodell beschreibt vier grundlegende Verhaltensstile:

Initiative Persönlichkeiten

Herr Meier kommt Montagmorgen zur Arbeit. Er reißt die Tür auf und betritt wild gestikulierend das Büro. Lautstark und ohne von seinen Kollegen darauf angesprochen zu werden, berichtet er von seinem fantastischen

Wochenende. Er hätte den Freitagabend auf einer Super-Party verbracht, vor 5 Uhr morgens wäre er nicht ins Bett gekommen. Und die Gäste, die wären vom Feinsten gewesen, so interessant und schillernd. Am Samstag hätte er aber nicht ausschlafen können, denn er war mit guten Kumpels unterwegs. Das wäre eine Gaudi gewesen. Herr Meier redet und redet, er hat Freude daran, sich anderen mitzuteilen. Seine Kollegen kennen dies und lassen ihn reden. Nicht immer ist Herr Meier gut gelaunt, er gilt als launisch, von himmelhoch jauchzend bis zu Tode betrübt, und das oftmals innerhalb kürzester Zeit. Herr Meier redet so, wie ihm der Schnabel gewachsen ist.

Gewissenhafte Persönlichkeiten

Frau Gestner ist das totale Gegenteil von Herrn Meier. Sie hält nicht viel davon, ihr Privatleben an die große Glocke zu hängen. Sie hat eine sparsame Gestik und Mimik, oftmals ist es schwierig einzuschätzen, wie es ihr geht. Im Umgang mit anderen wirkt sie reserviert, zurückhaltend, fast distanziert. Auf die Frage, wie ihr Wochenende war, antwortet sie: »Gut. Danke für die Frage!« Die Kollegen kennen das und nehmen ihr die Einsilbigkeit nicht übel.

Dominante Persönlichkeiten

Frau Schimke ist eine sehr bestimmende Persönlichkeit. In Teambesprechungen ist sie die Erste, die sich zu Wort meldet, zu jedem Thema hat sie was zu sagen, ob aufgefordert oder nicht. Sie macht ihre Meinung deutlich, auch wenn sie damit alleine in der Gruppe ist, das macht ihr nichts aus. Frau Schimke ist auf die Unterstützung der Gruppe nicht angewiesen, sie ist unabhängig und weiß, was sie will. Entscheidungen trifft Frau Schimke schnell und endgültig, »lieber eine falsche Entscheidung als eine verspätete Entscheidung«.

Stetige Persönlichkeiten

Herr Wahlers kann mit dieser Einstellung von Frau Schimke nun gar nichts anfangen. Er schätzt die Meinung der Gruppe, sie ist ihm wichtig. Er würde sich lieber die Zunge abhacken lassen, als seine eigene Meinung frühzeitig zu offenbaren, er könnte ja auf Widerstände stoßen, und Konflikte mag er gar nicht. Lieber lernt er die überwiegende Gruppenmeinung kennen und schließt sich dann dieser an, man muss im Leben ja Kompromisse machen können und teamfähig sein. Entscheidungen fallen Herrn Wahlers grundsätzlich eher schwer, es gibt ja so viel zu bedenken, da schläft er gerne noch mal eine Nacht drüber.

In der Kombination dieser vier Verhaltenstendenzen ergeben sich vier Persönlichkeitstypen:

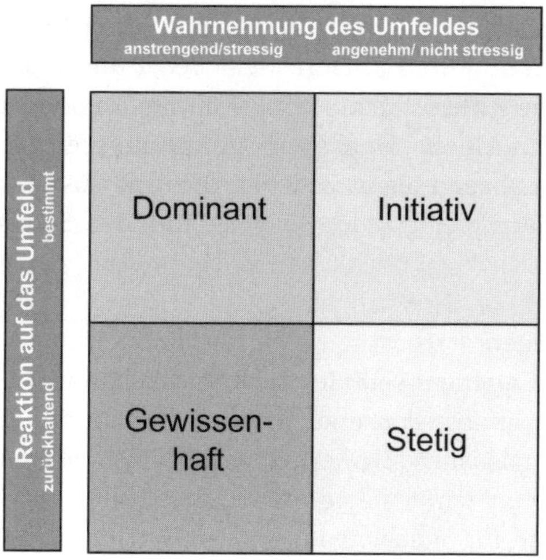

	Wahrnehmung des Umfeldes	
	anstrengend/stressig	angenehm/ nicht stressig
Reaktion auf das Umfeld — bestimmt	Dominant	Initiativ
Reaktion auf das Umfeld — zurückhaltend	Gewissenhaft	Stetig

Abb. 21: Das DISG®-Persönlichkeitsprofil
(mit Genehmigung der persolog GmbH, 2004)

Günstige oder ungünstige Wahrnehmung der Umwelt
Stellen Sie sich vor, Sie gehen eine belebte Einkaufsstraße entlang und überlegen, was Sie Ihrem Partner zum Geburtstag schenken möchten. Gedankenverloren rempeln Sie unabsichtlich einen vorbeigehenden Passanten an. Wie könnte er reagieren?

Menschen mit einem *gewissenhaften* oder *dominanten* Verhaltensstil werden sich vermutlich eher ärgern und Ihnen gegebenenfalls im Stillen oder laut Vorwürfe ob Ihrer Gedankenlosigkeit machen. Beide Verhaltensstile eint, dass Ereignisse oder Situationen zunächst mal als stressig oder ungünstig wahrgenommen werden. Sie verhalten sich in aller Regel vorsichtig und verschlossen.

Menschen mit einem *initiativen* oder *stetigen* Verhaltensstil denken und fühlen anders. In derselben Situation reagieren sie eher mit einer freundlichen Bemerkung und nehmen an, dass Sie es nicht so gemeint haben. Die Ereignisse in der Umwelt werden eher als freundlich und positiv, weniger stressig erlebt. Beide Persönlichkeiten werden offen und aufnahmebereit reagieren.

Bestimmter oder zurückhaltender in der Reaktion auf das Umfeld
Sie möchten eine Präsentation für den Vorstand erarbeiten und suchen nach einem Mitarbeiter, der diese interessante und herausfordernde Auf-

gabe übernimmt. In einem Teammeeting adressieren Sie die Aufgabe schließlich, aber nicht alle reagieren interessiert. Während einige Ihrer Mitarbeiter Chancen und Lernmöglichkeiten sehen, nehmen andere Mitarbeiter eher die Gefahren wahr und schätzen die Möglichkeit eines Misserfolges als hoch ein.

Die *dominanten* und *initiativen* Persönlichkeiten in Ihrem Team erleben Selbstwirksamkeit und fühlen sich stärker als ihre Umgebung. Für sie ist es selbstverständlich, dass sie diese Herausforderung erfolgreich bewältigen.

Die *stetigen* oder *gewissenhaften* Persönlichkeiten in Ihrem Team erleben sich dagegen als weniger stark als ihre Umgebung, sie schätzen vertraute Arbeits- und verlässliche Umgebungsbedingungen, die Erarbeitung einer Vorstandspräsentation gehört nicht unbedingt dazu. Deshalb werden sie eher zurückhaltend und wenig motiviert reagieren.

Die Initiativen

Die Initiativen werden als emotional und mitreißend angesehen. Sie sind freundlich und fühlen sich durchaus wohl, wenn andere die Initiative ergreifen. Bevor sie mit der anstehenden Arbeit beginnen, nehmen sie sich zunächst einmal Zeit für Konversation. Bei Entscheidungen stützen sie sich auf ihre Gefühle. Sie sind leicht erregbar und bereit, andere an ihren Träumen und Einsichten zu beteiligen.

Bei der Beschreibung der Initiativen werden folgende spezifische Eigenschaften genannt:

- begeisterungsfähig, gesprächig, immer zu Scherzen aufgelegt
- ganz auf andere ausgerichtet; lieben Publikum und sehen Applaus und Anerkennung als wichtige Belohnung für ihre Leistungen
- ergebnisorientiert, risikofreudig, konkurrierend und energisch
- zukunftsorientiert, mitreißend und sehr kreativ

Viele initiative Tendenzen werden von anderen als Stärken gesehen, zum Beispiel

- Aufgeschlossenheit und Freundlichkeit erzeugen Begeisterung und Motivation
- bewirken, dass sich andere im Umgang mit ihnen wohlfühlen
- lassen andere hemmungslos an ihren Träumen und Ideen teilhaben
- arbeiten zupackend, ehrgeizig und erfolgsorientiert

Initiative Persönlichkeiten erleben Motivation durch:

- Anerkennung und positive Unterstützung
- neuere und bessere Möglichkeiten
- Ausdrucksfreiheit
- Unterrichten und Anweisungen geben
- Verbindungen zu Höhergestellten
- Möglichkeiten, Talente und Fähigkeiten zu zeigen

Praxistipp für den Umgang mit initiativen Persönlichkeiten:

Im Umgang mit den Initiativen achten Sie auf Folgendes:

- Geben Sie den Initiativen Raum zur Selbstdarstellung, selbst wenn Mitarbeitergespräche ein paar Minuten länger dauern.
- Übertragen Sie Aufgaben, die Raum zur Kreativität beinhalten.
- Vermitteln Sie Anerkennung und lassen Sie ihn seine Meinung sagen.
- Nehmen Sie sich Zeit für Gespräche und Geselligkeit.
- Nennen Sie nicht zu viele Details in Gesprächen, überzeugen Sie ihn auf einer emotionalen, beziehungsorientierten Ebene. Initiative fühlen sich von vielen Zahlen, Fakten und Abstraktionen schnell gequält.
- Behandeln Sie Initiative nicht von oben herab.
- Geben Sie ihnen Aufgaben, in denen sie ihre zwischenmenschlichen und begeisternden Qualitäten einbringen können, sie sind gute Netzwerker und Beziehungsgestalter.
- Achten Sie darauf, dass Sie nach einem Gespräch die wichtigen Vereinbarungen noch einmal zusammenfassen. Optimalerweise macht dies der Mitarbeiter selbst. Sie werden staunen, wie oft Sie hierbei noch einmal nachsteuern müssen.
- Vereinbaren Sie Ziele klar und unmissverständlich, sprechen Sie mit ihm über den Weg dahin.

Die Lernfelder der Initiativen sind:

- Termine einhalten
- Ausreden für das Misslingen in Frage stellen
- Fakten als Grundlage für Argumente verwenden
- bei Entscheidungen objektiv sein
- tiefe Beziehungen aufbauen
- die eigene Leistungsfähigkeit realistisch betrachten

Die Gewissenhaften

Die Gewissenhaften werden als überlegt, zurückhaltend und logisch angesehen. Sie lieben festgelegte Vorgehensweisen, wägen alle Alternativen sorgfältig und lange ab und bleiben ihren Zielsetzungen verhaftet. Es handelt sich um disziplinierte Menschen, die anderen gerne die Initiative überlassen und unabhängig bleiben wollen. Die Gewissenhaften erreichen ihre Ziele am besten, wenn Risiken von Anfang an ausgeschaltet werden können und für einen reibungslosen Ablauf ihrer Projekte genügend Daten vorhanden sind. Sie streben mehr nach Vollständigkeit als nach einer großen Linie. Bei der Beschreibung von Gewissenhaften werden folgende Eigenschaften genannt:

- technisch orientiert, suchen Struktur, Sicherheit und Klarheit, bevor Entscheidungen getroffen werden
- ruhig, nicht anmaßend, zeigen wenig Emotionen im Umgang mit anderen
- bleiben so lange reserviert, bis eine starke persönliche Beziehung aufgebaut wurde
- sind interessiert am Aufdecken und Lösen von Problemen

Viele dieser Tendenzen werden von anderen als Stärken angesehen:

- Gewissenhafte nehmen Probleme in Angriff, indem sie sich auf Fakten und Logik stützen
- akzeptieren neue Ideen nur, wenn sie sehen, dass dabei etwas herauskommt
- werten vorhandene Ideen und bekannte Verfahren vollständig aus, bevor sie sich nach etwas Neuem umsehen
- knüpfen erst dann feste Bande, wenn sie sich in einer Beziehung wohlfühlen
- sind bei der Erledigung von Aufgaben sehr produktiv

Gewissenhafte Persönlichkeiten erleben Motivation durch:

- Möglichkeit, der Ursache eines Problems auf den Grund zu gehen
- Aufgaben und Ziele definieren
- Sachverständigenrolle bei langfristiger Planung
- Bestätigung beziehungsweise Absicherung
- Möglichkeit, Ordnung wiederherzustellen

Praxistipp zum Umgang mit gewissenhaften Persönlichkeiten

Im Umgang mit den Gewissenhaften achten Sie auf Folgendes:

- Unterstützen Sie deren Rolle als Experte.
- Geben Sie ihnen inhaltlich anspruchsvolle Aufgaben.
- Lassen Sie sie sich fachlich weiterentwickeln.
- Bauen Sie Glaubwürdigkeit auf, indem Sie Pros und Kontras zu Ihren Vorschlägen auflisten.
- Seien Sie ganz systematisch.
- Nehmen Sie sich Zeit, bleiben Sie aber immer beharrlich.
- Entwickeln Sie einen schrittweisen Arbeitsplan und schließen Sie Überraschungen aus.
- Wenn Sie einmal zustimmen, bleiben Sie dabei.
- Bei Meinungsverschiedenheiten stellen Sie Ihre Position systematisch dar.
- Seien Sie realistisch und peinlich genau in Ihren Handlungen.
- Führen Sie solide, praktische Beweise an.
- Vereinbaren Sie nicht nur Ziele, sondern konkretisieren Sie diese in der genauen Umsetzung. Vereinbaren Sie bereits im Vorfeld Zwischenkontrollen, weil sich die Gewissenhaften gerne im Detail verlieren.

Die Lernfelder der Gewissenhaften sind:

- neue Kontakte knüpfen
- neue und unterschiedliche Erfahrungen machen
- Sinn für Experimente unter Beweis stellen
- Kontrolle über die Situation ausüben
- der konstruktiven Energie freien Lauf lassen
- die Nase vorn haben wollen

Die Dominanten

Die Dominanten werden in ihrer Beziehung zu anderen als sachbezogen, ergebnisorientiert, initiativ und manchmal aggressiv beschrieben. Sie lieben Herausforderungen durch neue Ideen, reagieren rasch auf Veränderungen und zögern nicht, die Äußerungen und Handlungsweisen anderer zu korrigieren, zu verbessern, zu modifizieren oder ihnen zu widersprechen. Die Dominanten werden als geradlinig angesehen, handeln rasch, sind voller Energie und weisen gelegentlich opportunistische Züge auf. Sie erreichen ihre Ziele am besten, wenn ihnen Verantwortung übertragen wird und sie die Dinge steuern können. Besonders gerne entwerfen sie Pläne, mit deren Ausführung in der Folge andere Personen befasst sind. Bei der Realisierung ihrer Ideen nehmen sie hohe Risiken in Kauf.

Bei der Beschreibung der dominanten Persönlichkeiten treffen folgende Eigenschaften zu:

- dominierend, energisch und willensstark
- nicht bereit, Gefühle oder Emotionen zu zeigen und andere daran teilnehmen zu lassen
- lieben jeden Neubeginn, motivieren sich selbst und haben die Dinge im Griff
- arbeiten effizient, hart und ergebnisorientiert
- sind im Umgang mit anderen direkt und rein sachlich
- lieben es, sich mit anderen zu messen, und sind gerne »besser«

Viele Eigenschaften der Dominanten werden von ihren Mitmenschen als besondere Stärken gesehen:

- übernehmen gerne Leitungs- und Kontrollfunktionen
- entscheiden schnell
- lieben Herausforderungen und bevorzugen schwer zu bewältigende Aufgaben
- leiten und koordinieren die Arbeit anderer
- sorgen dafür, dass etwas geschieht
- entlasten andere von der Übernahme einer Verantwortung
- geben Ergebnissen Vorrang und setzen sich dafür ein, dass diese erreicht werden
- gehen bereitwillig Risiken ein

Dominante Persönlichkeiten erleben Motivation durch:

- Handlungsspielraum
- Macht und Autorität
- großen Wirkungskreis
- keine zu strenge Überwachung
- Prestige und Herausforderung
- Aufstiegsmöglichkeiten

Praxistipp für den Umgang mit dominanten Persönlichkeiten:

Menschen mit ausgeprägt dominanten Verhaltensweisen suchen Herausforderungen und möchten sich dadurch selbst bestätigen. Sie suchen die Möglichkeit, Situationen oder Menschen zu ändern, zu beeinflussen.

Im Umgang mit den Dominanten achten Sie auf Folgendes:

- Übertragen Sie den Dominanten Verantwortung und lassen Sie sie dann auch gewähren. Nichts ist schlimmer für die Dominanten, als wenn sie die übertragene Verantwortung nicht richtig nutzen können, ganz gleich aus welchem Grund.
- Zeigen Sie den persönlichen Nutzen auf.
- Fassen Sie sich klar, kurz und direkt – kommen Sie zur Sache.
- Zeigen Sie Alternativen auf, damit sie ihre Wahl treffen können.
- Motivieren und überzeugen Sie, indem Sie sich auf Ziele und Ergebnisse beschränken.
- Unterstützen Sie die Karriereansprüche der Dominanten.
- Sie lassen sich ihren Führungsanspruch nicht nehmen. Dominante sind typische Alpha-Tiere, sie beanspruchen Führung, formell oder informell.
- Nutzen Sie die Multiplikatorfunktion des Dominanten, wenn er von einer Sache überzeugt ist, dann kann er eine wichtige Rolle im Team spielen.

Die Lernfelder der Dominanten sind:
- Identifikation mit dem Team
- Empathie und Verständnis zeigen
- im Gespräch Sensibilität zeigen
- anderen zuhören, ohne sie zu unterbrechen
- sich an Regeln halten
- die eigene Arbeit sorgfältig überprüfen

Die Stetigen

Die Stetigen werden als ruhig, bescheiden und hilfsbereit angesehen; warmherzige und freundliche Zuhörer, mit denen man leicht auskommt, die persönlichen Kontakt und geteilte Verantwortung lieben.

Sie erreichen dann ihre Ziele am besten, wenn zunächst tragfähige persönliche Beziehungen aufgebaut werden können. Risiken oder schnellen Entscheidungen gehen sie aus dem Weg (außer, sie haben präzise Daten oder tatkräftige Helfer im Hintergrund). Beim Aufbau von Beziehungen spielt Zeit keine Rolle. Sie gelten als äußerst kooperative Arbeitskollegen oder Verhandlungspartner.

Beschreibt man den Verhaltensstil der Stetigen, so lassen sich folgende Eigenschaften festhalten:

- haben den festen Willen, andere zu akzeptieren und mit ihnen auszukommen
- sind ruhig, kooperativ und hilfsbereit
- neigen dazu, zwischenmenschliche Konflikte wenn möglich zu vermeiden
- lassen andere rasch ihre Bekanntschaft machen

Viele Eigenschaften der Stetigen werden von anderen als besondere Stärken gesehen:

- geben Hinweise und Ratschläge, sind hilfsbereit gegenüber anderen und ermuntern sie bei der Arbeit
- haben einen tiefen Sinn für Loyalität und Hingabe gegenüber ihren Arbeitskollegen und Freunden
- zeigen großes Vertrauen in andere Menschen
- haben Fertigkeiten, andere zu betreuen und aufzubauen

Stetige Persönlichkeiten erleben Motivation durch:

- Verstehen von Verfahrensänderungen
- Möglichkeit, entlang strukturierter Linien zu planen
- echte Anerkennung
- Identifikation mit dem Team/der Gruppe
- Lob für erfolgreich abgeschlossene Aufgaben
- langfristige Sicherheit

> **Praxistipp für den Umgang mit stetigen Persönlichkeiten:**
>
> Im Umgang mit den Stetigen achten Sie auf Folgendes:
>
> - Machen Sie ihnen Mut, sich gegenüber anderen Menschen abzugrenzen und auch einmal nein zu sagen, ohne gleich Angst zu haben, damit den Unwillen des anderen heraufzubeschwören.

- Achten Sie darauf, dass die entsprechenden Mitarbeiter ihre Überzeugungen äußern und ihre Meinung und Kritik kundtun. Oftmals meinen Führungskräfte, dass die Kritik und Verstimmung der Stetigen aufgelöst werden konnte, allein weil diese nichts mehr sagen. Leider kann man die Erfahrung machen, dass diese Hoffnung trügerisch ist und die Mitarbeiter unter Kollegen weiterhin Kritik äußern. Fordern Sie sie also zur Kritik auf und versuchen Sie, ihnen die Angst davor zu nehmen.
- Ermöglichen Sie den stetigen Mitarbeitern, besser mit Drucksituationen umzugehen. Viele Ressourcen werden von Angst und Unsicherheit verbraucht.
- Stetige Mitarbeiter sind Veränderungen gegenüber nicht immer aufgeschlossen. Wenn sie den Weg aber erst einmal gegangen sind, äußern sie ihre Zustimmung (»War doch ganz gut«). Das heißt für Sie als Führungskraft, sich von der Unsicherheit nicht anstecken zu lassen und konsequent zu handeln.
- Binden Sie stetige Mitarbeiter so weit wie möglich ein, erklären Sie viel und fragen Sie nach deren Meinung.

Die Lernfelder der Stetigen sind:
- kreativ sein
- mit einer Gruppe unterschiedlicher Menschen arbeiten
- sich realistische Ziele setzen
- auch unter Druck die Kontrolle behalten

Übungen zur Theorie

Fallbeispiel 1: Herr Schmidt

Herr Schmidt ist eine Führungskraft, die hohe Anforderungen an sich und die Mitarbeiter stellt, alles gern unter Kontrolle hat und von Kollegen als autoritär beschrieben wird. Vor kurzem wurde Herr Schmidt zum Bereichsleiter eines Produktionsbetriebes für die Herstellung von Kettensägen ernannt. Seine vorrangige Aufgabe in diesem Bereich ist es, die in letzter Zeit sehr häufig gewordenen Beschwerden wegen auftretender Qualitätsmängel in den Griff zu bekommen.

Nach einer kurzen Einführungszeit meint Herr Schmidt, bereits eine Lösung für die Probleme gefunden zu haben. Er ist überzeugt davon, dass die Kommunikation zwischen den einzelnen Bereichen mangelhaft ist und so in ausschlaggebenden Prozessen Fehler durch eine ungenügende Abstimmung passieren.

Den Einwänden der Mitarbeiter, dass die Fehlerquelle schon beim Zulieferer zu suchen ist, schenkt Herr Schmidt nur wenig Gehör. Vielmehr hat er bereits damit begonnen, detailliert den Produktionsablauf zu protokollieren und potenzielle Schwachstellen durch eine Restrukturierung auszumerzen.

Obwohl die Fehlerrate leicht rückläufig ist, verschlechtert sich das Verhältnis zwischen Herrn Schmidt und seinen Mitarbeitern stetig.

a) Welcher Persönlichkeitstyp ist Herr Schmidt? (Mehrfachnennungen sind möglich)

dominant ( )
initiativ ( )
stetig ( )
gewissenhaft ( )

b) Welche Hinweise haben Ihnen geholfen, zu dieser Einschätzung zu kommen?

_____

_____

_____

c) Wo sehen Sie bei Herrn Schmidt Veränderungsbedarf und wie würden Sie mit ihm umgehen?

_____

_____

_____

Fallbeispiel 2: Herr Kaiser

Herr Kaiser ist in zweiter Generation Inhaber eines unabhängigen Baumarktes. Für seine Mitarbeiter ist er immer erreichbar und auch bei persönlichen Problemen ein guter Gesprächspartner. Er ist sehr auf ein gutes Betriebsklima bedacht, und wenn es doch einmal zu Streitigkeiten kommt, fühlt er sich eher unwohl.

Bei guten Leistungen spart Herr Kaiser nicht mit Lob. Zudem pflegt er ein Unternehmensklima der »offenen Tür«. Dankbar nimmt er Verbesserungsvorschläge oder Kritik an seiner Person entgegen und setzt diese auch nach bestem Wissen um.

Vor einigen Tagen wurde bekannt, dass eine nationale Baumarktkette Interesse an einer Übernahme des profitablen Unternehmens habe. Herr Kaiser ist grundsätzlich nicht abgeneigt, er weiß jedoch nicht, wie er in dieser Angelegenheit vorgehen soll. Nach Bekanntwerden des Angebots macht sich in der Belegschaft Unbehagen breit. Die Mitarbeiter machen sich Sorgen, und darunter leidet die Arbeitsmoral. Mehrfach wurde Herr Kaiser schon darauf angesprochen, eine Betriebsversammlung abzuhalten, um die aufkommenden Fragen zu klären. Mittlerweile meidet er seine Mitarbeiter nach Möglichkeit.

a) Welcher Persönlichkeitstyp ist Herr Kaiser? (Mehrfachnennungen sind möglich)

- dominant ( )
- initiativ ( )
- stetig ( )
- gewissenhaft ( )

b) Welche Hinweise haben Ihnen geholfen, zu dieser Einschätzung zu kommen?

_____

_____

_____

c) Wo sehen Sie bei Herrn Kaiser Veränderungsbedarf und wie würden Sie mit ihm umgehen?

_____

_____

_____

Fallbeispiel 3: Frau Bremer

Frau Bremer ist Redaktionsleiterin bei einem wöchentlichen Nachrichtenmagazin. Sie ist stets freundlich, laut wird sie nur selten, man findet schnell Kontakt zu ihr. Bei ihrer Arbeit geht sie stets sehr sorgfältig, akkurat und methodisch vor. Da nichts in den Druck geht, bevor sie es persönlich überprüft hat, kam es jedoch in der Vergangenheit vereinzelt dazu, dass Deadlines nicht eingehalten wurden.

Von ihren Mitarbeitern verlangt sie bei der Recherche von Artikeln eine über jeden Zweifel erhabene Berichterstattung, die auch einer genauen Prüfung standhält. Wegen des hohen Arbeitsaufkommens und Termindrucks lässt es sich jedoch nicht vermeiden, dass Frau Bremers Mitarbeitern immer mal wieder flüchtig recherchierte Artikel, die erkennbar eine subjektive Sicht einer Quelle wiedergeben, unterlaufen.

Bei der dadurch notwendigen Kritik scheut Frau Bremer die direkte Konfrontation. Nicht immer wissen die Mitarbeiter, was denn nun genau geändert werden soll. Wiederholt kam es so schon dazu, dass mehr als eine Korrekturschleife notwendig war, bis das gewünschte Ergebnis erreicht war.

a) Welcher Persönlichkeitstyp ist Frau Bremer? dominant ( )
(Mehrfachnennungen sind möglich)   initiativ ( )
                                                stetig ( )
                                                gewissenhaft ( )

b) Welche Hinweise haben Ihnen geholfen, zu dieser Einschätzung zu kommen?

_____

_____

_____

c) Wo sehen Sie bei Frau Bremer Veränderungsbedarf und wie würden Sie mit ihr umgehen?

_____

_____

_____

Ein Hoch auf die Vielfältigkeit

So schön – oder schrecklich – es auch wäre, alle Menschen in vier Persönlichkeitstypen einzuteilen, so unrealistisch ist dies. Grundsätzlich ist zu sagen, dass jeder von uns alle Verhaltensfacetten in sich trägt, aber in unterschiedlichen Ausprägungen. Die Erfahrung zeigt jedoch, dass sich gewisse Schwerpunkte, insbesondere in bestimmten sozialen Rollen (zum Beispiel der beruflichen Rolle), durchaus zeigen. Oftmals zeigen sich diese Schwerpunkte in zwei der vier Persönlichkeitstypen, die damit verbundenen Merkmale und Motive stehen im Vordergrund und bestimmen das Verhalten zum großen Teil.

Grundsätzlich ist auch kein Verhaltensstil als besser oder schlechter zu charakterisieren. Der Verhaltensstil hängt nicht mit Berufserfolg zusammen. Ein schlagkräftiges Team profitiert von unterschiedlichen Verhaltensstilen und Persönlichkeiten. Stellen Sie sich vor, Ihr Team bestünde nur aus Dominanten, dann würde es nur Häuptlinge geben, aber keine Indianer, keiner würde rudern. Oder nur Gewissenhafte, dann würde alles immer sehr genau gemacht werden, aber Ergebnisse würde man meistens zu spät haben, die Diskussionen wären endlos.

Die Initiativen brauchen andere, die

- strenge Maßstäbe anlegen,
- sich an Routineabläufe gewöhnen,
- gerne organisieren,
- auf Systematik Wert legen und
- Aufforderungen mit klaren, präzisen Lösungen erfüllen.

Die Gewissenhaften brauchen andere, die

- zum Handeln anspornen und motivieren,
- die Führungsqualitäten anderer fördern,
- Respekt für ihre Fähigkeiten einfordern,
- schnelle Entscheidungen treffen,
- gegen Widerstände kämpfen sowie
- Dinge in Frage stellen und Alternativen anbieten.

Die Dominanten brauchen andere, die

- Daten sammeln,
- Informationen interpretieren,
- das Umfeld stabilisieren,
- Arbeitsprozesse bewerten,

- Teamarbeit fördern,
- vorsichtig sind und
- das Für und Wider abwägen.

Die Stetigen brauchen andere, die

- neuen, unterschiedlichen Interessen gegenüber aufgeschlossen sind,
- große, wichtige Verantwortungsbereiche übernehmen,
- ein schnelles Tempo vorgeben und
- sich durch verbale Fähigkeiten Anerkennung verschaffen.

Zusammenfassung

Unter Persönlichkeit wird die Gesamtheit aller Wesenszüge, Verhaltensweisen, Eigenarten eines Menschen verstanden. Unterschiedliche Mitarbeiter reagieren auf vergleichbare Situationen sehr verschieden, ein Mitarbeiter auf ähnliche Situationen aber immer wieder relativ einheitlich und damit stabil. Deshalb kann man bei Kenntnis bestimmter Persönlichkeitsfaktoren zukünftiges Verhalten des Mitarbeiters prognostizieren und sich als Führungskraft rechtzeitig darauf einstellen. Persönlichkeit ist kein greifbares, konkretes Gebilde, sondern ein kompliziertes Konstrukt, das unser Verhalten und unsere Empfindungen beeinflusst. Es bestimmt, wie wir von anderen gesehen werden und wie wir die Umwelt wahrnehmen.

Persönlichkeitsfaktoren sind als überdauernde, relativ stabile Merkmale definiert. Wissen, Problemlösefähigkeiten und soziale Kompetenzen sind in beschränktem Maße veränderbar und beeinflussbar, bei den tieferen Persönlichkeitsfaktoren ist dies nur sehr begrenzt bis gar nicht möglich. Deshalb vertreten immer mehr erfolgreiche Führungskräfte die Auffassung, dass der Umgang mit Mitarbeitern nicht die Nivellierung von Schwächen zum Hauptfokus haben sollte, sondern das Nutzen der vorhandenen Stärken und Potenziale.

Dies setzt aber eine systematisierte Kenntnis der Mitarbeiterpersönlichkeit voraus. Welche Einstellungen hat er? Was ist ihm wichtig und welche Motive treiben ihn an? Wie kann die Führungskraft optimal mit ihm umgehen, was sollte man vermeiden? Diese Fragen beantwortet die Psychologie mit beschreibenden Persönlichkeitsmodellen. Lernen Sie Ihren Mitarbeiter kennen!

In der wissenschaftlichen Praxis haben sich fünf Hauptfaktoren der Persönlichkeit herauskristallisiert, die sogenannten Big Five: emotionale Sensibilität, Extraversion, Offenheit, Verträglichkeit und Gewissenhaftigkeit. Jeder Faktor ist durch bestimmte Eigenschaften und Verhaltensweisen charakterisiert. Ein ergänzendes Persönlichkeitstypenmodell unterscheidet vier Persönlichkeitstypen, den Initiativen, den Gewissenhaften, den Dominanten und den Stetigen: Jeder Persönlichkeitstyp zeigt charakteristische Verhaltensstile, die eine Identifikation und Zuordnung erleichtern. Die Vielfalt in der Führungsaufgabe zeigt sich darin, dass jeder Mitarbeitertyp anders behandelt und geführt werden möchte, dass jeder andere Stärken und Schwächen hat und dieses Wissen den Führungsalltag erleichtert, weil Tipps zum Umgang damit verbunden sind.

Einsicht der Mitarbeiter in ihr Problem schaffen – Veränderungen initiieren

Praxisbeispiel: Herr Werter, einer Ihrer Mitarbeiter, ist ein typischer Sunnyboy: beliebt im Kollegenkreis, kreativ in der Aufgabenbearbeitung, immer einen lockeren Spruch auf den Lippen. Er ist sehr kontaktfreudig, steht gerne im Mittelpunkt und strahlt Charme und Selbstbewusstsein aus. Nun suchen Sie aus aktuellem Anlass einen Stellvertreter.

Eigentlich wäre Herr Werter geeignet dafür, wäre da nicht sein Hang dazu, Routineaufgaben wenig Aufmerksamkeit zu schenken, sich mit zu viel Aktivitäten zu beschäftigen und insgesamt ein wenig oberflächlich zu sein. Letzte Woche hatte Herr Werter Urlaub und Sie waren leider gezwungen, aufgrund einer wichtigen Kundenangelegenheit Unterlagen auf seinem Schreibtisch zu suchen. Na, das hätten Sie lieber sein lassen sollen: Der Schreibtisch sah aus wie eine Müllhalde, kein offensichtliches Ordnungssystem, alles durcheinander. Den Kunden mussten Sie auf die Zeit nach dem Urlaub von Herrn Werter vertrösten.

Sie haben sich nun vorgenommen, Herrn Werter dazu zu bewegen, Ordnung in sein Chaos zu bringen. Da Sie es für selbstverständlich halten, dass ein aufgeräumter Schreibtisch Grundvoraussetzung für effektives Arbeiten ist, erwarten Sie nur wenig Probleme im Gespräch, Sie messen der ganzen Sache nur wenig Bedeutung bei. Deshalb entscheiden Sie sich für eine direkte, unkomplizierte Vorgehensweise. Bei Ihrem nächsten Treffen merken Sie an: »Herr Werter, während Ihres Urlaubs habe ich gesehen, wie unordentlich Ihr Schreibtisch ist. Bitte räumen Sie ihn doch auf! Danke!« Herr Werter schaut etwas irritiert, Sie nehmen sein Nicken gerade noch wahr, schnell sind Sie mit Ihren Gedanken aber wieder bei Ihrem nächsten Meeting.

Zwei Wochen später

Ihnen fällt Ihr Gespräch mit Herrn Werter wieder ein, und Sie beschließen, sich seinen Schreibtisch anzuschauen. Ihr Erstaunen könnte nicht größer sein: es sieht keinen Deut besser aus als vorher.

Führen mit Psychologie. Peter Krumbach-Mollenhauer und Thomas Lehment
Copyright © 2010 WILEY-VCH Verlag GmbH & Co. KGaA, Weinheim
ISBN: 978-3-527-50506-7

> Was macht der Kerl?, fragen Sie sich und sprechen ihn nach der Mittagspause darauf an. »Haben Sie Ihren Schreibtisch aufgeräumt?«, fragen Sie ihn. »Ja, klar!«, antwortet er. Jetzt platzt Ihnen fast der Kragen, in solchen Momenten werden Sie gerne mal ironisch: »Aha, viel besser, muss ich sagen! Alles an seinem Platz!« »Ja, nicht wahr?«, merkt Herr Werter an, und spätestens jetzt glauben Sie, im Kindergarten zu sein. »Das war ironisch gemeint, ich finde nicht, dass Ihr Schreibtisch aufgeräumt ist. Er ist ein einziges Chaos! Bis morgen ist das aufgeräumt!« Das muss reichen, denken Sie, mehr sage ich nicht! Und tatsächlich, am nächsten Tag ist der Schreibtisch aufgeräumt, zwar nicht so, wie Sie sich das vorstellen, aber immerhin. Man soll ja nicht zu viel verlangen.
>
> Zwei Wochen später
> Ihnen entgleisen die Gesichtszüge als Sie den Schreibtisch von Herrn Werter erneut sehen. Es sieht wieder aus wie nach einem Wirbelsturm. Spätestens jetzt realisieren Sie: Ich habe ein Problem!

Herr Werter wird uns dieses Kapitel über begleiten und immer wieder in Anspruch nehmen. Aber ist das Beispiel nicht zu banal? Deutliche Worte haben noch nie geschadet, also wird man das Herrn Werter doch nahebringen können. Aber Herr Werter steht hier nur beispielhaft für die vielen Mitarbeitersituationen, in denen Führungskräfte sich fragen, ob man denn alles tausendfach sagen muss. Mitarbeiter, die sich dann irgendwie an die Anweisungen halten, aber immer wieder nur halbherzig. Mitarbeiter, die sich für ein paar Tage ändern, aber schnell wieder in den alten Trott zurückfallen. Mitarbeiter, die das Problem erkennen, aber trotzdem letztlich nicht damit fertig werden.

Warum nicht? Wie geht es Ihnen? Sind Sie auch in Ihrer persönlichen Komfortzone und sehen nicht so richtig ein, warum eine Veränderung notwendig ist? Wissen Sie es nicht besser? Können Sie nicht anders? Oder wollen Sie nur einfach nicht?

Diese Fragen stehen im Mittelpunkt dieses Kapitels. Veränderungen und Anpassungen an neue und immer wieder veränderte Anforderungen bestimmen unseren Arbeitsalltag. »Nichts ist beständiger als die Veränderung«, lautet ein gern wiederholter Satz von Vorgesetzten, sogenannten Change-Managern und Politikern. Viele Mitarbeiter antworten dann ganz gerne: »Natürlich! Aber irgendwann muss auch mal Schluss sein! Vor lauter Veränderung kommen wir ja gar nicht mehr zum Arbeiten!«

Als Führungskraft macht man oft die Erfahrung, dass Mitarbeiter sich gegen Veränderungen wehren, diese aktiv oder passiv behindern. Das ist insbesondere dann unverständlich, wenn diese Mitarbeiter eigentlich alle notwendigen Kenntnisse und Fähigkeiten besitzen, also in der Lage sein sollten, die anstehenden Veränderungen erfolgreich zu bewältigen. Was also hält die Mitarbeiter davon ab? Wie kann ich Mitarbeiter dazu bringen, sich zu verändern?

›Ich will so bleiben, wie ich bin‹ – warum Veränderungen so mühsam sind

Wenn es darum geht, Veränderungen zu initiieren, ist es zunächst einmal sinnvoll zu analysieren, auf welcher Ebene eine Anpassung erfolgen soll. Liegt das neue Zielverhalten auf einer Ebene des Wissens, Könnens oder Wollens?

Veränderung benötigt Wissen: Vielleicht hat Herr Werter bisher noch nie einen aufgeräumten Tisch gehabt oder hat sich damit noch nicht beschäftigt. So unwahrscheinlich es ist, aber in diesem Fall ermöglicht man es

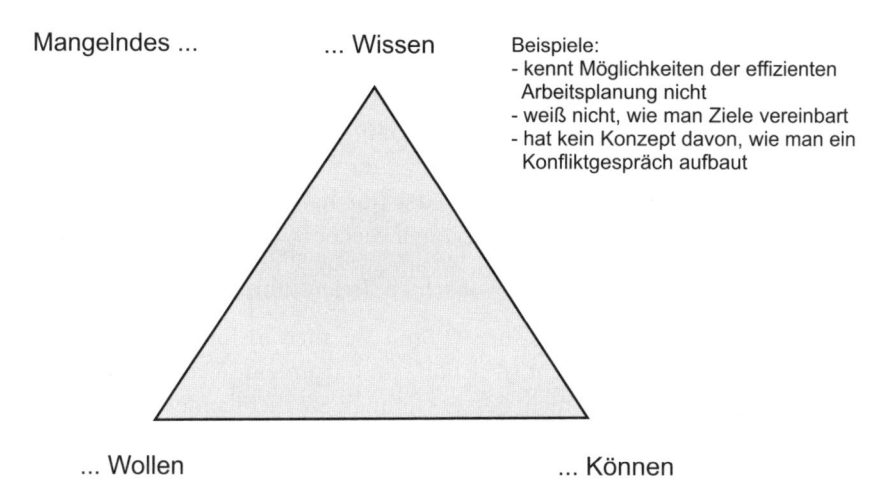

Mangelndes ...   ... Wissen

Beispiele:
- kennt Möglichkeiten der effizienten Arbeitsplanung nicht
- weiß nicht, wie man Ziele vereinbart
- hat kein Konzept davon, wie man ein Konfliktgespräch aufbaut

... Wollen   ... Können

Beispiele:
- ist nicht motiviert, kontinuierlich eine hohe Leistung zu bringen
- hat Scheu vor »öffentlichen« Konflikten
- ist wenig bereit, Konflikte offen anzugehen

Beispiele:
- führt Konfliktgespräche wenig konstruktiv
- argumentiert wenig schlagfertig
- verfügt über wenig selbstbewusste Außenwirkung

Abb. 22: Ebenen der Veränderung

Herrn Werter, sich das entsprechende Wissen anzueignen: Er kauft sich ein Buch, er lässt es sich von anderen zeigen oder Ähnliches. Hier hätte man es als Führungskraft einfach. Wie bereits in anderem Zusammenhang beschrieben, ist die Veränderbarkeit auf der Wissensebene relativ leicht, oftmals ist es eher eine Nutzen-Aufwands-Abwägung, die hier eine Rolle spielt.

Veränderung benötigt Verhaltenskompetenz: Vielleicht liegt die Schwierigkeit bei Herrn Werter nicht im fehlenden Wissen, sondern auf der Ebene des *Verhaltens*. Vielleicht hat er es schon öfter mal probiert, Ordnung zu halten, es aber nie lange Zeit durchgehalten. Hier wird eine längere Anleitung notwendig sein, ein Begleiten und Reflektieren, entweder durch einen Kollegen oder durch die Führungskraft selbst.

Veränderung benötigt Motivation: Am kompliziertesten wird es, wenn wir davon ausgehen, dass Herr Werter einfach nur nicht *will*. Und nun? Die Psychologie spricht in diesem Zusammenhang gerne von der notwendigen (inneren) Motivation. In der Psychologie ist ein Motiv eine relativ stabile Persönlichkeitseigenschaft, die beschreibt, wie wichtig einer Person eine bestimmte Art von Zielen ist. Nun scheint es Herrn Werter aber überhaupt gar nicht wichtig zu sein, auf seinem Schreibtisch Ordnung zu halten. Motive hat man oder nicht, sie können nicht »eingeimpft« werden. Und überhaupt, wer sagt denn, dass Herr Werter motiviert sein muss, um den eigenen Tisch in Ordnung zu halten? Er soll es doch nur tun!

Eine langfristig stabile Handlung benötigt also mehr als eine innere Motivation, sie ist von weiteren Aspekten abhängig:

- Welche Ergebniserwartungen hat der Mitarbeiter und wie bewertet er diese (Atkinson, J. W, 1975)?
- Wie schätzt der Mitarbeiter seine Selbstwirksamkeit ein, also die Fähigkeit, aufgrund eigener Kompetenzen Handlungen ausführen zu können, die zu den gewünschten Zielen führen (Mielke, R., 1984)?
- Welche Erfahrungen hat der Mitarbeiter mit Veränderungen und wie groß ist sein generelles Angstniveau? Veränderungsprozesse rufen bei Mitarbeitern teilweise große Verunsicherungen hervor. Besonders Menschen, die anschlussmotiviert sind und im Sinne der sogenannten Big-Five-Persönlichkeitsfaktoren (siehe auch das Kapitel »Der Umgang mit erwachsenen beziehungsweise gewachsenen Persönlichkeiten«) weniger extravertiert und offen sind, die gleichzeitig über eine höhere emotionale Sensibilität verfügen, stehen Veränderungen aus Angst oft ablehnend gegenüber (Amelang, M./Bartussek, D., 2006).

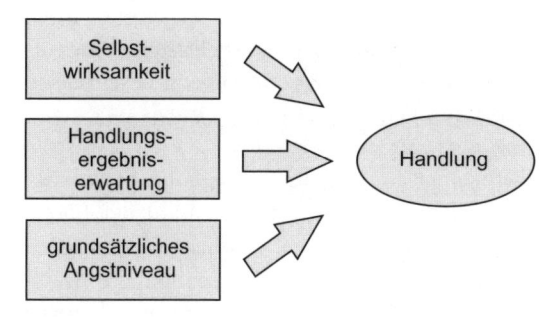

Abb. 23: Einflussfaktoren einer Veränderung

	niedrig	hoch
emotionale Sensibilität		x
Extraversion	x	
Offenheit (für neue Erfahrungen)	x	
Verträglichkeit		x
Gewissenhaftigkeit		x

Damit Herr Werter eine langfristige Veränderung seines Verhaltens überhaupt erst einmal ins Auge fasst, wägt er mehrere Aspekte gegeneinander ab.

Die von der Führungskraft geforderte Veränderung ist also umso wahrscheinlicher, je mehr der Mitarbeiter

- daran glaubt, das Verhalten/die Veränderung auch zu schaffen (Selbstwirksamkeit),
- das erwartete Handlungsergebnis als positiv und erstrebenswert bewertet und
- ein geringes Angstniveau hat.

Das Selbstvertrauen zur Veränderung stärken

> **Praxistipp:**
> 1. Weisen Sie den Mitarbeiter immer wieder auf die erfolgreiche Bewältigung schwieriger Situationen hin, loben Sie ihn ausdrücklich. Hat er bei der Bewältigung einer neuen, unbekannten Situation Erfolg,

stärkt diese Erfahrung den Glauben an die eigenen Fähigkeiten, und er traut sich solche Situationen auch in Zukunft zu.
2. Geben Sie dem Mitarbeiter Gelegenheit, sich an anderen ein Beispiel zu nehmen. Lernen am Modell anderer ist ein wirksames Mittel, um Verhaltensmotivation zu erzeugen. Achten Sie aber darauf, dass sich dieses Vorbild nicht allzu sehr von demjenigen unterscheidet, der davon lernen soll. Sonst kann Demotivation die Folge sein. Je größer die Ähnlichkeit zur beobachteten Person ist, desto größer ist die positive Beeinflussung.
3. Achten Sie darauf, dass die soziale Unterstützung des Mitarbeiters vorhanden ist. Wenn der Mitarbeiter weiß, dass im Falle des Misserfolgs oder einer größeren Schwierigkeit Kollegen, Vorgesetzte oder andere soziale Partner vorhanden sind, die helfen können, dann wird er das gewünschte Verhalten eher zeigen.
4. Seien Sie gegenüber Stressempfindungen des Mitarbeiters sensibel und agieren Sie dementsprechend. Empfundener Stress mindert die Leistungsfähigkeit und Motivation. Gehen Sie auf die Stressempfindung ein und tragen Sie dazu bei, dass sie reduziert wird.

Die Attraktivität der Veränderung steigern

Herr Werter (siehe Praxisbeispiel vorher) hat unter anderem offensichtlich wenig Gefallen daran, einen aufgeräumten Schreibtisch zu haben. Irgendetwas gefällt ihm daran, sich mehr oder weniger im Chaos zurechtzufinden. Das können Sie als Führungskraft beeinflussen, hier hat sich die Anwendung der sogenannten Veränderungsformel bewährt.

Die von Ihnen gewünschte Veränderung bei Herrn Werter wird von diesem unbewusst kalkuliert, er wägt Chancen und Risiken, Kosten und Ertrag miteinander ab.

Wenn er sich verändert (sprich einen aufgeräumten Schreibtisch hat) sind seine »Kosten«, seine »Verluste« offensichtlich:

- Er verliert Bequemlichkeit.
- Er verliert Zeit (zumindest kurzfristig, denn er muss ja erst einmal aufräumen).
- Er verliert seinen Exotenstatus, der ihm vielleicht wichtig ist.
- Er verliert seine Freiheit, muss sich anpassen.
- Er muss sich disziplinieren und sich bestimmten Formalismen unterordnen.

Und Sie als Führungskraft glauben, dass Herr Werter sich bei diesen »Kosten« selbstständig und langfristig verändern wird. Wohl eher nicht, denn die Gewinne einer Veränderung sind ihm wesentlich weniger deutlich. Hier kommen Sie ins Spiel.

1. *Zeigen Sie ihm das Positive der Veränderung auf.* Fragen Sie sich, welchen Nutzen der Mitarbeiter davon hat, erarbeiten Sie gemeinsam mit ihm ein positives Bild (nach der Veränderung), beachten Sie dabei seine grundlegenden Motive.
   - Herr Werter sucht Anerkennung von anderen. Die bekommt er, wenn er aufräumt.
   - Herr Werter ist kreativ und möchte Freiräume in seiner Arbeit haben. Die bekommt er stärker als bisher, wenn er Ordnung hält und weniger mit Suchen beschäftigt ist.
   - Herr Werter ist zielstrebig und erwartet verantwortungsvolle Tätigkeiten. Die Voraussetzung dafür ist aber, dass er gewisse Regeln einhält, und dazu gehört die Ordnung ebenfalls.

2. *Zeigen Sie ihm das Negative einer Nicht-Veränderung auf.* Hier ist nicht gemeint, dass Sie ihm drohen, sondern vielmehr, dass die Konsequenzen einer Nicht-Veränderung in den schillerndsten Farben beschrieben werden und Sie auch hier wieder die grundlegenden Motive beachten. Was würde denn folgen, wenn Herr Werter sich nicht ändert?
   - Herr Werter sucht Anerkennung von anderen. Sie und die Kollegen sind bereits genervt von der Unordnung, und keiner ist so richtig erpicht darauf, seine Vertretung zu übernehmen. Keiner will, dass es zu Schwierigkeiten bei der Vertretung kommt. Will er, dass die Kunden im Fall seiner Abwesenheit einen schlechten Eindruck von ihm bekommen? Will er sich am Ende eines jeden Urlaubs rechtfertigen müssen, was wieder schiefgelaufen ist? Wie erholsam wird dann der Urlaub sein?
   - Herr Werter mag keine Formalismen. Wenn er keine Ordnung hält, werden die Formalismen zwangsweise zunehmen. Sie werden öfter mit ihm reden müssen, öfter kontrollieren. Jetzt hat er die Chance, ein eigenes Ordnungssystem zu entwickeln, sonst wird er eines übernehmen müssen.

3. *Vereinbaren Sie erste Maßnahmen mit ihm.* »Der Appetit kommt beim Essen«, heißt es so schön. Herr Werter könnte sich mit vertrauten Kollegen über deren Ordnungssystem austauschen, er könnte sich ein Buch besorgen oder an einem Training teilnehmen. Zeigen Sie ihm mögliche Wege einer Verhaltensveränderung auf.

> **Praxistipp:** Wenn Sie die Attraktivität einer Verhaltensänderung für den Mitarbeiter erhöhen möchten, dann bauen Sie eine positive Vorstellung des Handlungsergebnisses auf (Himmel), zeigen negative Konsequenzen einer Nicht-Veränderung auf (Leidensdruck, Hölle), garnieren das Ganze mit konkreten Handlungsvereinbarungen (Maßnahmen) und sorgen auf diesem Wege dafür, dass der »Ertrag«, die Chancen der Verhaltensveränderung, die subjektiv empfundenen »Kosten«, die Risiken einer Veränderung, übersteigt.

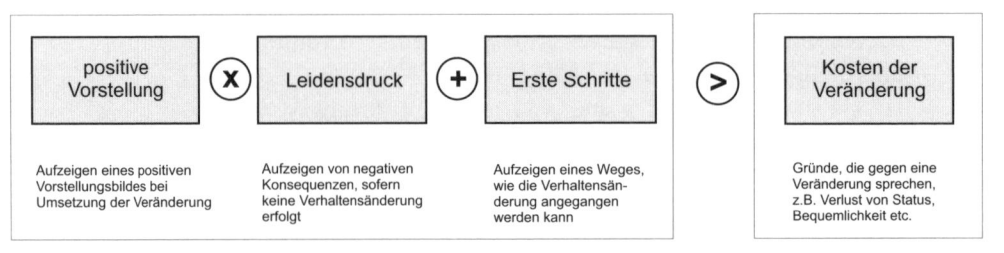

positive Vorstellung	x	Leidensdruck	+	Erste Schritte	>	Kosten der Veränderung
Aufzeigen eines positiven Vorstellungsbildes bei Umsetzung der Veränderung		Aufzeigen von negativen Konsequenzen, sofern keine Verhaltensänderung erfolgt		Aufzeigen eines Weges, wie die Verhaltensänderung angegangen werden kann		Gründe, die gegen eine Veränderung sprechen, z.B. Verlust von Status, Bequemlichkeit etc.

Abb. 24: Grundsätzliche Prinzipien der Veränderungsformel

Anhand eines anderen Beispiels möchte ich die Grundzüge der Veränderungsformel noch einmal aufzeigen:

> **Übung zur Theorie:**
>
> Herr Süder ist ein fachlich sehr versierter und hilfsbereiter Mitarbeiter. Er ist ein geschätzter Ansprechpartner für seine Kollegen, er wird akzeptiert, ist für Sie ein Leistungsträger im Team. Leider hat er ein Problem: Er hat Schwierigkeiten, gesetzte Termine auch einzuhalten. Die Regel ist eigentlich, dass er seine Aufgaben erst in der letzten möglichen Minute abgibt. Nicht selten muss er auch zugestehen, dass er noch Zeit benötigt. Sie möchten ihn dazu bringen, dass er die vereinbarten Termine zukünftig einhält, im besten Falle sogar noch Pufferzeiten für Eventualitäten einplant.
>
> Gemäß der Veränderungsformel verfolgen Sie die Strategie.

Welche Kosten der Veränderung könnten für Herrn Süder im Vordergrund stehen?

- _____
- _____
- _____

Welche *positive Vorstellung* kann man mit Herrn Süder erarbeiten?

- _____
- _____
- _____

Welcher Leidensdruck kann Herrn Süder zur Verhaltensänderung bewegen?

- _____
- _____
- _____

Welche ersten Maßnahmen könnten hilfreich sein?

- _____
- _____
- _____

Die Angst vor der Veränderung nehmen

Häufig resultiert die eigentliche Belastung für die Mitarbeiter aus den Umständen, unter denen sich die Veränderung vollzieht, und weniger aus der Veränderung an sich. Die Mitarbeiter fühlen sich zum Spielball von fremdgesteuerten Ereignissen degradiert. Steuern Sie aktiv dagegen, indem Sie die Kommunikation in Veränderungsprozessen gezielt gestalten.

Praxistipp:
- Reden Sie Klartext mit Ihren Mitarbeitern. Natürlich ist es im ersten Moment scheinbar einfacher, klare Aussagen zu vermeiden oder zu verzögern. Wenn jedoch die Gerüchteküche und der »Flurfunk« Hauptinformationsgeber Ihrer Mitarbeiter sind, verlieren Sie an Akzeptanz und Einfluss. Kommen Sie dem zuvor!
- Verstärken Sie Kommunikations- und Informationsgelegenheiten, installieren Sie einen Dauerdialog. Das können Informationsveranstaltungen, Sprechstunden oder Mitarbeiterbriefe sein. Es reicht nicht, dass Ihre Tür immer offensteht. Dies nutzen nur die wenigsten und stärksten Mitarbeiter, diejenigen, die, nebenbei gesagt, sowieso weniger Ängste vor Veränderungen haben. Es geht um die weniger offenen Persönlichkeiten, die ausschließlich über eine stärker institutionalisierte Informationspolitik zu erreichen sind.
- »Management by walking around«, die persönliche Präsenz und direkte informelle Kommunikation, sind wichtige Elemente einer unterstützenden Vorgehensweise in Veränderungsprozessen.

Der lange Weg zur Veränderung

Praxisbeispiel (Fortsetzung Herr Werter):

Nachdem Sie die Problematik der Situation mit Herrn Werter erkannt haben, erinnern Sie sich an das letzte Training mit dem Titel »Coaching von Mitarbeitern«, in dem Sie verschiedene Techniken zur Entwicklung von Mitarbeitern kennengelernt haben. Sie holen die entsprechenden Unterlagen und entsinnen sich der Veränderungsformel, die Sie anschließend für Herrn Werter ausarbeiten. Im Gespräch werben Sie für die Vorteile einer besseren Ordnung, zeigen die aktuellen Schwierigkeiten auf und schlagen konkrete Maßnahmen vor.

Das Gespräch verläuft jedoch nur teilweise so, wie Sie es sich vorgestellt haben: Herr Werter zeigt zwar Verständnis für Ihre Kritik, schmunzelt aber über Ihre Bemühungen, er ist fast stolz auf seine Unordnung. Aussagen wie »Ich finde alles wieder« oder »Das ist halt mein persönliches Ordnungssystem« zeigen Ihnen, dass Herr Werter grundsätzlich nicht versteht, dass Sie ein Problem mit seiner Unordnung haben.

5. Aufrechterhaltung und Stabilisierung

1. Absichtslosigkeit

4. Handlung

2. Absichtsbildung

3. Vorbereitung

Abb. 25: Der Veränderungsprozess in fünf Schritten

Tatsächlich ist diese Erkenntnis zentral bei der mangelnden Veränderungsbereitschaft von Mitarbeitern. Die Intention zur Veränderung eines Verhaltens einer Situation, die Einsicht fehlt. Es ist kein Problembewusstsein vorhanden. Sollte dies bei Ihren Mitarbeitern ebenfalls öfter vorkommen, dann orientieren Sie sich doch an dem Modell der fünf Stufen der Veränderung *(Das Transtheoretische Modell, Keller, S., 1999). Es ist ein Konzept zur Beschreibung, Erklärung, Vorhersage und Beeinflussung von Verhaltensänderungen.*

Grundsätzlich zeigen sich bei einer stabilen Verhaltensveränderung folgende fünf Stadien:

1. Absichtslosigkeit
   Keine Problemerkenntnis, keine Einsicht und kein Bestreben, das kritische Verhalten überhaupt zu verändern, die Veränderung zu wollen.
2. Absichtsbildung
   Es wird zumindest darüber nachgedacht, das kritische Verhalten zu ändern, sich grundsätzlich mit der Veränderung gedanklich auseinanderzusetzen. Ein Handlungsdruck besteht aber nicht.
3. Vorbereitung
   Die Beschäftigung mit der Veränderung ist konkreter geworden, erste zaghafte Schritte zur Veränderung werden unternommen.
4. Handlung
   Das angestrebte oder erforderte Verhalten wird angewendet, die Verhaltensveränderung wird für mehrere Monate vollzogen.

5. Aufrechterhaltung und Stabilisierung
Man kann davon sprechen, dass das angestrebte Verhalten automatisiert ist, die Rückfallgefahr sinkt zunehmend, die Veränderung wird seit mindestens sechs Monaten stabil gezeigt.

Das Praxisbeispiel von Herrn Werter zeigt anhand einer vermeintlichen Kleinigkeit, welche Charakteristika in der Phase der Absichtslosigkeit eine Rolle spielen: *Der betroffene Mitarbeiter hat keine Problemerkenntnis, er verleugnet das Problem.*
Wie sieht es in Ihrer Berufspraxis aus? Welches Verhalten Ihrer Mitarbeiter stört Sie, bringt Sie zur Weißglut? Wo haben Sie sich schon tausendmal den Mund fusselig geredet und trotzdem hat sich nichts geändert? In all diesen Fällen hat der Mitarbeiter kein ausreichendes Problemverständnis, er sieht kein Problem, kann Ihre Sichtweise nicht nachvollziehen und wird sich dementsprechend auch nicht verändern.

Stufe 1 – die Absichtslosigkeit: ›Ich habe kein Problem!‹

Übung zur Theorie:

Welches Mitarbeiterverhalten stört Sie besonders?
– _____
– _____

Was haben Sie bisher gemacht, um das Verhalten zu ändern?
– _____
– _____

Psychologisch gesehen lebt jeder Mensch in seiner eigenen Realität. Jeder von uns hat eine ganz individuell gefärbte Brille auf und sieht, erlebt die objektive Realität anders, subjektiv. Topografische Landkarten dienen unserer räumlichen Orientierung, *mentale Landkarten* benutzen wir, um uns in der Welt, der vermeintlichen Realität, zurechtzufinden.

> **Praxistipp:** Um Verhaltens- oder Einstellungsveränderungen bei anderen zu bewirken, lernen Sie in einem ersten Schritt die mentale Landkarte der betreffenden Person kennen. Verstehen Sie, was ihm wichtig ist, was ihn antreibt und was ihn als Person ausmacht. Es gibt mehr als eine Wahrheit. Wahrheit entsteht in unseren Köpfen!

Unsere fünf Sinne sind die Instrumente unseres Erlebens. Nicht jeder hört gleich gut, sieht die gleichen Dinge, schmeckt gleichartig, fühlt gleich sensibel und riecht gleichermaßen feinsinnig. Ein Koch wird aufgrund seiner Erfahrung und Übung eine empfindlichere Zunge haben als ein Büroangestellter. Was für den einen versalzen ist, ist für den anderen OK und vielleicht nicht zu schmecken. Der Berufsgeiger wird eine Dissonanz in einem Musikstück erkennen, dem interessierten Laien hingegen wird der Fehler wahrscheinlich noch nicht einmal auffallen. Zusammengefasst können wir festhalten, dass wir unsere Umgebung durch eine Vielzahl von *physiologischen Filtern wahrnehmen und damit eine bestimmte, sehr persönliche Realität schaffen. Psychologische Filter tragen weiterhin dazu bei, dass objektive Realität und subjektive Weltsicht nicht übereinstimmen.*

Mentale Landkarten werden im Verlaufe unserer Erziehung und persönlichen Erfahrungen entwickelt, deshalb hat jeder Mensch eine andere, weil keine zwei Individuen eine hundertprozentig gleiche Entwicklung durchlaufen. Bestimmende Faktoren einer mentalen Landkarte sind:

- individuelle Wertvorstellungen, zum Beispiel bezüglich Gerechtigkeit, Wahrheit, Glück, Offenheit, Wohlstand oder Ordnung
- persönliche Motive, zum Beispiel bezüglich Status, Anerkennung, Macht, Leistung oder Selbstverwirklichung
- typische Einstellungen, wie sie sich in Gewohnheiten, Glaubenssätzen oder Stereotypen zeigen

Die mentale Landkarte ist verantwortlich dafür, wie wir Menschen äußere und innere Eindrücke und Erlebnisse verarbeiten. Diese Verarbeitung ist wiederum verantwortlich dafür, welches Verhalten wir zeigen. In der Psychologie werden die Begriffe mentale Landkarte und Bezugsrahmen gleichbedeutend verwendet. Der Bezugsrahmen wurde bereits im Kapitel »Psychologische Diagnostik« vorgestellt und vertiefend erläutert.

Stufe 2 – die Absichtsbildung: Das Problem anerkennen

Die Stufe der Absichtsbildung ist gekennzeichnet durch eine aktive Reflexion der betroffenen Mitarbeiter über die Veränderung, über das gewünschte Verhalten. Während man in der Stufe 1 die Problematik noch negiert hat, zeichnet sich diese zweite Stufe dadurch aus, dass man das Problem nicht mehr verniedlicht (»Ist doch alles nicht so schlimm«) oder verschiebt (»Es liegt an den anderen«). Man erkennt es an, nimmt es ernst, hat vielleicht gute Vorsätze – aber es geschieht noch nichts.

Stufe 3 – die Vorbereitung: Das Ziel im Visier

Mitarbeiter in dieser Stufe sind hochmotiviert, ihr Verhalten zu ändern. Sie äußern ihre feste Absicht, das Commitment ist vorhanden, die Mitarbeiter haben sich feste Handlungspläne erarbeitet, sie haben Informationen gesammelt, für Unterstützung gesorgt und erste Verhaltensänderungen unternommen. Diese haben jedoch einen nicht immer systematisierten Charakter, sie führen auch oft nicht zum gewünschten Ziel.

Stufe 4 – die Handlung: ›Endlich geht es richtig los!‹

Die Mitarbeiter in dieser Stufe arbeiten tatkräftig daran, das problematische Verhalten zu verändern, sie führen dies systematisch durch und ändern in diesem Zusammenhang ihre Wahrnehmung für die Situation. Das neue Verhalten führt bereits zum gewünschten Ziel, erste Erfolge werden erlebt, nicht immer ist jedoch klar, wie man sie erreicht hat. Diese Stufe ist für Dritte am offensichtlichsten, weil sie mit beobachtbarem Verhalten verbunden ist. Der damit verbundene Aufwand birgt ein großes Rückfallrisiko.

Stufe 5 – die Aufrechterhaltung und Stabilisierung: Ziel erreicht

Nachdem das gewünschte Verhalten zirka sechs Monate stabil beibehalten wurde, kann man davon ausgehen, dass eine Art Automatisierung stattgefunden hat. Das Verhalten und die damit verbundenen Zielsetzungen sind internalisiert, gehören zum eigenständigen Verhaltensrepertoire und unterliegen nicht mehr einer externen Kontrolle.

Strategien der Verhaltensveränderung

Wesentliche Verhaltensveränderungen lassen sich auf bestimmte Grundprinzipien zurückführen: *kognitive und verhaltensorientierte Strategien* (Prochaska, J.O. et al., 1997). Ergänzend ist festzuhalten, dass bestimmte Strategien in Abhängigkeit von den fünf Phasen der Veränderung unterschiedlich wirksam sind.

Folgende Strategien werden wir im weiteren Verlauf kennenlernen:

- Problemerkenntnis fördern – die vier Stufen zur Problemerkenntnis
- Wahrnehmung förderlicher Umweltbedingungen
- Selbstverpflichtung
- Kontrolle der Umwelt
- Gegenkonditionierung
- Nutzen hilfreicher Beziehungen
- Selbstbelohnung

Problemerkenntnis fördern – die vier Stufen der Problemerkenntnis

Praxisbeispiel (Fortsetzung Herr Werter):

Was würden Sie als Führungskraft machen, um Herrn Werter dazu zu bringen, Ordnung auf dem Tisch zu halten? Vielleicht beantworten Sie die Frage mit etwas Naheliegendem: Sie fordern ihn dazu auf, Sie verpflichten ihn und drohen eventuell, für den Fall der Nichtbefolgung, Konsequenzen an. So weit zur einfachen Vorgehensweise. Leider ist sie nicht immer die wirkungsvollste.

Wie oft haben Sie dies in vergleichbaren Fällen schon gemacht? Wie lange hielt der Vorsatz des Mitarbeiters? Wie oft fiel er wieder in das alte Verhalten zurück? Und mussten Sie dann Ihre Drohung realisieren? Zu was führte das? Diese Fragen zeigen, dass »Herrschaft« zwar ein legitimes und durchaus gerechtfertigtes Führungsverhalten ist, aber nicht immer das effektivste.

Unser Führungsalltag ist von Komplexität geprägt, oftmals haben Mitarbeiter mehr Detailwissen als die Führungskraft. Der Chef kann nicht immer kontrollieren, ob alles so gemacht wird, wie er sich das vorstellt. Sanktionen und Bestrafungen sind oftmals eher kontraproduktiv. Eine Veränderung setzt also die Problemerkenntnis beim Mitarbeiter voraus. Betroffenheit und der Vorsatz zu einer Veränderung sind die Folge.

> Herr Werter wird als Persönlichkeit beschrieben, die gerne im Mittelpunkt der Aufmerksamkeit steht und nach Anerkennung anderer sucht. Seine Kollegen sind durch seine Unordnung aber genauso genervt wie Sie als Führungskraft – machen Sie das Herrn Werter klar. Wie würde seine Akzeptanz steigen, wenn er sich ändern würde? Wie viel mehr Aufmerksamkeit und Anerkennung könnte er bekommen?

Die Förderung der Problemerkenntnis bei Mitarbeitern ist ein notwendiger und mehrstufiger Prozess, der charakteristischerweise in determinierten Stufen erfolgt. Wie bereits erwähnt, *negiert* der Mitarbeiter zunächst typischerweise das Problem. In einem zweiten Schritt *verkleinert* er das problematische Verhalten, er *verniedlicht* es. Im weiteren Verlauf wird er die *Lösbarkeit des Problems* beziehungsweise die generelle Erreichbarkeit des Zielverhaltens in Frage stellen und damit *verschieben*. Schließlich *bezweifelt er die eigene Problemlöse- oder Zielerreichungskompetenz*. Erst wenn auf dieser Ebene eine Antwort gefunden und Maßnahmen vereinbart wurden, wird der Mitarbeiter das Problem erkannt haben, und die Wahrscheinlichkeit steigt, dass er sein Verhalten tatsächlich ändert.

Die folgende Abbildung zeigt die vier Stufen der Problemerkenntnis.

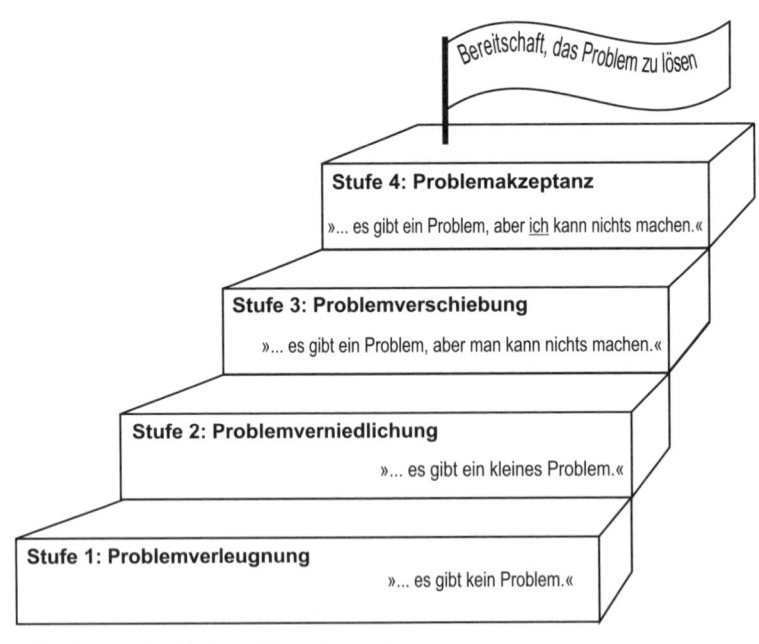

Abb. 26: Die Stufen der Problemerkenntnis

Einsicht der Mitarbeiter in ihr Problem schaffen – Veränderungen initiieren

Praxistipp: Die Führungskraft arbeitet im Gespräch heraus, auf welcher Stufe des Problemverständnisses sich der Mitarbeiter befindet. Je nach Verständnis wird der Mitarbeiter im Gespräch Stufe für Stufe höher gebracht, bis er bereit ist, das Problem aus sich heraus anzugehen.

Praxisbeispiel mit Lösung:

Ein Gespräch mit Herrn Werter könnte demnach folgendermaßen verlaufen:

Führungskraft: »Herr Werter, ich möchte mit Ihnen über eine mir wichtige Angelegenheit sprechen: Während Ihres Urlaubs wäre es nötig gewesen, einen Vorgang aus der Kundenakte Siglus zu bearbeiten. Der Kunde rief an und machte seine Angelegenheit dringend, leider war es weder mir noch den Kollegen möglich, den betreffenden Vorgang in Ihren Unterlagen zu finden. Ich musste Siglus leider vertrösten, das war natürlich blamabel für uns. Wie beurteilen Sie diese Sache?«

Anmerkung: Die Führungskraft steigt ohne Umschweife in das Gespräch ein und schildert den konkreten Anlass des Gesprächs. Dieser Einstieg wurde als Kontextmarkierung gewählt mit der Zielsetzung herauszufinden, auf welcher Stufe der Problemerkenntnis sich der Mitarbeiter befindet.

Herr Werter: »Nun, das tut mir leid, aber der Vorgang liegt auf meinem Tisch. Ich weiß auch genau, wo er liegt. Soll ich ihn holen?«

Führungskraft: »Nein, danke, darum geht es mir jetzt nicht. Ich möchte dieses aktuelle Ereignis vielmehr als Beispiel nutzen, um Sie zu bitten, Ihren Schreibtisch generell aufgeräumter zu halten und ein auch für Ihre Kollegen nachvollziehbares Ablageprinzip zu nutzen.«

Herr Werter: »Soll das heißen, Sie finden meinen Schreibtisch unaufgeräumt? Selbst wenn sich die Ordnung nicht jedem sofort erschließt, so finde ich doch alles sofort und verlässlich!«

Anmerkung: Jetzt ist klar, dass sich der Mitarbeiter auf der ersten Stufe der Problemerkenntnis befindet, er leugnet das Vorhandensein des Problems. Um den Mitarbeiter auf

	Stufe 2 (Problemverniedlichung) zu bringen, nutzt die Führungskraft die Strategie, konkrete Verhaltensbeispiele des Problemverhaltens zu nennen, um die weitere Problemleugnung zu verhindern.
Führungskraft:	»Es geht nicht so sehr um Ihr Gefühl, sondern darum, dass dies nicht das erste Mal war, dass andere ohne Ihre Hilfe nicht in der Lage waren, sich auf Ihrem Schreibtisch zurechtzufinden. Erinnern Sie sich an die Zeit, als Sie krankgeschrieben waren? Wir mussten Sie wöchentlich anrufen, weil wir sonst nicht zurechtgekommen wären. Und um Ihre Urlaubsvertretung reißen sich die Kollegen auch nicht gerade, weil mit der Suche nach Unterlagen immer viel Zeit verlorengeht.«
Herr Werter:	»Das war mir so nicht klar, aber mal ehrlich: Ich bin doch auch im Urlaub immer erreichbar, und dass Sie mich anrufen, ist OK für mich. Außerdem nehme ich mir immer Zeit, um meine Angelegenheiten zu übergeben. Was die Sache mit »Siglus« angeht, ich habe heute mit denen telefoniert, und da klang das schon ganz anders. Da war keiner mehr sauer!«
Anmerkung:	Der Mitarbeiter befindet sich nun auf der zweiten Stufe, der Problemverniedlichung. Der Tenor hier ist: Ist doch alles nicht so schlimm!
	Wenn die Führungskraft die nächste Stufe (Stufe 3: Problemverschiebung) erreichen möchte, ist es notwendig, das Problem in seiner ganzen Tragweite zu schildern, es zu »vergrößern«, indem die Konsequenzen des Problemverhaltens geschildert werden.
Führungskraft:	»Ich freue mich über Ihr Engagement, auch im Urlaub oder während einer Krankheit telefonisch zur Verfügung zu stehen. Aber wir sind uns doch einig, dass dies nicht im Sinne des Erfinders ist. Was machen wir, wenn Sie mal nicht zu erreichen sind? Was machen wir, wenn der Kunde nicht so viel Verständnis wie »Siglus« hat? Wir haben es uns auf die Fahne geschrieben, Kundenanfragen innerhalb kürzester Zeit zu beantworten, ohne Ausnahmen. Ich kann jeden Kun-

den verstehen, der uns ein solch unprofessionelles Verhalten vorhält und Konsequenzen daraus zieht. Was das für uns und unsere Abteilung bedeutet, muss ich Ihnen nicht sagen. Und ganz nebenbei: Wie fühlen wir Kollegen uns denn, wenn wir Sie vertreten? Wir müssen unser Unwissen offenbaren und blamieren uns vor dem Kunden bis auf die Knochen!«

Herr Werter: »Gut, ich gebe zu, dass das für uns und unsere Abteilung sehr ungünstig ist. Aber was soll ich machen, es ist ja nicht so, dass ich zwischendurch viel Zeit fände aufzuräumen?! Wenn ich mal vor 18 Uhr wieder zum Durchatmen komme, dann mache ich noch die Reste der Korrespondenz, und gehe anschließend nach Hause. Werfen Sie mir vor, dass ich nicht genug arbeite, oder soll ich lieber weniger wegschaffen und dafür mehr aufräumen?«

Anmerkung: *Der Mitarbeiter ist jetzt so weit, das Problem in seiner Bedeutung anzuerkennen, er schiebt die persönliche Verantwortung aber noch zur Seite und macht Rahmenbedingungen verantwortlich. Auf der Stufe 3, der Problemverschiebung, sind andere schuld am Problemverhalten, man selbst will nichts dafür können. Generell wird die Problemlösbarkeit angezweifelt. Um die nächste Stufe der Problemerkenntnis zu erreichen, ist eine Realitätsüberprüfung angebracht: Ist das Ziel, die Verhaltensveränderung tatsächlich, objektiv und realistisch nicht erreichbar?*

Führungskraft: »Ich weiß, dass Sie viel zu tun haben, und möchte nicht, dass Sie weniger Engagement in die Arbeit stecken. Aber schauen Sie sich doch mal um: Die Schreibtische Ihrer Kollegen sind ordentlich, mein Schreibtisch ist aufgeräumt. Möchten Sie sagen, dass ich oder Ihre Kollegen weniger zu tun haben und den ganzen Tag nur mit Aufräumen verbringen?«

Herr Werter: »Nein, das meine ich natürlich nicht. Aber was kann ich denn machen?«

Anmerkung: *Jetzt hat der Mitarbeiter von sich aus akzeptiert, dass das Problemverhalten an ihm persönlich liegt – Stufe 4 ist erreicht. Der Führungskraft bleibt es jetzt überlassen,*

> *gemeinsam (frageorientiert) mit dem Mitarbeiter festzustellen, ob das Problemverhalten durch mangelndes Wissen, fehlendes Können oder defizitäre Motive und Einstellungen verursacht ist. Die weitere Maßnahmenvereinbarung ist wirksam, weil der Mitarbeiter das Problemverhalten akzeptiert und verinnerlicht hat.*

Die vier Stufen der Problemerkenntnis sind in vielen Bereichen des Arbeitslebens anzuwenden. Immer, wenn es um Problemverhalten geht und der Mitarbeiter offensichtlich kein Problemverständnis hat, können Sie diese Gesprächstechnik anwenden. Dabei starten Sie nicht immer zwangsweise auf Stufe 1, oftmals heißt es auch: zwei Schritte vor, einen Schritt zurück. Sie haben Stufe 3 erreicht, der Mitarbeiter macht einen Salto rückwärts und beharrt erneut, dass das Problem doch nicht so gravierend sei (Stufe 2). Hier hilft es, wenn Sie im Übergang der einzelnen Stufen immer wieder in eigenen Worten festhalten, dass man sich einig ist (»Herr Werter, wir sind uns also einig, dass das Problem nicht so klein ist, wie man annehmen könnte, sondern dass es die Leistungsfähigkeit unserer Abteilung in Frage stellt und gravierende Auswirkungen auf die Kundenzufriedenheit hat«). Wann findet diese Strategie bevorzugt Anwendung? In der ersten und zweiten Stufe der *Absichtslosigkeit* und *Absichtsbildung*.

Wahrnehmung förderlicher Umweltbedingungen

Hierbei wird dem Mitarbeiter geholfen, erleichternde Umweltbedingungen zur Veränderung des Verhaltens bewusster wahrzunehmen. Im Falle von Herrn Werter heißt das, Ablagemöglichkeiten wahrzunehmen oder das Angebot an Ordnungsmöglichkeiten zu erleben. Er könnte den Katalog eines Anbieters von Bürobedarf anschauen oder sich bei seinen Kollegen Anregungen holen. Wann findet diese Strategie bevorzugt Anwendung? In der zweiten Stufe der *Absichtsbildung*.

Selbstverpflichtung

Der Mitarbeiter äußert seinen festen Vorsatz, das problematische Verhalten zu ändern. Er verpflichtet sich selbst, die Veränderung konsequent umzusetzen. Herr Werter könnte seinen Vorsatz beispielsweise den Kollegen gegenüber deutlich äußern. In Verhaltenstrainings wird diese Strategie genutzt, wenn ein sogenannter Lernvertrag abgeschlossen wird, der abschließend oftmals sogar von dem jeweiligen Teilnehmer unterschrieben wird. Wann findet diese Strategie bevorzugt Anwendung? In der dritten Stufe, der Stufe der *Vorbereitung*.

Kontrolle der Umwelt

Hier ist der Mitarbeiter bestrebt, die Situationen zu kontrollieren, in denen das kritische Verhalten besonders häufig auftritt, um das erwünschte Verhalten zu fördern. So könnte ein Zettel als Gedankenstütze helfen, sich an seinen Vorsatz zu erinnern, oder Ablagekörbe werden entfernt, um die unsystematische Ablage zu reduzieren. Wann findet diese Strategie bevorzugt Anwendung? In der vierten Stufe, der Stufe der *Handlung*.

Gegenkonditionierung

Hier wird versucht, das ungünstige durch gewünschtes Verhalten zu ersetzen. Immer, wenn Herr Werter wieder mal einen neuen Ablagehaufen anfangen möchte, ersetzt er das Verhalten durch die Nutzung der vorhandenen Ordner, nach dem Motto: »Jeden Vorgang immer nur einmal anfassen.« Wann findet diese Strategie bevorzugt Anwendung? In der fünften Stufe, der Stufe der *Aufrechterhaltung und Stabilisierung*.

Nutzen hilfreicher Beziehungen

Das soziale Umfeld von Herrn Werter, Sie als Führungskraft, seine Kollegen oder die Personalentwicklung werden um Unterstützung gebeten, um die Verhaltensänderung zu unterstützen. Sie geben Tipps, helfen bei Rückfällen mit Aufmunterung und loben das gewünschte Verhalten. Wann findet diese Strategie bevorzugt Anwendung? In der fünften Stufe, der Stufe der *Aufrechterhaltung und Stabilisierung*.

Selbstbelohnung

Erfolge sollen gefeiert werden. Herr Werter nutzt klassische Belohnungsmechanismen zur Erreichung und Stabilisierung des gewünschten Verhaltens. Er gönnt sich eine kleine Arbeitspause, holt sich einen Kaffee oder feiert Überstunden ab, um mit seiner Partnerin essen zu gehen. Auch Sie können durch gezieltes, manchmal öffentliches Lob dazu beitragen, dass diese Strategie erfolgreich ist. Wann findet diese Strategie bevorzugt Anwendung? In der fünften Stufe, der Stufe der *Aufrechterhaltung und Stabilisierung*.

Strategie	Stufe	Absichtslosigkeit	Absichtsbildung	Vorbereitung	Handlung	Aufrechterhaltung und Stabilisierung
Problemerkenntnis fördern		⟶				
Wahrnehmung förderlicher Umweltbedingungen			⟶			
Selbstverpflichtung				⟶		
Kontrolle der Umwelt					⟶	
Selbstbelohnung						⟶
Gegenkonditionierung						⟶
Nutzen hilfreicher Beziehungen						⟶

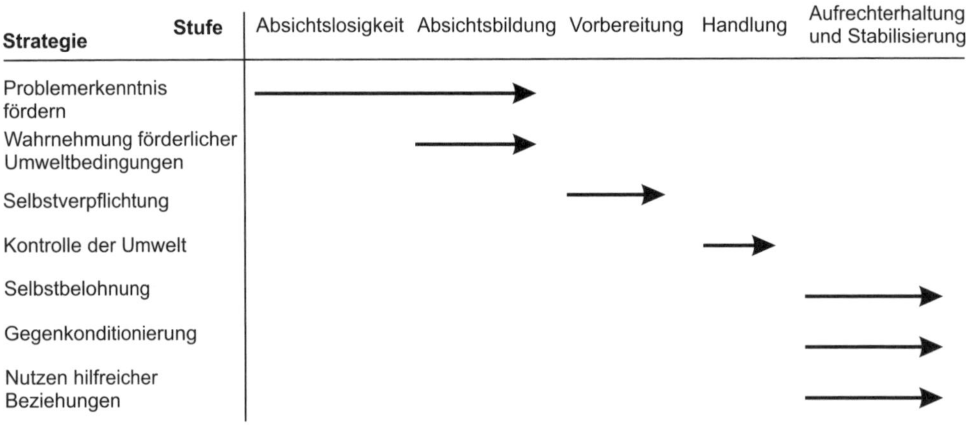

Abb. 27: Veränderungsstrategien in Abhängigkeit der jeweiligen Stufen

Die Rolle der Führungskraft als Förderer und Begleiter von Veränderungen

Die Aufgaben einer Führungskraft sind vielfältig (Malik, F., 2006): Sie soll für Ziele sorgen, organisieren, entscheiden, kontrollieren und nicht zuletzt Mitarbeiter entwickeln und fördern. Wenn es um Veränderungen geht, ist das Dilemma besonders groß. Vielleicht sind Sie sich als Führungskraft selbst unsicher, was kommt? Vielleicht sind Sie Ursache der Veränderung, und Sie wissen, damit sind auch lieb gewonnene Besitzstände gefährdet? Und trotzdem ist es Ihre Aufgabe, die Mitarbeiter für diese Veränderung zu öffnen, sie als Vorbild mit zu tragen und der Begleiter und Unterstützer zu sein. Die Erfahrung zeigt, dass es dabei auf das *gegenseitige Vertrauen* ankommt.

Wie kann ich als Mitarbeiter offen gegenüber Veränderungen sein, wenn ich der Meinung bin, dass die Führungskraft nur die eigenen Interessen vertreten wird und jeder sehen muss, wo er bleibt? Wenn der Mitarbeiter kein Zutrauen in die Fähigkeiten und das Standing der Führungskraft hat und der Meinung ist, dass die eigene Abteilung der zukünftige Verlierer sein wird? Aber Vertrauen ist keine Einbahnstraße. Erhebungen zeigen, dass zwischen der gewünschten Qualifikation der Mitarbeiter und dem tatsächlichen Wissensstand nach Meinung der Führungskräfte eine große Lücke klafft. Wie können diese Führungskräfte darauf vertrauen, dass die Mitarbeiter bereit sind, eine tragende Rolle bei der Veränderung zu übernehmen?

Offensichtlich ist Vertrauen keine Selbstverständlichkeit und auch nicht von heute auf morgen zu erreichen. Was können Sie als Führungskraft tun, um eine Atmosphäre des Vertrauens aufzubauen?

- Wirkliches Vertrauen ist nur auf der Basis gegenseitiger Wertschätzung möglich. Natürlich gibt es immer wieder Menschen, mit denen man »einfach nicht kann«. Oft liegt es aber auch an unserer mentalen Landkarte, dass wir anderen voreingenommen begegnen. Wir tragen Vorurteile und Annahmen mit uns herum, in unserem Urteil berufen wir uns oft auf lückenhafte Beobachtungen und auf Berichte Dritter. »Wie man in den Wald hineinruft, so schallt es auch wieder heraus«, sagt der Volksmund. Gewöhnen Sie sich an, Ihren Mitarbeitern einen Vertrauensvorschuss entgegenzubringen. Daraus resultiert oft eine Wechselwirkung.
- Denken Sie positiv und teilen Sie das auch Ihren Mitarbeitern mit. Nichts ist für einen Mitarbeiter demotivierender, als wenn der Chef selbst ein Bedenkenträger ist, immer wieder die Entscheidungen Dritter als Rechtfertigung seiner Entscheidungen und seines Verhaltens nimmt, sich als fremdbestimmt erlebt und das auch kommuniziert. Selbst kleinste Zweifel, bezogen auf die Veränderung, bemerken Ihre Mitarbeiter, um sie anschließend zu potenzieren. Das heißt nicht, dass Sie unreflektiert sein sollen, aber seien Sie Ihren Mitarbeitern auch ein Vorbild in der emotionalen Beurteilung von Veränderung, betonen Sie Chancen statt der sich daraus ergebenden Probleme.
- Vertrauen entsteht im Wesentlichen im Rahmen gegenseitiger Kommunikation. Reden Sie mit Ihren Mitarbeitern, nutzen Sie informelle ebenso wie formelle Anlässe, um sich auszutauschen. Vertrauen ist auch Nähe, zeigen Sie sich nicht unnahbar, interessie-

ren Sie sich für den Mitarbeiter. Nehmen Sie dessen Wahrnehmungen ernst, fragen Sie viel und bedienen Sie sich einiger Kommunikationstechniken, um authentisch und wertschätzend zu sein. Hierzu finden sich einige gute Anregungen bei Fischer-Epe, M., 2003. Dazu gehören Techniken, die in den Bereich des aktiven Zuhörens fallen, beispielsweise die Aussagen des anderen noch einmal in eigenen Worten zusammenfassen, Kernaussagen auf den Punkt bringen, Emotionen verbalisieren und schließlich Stellung nehmen.

- Konsequentes Handeln und Verlässlichkeit in den Zusagen sind ebenfalls wichtige Voraussetzungen zum Aufbau von Vertrauen. Stehen Sie zu Ihren Aussagen, versprechen Sie nichts, was Sie nicht halten können, geben Sie Fehler zu, und spielen Sie nicht das Verliererspiel (Malik, F., 2006).
- Verteidigen Sie Ihre Mitarbeiter vor Dritten. Mitarbeiter verlassen sich auf die Loyalität und die Unterstützung der Führungskraft. Gönnen Sie den Mitarbeitern Erfolge, auch wenn sie vielleicht nur zum Teil dafür verantwortlich waren.

Betrachtet man das bereits dargestellte Modell der fünf Stufen der Veränderung, dann ergeben sich weitere Tipps und Vorschläge in Abhängigkeit von der jeweiligen Phase, in der sich der Mitarbeiter befindet.

Tipps zur Unterstützung des Mitarbeiters in den Stufen der Absichtslosigkeit und Absichtsbildung

Langfristige und stabile Änderungen im Verhalten und den Einstellungen setzen eine Veränderung der mentalen Landkarte voraus. Dies führt zu einem Höchstmaß an Selbstverpflichtung beim Mitarbeiter.

Um die mentale Landkarte des Mitarbeiters zu verändern, gibt es verschiedene Wege:

1. Mit den Werten des Mitarbeiters arbeiten

Um auf das Praxisbeispiel zurückzukommen: Herr Werter sucht Spaß in seiner Arbeit, er vermeidet Routinearbeit, und Ordnung halten ist für ihn Kleinkram. Ein guter Mitarbeiter hat seiner Ansicht nach Besseres zu tun, als aufzuräumen.

Wenn es Ihnen nun gelingt, Herrn Werter aufzuzeigen, dass das problematische Verhalten gegen seine eigenen Werte verstößt, dann haben Sie die Absichtsbildung angestoßen.

> **Übung zur Theorie:**
>
> Wie würden Sie argumentieren?
> _____
> _____

Eine Möglichkeit wäre es, Herrn Werter darauf hinzuweisen, dass er durch seine Unordnung Mehrarbeit bei anderen verursacht (beispielsweise während einer Urlaubs- oder Krankenvertretung durch andere), weil sich diese in seinem Chaos nicht zurechtfinden und viel mehr Zeit in die Suche stecken müssen. Er ist also letztendlich verantwortlich dafür, dass seine Kollegen in dieser Zeit mehr arbeiten müssen und damit weniger Spaß haben.

2. Umdeutung der Situation (Reframing)

Hierbei bietet die Führungskraft Herrn Werter eine neue Interpretation des als nicht erwünscht wahrgenommenen Zielverhaltens an. Was kann denn positiv daran sein, den eigenen Schreibtisch aufzuräumen und allgemein mehr Ordnung zu halten?

> **Übung zur Theorie:**
>
> Wie würden Sie argumentieren?
> _____
> _____

Tipps zur Unterstützung des Mitarbeiters in der Stufe der Vorbereitung

Unterstützen Sie den Mitarbeiter, indem Sie gemeinsam mit ihm sein Vorhaben konkretisieren.

Checkliste:

- Welches Verhalten genau soll geändert werden?
- Welches Zielverhalten soll erreicht werden?
- Was genau unternimmt der Mitarbeiter, um das Verhalten zu ändern (Training, Coaching, Selbstlernen)?
- Bis wann ist das Verhalten geändert und das Zielverhalten erreicht (Termin!)?
- Wie kann die Führungskraft Hilfe und Unterstützung leisten?

Tipps zur Unterstützung des Mitarbeiters in der Stufe der Handlung

Praxistipp: Achten Sie darauf, dass sich der Mitarbeiter nicht zu viel vornimmt. Problematisches Verhalten wird nicht über Nacht verlernt. »Schritt für Schritt« ist die Erfolgsformel. Je kleiner die Schritte, desto wahrscheinlicher ist der jeweilige Erfolg. Die Motivation und das Gefühl der Selbstwirksamkeit beim Mitarbeiter können so kontinuierlich wachsen.

- Mit dem Mitarbeiter wird besprochen, wie man mit erwarteten Misserfolgen konstruktiv umgeht (beispielsweise schnelle Kommunikation mit Ihnen et cetera).
- Begleiten Sie den Mitarbeiter in dieser Phase sehr eng und stehen Sie als Coach zur Verfügung.
- Loben Sie jeden noch so kleinen Erfolg aktiv.

Tipps zur Unterstützung des Mitarbeiters in der Stufe der Aufrechterhaltung und Stabilisierung

Diese Phase dauert typischerweise sehr lange, sechs Monate bis zu mehreren Jahren. In dieser Phase ist ein Rückfall in alte Gewohnheiten immer noch möglich, doch nach und nach verändert sich die mentale Landkarte des Mitarbeiters. Das gewünschte Verhalten hat sich konsolidiert und erreicht zunehmend einen gewissen Automatisierungsgrad. Trotzdem ist diese Phase von Abbruchgedanken des Mitarbeiters geprägt (»Warum mache ich das nur?«). Deshalb reflektieren Sie die ursprünglichen Gründe und Ziele für die Verhaltensänderung regelmäßig mit dem Mitarbeiter und passen Sie sie gegebenenfalls an. Eventuell ist das Verhaltensziel ebenfalls zu reformulieren, neue Ziele können festgehalten werden.

Zusammenfassung

Veränderungs- und Lernfähigkeit ist eine wesentliche Facette des beruflichen Erfolges unserer heutigen Zeit. Als Führungskraft macht man trotzdem oft die Erfahrung, dass Mitarbeiter sich gegen Veränderungen wehren, diese aktiv oder passiv behindern. Eine nähere Untersuchung zeigt folgende Grundproblematiken einer Veränderungsmotivation auf:

- Häufig resultiert für den Mitarbeiter die eigentliche Belastung aus den Umständen, unter denen sich die Veränderung vollzieht, und weniger aus der Veränderung an sich. Die Mitarbeiter fühlen sich zum Spielball von fremdgesteuerten Ereignissen degradiert.
- Diskrepanzen zwischen dem Problem- und Zielverhalten sind häufig unbewusst und müssen erfasst werden, um sie zu integrieren.
- Problemerkenntnis ist der erste Schritt in Richtung einer langfristigen Verhaltensveränderung. Führungskräfte lernen optimalerweise Gesprächsführungstechniken, um Mitarbeitern zur Problemerkenntnis zu verhelfen.

Veränderungen erfolgen typischerweise prozessual, fünf Phasen werden dabei unterschieden:

1. Absichtslosigkeit: Es besteht noch keine Motivation, das Problem zu lösen, dieses wird negiert oder verleugnet.
2. Absichtsbildung: Das Problem ist erkannt, es bestehen Wünsche und Ziele, jedoch ist es noch ein weiter Weg bis zur Realisierung. Die Hindernisse erscheinen unüberwindbar.
3. Vorbereitung: Erste Handlungspläne reifen, es besteht eine hohe Motivation, das problematische Verhalten zu verändern.
4. Handlung: Die ersten aktiven Versuche, das Verhalten zu verändern.
5. Aufrechterhaltung und Stabilisierung: Das Zielverhalten wird erfolgreich umgesetzt.

Mentale Landkarten sind verantwortlich dafür, wie wir Menschen äußere und innere Eindrücke und Erlebnisse verarbeiten. Diese Verarbeitung ist wiederum verantwortlich dafür, welches Verhalten wir zeigen. Da keine zwei Menschen die gleichen mentalen Landkarten haben, wirken sich Unterschiede aus:

- Je größer die Überschneidungen sind, desto ähnlicher werden wir denken, fühlen und handeln.
- Je weniger Überschneidungen wir haben, desto schwerer und anstrengender wird die Kommunikation. Gute Kommunikation ist das Ergebnis des Verständnisses für die mentale Landkarte des anderen.

Langfristige und wirksame Verhaltensveränderungen setzen ein Problemverständnis beim anderen voraus. Die Stufen zur Problemerkenntnis sind charakteristisch:

1. Problemverleugnung
2. Problemverniedlichung
3. Problemverschiebung
4. Problemakzeptanz

Sie als Führungskraft können mit den entsprechenden Gesprächstechniken dazu beitragen, dass Ihr Mitarbeiter das problematische Verhalten erkennt und sich ändert.

Transaktionsanalyse, psychologische Spiele und Antreiber im Führungsalltag

Grundlagen der Kommunikation aus transaktionsanalytischer Sicht

In diesem Buch finden sich verschiedene Modelle zur Kommunikation von Menschen. Ein wichtiges Element zum Verstehen des erfolgreichen Kommunikationsprozesses und auch von Misskommunikation kann die Transaktionsanalyse liefern. An sich sollte jede Führungskraft zumindest deren Grundzüge verstanden und Kommunikationsprozesse unter dieser Facette beleuchten können. Was bringt uns die Transaktionsanalyse? Sie versucht, über vier Grundaspekte das menschliche Verhalten zu verstehen, und gibt uns damit Anregungen, diese Prozesse erfolgreich zu gestalten. Die vier Aspekte sind:

1. Die Strukturanalyse: Sie eröffnet uns die Möglichkeit zu verstehen, was in einem Menschen vorgeht. Hieraus kennen Sie eventuell schon die Begriffe Eltern-Ich, Erwachsenen-Ich und Kind-Ich.
2. Die Transaktionsanalyse: Sie ermöglicht uns zu verstehen, was im Miteinander von zwei Menschen unter dem Aspekt Kommunikation passiert oder anders: Welche Kommunikationsmöglichkeiten gibt es zwischen den einzelnen Ich-Zuständen?
3. Die Spielanalyse: Sie beschäftigt sich mit psychologischen Spielen und den verdeckten Beziehungen, die häufig schlechte Gefühle auf beiden Seiten der Spieler mit sich bringen. Diesen ist hier ein eigenes Unterkapitel gewidmet, da sie ein zentraler Zeitfresser bei Führungskräften sein können.
4. Die Skriptanalyse: Sie geht davon aus, dass es in uns verfestigte Aspekte gibt (man spricht hier auch von einem Lebensdrehbuch), die uns zu bestimmten Verhaltensweisen treiben. In diesem Kapitel gehen wir auf einen Teil, die sogenannten Antreiber, ein.

Lassen Sie uns nun mit den Grundlagen beginnen, um ein Grundmodell für die weiteren Schritte zu erarbeiten.

Führen mit Psychologie. Peter Krumbach-Mollenhauer und Thomas Lehment
Copyright © 2007 WILEY-VCH Verlag GmbH & Co. KGaA, Weinheim
ISBN: 978-3-527-50506-7

Das Strukturmodell der Transaktionsanalyse und mögliche Kommunikationsmuster

Die Transaktionsanalyse geht davon aus, dass es drei Grundzustände des Ichs gibt: Eltern-Ich, Erwachsenen-Ich und Kind-Ich. Ein einzelner solcher Zustand ist eine Einheit von Denken, Fühlen und Handeln. Alle drei Zustände unterscheiden sich voneinander durch diese Aspekte. (siehe auch Berne, E., 2002; Rogoll, R., 2006)

> **Praxisbeispiel:** In einer Zirkusvorstellung sitzen Sie in der ersten Reihe, als ein Clown mit einer großen Blume am Kragen seines Kostüms auf Sie zukommt, Ihnen die Hand gibt und Sie anlächelt. Als Sie auch gerade ein Lachen ansetzen, werden Sie aus der Blume an seinem Revers total nass gespritzt. Wie würden Sie jetzt aus den drei Ich-Zuständen reagieren?

Eltern-Ich: »Das fängt ja prima an, man schaut doch vorher, ob jemand teure Kleidung anhat! Wenn ich jetzt Kontaktlinsen getragen hätte! Da fragt man doch erst einmal! Ich werde in der Pause an der Kasse Bescheid geben, dass das nicht in Ordnung ist« (grimmiger, unfreundlicher und tadelnder Blick an den Clown).

Erwachsenen-Ich: »Na ja, das ist halt im Zirkus so, und Menschen lachen schon seit den zwanziger Jahren über diesen Witz. Damit muss man rechnen, wenn man in der ersten Reihe sitzt. Das nächste Mal nehme ich besser die dritte Reihe. Ich nehme jetzt mein Taschentuch und wische es einfach weg« (zeigt ein gezwungenes Lachen, schaut in die Runde und wischt die Krawatte trocken).

Kind-Ich: »Immer wieder klasse und immer wieder fällt man darauf rein, welch ein Spaß.« Bedankt sich überschwänglich bei dem Clown und spielt ein paar Sekunden in der Szene mit (klopft sich auf die Schenkel, lacht übermäßig laut). Versucht sein Umfeld an der Freude teilhaben zu lassen und genießt den Augenblick.

Was lernen wir daraus über die drei Zustände?

- Im Eltern-Ich-Zustand (EL) kommen übernommene Verhaltensaspekte von Eltern, Lehrern, Vorbilder et cetera zum Ausdruck. Es sind Verhaltensweisen, Gefühle oder geäußerte Gedanken, die wir aufgenommen haben und nun selber ausleben. Das Eltern-Ich ermutigt, kritisiert, lobt, tadelt und ist für Ethik und Werte zuständig. Häufig ist dies so etwas wie unser Gewissen. In der »Erziehung« unserer Mitarbeiter wollen wir dieses ebenfalls vermitteln, also auch in der Führung: »Herr Kollege, zu einem Meeting kommt man immer fünf Minuten vor der Zeit!« Beim Eltern-Ich kann man das kontrollierende und das fürsorgliche Eltern-Ich unterscheiden, einen Zustand, den Sie aus ihrer Erziehung sicherlich kennen. Auch bei Führungskräften wird diese Unterscheidung häufig gelebt. Der eine ist eher derjenige, der ständig über die Schulter schaut und die Aufzählungszeichen durch Kringel ersetzt. Der andere ist der »Kümmerer«, manchmal schon aktiv, wenn noch kein Leid geschehen oder kein Knie aufgeschlagen ist.

- Im Erwachsenen-Ich-Zustand (ER) kommt der rationale, vernunftsartige Teil der Persönlichkeit zum Tragen. Das Erwachsenen-Ich arbeitet ähnlich wie ein Computer, indem er Verhalten und die daraus resultierenden Ergebnisse bewertet und Wahrscheinlichkeiten für erfolgreiche Verhaltensweisen ableitet. Die Begriffe Logik, sachliche Konsequenz, Objektivierung et cetera sind in diesem Zustand zu Hause. Nicht relevant hierfür sind Emotionen, Fantasie, Leidenschaft et cetera. »Die Umsätze sind um 12 Prozent gefallen, hier heißt es Ursachenanalysen zu betreiben und nüchtern zu bilanzieren.«

- Der Kind-Ich-Zustand (KI) beinhaltet Verhaltensweisen, die wir aus der Kindheit mitgenommen haben. Wie anders ist das Strahlen von Männern zu erklären, wenn sie eine Märklin-Eisenbahn in den Händen halten? Es ist ein Mix an Gefühlen, Bedürfnissen, Wünschen, Hoffnungen. Es beinhaltet Aspekte der Freude, Wut, Melancholie, der Enttäuschung. Denken Sie an die Fußball-WM 2006. Himmelhoch jauchzend, zu Tode betrübt (nach dem Italien-Spiel), eine Nation im Kind-Ich. Hier ist alles zu Hause, was mit Lachen, unbeschwerter Freude, Glanz in den Augen, Weinen, Trauer, Eifersucht, Neid et cetera zu tun hat. Viele Konflikte in Unternehmen vermitteln den Eindruck, Führungskräfte kämpften um Sandkastenförmchen. »Herr Kollege, jetzt waren Sie aber verdammt unfair, ich sage jetzt nichts mehr« (schaut demonstrativ weg, schmollt und packt seine Sachen).

Das Kind-Ich kennt sogar drei Unterzustände. Das rebellische Kind-Ich begehrt gegen Regeln und Vorgaben auf, es akzeptiert keine Konventionen. Mit solchen Mitarbeitern, die viel rebellisches Kind-Ich haben, kann man lange Diskussionen führen. Regeln werden von ihnen immer wieder verletzt.

Das angepasste Kind-Ich ist das genaue Gegenteil. Es fügt sich in den vorgegebenen Rahmen. »Man muss das doch machen.« »Es gehört sich so« (hier hört man schon das Eltern-Ich).

Der dritte Zustand ist das freie Kind-Ich. Das freie Kind-Ich ist durch Vertiefung im Hier und Jetzt gekennzeichnet. Erinnern Sie sich noch an die Zeiten, in denen Sie in Ihren Gedanken fest versunken sind und Zeit und Raum vergessen haben? Als Kind ging einem das beim Spielen oder beim Anhören einer CD/Kassette/Schallplatte (hier sei den Altersklassen aller Leser Genüge getan) oft so, das Rufen der Mutter wurde erst beim zehnten Mal gehört – und das nicht, weil man es wissentlich überhörte. Das freie Kind-Ich will sich ausleben, orientiert sich nur an sich selbst. Mitarbeiter mit hohem Kind-Ich halten sich selten an Absprachen und Termine, haben stets aber plausible Erklärungen, da sie ja in ihre Aufgaben versunken sind (auch Führungskräfte verlieren gelegentlich Zeit und Raum).

Alle diese Ich-Zustände sind in einer Person zu Hause, leben sich aber unterschiedlich aus. Die folgende Grafik zeigt diesen Zusammenhang:

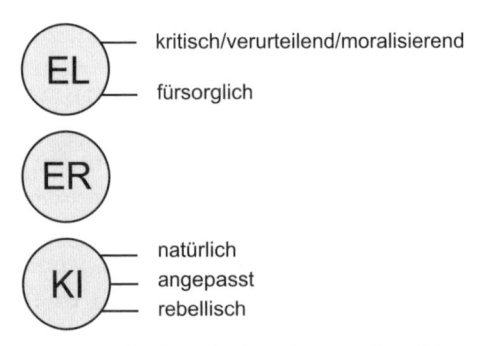

```
EL ─┬─ kritisch/verurteilend/moralisierend
    └─ fürsorglich

ER

KI ─┬─ natürlich
    ├─ angepasst
    └─ rebellisch
```

Abb. 28: Unterscheidung der drei Ich-Zustände und ihrer Unterkomponenten

Über den Tag wechseln wir auch diese Zustände. Während wir den rationalen Unternehmensanalysten geben, beschäftigen wir uns schon mit der Originalsammlung der 1975er Playmobil-Männchen oder der Carrera-Bahn (Limited Edition). Kaum sind wir durch die Haustür, rufen wir: »Hausaufgaben schon gemacht? Es ist 18 Uhr!« In der Schulversammlung machen wir einmal richtig Krawall, um dann zu Hause am Abend mit dem Satz zu enden: »Ja, Schatz, den Müll bringt der Jäger und Sammler eben mal vor die Tür!«

> **Übung zur Theorie:**
>
> Ich-Zustände wechseln also ständig, wobei wir bevorzugt bestimmte Ich-Zustände einnehmen. Notieren Sie einmal fünf Standardaussagen, die Sie offen oder für sich häufig benutzen (beispielsweise: »Das muss man doch sehr sachlich sehen; Ärger muss man runterschlucken, das Aufregen bringt ja eh nichts«). Schreiben Sie sich die Ich-Zustände einmal dahinter. Gibt es eine Häufung? Welches Feedback bekommen Sie von Dritten?
>
> 1. _____
> 2. _____
> 3. _____
> 4. _____
> 5. _____

Beschäftigen wir uns nach dieser Eigenanalyse noch einmal mit dem Zusammenkommen von Menschen in sozialen Kontexten und der unvermeidlichen Kommunikation. Wie sagte schon Paul Watzlawik: »Man kann nicht nicht kommunizieren.« Egal was man sagt oder nicht sagt, ein anderer versteht oder beobachtet etwas und interpretiert es. Wie können wir nun mit der Transaktionsanalyse gelungene und weniger gelungene Kommunikationsstrukturen beschreiben?

Wie Sie sicherlich bereits gemerkt haben, kommunizieren wir aus verschiedenen Ich-Zuständen. Interessant in der Kommunikation ist jetzt aber, wie darauf reagiert wird. Wir sprechen in der Psychologie von einem Reiz, dem eine Reaktion folgt. Machen wir uns dies an einem Beispiel deutlich:

Die Paralleltransaktion

> **Praxisbeispiel:** Herr Chef spricht seinen Mitarbeiter Herrn Schlumpf an, der zu spät zu einem Meeting kommt: »Herr Schlumpf, Sie kennen doch die Uhr?« – »O ja, Entschuldigung, ich habe wohl versäumt, sie aufzuziehen!« Diese Kommunikation funktioniert gut. Herr Chef spricht aus dem Eltern-Ich das Kind-Ich (in diesem Falle das angepasste)

> an und Herr Schlumpf antwortet auch aus diesem an das Eltern-Ich von Herrn Chef. Wir beschreiben dies als Paralleltransaktion (siehe Abb. 29, 1a). Die Kommunikation gelingt, obwohl im Hintergrund schon ein Konflikt beginnen kann (»Was bildet der sich ein?«).
>
> Ein anderes Beispiel der Paralleltransaktion könnte folgendermaßen aussehen: »Herr Schlumpf, lassen Sie die Fakten sprechen!« – »Das habe ich mir auch gedacht, hier die Analysen, Herr Chef« (siehe Abb. 29, 1b).

Merke: Paralleltransaktionen führen zu einer andauernden Kommunikation, die immer so weitergehen kann. Manche Mitarbeiter sind so angepasst, dass der dahinter liegende Konflikt gar nicht an die Oberfläche kommt, da Skripte (Antreiber, mehr dazu später) sie daran hindern.

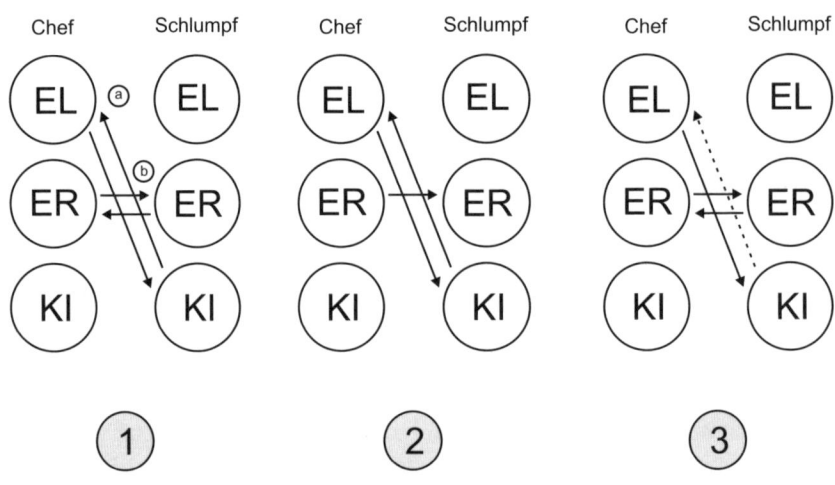

Abb. 29: Paralleltransaktionen (1a und 1b), gekreuzte Transaktionen (2), verdeckte Transaktionen (3)

Die gekreuzte Transaktion

Es wäre aber auch möglich, die Kommunikation durch eine Antwort aus einem anderen Ich-Zustand zu unterbrechen. Die oben genannte Parallelität wäre beendet. Wir sprechen dann von einer gekreuzten Transaktion (Abb. 29, 2). In unserem Beispiel könnte dies folgendermaßen weitergehen: »Entschuldigen Sie bitte, Herr Schlumpf, ich wollte Sie eigentlich gar nicht belehren, ist mir im Stress irgendwie herausgerutscht.« Herr Schlumpf ist überrascht und sagt erst einmal gar nichts. Dies wäre ein Wechsel des Herrn Chef vom Eltern-Ich zum Erwachsenen-Ich. Was passiert? Die Paralleltransaktion wird unterbrochen, und die Kommunikation bricht erst einmal zusammen.

Merke: Gekreuzte Transaktionen lassen die Kommunikation aus dem vorherigen Fluss erst einmal zusammenbrechen. Daneben können sie das Geschehen dramatisieren, da diese Aktion in der Kommunikation als negative Gesprächsbeeinflussung empfunden wird (unbewusste Wahrnehmung).

Noch ein kurzes Beispiel hierzu: Herr Schlumpf fragt seine Assistentin, wo er denn die Unterlage Meyer finden könne. Diese antwortet nicht aus dem rationalen Erwachsenen-Ich: »Schauen Sie einmal auf dem Archivstapel nach«, sondern sagt: »Ordnung ist wirklich nicht Ihre Stärke!« Das Eltern-Ich gibt eine Anweisung an das Kind-Ich – sehr wahrscheinlich hat die Assistentin ein hohes Ordnungsmotiv von ihren Eltern mit auf den Weg bekommen, eventuell über einen Glaubenssatz: »Ordnung ist das höchste Gut.« Können Sie sich die weitere Kommunikation vorstellen?

Die verdeckte Transaktion

Wie geht es jetzt weiter in unserem Beispiel? Irgendwann erwacht Herr Schlumpf aus dem Zustand des Schweigens und wird die Kommunikation wieder aufnehmen. Er könnte zum Beispiel jetzt aus dem Erwachsenen-Ich antworten und damit eine erneute Paralleltransaktion in Gang setzen: »Ja, der Druck ist zurzeit sehr hoch, ich habe auch wirklich alles versucht, um die Geschäftsführung noch vor dem Meeting zufriedenzustellen.« Jetzt reden beide wieder auf einer Ebene, wenn da nicht plötzlich das rebellierende Kind-Ich von Herrn Schlumpf erwachen würde. Er trifft statt der oben genannten die folgende Aussage: »Erziehung der Mitarbeiter ist ja auch Führungsaufgabe«, und lächelt dabei verschmitzt. Hier ist der nonverbale Teil der Kommunikation von Bedeutung, da das Gesagte nur eine Oberfläche bildet. Darunter liegt eventuell der Gedanke: »Du hast mich vor der Gruppe bloßgestellt, jetzt gebe ich dir einmal einen Hinweis auf deine miserablen Führungsfähigkeiten – Führungskräfte haben sich gefälligst im Griff zu haben.« Dies bezeichnen wir als verdeckte Transaktion (Abb. 29, 3). Es finden bei der verdeckten Transaktion immer zwei parallel laufende Transaktionen statt.

Wie wird jetzt der Herr Chef reagieren? In der Regel damit, dass er den Fehdehandschuh aufnimmt und es zum offenen Schlagabtausch kommt: »Sie wollen mich wohl vorführen ...«

Merke: Kommt es zu verdeckten Transaktionen, dann ist die verdeckte Botschaft die entscheidende und bestimmt in der Regel über den weiteren Verlauf der Kommunikation.

Übung zur Theorie:

Denken Sie doch mal über Situationen im Geschäfts- oder Privatbereich nach, in denen Sie mit verdeckten Transaktionen arbeiten? Wie reagiert Ihr Umfeld? Notieren Sie einmal drei dieser Kommunikationssituationen!

– _____

– _____

– _____

Praxistipp: Verdeckte Transaktionen sind in der Regel der Einstieg in Konflikte und sollten von Ihnen offengelegt werden. Dadurch stehen die Punkte transparent im Raum und können bearbeitet werden. Schwelende Konflikte weiten sich in der Regel über die Zeit aus und erschweren Ihren Führungsalltag.

In unserem Beispiel sollte Herr Chef auf die verdeckte Transaktion dementsprechend antworten: »Habe ich Sie richtig verstanden, dass Sie Anregungen bezüglich meines Führungsverhaltens haben?« Ein Offenlegen der Transaktion führt in der Regel dazu, dass der andere diese Vorgehensweise in Zukunft vermeidet, da er ja doch »erwischt« wird. Eine klarere Ansprache durch den Mitarbeiter wird dadurch wahrscheinlich. Voraussetzung ist natürlich aber, dass Sie jetzt nicht in das Eltern-Ich verfallen: »Das Urteil über meine Führungsfähigkeit steht Ihnen nicht zu«, sondern konstruktiv und aus dem Eltern-Ich ernsthaft an der Lösung der Thematik interessiert sind.

Weshalb ist das Kennen dieser Kommunikationsmuster von so großer Bedeutung? Zum einen deshalb, weil der Beginn einer Kommunikation in der Regel über den weiteren Fortgang entscheidet und weil eingefahrene Kommunikationsmuster nur schwer wieder aufzubrechen sind. Es ist immer gut, wenn Inhalts- und Beziehungsebene geklärt sind und wir damit zielgerichtet kommunizieren können (siehe hierzu auch das Modell der »Vier Seiten einer Nachricht« im Kapitel »Konflikt«). Seien Sie sich also Ihrer eigenen Neigung zu Ich-Zuständen bewusst und lernen Sie die bevorzugten Ihrer Mitarbeiter kennen.

Eine besondere Form der konfliktären Kommunikation sind psychologische Spiele, diese sollen im nächsten Abschnitt behandelt werden.

Einführung in psychologische Spiele

Kennen Sie das auch? Öfter einmal kommen Mitarbeiter auf Sie zu und möchten gerne, dass Sie Dinge für sie erledigen, die Sie ursprünglich ihnen übertragen hatten (Rückdelegation). Passiert Ihnen das umso häufiger, während Sie gerade selber auf dem Weg zum Meeting, Flughafen oder sogar vielleicht auf dem Heimweg sind? Kommen Ihnen manchmal Gedanken wie »Diesen Film kenne ich« oder fallen Sie sogar manchmal abends mit dem Kopf auf den Schreibtisch vor lauter Arbeit, und alle anderen sind schon weg? Wenn Sie dann am nächsten Morgen zusätzlich die wunderbaren Tenniserlebnisse Ihres Mitarbeiters hören, der den schönen Spätsommerabend für sich und seine körperliche Ertüchtigung genutzt hat, und das in einem Zustand, wo Sie mit rot unterlaufenen Augen schon seit 7 Uhr am Schreibtisch sitzen, dann sollten Sie sich fragen, ob Sie nicht prädestiniert für psychologische Spiele sind.

Gerade solche eben beschriebenen Frustszenen tauchen immer wieder einmal im Führungsalltag auf. Was aber, wenn sie Alltag werden? In diesem Kapitel sollen Sie dazu in die Lage versetzt werden, psychologische Spiele zu erkennen, diese sehr zeitraubenden Behinderungen des Arbeitsalltages zu umgehen und so mehr Zeit für Ihre täglichen Aufgaben zu gewinnen. Psychologische Spiele sind konfliktäre Formen der Kommunikation und stellen damit in der Regel eine Störung dar (oft verdeckte Transaktionen).

Hier noch eine typische Szene für psychologische Spiele:

Praxisbeispiel: Sie haben gerade einem Ihrer Mitarbeiter eine Aufgabe für eine Präsentation gegeben, in der er erst einmal eine Struktur entwickeln und Ihnen dann eine Vorgehensweise zur Überzeugung des Bereichs Z vorlegen sollte. Die morgige Präsentation um 9 Uhr wird zentral darüber entscheiden, inwieweit die geplanten Vorgehensweisen nun in die Tat umgesetzt oder noch einmal auf Eis gelegt werden. Sie sind der Meinung, dass der Kollege Mustermann durchaus in der Lage ist, diese Präsentation inhaltlich und gestalterisch so aufzubereiten, dass sie überzeugend auf Ihre Gesprächspartner wirken wird.

Es ist jetzt bereits 16 Uhr, und Sie haben noch keine konkrete Rückmeldung von Ihrem Mitarbeiter erhalten. Da Sie ihn für kompetent und fähig halten, machen Sie sich weiter keine Gedanken darüber und konzentrieren sich auf Ihre letzten Aufgaben, bevor Sie dann Ihre Sachen packen wollen. Ihre Frau freut sich, dass Sie heute etwas früher nach Hause kommen und Sie noch einige gemeinsame Besorgungen erledigen können. Als Sie bereits Ihre Tasche gepackt, den Computer heruntergefahren und Ihren Mantel schon fast angezogen haben, kommt Kollege Mustermann ins Zimmer. »Chef, es tut mir fürchterlich leid, aber ich habe ein Brett vor dem Kopf. Ich weiß überhaupt nicht weiter, alles ist durcheinander, und ich spüre irgendwie, dass es mir nicht ganz gut geht. Ich werde wohl die Arbeit so nicht vollenden können.« Sie antworten ihm: »Herr Mustermann, weshalb kommen Sie nicht früher zu mir, ich bin gerade auf dem Sprung, und meine Frau wartet schon.« – »Es tut mir fürchterlich leid«, sagt Herr Mustermann, »aber ich weiß wirklich nicht weiter, und irgendwie glaube ich auch, dass das heute nichts mehr wird. Da ich aber weiß, dass Sie doch sehr schnell solche Dinge hinbekommen können, Chef, würde ich mich freuen, wenn Sie die Präsentation doch lieber selber machen.«

Sie sind total perplex, doch bevor Sie etwas sagen können, geht der Kollege Mustermann aus dem Zimmer und verlässt das Gebäude. Sie rufen Ihre Frau an, Sie fahren Ihren Computer wieder hoch und beschäftigen sich mit der Präsentation. Was bleibt, ist ein mulmiges Gefühl und die Vorstellung, dass er wieder einmal sein Spiel durchgezogen hat. Bis spät in den Abend machen Sie die Präsentation, Ihre Frau ist frustriert, dass Sie den lang geplanten Termin wieder einmal verschieben müssen. Am nächsten Morgen kommt Herr Mustermann, dem Sie stolz die Präsentation präsentieren. Sie bekommen kein Dankeschön und auch keine Anerkennung, dass Sie eigentlich seinen Job übernommen haben. Er kämpft sich gerade einmal zu einem mühsamen »Ja, prima geworden« durch.

Das oben genannte Szenario ist ein klassisches Beispiel für ein psychologisches Spiel (Blöd-Spiel) und die Unzufriedenheit, die daraus auf Ihrer Seite resultieren kann.

> **Praxistipp:** Spiele laufen nicht nur zwischen Chef und Mitarbeiter, es gibt sie auch mit Kollegen, Kunden, Vorgesetzten und im Privatleben! Lassen Sie sich von anderen nicht die Zeit rauben!

Was kennzeichnet psychologische Spiele?

Psychologische Spiele haben verschiedene Merkmale, an denen man erkennen kann, dass diese gerade stattfinden oder stattgefunden haben. Grundsätzlich stellt sich immer die Frage, wer gerade welchen Nutzen aus so einem Spiel zieht.

Beschäftigen wir uns zunächst einmal mit dem ersten Punkt. Psychologische Spiele sind Kommunikationsszenarien, die, wie bei Herrn Mustermann, Überlebensstrategien aus der Vergangenheit sind. Sie resultieren aus einer inneren Not, die beim Gewinnen des Spiels ein wenig gelindert wird. So wird es bei Herrn Mustermann vielleicht schon in seiner frühen Kindheit in der Schule der Fall gewesen sein, dass er nicht gerne seine Hausaufgaben gemacht hat. Daraufhin ist Herr Mustermann zu Klassenkameraden gegangen und hat diese auf seine Notsituation aufmerksam gemacht. Wenn er mit dieser Vorgehensweise Erfolg hatte, so hat sich dieses Muster tief in sein Verhalten eingebrannt, ohne dass er das für sich bewusst wahrgenommen hat. Grundsätzlich blieb aber nach dem Spiel auch bei ihm ein ungutes Gefühl.

Merksatz: Psychologische Spiele sind Überlebensstrategien aus Kindheit oder Jugend!

Dies kennzeichnet einen zweiten wichtigen Aspekt der psychologischen Spiele: Sie sind in der Regel unbewusste Strategien und unterscheiden sich damit sehr deutlich vom Thema Vorsatz. Das Unbewusste macht Herrn Mustermann deutlich, dass er mit dieser Vorgehensweise beispielsweise den Druck, den ein Lehrer auf ihn ausüben könnte, deutlich reduziert. Auf der anderen Seite gelingt es ihm ebenfalls, Zeit zu sparen und diese vielleicht für andere Fächer oder auch private oder familiäre Themen zur Verfügung zu haben. Interessant ist, dass Dritte diese psychologischen Spiele sehr gut wahrnehmen und dies auch immer wieder mit Äußerungen wie dieser beweisen: »Der Chef merkt doch gar nicht, was mit ihm gespielt wird.« Man selber jedoch merkt häufig erst hinterher, anhand eines schlechten Gefühls oder der Unzufriedenheit, dass man Teilnehmer eines solchen Spiels gewesen ist.

Merksatz: Psychologische Spiele sind unbewusste Prozesse beim Spieler.

Grundsätzlich tritt nach psychologischen Spielen eine gewisse Form von Ärger, Frust oder ungutem Gefühl ein, daneben oft der Eindruck von »Das kenne ich doch irgendwie schon!« Diese Gefühle ergeben sich auf beiden Seiten. Emotionen spielen bei Spielen immer eine wichtige Rolle. Seien Sie besonders aufmerksam, wenn Sie »den Igel im Bauch« spüren.

Merksatz: Psychologische Spiele werden durch unangenehme Gefühle begleitet.

Wichtig ist in psychologischen Spielen ferner, dass ein Spieler grundsätzlich zuerst einen Köder auswirft, den der Fisch (Sie als Führungskraft) erst einmal schlucken muss. Bleiben wir bei unserem Beispiel von Herrn Mustermann. Zum einen bringt er den Köder, dass er nicht fertig werden wird, ins Spiel. Dieser setzt den Chef natürlich unter Druck. Auf der anderen Seite versucht er aber auch über die Kompetenzzuschreibung (»Sie können das doch so gut«), den Köder noch schmackhafter zu machen. Dies gelingt umso mehr, je höher die Anerkennungs- beziehungsweise Statusmotivation des Chefs ist.

Merksatz: Psychologische Spiele beginnen mit einem Köder.

Herr Mustermann blendet dabei vollständig aus (sein Unterbewusstsein, er nimmt das in der Regel nicht wahr), dass er sowohl wissens- als auch kompetenztechnisch die Aufgabe selber bewältigen könnte. Oft handelt es sich um Aufgaben, die der Mitarbeiter in ähnlicher Form sogar schon bewältigt hat, beispielsweise ein Formelblatt in Excel oder eine Präsentation erstellen. Plötzlich ist dieses Wissen weg (aber ehrlich gesagt kein Blackout, sondern ein Spiel).

Merksatz: Spieler blenden (unbewusst) Teile der Realität einfach aus.

Der von dem Mitarbeiter ausgelegte Köder wird von Führungskräften gerne aufgegriffen, was beispielsweise in ihrem Rollenverständnis liegt: »Eine gute Führungskraft muss helfen.« Dies ist ein häufig vom Mitarbeiter eingebrachter Satz, der bei den meisten Führungskräften einen wunden Punkt trifft. Oft brauchen Mitarbeiter diesen aber gar nicht anzusprechen, da viele Chefs sowieso unter dem schlechten Gewissen leiden, zu wenig für ihre Mitarbeiter da zu sein.

Merksatz: Spieler treffen oft einen wunden Punkt beim Mitspieler (der Führungskraft).

Das heißt, dass Führungskräfte gerne als Helfer fungieren und ihren Mitarbeitern mit der Rotkreuz-Armbinde zur Verfügung stehen (die Retterrolle einnehmen). Dies resultiert aus einer interessanten Konstellation, die im nachfolgenden Abschnitt beschrieben werden soll.

Das Drama-Dreieck

Das Drama-Dreieck bietet eine Erklärung, warum psychologische Spiele überhaupt funktionieren.

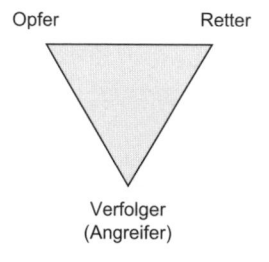

```
Opfer            Retter
   ┌─────────────┐
    ╲           ╱
     ╲         ╱
      ╲       ╱
       ╲     ╱
        ╲   ╱
         ╲ ╱
          V
      Verfolger
      (Angreifer)
```

Abb. 30:   Das Drama-Dreieck

Dieses Dreieck macht deutlich, dass man verschiedene Rollen in einem psychologischen Spiel einnehmen kann, die sich verändern müssen, um das Ganze als Drama erlebbar zu machen. Hierfür ein Beispiel:

Opfer (MA)

1. »Ich komme bei dem Kunden nicht weiter!«

Retter (FK)

2. »Zeigen Sie mal her. Probieren Sie es doch mal so ...«

Verfolger

Opfer (MA)

3. »Ja, aber das geht nicht, weil ...«

Retter

Verfolger (FK)

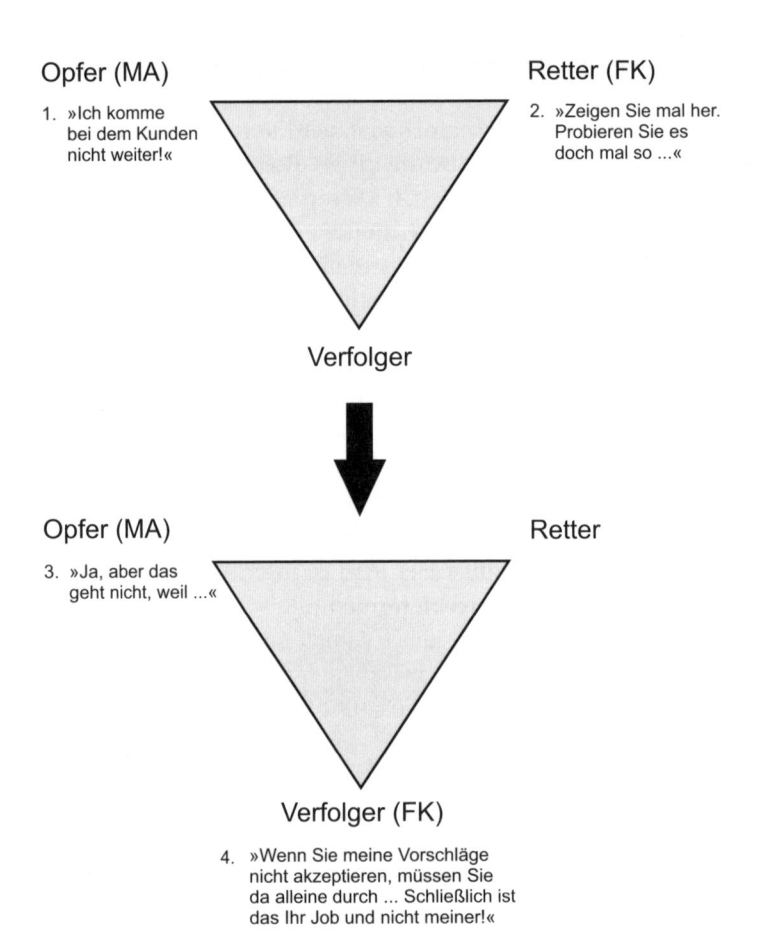

4. »Wenn Sie meine Vorschläge nicht akzeptieren, müssen Sie da alleine durch ... Schließlich ist das Ihr Job und nicht meiner!«

Abb. 31: Wechselnde Rollen erzeugen das Drama

Hieran lässt sich erkennen, dass man psychologische Spiele recht gut anhand des Drama-Dreiecks erklären kann. Wesentlich ist dabei die Tatsache, dass einer der Mitspieler die Rolle wechselt, so beispielsweise vom Retter zum Angreifer wird. Erst wenn dies eintritt, sprechen wir vom Drama-Dreieck. In dem in Abbildung 31 skizzierten Beispiel versuchte der Mitarbeiter, einen Köder zu legen, indem er vorgibt, eine Aufgabe nicht lösen zu können. Die entsprechende Führungskraft (der Retter) springt auf diesen Köder an und zeigt, wie er die Situation lösen würde (wunder Punkt). Erst die Einwände des Mitarbeiters lassen die Führungskraft zum Verfolger werden und verschieben den entstandenen Druck wieder zum Mitarbeiter (dem Opfer) hin.

Dies lässt sich recht gut auch anhand der Transaktionsanalyse erklären. Sicher haben Sie schon einmal den Satz gehört: »Ich bin okay, du bist okay.« Dies bedeutet in der Transaktionsanalyse einen Zustand, in dem eine gleichwertige Kommunikation ablaufen kann (Paralleltransaktion). In einem psychologischen Spiel ist diese Gleichwertigkeit gestört. Schauen wir uns dazu noch einmal den Eröffnungszug des Opfers an. In der transaktionsanalytischen Sprache würde das bedeuten, dass das Opfer die Aussage trifft: »Ich bin nicht okay (ich habe einen Makel), du bist okay (Führungskraft).«

Die Führungskraft denkt: »Ich bin okay (ich muss helfen, Retter), du bist nicht okay (du bist der Schwächere, du brauchst Hilfe, du kannst es allein nicht).« Die Nichtannahme der Hilfe durch den Mitarbeiter löst jetzt Frustration aus. Um aber den Zustand halten zu können »Ich bin okay, du bist nicht okay«, muss ich jetzt das Verhalten des Mitarbeiters rügen (»Ich gebe dir einen guten Tipp und du willst ihn nicht annehmen?«). Innerlich wertet die Führungskraft das Verhalten: »So darf man sich nicht verhalten.« Der enttäuschte Retter wird zum Angreifer (Eltern-Ich).

Eine wichtige Grundlage muss für diese Situation noch kurz erwähnt werden. Natürlich gibt es Unterschiede zwischen der echten Not eines Mitarbeiters und der Durchführung eines Spiels. Der bedeutendste liegt darin, dass wir erst dann von einem Spiel sprechen, wenn eine Manipulation vorliegt. Grundsätzlich kann es natürlich auch sein, dass der Mitarbeiter weder über das Wissen noch über das Können zur Lösung der Fragestellung/Situation verfügt. Dann besteht natürlich das Bedürfnis nach Hilfe, aber nicht nach Rettung. Rettung ist deshalb eher ein Begriff der Spieltheorie, berechtigte Hilfe eher ein Begriff der Personalentwicklung.

> **Praxistipp:** Bitte entscheiden Sie immer zuerst, ob es nicht an mangelndem Wissen und Können des Mitarbeiters liegen kann, dass er die Aufgabe nicht löst. Sollten Sie beides verneinen: Vorsicht, Spiel! Es findet eine verdeckte Transaktion statt!

Die oben skizzierten Spiele können in drei unterschiedlichen Eskalationsstufen betrieben werden.

1. Grad: »No hard feelings«

Oft bleibt ein ungutes Gefühl, es hat aber keine weiteren Auswirkungen oder langfristigen Folgen. Beispiel: In der Cafeteria drängelt man sich vor und begründet dies mit einem wichtigen Meeting, das man dringend besuchen muss. Deshalb muss man schnell essen. Anschließend beobachten Sie besagten Kollegen, wie er eine volle halbe Stunde plaudernd mit einer anderen Person verbringt. Dies ärgert Sie, wird aber in der Regel recht schnell wieder vergessen.

2. Grad: Rachegelüste

Dieses Spiel hat schon gravierendere Auswirkungen, da in der Regel Gefühle verletzt werden. Jetzt fängt auch das Gedankenkarussell an, sodass man ständig über die Situation und das Unwohlsein nachdenkt, was dieses in der Regel weiter aufschaukelt. Das führt gelegentlich dazu, dass man sich von anderen ganz fernhält oder sich überlegt, wie man den anderen denn ausbremsen könne. Wir können feststellen, dass dies insbesondere dann der Fall ist, wenn man große Nähe zu jemandem hat und damit die Enttäuschungsempfindung umso gravierender ist.

Beispiel: Sie stellen des Öfteren fest, dass ein Kollege Sie um Unterstützung bittet, da er zu wichtigen Terminen außer Haus agieren muss. Jedoch haben Sie jetzt das dritte Mal festgestellt, dass diese Auswärtstermine einen deutlich privaten Charakter haben. Sie überlegen sich, dass Sie dem Mitarbeiter heute Abend einmal eine Arbeit auf den Tisch knallen (Emotion), um das Haus früher verlassen zu können.

3. Grad: Treffen auf dem Friedhof

Dies ist die härteste Art des Spiels und endet häufig in sehr konkreten, offenen Konflikten, Arbeitsverweigerungen und nicht zuletzt vor Gericht. Das Ende solcher harten psychologischen Spiele stellt zum Beispiel recht gut Danny de Vito in *Der Rosenkrieg* dar. Hier werden psychologische Spiele bis zum Tod geführt, das heißt, es tritt nicht nur ein psychischer, sondern auch ein physischer Schaden auf. Teilweise lassen sich in Deutschland solche Spiele auch bei Nachbarschaftsstreitigkeiten immer wieder erkennen, die mit einem abgeschnittenen Ast anfangen und mit vergifteten Hunden enden.

Die verschieden Härtestufen machen deutlich, dass es wichtig ist, psychologische Spiele vor dem Einstieg in weitere Eskalationsstufen zu stoppen. Zuvor soll aber die Frage geklärt werden, welchen Nutzen Spieler aus diesen psychologischen Spielen ziehen.

Nutzen psychologischer Spiele

Spiele werden nur dann aufrechterhalten, wenn sie einen Nutzen für den Spieler beinhalten, im Englischen spricht man hier noch etwas klarer vom »Pay-off«. Um das Thema Pay-off zu verstehen, muss man sich noch einmal die Entwicklung psychologischer Spiele vorstellen.

Sie sind Überlebensstrategien aus der Vergangenheit, häufig der Kindheit oder Jugend. Schon hier hat sich gezeigt, dass man mit diesen psychologischen Spielen besser durchs Leben kommt und sich vielleicht bestimmten Situationen nicht stellen muss. Interessanterweise finden wir, dass insbesondere in schwierigeren Familienverhältnissen es oft schneller gelernt wird, Spiele zu spielen. Dies erklärt auch ein häufig aggressiveres Klima in solchen Familien.

Konkret lässt sich der Nutzen solcher Spiele in verschiedene Kategorien unterteilen:

Biologischer Nutzen
In diesen Fällen bekomme ich Zuwendung von anderen oder erhalte beispielsweise Freizeit und damit Entspannung für meinen Körper. Ein Beispiel ist das »Ach-Gott-ich-Ärmster-Spiel«, das im Folgenden noch ausgeführt werden soll.

Psychologischer Nutzen
Ich kann schwierige Situationen vermeiden, muss mich beispielsweise nicht mit Veränderungen auseinandersetzen. Hierzu sei auf das »Ja-aber-Spiel« verwiesen. In vielen Fällen geht es auch darum, Verantwortung abzuwälzen oder für Versäumnisse nicht herangezogen zu werden. Manchmal sagt der Spieler aber einfach auch nur: »Lass mich in Ruhe.«

Sozialer Nutzen
Mir gelingt es, durch die Opferrolle die Zuwendung von nahen Personen zu bekommen, beispielsweise von Familienangehörigen, Partnern et cetera. Teilweise kommt es sogar im Arbeitsalltag vor, dass Mitarbeiter, die sonst nie auffallen, extra einen GAU (Unfall) produzieren, um diese Zuwendung zu bekommen. In Familien, aber auch in Unternehmen wird gerne das »Kopfschmerz-Spiel« angewandt, damit andere sich um einen kümmern und man so ein gewisses Maß an Zuwendung bekommt. In machen Familien gilt gar die Regel »Der Krankeste gewinnt«. Schauen Sie sich mal auf Ihren Familientreffen um, welche Spiele in diesem Zusammenhang gespielt werden.

Existenzieller Nutzen

Wenn ich, wie oben erwähnt, die Grundaussage treffe, dass ich okay bin und andere nicht, dann strebe ich mit Spielen um deren Verstärkung. Solche Menschen neigen dazu, immer eine gewisse Distanz zu ihren Kollegen/Mitarbeitern herzustellen und andere kleinzuhalten. Manches Unterbewusstsein versucht so, den Selbstwert positiv zu halten (oft bei objektiven Schwächen der Person).

Dispositioneller Nutzen

Wenn ich die Disposition habe »Ich bin nicht okay und du bist okay«, dann finden wir dies häufig eher bei depressiven Menschen. Sie äußern dann Sätze wie: »Das kann ich sowieso nicht, das ist mir noch nie gelungen, ich bin halt nicht so gut.« In dem Falle wird die Arbeit wieder entzogen, was aber im Unbewussten die Disposition weiter verschärft: »Wusste ich doch, wieder schiefgegangen.«

Nutzen nach innen

Nach innen gerichteter psychologischer Nutzen: Solche Spiele haben häufig erziehungsbedingte Hintergründe, beispielsweise: »Ich darf meinen Ärger oder meine Angst nicht zeigen.« Dann werden psychologische Spiele gespielt, um eben diese Zustände gar nicht aufkommen zu lassen. Hier gibt es Zusammenhänge zu den Antreibern, die im nächsten Abschnitt angesprochen werden.

> **Praxistipp:** Psychologische Spiele in Unternehmen haben oft den Nutzen darin, Zuwendung zu bekommen (von Vorgesetzten, Kollegen oder Mitarbeitern) oder die Übernahme von Verantwortung zu vermeiden.

Psychologische Spiele und mögliche Ausstiegsformen

Anhand der fünf häufigsten Spiele in Unternehmen sollen kurz der Ablauf und die jeweiligen Ausstiegsformen skizziert werden. Grundsätzlich gibt es aber zwei wichtige Aspekte, die einem im Rahmen der Ausstiegsszenarien noch einmal bewusst werden sollen:

1. Spieler finden immer meinen wunden Punkt, das heißt, ich muss mir sehr klar über meine Anfälligkeit für Spiele werden. Beispielsweise wird das Opfer zum Verfolger, indem es seine Rolle wechselt und damit ein Drama erzeugt (»Mein alter Chef hat mir immer geholfen!«).

2. Ich selber entscheide, ob ich den Köder schlucke oder aus dem Spiel aussteige. Kein anderer kann für mich diese Verantwortung übernehmen.

Kommen wir nun zu einzelnen Spielformen:

Das ›Blöd-Spiel‹

Wie beginnt das Spiel?
Der Mitarbeiter stellt häufig Fragen, die schon oft geklärt wurden (beispielsweise »Können Sie mir das mit der Formel im Excel-Programm noch einmal zeigen?« oder »Jetzt sitze ich schon zwei Stunden an dem Konzept und mir will kein guter Gedanke kommen.«).

Warum spielt der Mitarbeiter?
Der Mitarbeiter möchte eventuell Aufmerksamkeit generieren oder aber Zeit für andere, angenehme Dinge gewinnen. Vielleicht hat er aber auch Angst, bei der Ausarbeitung einen Fehler zu machen, und möchte dies möglichst vermeiden.

> **Praxistipp: Wie steigen Sie als Führungskraft aus?**
> Erst einmal ist es wichtig, dass die Führungskraft die Aufgabe nicht zurücknimmt (Rückdelegation vermeiden). Es ist sehr hilfreich, den Mitarbeiter dann noch einmal an die Aufgabe zu schicken und einen Lösungsvorschlag entwickeln zu lassen, wichtig dabei: »Wir reden nicht über nichts.« Er sollte versuchen, zumindest Ideen für mögliche Antworten zu entwickeln. Hilfreich ist es, die Frage aufzuschreiben und ihn zu bitten, zwei bis drei mögliche Antworten zu erstellen. Dann sucht man mit dem Mitarbeiter gemeinsam die richtige Antwort aus. Hierbei gilt die Regel, dass er sich nur bei Rückfragen an die Führungskraft wenden darf!
> Daneben besteht eine Möglichkeit darin, dem Mitarbeiter die Objektivitäten wieder einzublenden (»Letzte Woche ging das aber noch!«) und damit auch zu begründen, warum man die Aufgabe nicht zurücknehmen wird. Dabei sollte man konkret auf eine Verrichtung dieser Tätigkeit vor einer Woche hinweisen und deren Ähnlichkeiten betonen. Dann gilt das oben Gesagte, dass der Mitarbeiter erst einmal versucht, diese Aufgaben zu lösen.

Weshalb kann dieses Spiel auch von der Führungskraft aufrechterhalten werden?

Es wird immer wieder deutlich, dass viele Führungskräfte ihre Rolle über die Retterfunktion definieren. Wenn alle Mitarbeiter selbstständig und »erwachsen« ihre Aufgabe lösen, dann fällt es vielen Führungskräften schwer, dass sie nicht mehr gefragt werden. Grundsätzlich sollte man sich immer fragen, welchen psychologischen Nutzen man aus solchen Spielen für sich selbst (als Führungskraft) zieht.

Das ›Ja-aber-Spiel‹

Wie beginnt das Spiel?

Vielleicht kennen Sie auch diese Situation, dass Mitarbeiter auf alle Vorschläge immer einen Einwand finden. Beispiele hierfür sind: »Das haben wir noch nie so gemacht« oder »Ja, das geht aber nicht, weil ...«

Grundsätzlich handelt es sich bei diesen Einwänden nicht um begründete oder rational nachvollziehbare Aspekte, sondern es geht lediglich um eine Art von Widerstand, der sich in sogenannten Killerphrasen (nicht begründbare Argumente, sollen aber die Diskussion beenden) ausdrückt. Sollten argumentative, inhaltliche Diskussionen nötig sein, handelt es sich nicht um ein Spiel!

Warum spielt der Mitarbeiter?

In der Regel hat es damit zu tun, dass sich der Mitarbeiter der Herausforderung oder der Verantwortung nicht stellen möchte. Auch hier können wieder Ängste, Sorgen, das Entdecktwerden (vielleicht hat man sich in der Vergangenheit nicht intensiv genug um Lösungen bemüht) oder einfach nur der Aspekt eine Rolle spielen, dass die Mitarbeiter sich aus ihrer Lethargie nicht in eine Aktivität bewegen wollen. In Veränderungsprozessen werden diese Spiele oft gespielt, da man keine anderen Strategien verfügbar hat, um den Fortgang aufzuhalten.

Praxistipp: Wie steigen Sie als Führungskraft aus?

Grundsätzlich stellt sich aus dem oben Gesagten erst einmal die Frage, warum ein Mitarbeiter die ihm gestellte Aufgabe nicht übernehmen will. Deshalb ist es wichtig, an engsten Vorurteilen oder Sorgen ernsthaft und zielorientiert zu arbeiten. Danach muss aber möglichst schnell kommuniziert werden, dass nicht das Ziel in Frage steht, sondern lediglich der Weg zu besprechen ist. Zu diesem Weg soll der Mitarbeiter mögliche Schritte und Ideen entwickeln und diese konkretisieren (klassische Delegation).

In manchen Fällen hat es sich auch als positiv herausgestellt, den Bezugsrahmen des Mitarbeiters, das heißt seine Sicht auf die Welt, ernst zu nehmen und »weiterzuführen«. *Beispiel:* Ein Mitarbeiter behauptet, dass die vorgeschlagene Vorgehensweise zu Problemen führt und damit nicht machbar wäre. Hier könnte die Führungskraft auch antworten, indem sie beispielsweise eine Aussage trifft wie: »Gut, wenn ich den Gedanken konsequent zu Ende betrachte, dann werden wir diesen Veränderungsprozess nicht einleiten. Dies bedeutet in Konsequenz natürlich, dass ein Teil der Arbeitsplätze verlorengehen wird, wir müssen dann nur festlegen, um welche Personen oder Positionen es sich handelt.«

Wenn Sie die Aussage des Mitarbeiters also konsequent ernst nehmen (was bei einer Killerphrase sicherlich erst einmal schwerfällt), geht der Mitarbeiter in der Regel in einen Widerstand gegen diese sehr definitive Aussage, die Sie getroffen haben. Hier können Sie dann in den Bezugsrahmen Ihres Mitarbeiters eingreifen, indem Sie ihn fragen: »Wenn das also zu 100 Prozent so nicht funktioniert, dann lassen wir es eben.« Spätestens an dieser Stelle knickt der Mitarbeiter ein und sagt, dass es sicherlich nicht zu 100 Prozent nicht ginge.

Nutzen Sie hier das Skalenmodell und fragen Sie ihn, zu wie viel Prozent er denn meint, dass der Beschluss nicht gelingen würde. Sollte er hier weniger als 100 Prozent benennen, dann sagen Sie ihm erneut, dass er sich bitte für eine Lösung der x Prozent interessieren sollte, mit der das Vorhaben gelingen kann.

Weshalb kann dieses Spiel auch von der Führungskraft aufrechterhalten werden?

Grundsätzlich erhalten Führungskräfte gern das Spiel aufrecht, die lieber selbstständig entscheiden und nicht gerne delegieren. Dieser Widerstand ermöglicht ihnen den Vorteil, sich als Macher zu präsentieren und klare Entscheidungen zu treffen. Sie ignorieren in der Regel die Einwände des Spielers. Interessanterweise reduzieren sich dadurch aber die Spielversuche des Gegenübers nicht, sondern werden immer wieder eingebracht, da es hier keine gemeinsame Lösungsorientierung gibt.

Das ›Ach-wie-schrecklich-Spiel‹

Wie beginnt das Spiel?

Es gibt immer wieder Mitarbeiter, die sehr viel jammern und in diesem Jammertal sehr hartnäckig agieren. Beispiel: Stellen Sie sich vor, Sie kommen morgens durch die Tür und sehen schon in ein mehr oder weniger verzweifeltes, beunruhigtes Gesicht. Ihre Frage »Wie geht's?« wird in der Regel folgendermaßen beantwortet: »Ach ja, es geht so.« Dabei sinkt der Tonfall deutlich ab.

Eine kurze Sequenz:

Mitarbeiter: »Herr Z. hat mich heute in der Projektsitzung wieder nicht in der Ressourcenzuteilung bedacht.«

Sie: »Das tut mir aber leid, mit Ihren Fähigkeiten werden Sie es trotzdem schaffen.«

Mitarbeiter: »Das können Sie gar nicht beurteilen, wie viel Arbeit das ist.«

Sie trösten ihn weiter, stellen aber mit der Zeit fest, dass der Mitarbeiter immer mehr jammert, je mehr Sie ihn trösten. Außerdem reagiert er langsam ärgerlich auf ihre Beschwichtigungsbemühungen (»Mach mein Spiel nicht kaputt!«).

Warum spielt der Mitarbeiter?

Grundsätzlich geht es hier um Anerkennung oder besser gesagt darum, Mitleid zu erzeugen. Es ist der Versuch, wahrgenommen zu werden, und kann teilweise aus einem Spiel der Kindheit resultieren, das wir weiter oben schon als »Kopfschmerz-Spiel« gekennzeichnet haben. Immer, wenn man krank oder psychisch verletzt worden ist, hat man in der Kindheit oder Jugend Aufmerksamkeit bekommen. Diese möchte man jetzt auch im Berufsalltag erhalten. Grundsätzlich tauchen diese Spiele insbesondere dann auf, wenn die Führungskraft sich von sich aus zu wenig mit den Mitarbeitern beschäftigt.

> **Praxistipp: Wie steigen Sie als Führungskraft aus?**
> Grundsätzlich ist es nicht schlecht, erst einmal mitzujammern, um dann die Wahrnehmung auf die positiven Aspekte zu verschieben. Gemeinsames Leid verbindet erst einmal: »Verstehe«; »Das ist schlimm«.

Beispiele einiger Antworten auf den Morgengruß des Mitarbeiters: »Geht so!«

- »Ja, wenn es geht, dann können wir ja loslegen.«
- »Dann lassen Sie uns doch gucken, dass wir diesem Tag noch das Beste abgewinnen.«
- »Genug gejammert, was machen wir jetzt konkret? Wo packen wir das Problem an?«

Ein anderer Ansatz besteht darin, Vorbild zu sein. Gehen Sie Dinge an, schreiten Sie zur Tat! Vormachen ist besser als tausend Worte.

Weshalb kann dieses Spiel auch von der Führungskraft aufrechterhalten werden?
Wenn Sie als Führungskraft selber sehr redselig sind und auch ein starkes Rettermotiv haben, dann kommen Ihnen diese Leute natürlich sehr entgegen. Sie fressen viel Zeit, da Sie sich sehr intensiv mit ihnen auseinandersetzen, und halten Sie von Ihrer Arbeit ab. Teilweise begründen dann Führungskräfte ihre mangelnde Effizienz damit, dass sie eben sehr schwierige und »pflegebedürftige« Mitarbeiter haben.

Das ›Makel-Spiel‹

Wie beginnt das Spiel?
Grundsätzlich werden positive Ergebnisse und gute Erfolge zulasten von kleinen Fehlern nahezu ausgeblendet.

> **Beispiel:** Ein Projektleiter hat ein sehr schwieriges Projekt in einer Endphase übernommen und in den letzten vier Wochen der Projektdurchführung das Ruder noch herumgerissen. So konnte das Projekt, das eigentlich schon gegen die Wand gefahren war, noch gerettet werden. Dabei musste er aber zirka 500 Euro in zusätzliche Bewirtung investieren, um einzelne Projektmitarbeiter auf der letzten Strecke maximal zu motivieren. Der vermiedene Verlust liegt bei zirka 100.000 Euro. In der Rücksprache mit dem Projektauftraggeber (Sponsor des Projektes) macht dieser ungefähr folgenden Kommentar: »Na ja, es ist ja noch mal gut gegangen, aber diese 500 Euro, die hätten es ja nun wirklich nicht noch mal sein müssen, da das Projekt doch schon teuer genug war.«

Grundsätzlich fängt ein solches Spiel also eher mit Kleinigkeiten (Makeln) an, die aufgebauscht werden.

Warum spielt der Mitarbeiter/die Führungskraft?
Eventuell werden eigene Makel mit dieser Vorgehensweise vertuscht, auf der anderen Seite kann man aber andere Personen sehr gut kleinhalten. Das heißt, hier findet eine Abwertung in der Form statt, dass ich okay bin und du nicht okay bist. Letztlich ist dies die Position eines Verfolgers. Häu-

fig findet man diese Vorgehensweise bei Perfektionisten und Personen, die sehr stark aus dem Eltern-Ich argumentieren. Oft haben solche Spieler auch Minderwertigkeitskomplexe, werten deshalb gerne andere Personen ab (und sich damit auf!). Der Nutzen besteht darin, sich anschließend besser zu fühlen (was meist nicht gelingt).

> **Praxistipp: Wie steigt der Mitarbeiter/die Führungskraft aus?**
> Zielführend sind eine kleine Zustimmung sowie die prozentuale Sichtweise. In diesem Beispiel könnte dies sein: »Okay, ich habe einen Fehler gemacht, aber der nicht abgesprochene Betrag beträgt ja lediglich 0,5 Prozent der eingesparten Summe, der Rest ist doch okay, oder?« Oder als Gegenfrage: »Wie stehen Sie zum Rest meiner Arbeit?«

Was sollte man in dieser Situation nicht machen?

Es hat keinen Sinn, sich für den geringen Makel zu rechtfertigen, da man sonst immer tiefer in die Opferrolle hineingerät. Nicht zielführend ist auch, dass das Gespräch eskaliert, indem man lauter und persönlicher wird. Dies führt in der Regel nur dazu, dass weitere Makel eingebracht werden und beide Seiten mit dem psychologischen Ergebnis sehr unzufrieden sind.

Das ›Gerichtssaal-Spiel‹

Wie beginnt das Spiel?

In der Führungsrolle beginnt das Spiel häufig damit, dass ein Mitarbeiter auf einen zukommt und mitteilt, dass der Kollege X seine Aufgaben nicht richtig erledigt, ihm ein Bein gestellt habe, grundsätzlich ein Schuft oder unfair sei. Das heißt, in der Regel wird in diesem Spiel erst einmal nicht nach einer objektiven Lösung, sondern nach dem Schuldigen gesucht. Wie in einem richtigen Gerichtssaal gibt es hier zwei Rollen: den Kläger und den Angeklagten.

Wo liegt der Ursprung dieses Spiels?

Zwei Personen haben die Muster ihrer Kindheit auf den Berufsalltag übertragen. Statt sich um eine Lösung ihrer Probleme zu kümmern, haben sie

- das Spiel der Schuldigen-Suche eingeleitet,
- wichtige Aspekte ausgeblendet oder verschwiegen,
- den Lösungsfokus ausgeblendet.

Dies kostet unglaublich viel Energie in unseren Unternehmen, bindet Ressourcen und verdirbt die Stimmung für ein zukünftiges und vernünftiges Miteinander.

Warum spielt der Mitarbeiter?

Grundsätzlich gibt es Mitarbeiter, denen es sehr gut gelingt, durch eine theatralische Aufführung die Führungskraft sofort auf ihre Seite zu ziehen. Ziel ist es dann, dass die Führungskraft voreingenommen auf die Gegenpartei zustößt, möglichst sogar noch die Anschuldigung wortwörtlich übernimmt, dies natürlich unreflektiert. Hierbei handelt es sich erneut um eine Überlebensstrategie aus der Kindheit, in der man gelernt hat, dass Angriff die beste Verteidigung ist.

Erinnern Sie sich an Ausrufe wie: »Der Dieter hat mich geschlagen!« Vater: »Den werde ich lehren, dich einfach zu schlagen!« Völlig ausgeblendet wurde hierbei, dass Dieters Lieblingsspielzeug in der Kanalisation verschwunden ist. Wer war der Täter? Raten Sie doch einmal!

Der Nutzen dieses psychologischen Spiels besteht darin, dass man sich nicht mit eigenen Schwächen und Problemen auseinandersetzen muss.

> **Praxistipp: Wie steigen Sie als Führungskraft aus?**
>
> Lassen Sie sich grundsätzlich den Richterposten nicht aufdrängen, sondern versuchen Sie, möglichst neutral zu bleiben. Dies bedeutet, dass Sie keinen Richterspruch fällen, sondern eher die neutrale Funktion eines Moderators einnehmen. Genaueres finden Sie hierzu auch noch im Kapitel zur Konfliktmoderation, wo die einzelnen Schritte einer erfolgreichen Mediation (eines Konfliktmanagements) aufgezeigt werden. Beziehen Sie auf keinen Fall Position, Sie können hierbei nur verlieren, was ein kleines Beispiel verdeutlicht.
>
> Schlagen Sie sich nur auf die Seite des Anklägers und ziehen wie im Wilden Westen sofort gegen den Angeklagten ins Feld, bekommen Sie häufig zu hören: »Wie wäre es, wenn Sie mir auch erst einmal zuhören und mich meine Sichtweise darstellen lassen?« Das heißt, Sie haben bereits an Ansehen und die Möglichkeit verloren, als neutraler Schlichter in Betracht zu kommen. Irritiert von dieser Aussage des Gegenübers begeben Sie sich nun auf die andere Seite und fangen an, dem Kläger Vorhaltungen zu machen. Dieser empfindet das als höchst ungerecht, was Ihnen ebenfalls die Rolle eines neutralen Vermittlers verdirbt. In dieser Konfliktsituation sind Sie der Einzige, der verloren hat. Die anderen beiden sind sauer auf Sie und akzeptieren Sie nicht als Schlichter. Dies ist der schlechteste Zustand.

Weshalb kann dieses Spiel auch von der Führungskraft aufrechterhalten werden?

Manche Führungskräfte gefallen sich in der Rolle des Richters, viele haben den Anspruch an sich selbst, schnell entscheiden zu müssen. Lassen Sie sich nicht durch Geschwindigkeit und Druck in diese Rolle hineinbringen. Langfristig führt das nur zum Schaden Ihrer Person. Fühlen Sie sich auch nicht geschmeichelt, indem ein Mitarbeiter Sie sozusagen auf den Thron des Richters hebt. Wie schon zuvor gesagt, können Sie hier nur verlieren.

Grundsätzlich gibt es noch zwei, drei Aspekte, die bei der Beendigung eines Spiels wichtig sind. Mit diesen können Sie diverse oben skizzierte Spiele zuverlässig durchbrechen. Hier deshalb noch ein paar Möglichkeiten:

Praxistipp:
- Sie können das Spiel einfach ignorieren, indem Sie sich beispielsweise auf das Jammer-Spiel gar nicht erst einlassen. *Beispiel:* Sie sehen einen betrübten Mitarbeiter in der Ecke sitzen und fragen ihn: »Ist was los?« Dieser antwortet mit: »Nein.« Sie antworten: »Dann ist es ja in Ordnung.« Grundsätzlich können Sie einfach Emotionen und Gefühle gar nicht wahrnehmen und diesen damit die Aufmerksamkeit entziehen.
- Spiele lassen sich gelegentlich auch durch Humor unterbrechen, indem man gemeinsam lacht. Dies führt dazu, dass man das Drama aus der Situation herauslöst. Nehmen wir das Beispiel aus dem Drama-Dreieck: »Ich glaube, wenn wir uns dem Thema weiter so nähern, dann hat der Kunde einen langen Bart, bevor wir ihm eine Antwort geben können.«
- Einblenden der ausgeblendeten Objektivität. Grundsätzlich blenden Spieler in der Regel bestimmte Aspekte der Realität aus, um spielen zu können. Jemand, der sein Konzept plötzlich nicht mehr formulieren kann, obwohl er etwas Ähnliches vor einer Woche getan hat, blendet diesen Zustand aus. Wenn man ihn nun darauf hinweist, dass er einen ähnlichen Vorgang bereits erfolgreich bearbeitet hat und er diesen doch bitte noch einmal heranziehen möge, dann greift man aktiv in das Spiel ein.
- Die Auszahlung (Pay-off), also den Gewinn aus dem Spiel, sofort anbieten. Ein Mitarbeiter sagte einmal zu seinem Vorgesetzten: »Du bist aber ein harter Brocken und hilfst einem nie.« Darauf antwortete der Vorgesetzte: »Das stimmt!«

> – Grundsätzlich ist es wichtig, dass Sie jedes psychologische Spiel mindestens zwei- bis dreimal durchbrechen, damit es aus dem Spielrepertoire des Mitarbeiters gelöscht wird. Er hat ja mitunter Jahre gebraucht, um diesen Spielansatz zu perfektionieren, weshalb sollte das Unbewusste so schnell aufgeben? Wundern Sie sich also nicht, wenn ein Spiel nicht sofort aufhört, sondern noch einmal wiederholt wird. Seien Sie konsequent und lassen Sie sich von Ihrem Weg nicht abbringen!

Innere Antreiber bei sich selbst und anderen (er-)kennen und verändern

Grundsätzlich gehen wir Psychologen davon aus, dass unsere Prägung über unser Leben zu relativ stabilen Verhaltensweisen führt. Das heißt, dass wir uns in verschiedenen Situationen immer wieder gleich verhalten, da es in uns so etwas wie ein angelegtes Drehbuch (Skript) gibt. Ein besonderes Unterkapitel in so einem Drehbuch befasst sich mit den sogenannten inneren Antreibern. Bei manchen Menschen haben wir das Gefühl, dass sie irgendwie in eine bestimmte Richtung getrieben werden, sich selber in unseren Augen unter Druck setzen.

Wir möchten Ihnen einmal ein kleines *Beispiel* geben. Beim 50. Geburtstag eines Freundes sitzt man am Morgen nach der Feier in dessen Wohnung am Frühstückstisch. Jemand hat frische Brötchen geholt, die beim Aufschneiden ziemlich viel Krümel über den Tisch verteilen. Sie wollen gerade in Ihr Brötchen beißen, als hinter Ihnen das Geräusch eines Tischstaubsaugers zu hören ist und die Gastgeberin mit flinken Bewegungen um Ihren Teller herumfährt. Sie denken: »Wir wollten doch eigentlich nur in Ruhe frühstücken, dass sich x immer einen solchen Druck machen muss!« Dabei hat x einen viel größeren inneren Druck, der sie zu dem Handeln treibt.

Grundsätzlich kennt die Transaktionsanalyse fünf wesentliche Antreiber:

- Sei perfekt!
- Sei gefällig!
- Beeil dich!
- Streng dich an!
- Sei stark!

Wenn Sie sich oder Kollegen und Mitarbeiter betrachten, fallen Ihnen sofort einige Personen ein, die bestimmte Antreiber repräsentieren oder in bestimmten (oft Stress-)Situationen offenbaren. Als Führungskraft sollte man diese erkennen und Unterstützung für den Alltag geben, um sie zu reduzieren. Zum einen, da diese Aspekte nicht immer für das Unternehmen förderlich sind (Herr Eins strebt ständig nach einer Perfektion, die ihn Termine überschreiten lässt, Frau Zwei versucht, es allen recht zu machen und vertritt die Interessen der Abteilung zu wenig, und Herr Drei ist immer der Letzte, der das Licht ausknipst, und erzeugt so nicht akzeptable Überstunden).

Zum anderen können sie die Personen krank machen. Innere Antreiber verbrauchen viel Energie, auch wenn man teilweise, subjektiv betrachtet, einen Nutzen daraus zieht (wer hat nicht gerne fleißige, emsige, durchsetzungsorientierte Mitarbeiter?).

> **Übung zur Theorie:**
>
> Was sind Ihre beiden wesentlichen Antreiber? Verdeutlichen Sie sich diese je an einem Beispiel!
>
> 1. _____
> _____
> _____
>
> 2. _____
> _____
> _____

Wenn Sie sich nicht sicher sind, dann können Sie den Test auf der CD ausfüllen und auswerten, um die relative Rangfolge der eigenen Treiber zu erkennen. Sie können ihn natürlich auch mit Ihren Mitarbeitern durchführen, wenn diese zustimmen.

Sei perfekt!

Woran kann man Menschen mit diesem Antreiber erkennen?
Menschen mit diesem Antreiber neigen zu Rechtfertigungen, wollen Dinge immer noch genauer und besser machen. Sie denken in alle Richtungen und neigen zu ellenlangen Ausarbeitungen. Das Schlimmste für diese Menschen ist, wenn jemand zu ihnen sagt: »Du hast es nicht perfekt genug gesagt, begriffen oder getan.«
Gelegentlich lernen sie nicht gerne, weil man dabei Fehler machen kann (in unseren Trainings lehnen sie oft das Videofeedback ab, da die Fehler dann auch noch festgehalten werden), und bevorzugen vertraute Umgebungen. Oft wirken sie im Auftreten ernst, kommen nicht auf den Punkt, setzen jeden bei E-Mails in cc: und nehmen vermutete Kritik gerne vorweg. Führungskräfte mit Perfekt-Antreibern neigen zu übertriebenen Kontrollen, und verbessern bei Mitarbeitern lieber Ausdrucksweisen als Inhalte.

Was ist der psychologische Hintergrund?
Perfektionisten haben das unterschwellige Grundgefühl, als Person nicht liebenswert zu sein, was sehr an ihren Selbstwert herangeht. Um dieses Selbstwertgefühl zu steigern, versuchen sie eine Leistung zu zeigen, für die andere ihnen nicht die Anerkennung verweigern können. Sie glauben, von anderen Menschen nur dann anerkannt zu werden, wenn sie perfekt sind. Ihre Hoffnung begründet sich darin, dann doch noch geliebt zu werden. Diese Haltung führt in der Regel aber zu noch stärkerem Widerstand der Kollegen und bewirkt damit das Gegenteil.

Was passiert mit Perfektionisten in sozialen Beziehungen?
Perfektionisten vermitteln anderen oft den Eindruck, nicht gut genug zu sein. Sie sind nahezu unfehlbar, und ihren Erarbeitungen lässt sich nichts mehr hinzufügen. In der Regel führt dies in sozialen Beziehungen recht schnell dazu, sich von ihnen abzuwenden. Sie vermitteln oft »Deine Qualität ist nicht OK«, was dazu führt, dass Perfektionisten in der Gemeinschaft nicht mehr angenommen oder belächelt werden. Wenn man sich in der Qualität nicht messen kann, dann ändert man eben das Spielfeld.

Wie kann ich als Führungskraft unterstützen?
Grundsätzlich müssen wir dem Perfektionisten die Erlaubnis zu Fehlern geben. Wir müssen den Glaubenssatz »Ich bin nur OK, wenn ich perfekt bin« verändern. Eine mögliche Botschaft kann sein: »Du bist wichtig für mich und an dir schätze ich, dass du dich bemühst, das Beste zu geben«

oder: »Du darfst gerne Fehler machen, um daraus zu lernen.« Versuchen Sie, den Mitarbeiter in seiner Ausführlichkeit zu bremsen, reduzieren Sie beispielsweise seine Präsentationen um zwei Drittel, lassen Sie ihn Gesprächspunkte zusammenfassen und Protokolle verdichten. Definieren Sie Ziele, Teilziele und klare Kontrollpunkte für Ihren Mitarbeiter. Machen Sie selber Fehler und lachen Sie darüber. Suchen Sie Fehler, die keine Konsequenzen oder gar positive Ergebnisse hatten. Stellen Sie Fehler als Lernchancen dar (Veränderung des Bezugsrahmens).

Sei gefällig!

Woran kann man Personen mit diesem Antreiber erkennen?
Die Personen mit diesem Antreiber bemühen sich sehr um das Wohlbefinden anderer, sind oft freundlich und um einen ausgleichenden Umgang bemüht. Sie sind häufig anpassungsbereit und wollen nicht anecken. In der Regel begeben sie sich nicht aktiv in offene Konflikte. Sie hören gut zu und zeigen Verständnis (das signalisiert aber ihr Antreiber und muss nicht unbedingt ein echtes Interesse an der Person sein). Öfter neigen sie dazu, nicht nein sagen zu können. Sie erledigen dann die Arbeiten anderer, auch gegen eigene Interessen (machen dafür Überstunden). Sie meiden die Bühne, sind in der Regel sehr bescheiden und nehmen in der zweiten Reihe Platz.

Was ist der psychologische Hintergrund?
Diese Personen haben zu wenig Selbstvertrauen und eigene Identität ausgebildet. Eigene Ansprüche und Vorstellungen werden geleugnet oder in den Hintergrund gedrängt. Manche Aussagen der Eltern haben hier ihre Wirkung hinterlassen: »Was sollen denn die anderen von uns denken«, »Wichtig ist, dass es allen gut geht«, »Setz nicht immer nur deinen Kopf durch«. Gefällig-Personen glauben oft, dass sie keine Merkmale an sich haben, die andere schätzen könnten. Über das Anbiedern an andere glauben sie, diese Wertschätzung zu bekommen.

Was passiert mit Sei-gefällig-Personen in sozialen Beziehungen?
In Diskussionen nehmen sie selten einen klaren Standpunkt ein, weil sie unscharf in ihren Aussagen bleiben. Ein klares Nein ist sehr selten zu hören, eher versuchen sie, alles möglich zu machen. Manche Zeitgenossen halten sie für das Schilfrohr im Wind. Teilweise ziehen sich Menschen von solchen Personen zurück, da sie unsicher werden, ob eine Meinung mor-

gen noch Bestand hat. Man meidet sie sogar manchmal, weil man eigentlich nur die eigenen Worte zu hören bekommt. Einen befruchtenden Disput wird es selten geben. Oft beteiligen sie sich an Aktionen, obwohl sie innerlich nicht wollen (After-Work Party et cetera).

Wie kann ich als Führungskraft unterstützen?
Die Personen sollten lernen, eigene Standpunkte und Positionen zu entwickeln. Erlaubnisse für diese Personen könnten sein: »Du darfst dir selbst und anderen gefallen«, »Ich und die anderen sind wichtig«. Da sie anderen gefallen wollen, kann man dies auch in der Intervention nutzen und ihnen Aspekte vermitteln, die andere schätzen (beispielsweise Widerstand, Reibung, klare Aussagen et cetera). Geben Sie ihnen die klare Aufgabenstellung, selbst über Lösungen nachzudenken, nehmen Sie ihnen dies nicht ab!

Bei der Entwicklung der Sei-gefällig-Person (und damit der Realisierung der eigenen Ansprüche) kann es zu Überraschungen und Widerständen der Kollegen kommen, die sich an die positiven Seiten des Antreiber-Verhaltens gewöhnt haben. Hier muss man als Führungskraft sehr aufmerksam sein.

Als Sei-gefällig-Führungskraft besteht die Gefahr, sich zu verzetteln, da man immer zwischen den Erwartungen des Chefs und denen der Mitarbeiter hin- und hergerissen ist.

Beeil dich!

Woran kann man Personen mit diesem Antreiber erkennen?
Die Beeil-dich-Personen wirken ständig gehetzt und unter Strom. Fragt man sie, dann ist ihr Zeitbudget nie ausreichend. Diese Wahrnehmung führt aber nicht dazu, dass sie konzentrierter an etwas arbeiten. In der Regel verzetteln sie sich schnell, fangen mehrere Dinge gleichzeitig an und sind nicht gerade effektiv. Entspannung und Ruhe sind aus ihrer Sicht nicht akzeptabel, da man sich ja dann nicht dringenden und wichtigen Dingen zuwenden kann. In der Kommunikation agieren sie oft abgehackt, haben das Schnellsprechersyndrom (Dieter Thomas Heck) und holen kaum Luft. Landläufig werden sie auch als Hektiker tituliert. Beliebte Begriffe der Beeil-dich-Personen sind beispielsweise schnell, eilig, kurzfristig, beeilen, Gas geben et cetera. Sie unterschreiben E-Mails gerne mit ASAP (as soon as possible). Oft trommeln sie auch mit den Fingern auf dem Tisch oder zeigen ihre Unruhe in einer übertriebenen Gestik (»Stuhlhüpfer«, übertriebene Armrotationen in Präsentationen).

Was ist der psychologische Hintergrund?

Eine entscheidende Steuerungsgröße der Beeil-dich-Personen ist die Angst, Wesentliches zu verpassen. Das Leben zerrinnt ihnen zwischen den Fingern, ständig verpassen sie Gelegenheiten, wichtige Dinge zu tun. Sie fühlen sich oft immer einen Schritt zu spät. Deshalb nutzen sie die Gunst jeder Minute, um so viel wie möglich zu tun oder zu kommunizieren. In ihrer Kindheit und Jugend haben sie oft Sätze gehört wie: »Jetzt beweg dich doch einmal schneller«, »Dir kann man ja die Schuhe beim Laufen besohlen«, »Wenn ich so langsam wie du gewesen wäre, dann wäre aus mir nichts geworden«.

Was passiert mit Beeil-dich-Personen in sozialen Beziehungen?

Die ständige Anspannung und Hektik ist meist zu viel für die Umwelt. Es kommt in der Regel zu zwei ganz unterschiedlichen Verhaltensweisen des sozialen Umfeldes. Ein Teil lässt sich von der Hektik anstecken und dreht sich in Achterbahngeschwindigkeit mit. Andere versuchen, ihr Gegenüber zu bremsen, reden beruhigend auf die Beeil-dich-Person ein und geben gut gemeinte Ratschläge wie beispielsweise »In der Ruhe liegt die Kraft«. Fast alle Kommunikationspartner werden aber erst einmal unruhig, fühlen sich eingeengt und reagieren gereizt. Dies wird auf Dauer als negativ erlebt, und Menschen vermeiden den Kontakt zu diesen Personen oder lassen sie reden, ohne zuzuhören. Als Führungskraft trifft man auch immer wieder einmal Menschen, die ganze Abteilungen anstecken und zu hektischem Aktionismus verleiten. Dies täuscht manchmal sogar eine Weile über die geringe Effizienz eines Bereiches hinweg.

Wie kann ich als Führungskraft unterstützen?

Als Chef muss ich mit den Beeil-dich-Personen langfristige Ziele festlegen (die ihnen wichtig sind) und einen Weg dorthin verfolgen. Durch eine als hilfreich erlebte Führung können sie sich ein wenig entspannen. Eine einfache Intervention besteht ferner darin, dem Mitarbeiter zu sagen, dass Sie ihm zuhören. Anfangs wird er das nicht glauben, deshalb müssen Sie es ihm immer wieder deutlich vermitteln. In manchen Fällen haben auch autogenes Training oder Muskelentspannungstrainings geholfen. Angebote findet man heute häufig bei den Krankenkassen oder als CD im Buchhandel.

Es bringt überhaupt nichts, das Tempo mitzugehen oder mit Sprüchen zu arbeiten wie »Jetzt beruhigen Sie sich doch erst einmal«. Beide Vorgehensweisen sind kontraproduktiv! Erlaubnisse könnten folgendermaßen lauten: »Du darfst dir Zeit nehmen, überlege, was lebenswert für dich ist«, »Glaube daran, dass dir andere zuhören, wenn du langsamer sprichst.«

Streng dich an!

Woran kann man Personen mit diesem Antreiber erkennen?

Personen mit diesem Antreiber verspüren oft einen hohen Leistungsdruck. Dabei sind sie sich meist nicht sicher, dass das Vorhaben auch gelingen wird. Erfolge können sie selten richtig genießen, besonders wenn sie sich ohne »Qual« einstellen. In der Kommunikation verwenden sie Sätze wie: »Wenn ich mir Mühe gebe«, »Vor den Erfolg haben die Götter den Schweiß gesetzt« oder den alten Spruch aus Onkel Dagoberts Geldspeicher: »Ohne Fleiß kein Preis« et cetera. In der Körpersprache wirken sie oft wie von einer virtuellen Last gedrückt. Sie reden auch gerne über ihre Überstunden, dass sie wieder einmal bis x in der Firma waren et cetera. Positiv betrachtet haben sie eine gute Ausdauer und können auch allgemein langweiligen Themen noch einen Reiz abgewinnen.

Was ist der psychologische Hintergrund?

Die Anstrengung der Person kommt eigentlich aus einem Satz: »Ich schaffe es nicht!« Die Person zweifelt an ihrer eigenen Leistungsfähigkeit. Tritt ein Misserfolg ein, dann liegt das nur daran, dass man sich zu wenig angestrengt hat. Man muss sich also nur richtig anstrengen, dann wird alles gut. Sätze, die diese Person in ihrer Kindheit oft gehört hat, sind: »Du bist eigentlich intelligent und nur zu faul«, »Du darfst nicht immer so schnell aufgeben«, »Du machst nichts fertig/richtig«. Auch Überforderungssituationen aus der Kindheit können eine Ursache sein, beispielsweise, dass man zu früh Verantwortung übernehmen musste oder die Eltern nicht altersgemäße Erwartungen stellten. Eine solche Person erlaubt es sich nicht, Dinge entspannt zu tun. Die Anstrengung ist der Treiber.

Was passiert mit Streng-dich-an-Personen in sozialen Beziehungen?

Bei anderen Kollegen löst die Person eher Mitleid aus: »Der schafft es eh nicht.« Sie vertrauen nicht in die Leistungsfähigkeit, da eine gewisse Leichtigkeit fehlt, ein wichtiges Merkmal für Potenziale. Oft bieten die Mitmenschen der Person ihre Unterstützung an. Diese lehnt dankend ab und verstärkt ihre Anstrengungen. Die Abgewiesenen wenden sich langfristig ab.

Wie kann ich als Führungskraft unterstützen?

Zielvereinbarungen sollten nicht zu hoch gesteckt werden, da die Personen sich gerne zu viel aufbürden. Erarbeiten Sie mit dem Mitarbeiter noch einmal effektive Arbeits- und Planungsmethoden und reflektieren Sie mit ihm die Verbesserungen. Geben Sie aktiv Feedback und loben Sie

Ergebnisse ohne besondere Anstrengung ganz besonders. Erlaubnisse könnten sein: »Du darfst es gelassen tun«, »Ich habe volles Vertrauen in deine spontane Leistungsfähigkeit«, »Es ist genauso wertvoll, wenn es leicht von der Hand geht.«

Sei stark!

Woran kann man Personen mit diesem Antreiber erkennen?

Personen mit diesem Antreiber versuchen, Gefühle, Ängste und andere emotionale Befindlichkeiten zu verbergen. Sie benutzen in der Regel auch eine sehr sachliche, rationale Sprache. Es zeigt sich eine gewisse Abschottung von eigenen Gefühlen, aber auch der Gefühle anderer. Erinnern Sie sich noch an Charles Bronson in dem Film *Spiel mir das Lied vom Tod*? Sei-stark-Personen sind oft wach und angespannt, als wollten sie ihre Umgebung im Auge behalten, um jederzeit gewappnet zu sein. Sie vermitteln diese Stärke oft durch einen sehr aufrechten Gang, markante Schritte und eine kräftige, aber teilweise monotone Stimmbildung.

Sei-stark-Personen können kurzfristig hohe Leistungen erbringen. Sie haben einen Sinn für den kraftvollen Umgang mit Aufgaben, verfügen über eine hohe Widerstandskraft und den Kampfgeist, Dinge voranzubringen. Überlastungen sind dann aber nicht auszuschließen, weil Aufgeben nicht zu ihrem Repertoire gehört.

Was ist der psychologische Hintergrund?

Die Angst bei Sei-stark-Personen ist, in emotional bedeutsamen Situationen nicht stabil zu sein, wenn man sich nicht klar positioniert und die Kontrolle verliert. Sie haben gelernt: Wenn man sich nicht selber stark macht, erhält man auch nichts von der feindlichen Außenwelt. Sie schützen sich deshalb vor der Verletzbarkeit dadurch, dass sie andere nicht an sich heranlassen. Dieses Verhalten kann in der Kindheit durch Sätze wie »Sei keine Heulsuse«, »Indianer kennen keinen Schmerz« oder »Nur die Harten kommen in den Garten« gefördert worden sein. Man findet diesen Antreiber übrigens öfter bei Männern als bei Frauen.

Was passiert mit Sei-stark-Personen in sozialen Beziehungen?

Sei-stark-getriebene Personen treten gerne in den Wettbewerb mit anderen, versuchen, besser durchzuhalten. Sie sind in der Regel wenig aufmerksam für emotionale Zwischentöne, bezeichnen andere schnell als Softies. Das führt in der Regel bei anderen zu Widerstand oder bedingungsloser

Aufgabe, da sie dieses Durchhaltevermögen nicht haben. Als Führungskraft bekommen sie Stimmungen aus der Mannschaft schlecht mit, da sie Zwischentöne nur selten hören. Man verliert manchmal die Möglichkeit, sich bedrohungsfrei anderen zu nähern.

Wie kann ich als Führungskraft unterstützen?

Man kann versuchen, ihren Bezugsrahmen zu verändern, indem man den Sei-stark-Personen positive Aspekte bei subjektiv empfundenen Niederlagen aufzählt, sie also zum Erfolg ummünzt. Man muss bei diesen Personen immer darauf achten, dass sie nicht plötzlich zusammenklappen, da sie oft an der körperlichen und psychischen Grenze agieren. Eine Lösung könnte sein, dass sie täglich zu drei verschiedenen Zeitpunkten einen Befindlichkeitswert für sich vergeben. Dies könnten Sie dann wöchentlich besprechen. Es erhöht deutlich die Selbstaufmerksamkeit.

Auch diesen Personen können Sie als Führungskraft eine Erlaubnis geben. Sie könnte ungefähr folgendermaßen lauten: »Du darfst offen sein und anderen vertrauen. Du bist mir in deinem Verhalten wertvoll und liebenswert.«

Zusammenfassung

Kommunikation findet im täglichen Umgang ständig statt, wir können uns ihrer nur im stillen Kämmerlein erwehren. Sobald wir kommunizieren, entstehen Muster zwischen mindestens zwei Personen in Form von Transaktionen (Austausch von Kommunikationsinhalten). Selten werden sie uns richtig bewusst und erschweren damit den Umgang mit dem Mitarbeiter. Diese Transaktionen müssen wir als Führungskraft analysieren, um Konflikten vorzubeugen und in eine fließende Kommunikation zu kommen, die nicht durch Barrieren und Konflikte geprägt ist.

Einen Ansatz hierzu kann die Transaktionsanalyse geben. Sie hilft Ihnen, Ihre Ich-Zustände kritisch zu beleuchten und Ihre Kommunikationsumwelten (andere und eigene Ich-Zustände) besser zu begreifen. Eine besonders konfliktäre Art der Transaktion ist die verdeckte. Hierbei kommunizieren wir auf zwei Ich-Ebenen, was in der Regel, wenn nicht aufgedeckt, zu verfestigten Kommunikationsstörungen führen kann. Ein solcher gestörter Kommunikationszustand ist das psychologische Spiel.

Psychologische Spiele kosten Zeit und Nerven. In der Regel wird aber in Unternehmen ständig gespielt. Sie haben jetzt die Möglichkeit, diese Spiele zu verstehen und gegebenenfalls auch daraus auszusteigen. Ob Sie sich an psychologischen Spielen beteiligen, hängt eigentlich nur von Ihnen ab. Gerne springen Sie darauf an, wenn

- Sie den Köder attraktiv finden,
- Sie ein leidenschaftlicher Retter sind,
- Sie einen vermeintlichen Nutzen davon haben (das ärgerliche Gefühl kommt später),
- Sie unter Zeitdruck sind.

Betrachten Sie das Drama-Dreieck der psychologischen Spiele, um Ihre Rolle oder Rollenveränderung besser einschätzen zu können beziehungsweise die Absicht hinter dem Rollenwechsel des Mitarbeiters, der Kollegen oder Chefs zu begreifen. Klassische Spiele sollten Sie kennen, begreifen und beenden, um sich Freiräume für das wirklich Wichtige zu verschaffen. Die wichtigsten Spiele im Betrieb sind: Blöd-Spiele, Ja-aber-Spiele, Jammer-Spiele, Makel-Spiele und Gerichtssaal-Spiele.

Sie sollten immer bedenken, dass hinter jedem Spiel eine Überlebensstrategie des Spielers steckt. Das heißt, der Mitarbeiter hat eine Sorge, Angst, sucht Anerkennung et cetera, kann dieses aber nicht direkt anbringen oder lösen. Dementsprechend versucht das Unbewusste, die Konfrontation mit der Realität zu vermeiden. Eine Lösung des Dilemmas erfolgt aber durch ein Spiel nicht. Grundsätzlich bleibt eher eine Unzufriedenheit auf beiden Seiten.

Der dritte Abschnitt diese Kapitels beschäftigte sich mit unseren inneren Antreibern, die uns, aber auch Mitarbeitern das Leben erschweren können. Sie sind oft Einschärfungen aus Kindheit und Jugend und treiben uns in Beruf und Freizeit an. Als Führungskraft sollten Sie diese erkennen und entsprechend intervenieren können.

Auf der beiliegenden CD finden Sie einen Test, der Ihnen und Ihren Mitarbeitern eine Information über die präferierten Antreiber geben kann. Dabei werden Sie feststellen, dass wir irgendwie alle Antreiber in uns vorrätig haben, aber nur wenige wirklich überschwellig werden und damit beachtet werden sollten.

In der Regel hilft es, den Mitarbeitern eine Erlaubnis zu geben, gegen ihre Antreiber zu verstoßen. Ähnlich wie bei den psychologischen Spielen sind Antreiber aber über Jahre und Jahrzehnte eingeschärft und damit nicht ad hoc veränderbar. Es gilt also für nahezu das ganze Kapitel: Steter Tropfen höhlt den Stein!

Konflikte aus psychologischer Sicht managen

Grundgedanken zu Konflikten

Konflikte gehören zum täglichen Brot einer Führungskraft. Dabei kosten sie in der Regel viel Energie, Aufwand und Aufmerksamkeit, um teilweise vermeintlich eindeutige Situationen zu klären. Umso wichtiger ist es, dass man sich konkrete Gedanken über ihr Entstehen macht und über Instrumente verfügt, sie auch aufzulösen.

Was ist ein Konflikt? Hier ein Versuch einer Definition aus psychologischer Sicht: Ein Konflikt ist die Folge von wahrgenommenen Differenzen, die gegenseitig im subjektiven Widerspruch stehen und eine Lösung/ein Management erfordern.

Der Begriff kommt vom lateinischen »conflingere«, was so viel bedeutet wie zusammenstoßen. Die oben benannte Definition enthält wichtige Aspekte, die bei der Konfliktbearbeitung zu berücksichtigen sind. Als Erstes müssen Konflikte wahrgenommen werden, das heißt, die Fähigkeit zum Erkennen möglicher/potenzieller Konflikte muss ausgereift sein. Dazu muss klar festgestellt werden, welche Unterschiede denn den oben genannten Widerspruch induzieren. Ich brauche sogenannte Lösungsstrategien, um diesen Konflikt in eine wie auch immer geartete Auflösung hineinzuführen. Dabei stellt sich natürlich schon die Frage, was eigentlich nach einem Konflikt zurückbleibt (psychologische Folgen).

Wir werden uns jetzt mit dem nächsten Teil dieser Definition beschäftigen, was nämlich einen Konflikt in der Regel auszeichnet.

Konfliktanalyse

Kennzeichen eines Konfliktes

Stellen Sie sich bitte die folgende Situation vor, die einmal aufzeigt, dass Konflikte so alt sind wie die Menschheitsgeschichte: Denken Sie sich einige tausend Jahre zurück und versetzen Sie sich in die Situation des Häuptlings eines Urzeitstammes. Es ist ein kühler, regnerischer Herbsttag, an dem Sie mit Ihrem Stamm in einer Höhle sitzen. In der Mitte brennt ein Feuer, das in diesen kalten Zeiten eine behagliche Wärme spendet. Wie damals so üblich, werden Geschichten erzählt. Zur Sicherheit vor anderen Stämmen haben Sie eine Wache am Eingang postiert, die die Situation auf Bedrohlichkeiten abschätzt.

Während Sie also so gemütlich um das Feuer sitzen, hören Sie plötzlich den Ruf des Wächters am Eingang der Höhle: »He, kommt mal alle her, ein Mammut, wie wäre es mit Fleisch?« Alle Ihre Stammesmitglieder und Sie stürmen zum Eingang der Höhle und schauen hinaus. Sie betrachten ein sehr stattliches Mammut von fast vier Metern Größe, mehreren Tonnen Gewicht und mit riesigen Stoßzähnen, die im Regen blitzen. Sie als Häuptling realisieren sehr schnell, dass Sie dafür da sind, Beute zu machen. Dementsprechend ruft auch die gesamte Mannschaft: »Komm, Häuptling, erleg das Mammut, wir haben Hunger!«

Jetzt ist guter Rat teuer. Eine Möglichkeit wäre natürlich eine Form von Delegation, klassische, moderne Führungsarbeit. Gemäß dieser Aussage kommen Sie zu dem Ausspruch: »Meier, Müller, Schmitz, auf geht's, hier ist eure Herausforderung und euer Wachstumspotenzial. Kommt, schnappt euch das Mammut.« Die drei ausgewählten »Mitarbeiter« kennen jedoch noch nicht das moderne Führungsinstrument der Delegation und beharren lieber auf dem bekannten Häuptlingsführungsschema. Sie kleiden dies in die Worte: »Wir haben dich doch zum Häuptling gewählt, weil du der Stärkste unter uns bist, also leg los.«

Hier war er nun, Ihr erster Konflikt. Sie haben jetzt sozusagen zwei Möglichkeiten, nämlich Kampf oder Flucht. Sie entscheiden sich für Ersteres und stürzen sich auf das Mammut. Nach einem heftigen Kampf stehen Sie blutend und erschöpft vor dem toten Mammut, die gesamte Gruppe jubelt Ihnen fröhlich zu.

Während sich die Gruppe zu Ihnen und dem Mammut begibt, kommt aus dem Unterholz eine Gruppe von fünf wild bemalten Kriegern, die das tote Mammut sehen. Ungefragt machen sie sich an Ihrem Mammut zu schaffen und schneiden sich Fleischstücke heraus. Ganz plötzlich stellt sich also die Frage, ob die Gruppe sich in einen Kampf begibt und die Eindringlinge vertreibt, einen Kompromiss eingeht oder gar ganz auf das Fleisch verzichtet (einen Vortrag über die Vorteile vegetarischer Ernährung hält).

Grundsätzlich zeigt sich auf einmal ein hohes Maß an Empörung über diese Situation, was sich auch in einer verschärften Kommunikation äußert

(»Finger weg von unserem Fleisch!« oder »Wer glaubt ihr denn, wer ihr seid?«). Eine weitere Möglichkeit wäre, die fünf Krieger einfach zu verjagen und damit Aggressionen abzubauen. Sie entscheiden sich für diese Maßnahme, woraufhin eine halbe Stunde später zirka 40 Krieger aus dem Unterholz herausbrechen und Sie in eine kämpferische Auseinandersetzung verwickeln.

Dieses kurze Beispiel beinhaltet nahezu alle Aspekte, die zum Verständnis einer Konfliktentstehung von Bedeutung sind. Dies sind die Folgenden:

- Zuerst einmal ist ein Konflikt nicht ignorierbar oder wegkommunizierbar. Das heißt, dass man sowohl das Mammut als auch die andere Gruppe nicht einfach wegdenken oder wegdiskutieren kann. Das entspricht auch in der Realität dem Umgang mit Konflikten, die durch Nichtbeachtung nicht einfach verschwinden.
- Grundsätzlich habe ich immer die zwei Möglichkeiten von Kampf oder Flucht, das heißt, dass ein wahrgenommener und bestehender Konflikt eingegangen oder vermieden werden kann. Diese Entscheidung ist von verschiedenen Kriterien abhängig, die später noch einmal näher behandelt werden.
- <u>Die meisten Konflikte fangen mit einer Hofbetretung an.</u> In unserem Beispiel dadurch, dass die fünf Krieger sich einfach einen Teil des Fleisches aus dem Mammut herausschneiden, ohne gefragt zu haben. Damit haben sie ein ungeschriebenes, Ihnen und Ihrer Mannschaft aber dennoch sehr wichtiges Prinzip verletzt, das folgendermaßen lauten könnte: »Man isst nur das, was man selbst erlegt hat!« Unser beruflicher und privater Alltag ist ebenfalls von solchen Prinzipien, oft ungeschriebenen Einstellungen und Vorstellungen geprägt: »Keiner soll sich in meinen Kompetenzbereich einmischen«, »Kritik nicht vor anderen« und Ähnliches sind Beispiele dafür. Verstößt ein Dritter gegen dieses Prinzip, diese Einstellung, dann spricht man von einer mentalen Hofbetretung. Beliebt ist hier auch der Konflikt mit dem Nachbarn, der einen herübergewachsenen Ast einfach abschneidet. Dies betrachten wir klassisch als Hofbetretung.
- Ein Konflikt ist emotional. Der wesentliche Unterschied zwischen einer Meinungsverschiedenheit (Dissens) und einem Konflikt ist der, dass in dem Konflikt Emotionen eine Rolle spielen. Wie reagieren Sie darauf, wenn sie so richtig verärgert sind und Ihr Konfliktpartner sagt Ihnen: »Nun sieh das doch mal sachlich«? Sie werden noch ärgerlicher! Warum entzünden sich Konflikte (ob im privaten

Umfeld oder im beruflichen Bereich) oft an Kleinigkeiten? Wie viele Ehen scheitern, weil er oder sie die Zahnpastatube nicht zudreht? Geht es wirklich um die Zahnpastatube? Ja und nein! Die Zahnpastatube ist Anlass des Streites, des Konfliktes. Tiefer liegend geht es aber um das Gefühl, dass der Partner einen nicht ernst nimmt. Tausendmal hat man gesagt, dass es einem wichtig ist, dass die Zahnpastatube zu ist, gerade weil es eine Kleinigkeit ist. Und dennoch reagiert der Partner nicht. Warum nicht? Kann er nicht oder will er nicht? Die Antwort ist klar. Man bekommt schnell das Gefühl, dass man tausendmal etwas sagen kann und der andere macht es trotzdem nicht. Letzten Endes erlebt man eine Niederlage. Und diese Niederlage löst Emotionen aus. Die vorher erwähnte Hofbetretung ist Ursache dieser Empfindung. Man eskaliert den Konflikt, weil man nicht verlieren will, man kämpft. Oder man eskaliert nicht, zieht sich zurück und sucht im übertragenen Sinne die Flucht. Diese Begrifflichkeiten, Kampf oder Flucht, kommen nicht von ungefähr. Sie weisen auf eine uralte biologische Reaktion hin, die uns in den Genen liegt, sozusagen vom Neandertaler stammend, der uns sein evolutionsbiologisches Erbe mitgegeben hat. An dieser Stelle wollen wir einen kleinen Ausflug in unser Gehirn machen.

Sehr vereinfacht ausgedrückt existieren im Gehirn drei für die Ärgerreaktion wichtige Bereiche: das Großhirn, das limbische System und der Hirnstamm (siehe auch Kellner, H., 2000). Das Großhirn ist der Sitz unseres Bewusstseins, unseres rationalen Denkens. Immer, wenn wir über eine Sache, ein Problem reflektieren, wenn wir uns bewusst einer Sache zuwenden, dann spielt unser Großhirn eine Rolle. Ab einer bestimmten Stelle während der Konflikteskalation schalten wir das Großhirn aber leider ab

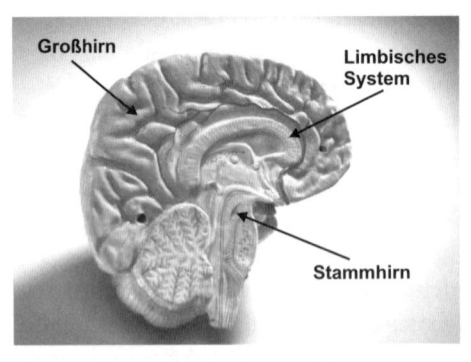

Abb. 32: Die biologische Ärgerreaktion

oder umgehen es. Wir sehen rot, wie es umgangsprachlich heißt, wir denken nicht mehr nach und handeln nur noch. Oftmals tun uns unsere Aussagen oder Handlungen am nächsten Tag, in einem anderen Licht, leid, aber es ist zu spät.

Der Grund für das Ausschalten oder Umgehen des Großhirns ist das limbische System. Das limbische System ist eine Funktionseinheit des Gehirns und dient vor allem der Verarbeitung von Emotionen und beeinflusst letztlich die Entstehung des Triebverhaltens. Kurz gesagt, jeder Reiz (hören, sehen, riechen, schmecken, tasten) wird zunächst durch das limbische System unter dem Aspekt »Ist der Reiz gefährlich oder nicht?« gefiltert.

Wird er als gefährlich eingestuft, dann wird der Reiz vor allem an den Hirnstamm weitergeleitet. Der Hirnstamm verbindet das Gehirn mit dem Rückenmark. Er ist für die allgemeinen, autonomen Lebensfunktionen zuständig. Seine Strukturen kontrollieren die Herzfrequenz, den Blutdruck und die Atmung. Auch das Wach-Schlaf-Zentrum befindet sich hier. Gemeinsam mit dem limbischen System finden angesichts des als gefährlich eingestuften Reizes eine ganze Reihe von körperlichen Reaktionen statt: erhöhter Blutdruck, schnellerer Herzschlag, Energiebereitstellung, erhöhte Muskelspannung und Ähnliches. Kurzum: Der Körper bereitet sich auf einen Kampf – oder eine Flucht – vor; nachgedacht wird nicht! Ganz im Gegenteil, denken würde jetzt stören, zumindest evolutionsbiologisch.

Zusammengefasst zeigt uns die biologische Ärgerreaktion, dass wir – zugegebenermaßen etwas lapidar gesagt – im Falle eines bereits fortgeschrittenen Konfliktes nicht mehr nachdenken, sondern sozusagen auf Automatik gestellt haben, wir denken mit dem Hirnstamm und sind Argumenten gegenüber nicht mehr offen. Wir wollen den Kampf, wir wollen gewinnen!

- Konflikte enthalten immer den Widerspruch einer kurzfristigen emotionalen Befriedigung zu einer langfristigen Gefährdung der Beziehung zu dem Konfliktpartner, sprich eine Abwägung der langfristigen Konsequenzen. Je mehr von der Beziehung abhängt, desto weniger wird man in eine offene Konflikteskalation einsteigen. In unserem Beispiel sind die langfristigen Konsequenzen zunächst nicht schwerwiegend – die fünf Krieger sind von einem anderen Stamm, Freunde sollen es nicht sein. Die Vertreibung dieser fünf ruft jedoch weitere 40 feindliche Krieger auf den Plan – Pech gehabt. Die Vertreibung der fünf Krieger ist eine nicht optimale Vorgehensweise (auch wenn erst einmal Emotionen abgebaut werden), da anschließend 40 schwer bewaffnete folgen. Dies hätte man sich im Vorfeld schon überlegen können, fand sich aber den fünf Kriegern mit dem Stamm deutlich überlegen und hat aus dieser Überlegenheitssituation nicht an zukünftige Aspekte gedacht. Das ist auch häufig in Unternehmen der Fall, wenn der etwas zurechtgestutzte Kollege plötzlich mit der Vorstandsmacht auftritt. Das erwähnte Spannungsfeld ist übrigens auch der Grund dafür, dass nicht viele Mitarbeiter in einen offenen Konflikt mit der Führungskraft einsteigen, es hängt viel zu viel davon ab. Im Gegensatz zum Autofahren: Hier haben Wutausbrüche und andere Konfliktzeichen oft keine weiteren Konsequenzen, man ist ja oft genug allein im Auto und kann schimpfen, so viel man möchte.

- Das Ende eines Konflikts führt in der Regel übrigens nicht zu Harmonie, sondern eher zum Frieden. Konflikte werden durch Vereinbarungen, Friedensverträge oder Kompromisse beigelegt. Dies ist eine wichtige Unterscheidung, da, wie in der Geschichte häufig belegbar, Friedensverträge im Nachhinein immer Anfälligkeiten haben. Es beruht darauf, dass Regelungen rückblickend als nicht optimal und ungerecht betrachtet werden. Grundsätzlich könnte man es so sehen, dass Verletzungen zwar immer verheilen, in den meisten Fällen jedoch gewisse Narben zurückbleiben, die immer empfindlich sind (und die Tendenz haben, wieder aufzuflammen).

Konfliktanlässe

Praxisbeispiel: Herr Jonatan ist Teamleiter im Bereich Vertrieb eines Finanzdienstleisters. Er mag seinen Job grundsätzlich, verzweifelt aber immer wieder an den täglichen Widersprüchen im Arbeitsalltag. Beim wöchentlichen Tennisspiel mit seinem Kollegen, Herrn Winter (er arbeitet als Teamleiter in der Produktentwicklung), werden gerne mal deutliche Worte verloren.

Herr Jonatan: »Also, unsere Vertriebsziele sind mal wieder viel zu hoch, das ist ja kaum zu schaffen. Wir sollen uns dieses Jahr vor allem an die Besserverdienenden wenden. Das hat sich bestimmt jemand ausgedacht, der von der Praxis keine Ahnung hat. Es wird mir nichts anderes übrig bleiben, als noch mehr Auszubildende zu aktivieren, darin bin ich gut! Am Ende des Jahres geht es um die quantitativen und weniger um die qualitativen Ziele!«

Herr Winter:	»Typisch, dabei haben wir uns in der Produktentwicklung im letzten Jahr so intensiv um Produkte für die Besserverdienenden gekümmert. Wenn ihr jetzt die Kraft nicht auf die Straße bringt, dann können wir das gleich vergessen. Meine Zielvereinbarung ist genau an diese Zielgruppe geknüpft. Toll!«
Herr Jonatan:	»Tut mir leid, aber da ist sich jeder selbst am nächsten. Hast du schon von dem frei werdenden Abteilungsleiterposten gehört? Da werde ich mich intern bewerben!«
Herr Winter:	»Ha, das wäre doch gelacht! Ich habe mich bereits dafür beworben, da ist nur Platz für einen!«
Herr Jonatan:	»Sieh es sportlich! Wäre es nicht besser, wenn du dich zunächst einmal um deine Mitarbeiter kümmerst? Schließlich bist du noch nicht allzu lange Teamleiter. Vielleicht solltest du dir dort die ersten Sporen verdienen!«
Herr Winter:	»Sehr witzig. Lass das mal meine Sorge sein, immer kritisierst du meine Fähigkeiten als Teamleiter! Kehre lieber mal vor deiner Tür, immerhin hört man so einiges über dich als Führungskraft!«
Herr Jonatan:	»Was soll das denn heißen? Lästerst du hinter meinem Rücken über mich? Das hätte ich nicht von dir gedacht!«
Herr Winter:	»Ich begreife das Führen von Mitarbeitern halt anders als du. Mir ist Verständnis und Motivation wichtig! Ich halte nichts von Zuckerbrot und Peitsche!«
Herr Jonatan:	»Ich ja auch nicht. Aber manchmal musst du eben zeigen, wer der Herr im Hause ist. Man darf sich nicht alles gefallen lassen. Du bist viel zu weich zu deinen Mitarbeiter, die tanzen dir auf der Nase herum!«

Verlassen wir die beiden Herren und lassen wir sie weiter Tennis spielen.

> **Übung zur Theorie:**
>
> Welche Konfliktanlässe haben Sie identifiziert? Zusammengefasst zeigen sich fünf Anlässe:
>
> 1. _____
>
> 2. _____
>
> 3. _____
>
> 4. _____
>
> 5. _____

Folgende Konfliktanlässe gibt es grundsätzlich (siehe auch Berkel, K., 2005):

- *Zielkonflikt:* Hier stehen Ziele miteinander im Widerspruch. In unserem Fall widerspricht das Vertriebsziel dem Ziel aus der Produktentwicklung. Bei Herrn Jonatan geht es um einen bestimmten Zielumsatz (egal woher), während es bei Herrn Winter um die Erreichung des Zielumsatzes im Bereich der Besserverdienenden geht.
- *Verteilungs- oder Ressourcenkonflikt:* Es gibt kurzfristig nur eine offene Stelle als Abteilungsleiter, Herr Jonatan wie auch Herr Winter haben beide Interesse daran. Einer wird in jedem Fall leer ausgehen.
- *Beziehungskonflikt:* Beziehungskonflikte sind schwer zu lösen. Herr Jonatan wirft Herrn Winter vor, sich hinter seinem Rücken negativ über ihn zu äußern. Er erkennt Herrn Jonatan in seiner Rolle als Teamleiter und Führungskraft nicht an. Beziehungskonflikte entstehen, wenn einer den anderen – subjektiv – verletzt oder nicht ernst nimmt. Man fühlt sich verletzt, glaubt, dass der andere einen nicht mag und glaubt, man könne ihn – umgangsprachlich – nicht riechen oder man sei nicht auf einer Wellenlänge.
- *Wertekonflikt:* Herr Winter und Herr Jonatan sind sich nicht einig über grundsätzliche Prinzipien in der Mitarbeiterführung. Werte, Einstellungen stehen sich beim Wertekonflikt oftmals grundsätzlich gegenüber und sind auch mit vielen Argumenten oft nicht in Einklang zu bringen.

Expertentipp: Gehen Sie bei den verschiedenen Konfliktanlässen jeweils anders vor, um den Konflikt gar nicht erst entstehen zu lassen:

Ziel- und Wertekonflikt	Vereinbaren Sie transparente und überprüfbare Ziele, die sich an den Unternehmenszielen orientieren.
	Fördern Sie Informationsaustausch.
	Autorisieren Sie einen Dritten, eine Entscheidung zu treffen.
Verteilungs- oder Ressourcenkonflikt	Verhandeln Sie, und zwar Interessen und nicht Positionen (dies kann an dieser Stelle nur ein Hinweis sein, sich näher mit der Harvard-Technik des Verhandelns zu beschäftigen (Fisher, R./Ury, W./Patton, B., 2000).
	Oft besteht die Gefahr einer Verliererproblematik, legen Sie Spielregeln für die Austragung der Verhandlung fest und sorgen Sie so dafür, dass kein Beziehungskonflikt daraus entsteht.
Beziehungskonflikt	Auch hier gibt es zunächst keine wirkliche Lösung, es geht um Verständnis und Offenheit.
	Aussprache und der Blick nach vorne sind wichtig.
	Missverständnisse in der Vergangenheit sind zu klären und zu reflektieren, Absichten für die Zukunft zu formulieren.
	Oftmals hilft ein Dritter, der als Moderator tätig sein kann.

Übung zur Theorie:

Erinnern Sie sich an Ihre letzten Konfliktsituationen! Analysieren Sie den Konflikt:

Was war der Konfliktanlass?

_____

Was haben Sie empfunden?
Wie lautet Ihr mentaler Hof in diesem Fall?

_____

Wie haben Sie sich verhalten?

_____

Wie hat sich Ihr Konfliktpartner verhalten?

_____

Wie ist der Konflikt ausgegangen?

_____

Checkliste: Konfliktursachen

- unzureichende Kommunikation
- gegenseitige Abhängigkeit
- Gefühl ungerechter Behandlung
- Rollenmehrdeutigkeit
- destruktive Kritik
- Misstrauen
- unvereinbare Persönlichkeiten und Einstellungen
- Kämpfe um Macht und Einfluss
- Empfindlichkeit, Groll, Ärger
- Zuständigkeiten, unterschiedliche Abteilungen

Konfliktverhalten unterschiedlicher Persönlichkeitstypen

Wie wir mit Konflikten umgehen, hat etwas mit unserer Konflikthistorie zu tun. Dies bedeutet, dass wir alle Erfahrungen, die wir im Leben mit Konflikten gemacht haben, verarbeitet haben und unseren eigenen Konfliktstil daraus entwickelten.

Bedeutsam für solche Konfliktstile sind Vorbilder wie Eltern, Lehrer, Ausbilder, Zeiten des Studiums und auch der einzelnen Berufsstationen. Hierbei haben wir in der Regel sorgfältig ausgewertet, welche Vorgehensweisen erfolgreich und weniger erfolgreich waren, und daraus hat sich unser persönliches Konfliktverhalten geprägt. Denn grundsätzlich gilt: Auch hier greifen wir auf unsere Persönlichkeitsmerkmale zurück, um in Konflikten zu agieren.

Welche Persönlichkeitstypen mit welchem Konfliktverhalten an solche Situationen herangehen, soll nachfolgend beleuchtet werden. Im Kapitel »Umgang mit erwachsenen beziehungsweise gewachsenen Persönlichkeiten« haben Sie das DISG-Persönlichkeitsprofil (Gay, F., 2004) und die vier verschiedenen Persönlichkeitstypen und ihre grundsätzlichen Verhaltensweisen gelernt. Sie haben sich sicherlich auch selber eingeschätzt und vielleicht denjenigen Persönlichkeitstypen ermittelt, der Ihnen aus den Beschreibungen am nächsten kamen.

Wie gehen jetzt die einzelnen Typen mit Konfliktsituationen um, was sind ihre Persönlichkeitskennzeichen?

Der Dominante

Positive Konfliktmerkmale:

- in der Regel sehr direkt, kommt auf den Punkt
- lösungsorientiert, steuert konsequent auf Lösungen hin
- verfügt über eine rationale Betrachtung von Konfliktsituationen

Negative Konfliktmechanismen:

- in der Regel kein guter Zuhörer bei Argumenten
- ungeduldig, sieht andere gern als langsam und behäbig, vermittelt das entsprechende Gefühl
- statusrelevante Provokationen, die sich gegen die Persönlichkeit richten, kann er nur unzureichend abfedern
- ironisiert, versucht andere abzuwerten

Der Initiative

Positive Konfliktmerkmale:

- spricht Gefühle und Emotionen aus den Konfliktsituationen offen an
- zeigt ein hohes Maß an Kreativität bei der Generierung von Alternativen und Lösungsmöglichkeiten
- bemüht sich stets um eine positive Beziehungsorientierung, sodass nach dem Konflikt auch eine positive Atmosphäre und ein Weiterleben machbar sind

Negative Konfliktmechanismen:

- ist in der Regel sehr schnell persönlich beleidigt
- bezieht Problemsituationen sehr schnell auf persönliche Merkmale und Eigenschaften, ist wenig rational bei der Betrachtung von Sachargumenten
- folgt ungern langen Sachargumenten und hat auch keine große Beharrlichkeit in der Nachverfolgung komplexer Lösungen
- provoziert und unterbricht andere auch mal gerne

Der Gewissenhafte

Positive Konfliktmerkmale:

- zeigt in der Regel ein hohes Maß an Zugänglichkeit für Fakten und Tatsachen
- ist in der Regel in der Lage, ohne große Befindlichkeiten sachlich zu verhandeln
- kann mögliche Lösungsszenarien strukturieren und ihre Folgen sicher skizzieren

Negative Konfliktmechanismen:

- kann sich in Details des Konflikts verzetteln und das Wesentliche aus dem Auge verlieren
- tut sich schwer mit emotionalen Konfliktsituationen, versteht nicht, warum sein Vorgehen andere in ihren Gefühlen verletzt
- teilweise zynisch und damit nicht mehr der Sache dienlich, wenn eine gewisse inhaltliche Unterlegenheit des Konfliktpartners vermutet wird

Der Stetige

Positive Konfliktmerkmale:

- kann in der Regel sehr gut zuhören und hat auch Verständnis für andere Positionen
- ist sehr gut im Einhalten von Spielregeln, die zur Konfliktbewältigung vereinbart wurden
- strebt nach einer positiven Beziehung, auch wenn die Meinungen sehr auseinandergehen

Negative Konfliktmechanismen:

- es ist schwierig, seine Absichten zu erkennen: was will er, was stört ihn
- scheut teilweise Konflikte und kehrt sehr schnell Aspekte unter den Teppich
- fordert teilweise im Nachgang des Konflikts zu wenig konkrete Vereinbarungen und Konsequenzen ein
- verfügt in der Regel über ein Elefantengedächtnis, holt »alte Kamellen« wieder hervor (klassischer E-Mail-Abhefter, der Beweise auch auf Thermopapier zückt)

Grundsätzlich ist es ratsam, seine Konfliktpartner anhand der oben genannten Aspekte einmal kurz zu durchleuchten (screenen), um vorhersehbare Verhaltensweisen zu erkennen und ihnen besser begegnen zu können. Außerdem wird einem klarer, auf welche eigenen Fallen man achten muss, in die man selber gerne hineintritt.

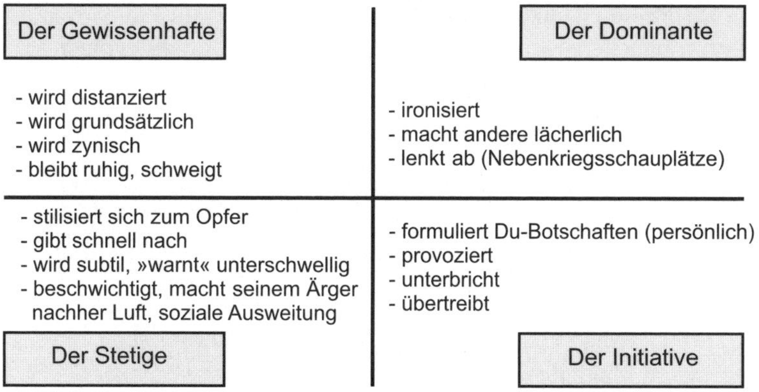

Der Gewissenhafte	Der Dominante
- wird distanziert - wird grundsätzlich - wird zynisch - bleibt ruhig, schweigt	- ironisiert - macht andere lächerlich - lenkt ab (Nebenkriegsschauplätze)
- stilisiert sich zum Opfer - gibt schnell nach - wird subtil, »warnt« unterschwellig - beschwichtigt, macht seinem Ärger nachher Luft, soziale Ausweitung	- formuliert Du-Botschaften (persönlich) - provoziert - unterbricht - übertreibt
Der Stetige	Der Initiative

Abb. 33: Wie Menschen in Konfliktsituationen unterschiedlich reagieren

> **Übung zur Theorie:**
>
> Worauf müssen Sie gemäß Ihres Persönlichkeitstyps in Konflikten achten?
>
> _____
>
> _____
>
> _____

Im nächsten Abschnitt soll jetzt noch etwas genauer darauf eingegangen werden, wo Konflikte herkommen und wie man sie diagnostiziert.

Stufen einer Konfliktentwicklung

Das Angehen von Konflikten ist im hohen Maße von der Stufe abhängig, in der sich der Konflikt befindet. Jede Stufe, jedes Konfliktstadium ist durch besondere Merkmale gekennzeichnet und macht ein spezielles Vorgehen ratsam (Glasl, F., 2004; Haeske, U., 2002).

Stadium 1: Das Konfliktfeld

In diesem Stadium ist der Konflikt noch gar nicht an die Oberfläche gelangt, dennoch haben Sie schon angefangen, bestimmte Emotionen zu bilden, oder festgestellt, dass jemand eine gewisse Form von Hofbetretung begangen hat. Ihnen bleibt jetzt aber noch die freie Auswahl, wie Sie darauf reagieren.

> **Praxisbeispiel:** Sie sind Führungskraft in einem Unternehmen, das einen intensiven Kundenkontakt pflegt. Als Leiter des Innendienstes ist es Ihnen wichtig, dass die Telefonbereitschaft zwischen 8 und 18 Uhr sichergestellt ist. Da dies die reguläre Arbeitszeit eines Mitarbeiters überschreitet, gibt es zwischen den Mitarbeitern Vereinbarungen, wer Früh- und wer Spätdienst hat. Die Mitarbeiter haben sich hier auf ein rotierendes Verfahren geeinigt, dem Sie als Chef auch zugestimmt haben.
> Zum zweiten Mal haben Sie jetzt festgestellt, dass Frau Schuster immer erst um ein paar Minuten nach 8 Uhr im Büro ist, auch wenn

	Kennzeichen	Strategie	Vorgehen
1. Konfliktfeld	Es liegen unterschiedliche Interessen vor, die ein Potenzial für einen Konflikt beinhalten Fixierung von Positionen	Win - Win	Gegenseitige Toleranz Verhandlung von Vorgehensweisen Regeln festlegen Den eigenen Ärgereffekt kontrollieren
2. erlebte Spannung	Konflikte werden unter der Oberfläche ausgetragen Gut-Böse-Denken Es geht um das Gewinnen	Win - Loose	Aussprache, das Vorhandensein des Konflikts offen thematisieren Metakommunikation, dabei grundlegende Regeln der Kommunikation beachten, z.B. Feedback
3. offener Konflikt	Tempo und Emotionalität Impulsivität statt überlegten Denkens Der andere gilt als Feind	Loose - Loose	Distanz/Pause Verlangsamung der Kommunikation, z. B. durch Paraphrasieren
4. Konfliktende	Flucht, Sieg, Niederlage Entscheidung, Einigung Trennung der Konfliktparteien		Eingriff eines Moderators, Mediators oder Schlichters Entscheidung des Vorgesetzten Erhöhung der Konfliktkosten

Abb. 34: Stufenmodell der Konfliktentwicklung

sie eigentlich die Telefonbereitschaft hat. Grundsätzlich handelt es sich bei Frau Schuster aber um eine sehr zuverlässige und beständige Person, die ihre Aufgaben zu Ihrer vollsten Zufriedenheit erledigt.

Aus der Konflikttheorie betrachtet liegen hier unterschiedliche Interessen vor. Frau Schuster hat eine Hofbetretung begangen, indem sie eine von Ihnen vereinbarte Regel nicht umgesetzt hat. Sie können sich darüber jetzt echauffieren, auf Frau Schuster emotional zugehen und ihr mitteilen, dass dies aber überhaupt nicht in Ordnung gehe und was ihr denn einfalle. Dann wären Sie aber schon bei einem offenen Konflikt angekommen, es sei denn, Frau Schuster ist eher eine stetige und auf Ausgleich bedachte Person.

Engelchen und Teufelchen sitzen hier auf Ihrer Schulter. Der eine verlangt, Zeichen zu setzen und sich als Führungskraft durchzusetzen. Der andere ruft zur Vernunft und ermahnt zu Ruhe.

Optimalerweise würden Sie in diesem Fall wohl erst einmal die folgenden Vorgehensweisen anwenden:

1. Sie könnten im Rahmen der Toleranz über die zwei Verspätungen hinwegsehen und sich erst einmal ein umfassenderes Bild von der Situation und der Häufigkeit der Verspätungen machen.
2. Daneben können Sie noch einmal die Regel hinsichtlich der Schichtzuteilung und auch der Besetzung von 8 bis 18 Uhr in den Mittelpunkt stellen, zum Beispiel im nächsten Mitarbeitermeeting.

Gemäß unserer vorherigen Aussage ist dieses Konfliktfeld nicht ignorierbar, muss aber nicht direkt in eine offene Konfrontation überführt werden, sofern Sie den eigenen Ärger kontrollieren können. Lassen Sie nicht den Hirnstamm das Ruder übernehmen!

Praxistipp:
– Kommunizieren Sie Regeln und Erwartungen klar und eindeutig. Kontrollieren Sie deren Einhaltung. Regeln sind ein wichtiger Faktor des Zusammenlebens und sorgen dafür, dass Konflikte erst gar nicht entstehen und sich manifestieren.
– Kontrollieren Sie den eigenen Ärger. So banal es klingt, so effektiv ist es: Lassen Sie sich nicht von negativen Gedanken leiten (»Die will mich doch nur ärgern!«), sondern formulieren Sie positiv (»Sie hat im Moment viel zu tun ...«). Instruieren Sie sich selbst, ermuntern Sie sich zum Umgang mit der Situation (natürlich nur in Gedanken): »Jetzt bloß nicht laut werden, sie meint nicht dich persönlich! Das kriegst du ohne Ärger hin!« Seien Sie gegebenenfalls auch mutig genug, um eine andere Sichtweise einzunehmen. Wie würden Sie aus der Sicht Ihrer Mitarbeiterin denken, handeln? Wo könnten Sie selbst der Auslöser gewesen sein?

Stadium 2: Erlebte Spannung

Kommen wir noch mal auf das Beispiel von Frau Schuster zurück. Nach ihrem dritten Zuspätkommen stellen Sie nämlich fest, dass die einzelnen Mitarbeiter bereits hinter ihrem Rücken tuscheln. Dabei kommt es zu Empörung über das gezeigte Verhalten, und schon werden gewisse Vorwürfe zum Thema mangelnde Kollegialität geäußert. Gelegentlich wurde Ihre Nachfrage durch die folgende Aussage beantwortet: »Na ja, prima ist das nicht.« Daneben hatten Sie auch neulich einen Kunden um zwei Minuten nach 8 Uhr am Telefon, den Sie in Ihr Büro umstellten, da im Büro noch keiner abnahm (Frau Schuster war wieder einmal nicht da).

An dieser Stelle ist es wichtig, dass der erlebten Spannung Ausdruck gegeben wird (da bereits eine soziale Ausweitung erfolgte und diese nicht mehr ignorierbar ist). Den Ärger zu negieren, führt zu einer verfrühten Konflikteskalation.

Nun tritt ein weiterer wichtiger Faktor ein, der in unserem Führungsverständnis von wichtiger Bedeutung ist. Die subjektive Wahrnehmung der Situation muss jetzt einem anderen mitgeteilt und an dessen Einsicht appelliert werden (kommunikativer Prozess). Die Aufgabe besteht darin, unterschiedliche Sichtweisen miteinander zu besprechen und Missverständnisse auszuräumen.

In Teilen ist aber gerade die Kommunikation der Auslösefaktor für eine Verschärfung der Situation. Dementsprechend braucht man hierfür ein Verständnis für Prozesse der Kommunikation und gewisse Werkzeuge, um in dieser Situation erfolgreich agieren zu können.

Im Hinblick auf Frau Schuster wäre jetzt die Anwendung von Feedbackregeln von hoher Bedeutung. Konkretes Feedback hat immer drei Stufen und könnte folgendermaßen aussehen:

Feedback-ABC

A: Konkrete Situation und Beobachtung schildern
»Hallo, Frau Schuster, ich habe gerade einen Anruf entgegengenommen, der eigentlich bei Ihnen hätte landen sollen. Leider waren Sie um zwei Minuten nach 8 Uhr noch nicht an Ihrem Arbeitsplatz, sodass er bei mir auflief.«

B: Wirkung oder Konsequenz schildern
»Grundsätzlich sehe ich es ja nicht als meine Aufgabe, Kundengespräche entgegenzunehmen, und war eigentlich auch der Meinung, dass wir mit

der Feststellung des letzten Abteilungsmeetings noch einmal sichergestellt haben, dass jeder auch wirklich pünktlich um 8 Uhr hier ist. Dies ist jetzt die dritte Situation, in der ich Sie nicht rechtzeitig am Platz sehe.«

C: Erwartungen oder Tipp schildern
»Ich wünsche mir in Zukunft, dass Sie, wenn Sie mit der Frühschicht an der Reihe sind, auch pünktlich am Arbeitsplatz sind.« Sehr positiv ist in diesem Zusammenhang auch das Arbeiten über Fragen, um die Ursachen für die Verspätungen herauszuarbeiten: »Wie sehen Sie Ihre Verspätungen, gibt es Gründe für diese Vorkommnisse?«

Diese Frage ist die erste Grundlage zum Austausch von Sichtweisen und gibt Ihnen die Möglichkeit, vielleicht an Rahmenbedingungen zu arbeiten (krankes Kind, Veränderungen der Fahrgewohnheiten von Auto auf öffentlichen Nahverkehr und damit Übergangsschwierigkeiten et cetera).

Wichtig in der gewählten Feedbacktechnik ist, dass Sie die Aussagen stets mit einer Ich-Botschaft beginnen. Dies macht deutlich, dass die Wahrnehmung auf Ihren Eindrücken beruht und nicht unzulässig verallgemeinert. Wenn Sie sich in diesem Zusammenhang auf Aussagen von anderen Mitarbeitern stützen wollen, so sollten Sie hier klar deren Einverständnis einholen. Nicht hilfreich sind Aussagen wie: »Auf dem Flur habe ich gehört ...«, »Man hat mir zugetragen ...«. Spätestens bei der Nachfrage: »Wer hat was gesagt?« kommen Sie nicht mehr so richtig weiter. Auch zu vermeiden sind im Rahmen von Konflikten die oben genannten Du-Botschaften oder in diesem Fall dann Sie-Botschaften, die häufig konfliktverschärfend wirken, *Beispiele*: »Sie kommen immer zu spät« oder »Sie halten sich nicht an die abgesprochenen Regeln«.

Ein anderes, wichtiges Kommunikationsmodell ist ein aus der Familienforschung stammendes Modell von Friedemann Schulz von Thun: »Vier Seiten einer Nachricht« (Schulz v. Thun, F., 2006). Eine ausführliche Betrachtung dieses Modells würde sicherlich den Rahmen dieses Kapitels sprengen, kann aber durchaus das Verständnis für Kommunikation erleichtern (siehe Literaturliste). Dennoch möchte ich hier nur kurz auf die Grundmodule eingehen:

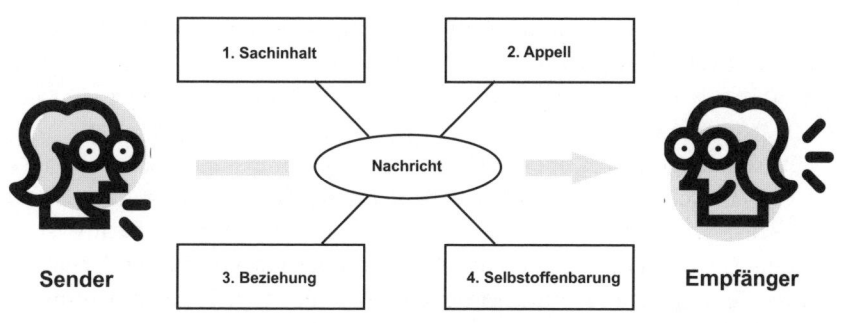

Abb. 35: Vier Seiten einer Nachricht

Zu diesem Modell zuerst ein Beispiel aus dem Büroalltag:

Praxisbeispiel: Sie als Chef gehen in die kleine Küche, um sich schnell einen Kaffee zu holen. Als Sie auf die Kaffeekanne drücken, hören Sie nichts außer einem hohlen Blubbern, was Ihnen wieder einmal bedeutet, dass es keinen Kaffee mehr gibt. Der Trinker der letzten Tasse hat es nicht für nötig befunden, die Kanne wieder aufzufüllen. Sie gehen zu Ihrer Assistentin und sagen den folgenden Satz: »Da ist kein Kaffee mehr in der Kaffeekanne.« Sie antwortet darauf: »Ja, das kommt immer wieder mal vor, kochen Sie doch einfach einen.«

Schauen wir uns nun hierzu das Modell und seine vier Seiten an.

Zu 1: Inhaltsebene
Der Satz »Es ist kein Kaffee mehr in der Kaffeekanne« ist erst einmal eine inhaltliche und grammatikalische Sachaussage. Er beschreibt einen Zustand und ist an sich zunächst eine reine Feststellung. Die Antwort der Assistentin war aber nicht eine reine Kenntnisnahme, sondern eine Reaktion.

Zu 2: Appellebene
Die Mitarbeiterin könnte sich durch die Aussage aber auch aufgefordert fühlen, einen neuen Kaffee zu kochen. Eine mögliche Antwort wäre dann gewesen: »Das mache ich gleich.«

Zu 3: Beziehungsebene
Möglich wäre auch, dass die Assistentin sich auf den Schlips getreten fühlt. Sie könnte sich sagen: »Bin ich hier eigentlich für alles zuständig?« oder »Ich bin doch nicht deine Kaffeekochtante.« Noch schwieriger wäre

für Sie die Situation, wenn die Assistentin folgende Gedanken hätte: »Mehr traut er mir wohl nicht zu.«

Zu 4: Selbstoffenbarungsebene
»Anscheinend hat er eben im Telefonat Stress mit seinem Chef gehabt« oder »War wohl ein harter Tag, er braucht jetzt Kaffee, um sich wach zu halten.«

Alle vier Perspektiven sind Interpretationen des gleichen Satzes. Grundsätzlich gibt es diese Unterschiede dadurch, dass wir unser Anliegen nicht klar kommunizieren und damit einen Interpretationsspielraum für den anderen offen lassen. In der Nachrichtentechnik würde man sagen, dass ein Sender eine bestimmte Nachricht auf den Weg gibt und diese bei dem Empfänger durch Rauschen verzerrt wird. Die Art der Verzerrung und ihre Stärke kann mit diesem Modell erklärt werden.

Neben der sprachlichen Ausdrucksform spielen nämlich auch noch nichtsprachliche Elemente (nonverbale Kommunikation) eine wichtige Rolle. Kommunikation erfolgt zwar in erster Regel über die Sprache, wird aber durch Mimik, Gestik, Tonfall und andere Variablen noch ergänzt. Häufig achten wir viel mehr auf diese, wie das nachfolgende Modell verdeutlicht:

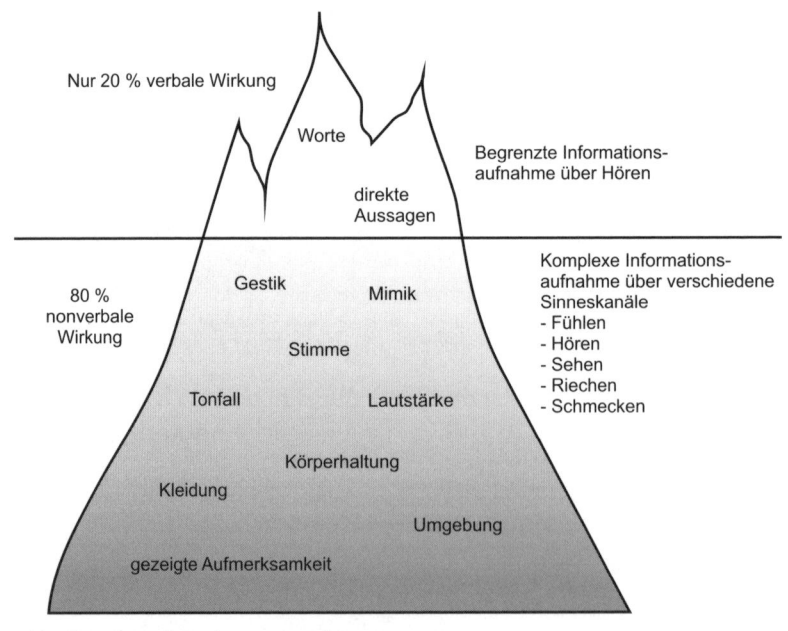

Abb. 36: Der Eisberg der Kommunikation

Wie können Sie nun diese mögliche Konflikteskalation entschärfen?

A: Wie bereits erwähnt ist es möglich, klar die eigene Aussage zu treffen. Möchten Sie gerne, dass Ihre Assistentin den Kaffee kocht, dann können Sie dies auch so formulieren: »Frau X, würden Sie bitte einen neuen Kaffee kochen? Danke!«

B: Sollten Sie feststellen, dass die Reaktion Ihres Gegenübers nicht Ihrer Intention entspricht, dann hinterfragen Sie das subjektive Erleben Ihres Gesprächspartners in folgender Form: »Entschuldigung, was ist gerade bei Ihnen angekommen?« oder »Wie haben Sie meine Aussage gerade verstanden?« Letztere Vorgehensweise nennen wir in der Psychologie Metakommunikation, das heißt das Sprechen über das Gesagte.

Grundsätzlich ist es wichtig, Konflikte aktiv anzusprechen und sich damit das subjektive Verständnis der Situation gegenseitig zu erläutern. Die oben skizzierten Vorgehensweisen können helfen, den Konflikt zu entschärfen. Des Weiteren können Sie sich mit diesem Modell auch auf Konflikte vorbereiten. Stellen Sie sich hierzu die folgenden Fragen:

Sachperspektive

Was wollen Sie sachlich und inhaltlich vermitteln?

Appellperspektive

Was wollen Sie mit diesem Gespräch erreichen – maximal und minimal?

Beziehungsperspektive

Wie wollen Sie die Beziehung gestalten? Was können Sie Wertschätzendes über den anderen sagen – ohne zu lügen oder sich verbiegen zu müssen? Was finden Sie kritisch?

Selbstaussageperspektive

Wie geht es Ihnen persönlich mit dieser Situation/mit dem Gesprächspartner? Was davon wollen Sie ihm mitteilen und auf welche Weise?

Abb. 37: Checkliste »Konfliktvorbereitung mit den vier Perspektiven« (nach Schulz v. Thun, 2003)

Stadium 3: Der offene Konflikt

Sollte die Spannung der zweiten Stufe nicht in den Griff zu bekommen sein oder sich die Gräben doch tiefer als erwartet auftun, dann ist das dritte Konfliktstadium erreicht. Es ist grundsätzlich dadurch gekennzeichnet, dass die Sprache an Geschwindigkeit zunimmt, Silben klarer betont und auch emotionale Botschaften versandt werden. Diese führen häufig auch schon zu ersten Verletzungen. Es ist überhaupt nicht mehr zu übersehen, dass dieser Konflikt auf der oben beschrieben Beziehungsebene ausgetragen und die Sachebene verlassen wird.

Welche Möglichkeiten habe ich jetzt, diesen eskalierten Konflikt in den Griff zu bekommen?

1. Distanz schaffen

In einer konkreten Auseinandersetzungssituation kann es Sinn machen, sich erst mal eine Auszeit zu erbitten. Dafür müssen Sie natürlich einen Aspekt vorschieben, der für Ihr Gegenüber eine subjektivere Wichtigkeit hat als der Konfliktfall. Einige Möglichkeiten wären:

- »Entschuldigen Sie, ich muss das eben noch schnell fertig machen, denn es muss an einen wichtigen Kunden versandt werden.«
- »Bitte nur kurz ein Telefonat mit dem Vorstand, dann kann ich mich voll auf Sie konzentrieren.«
- »Warten Sie bitte einen Moment, ich muss eben noch Informationen zu dem Fall holen.«

All diese Aspekte führen dazu, Distanz zu schaffen und damit Zeit zu gewinnen.

Weshalb ist das so wichtig? Einer der wichtigsten Aspekte in diesem Stadium ist, dass die Emotionalität bereits besonders hoch ist. Mein Gegenüber ist für Sachargumente nur noch bedingt zugänglich. Ein Ziel muss es deshalb sein, die Emotionalität zu senken. Lassen Sie sich den Zusammenhang zwischen Emotionalität und der möglichen Sachargumentation kurz verdeutlichen. Sie verhält sich ähnlich, wie wenn man sich einen Reklamationsfall ansieht:

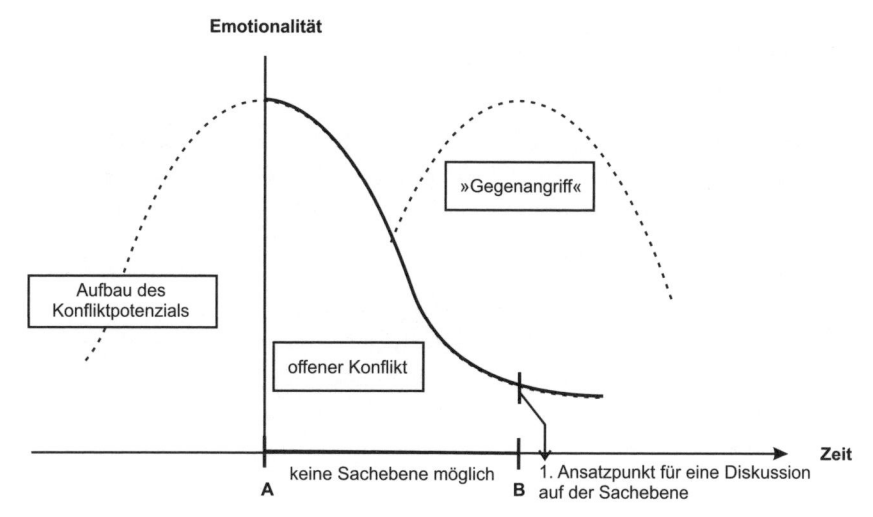

Abb. 38: Emotionalität in Konflikten

Eine sachliche Diskussion während der Strecke A–B ist in der Regel überhaupt nicht hilfreich. Hier werden Angriffe unterhalb der Gürtellinie gefahren, persönliche Verletzungen und unreflektierte Aussagen stehen im Vordergrund. Erst ab dem Punkt B ist es mir möglich, einen ersten Ansatzpunkt für die Sachebene zu finden. Dementsprechend brauche ich Distanz (Zeitgewinn).

> **Praxistipp:** Übrigens ist es sehr unglücklich, in der Strecke A–B mit Kommentaren die Emotionalität zu fördern. Dies passiert zum Beispiel durch Aussagen wie »Jetzt lassen Sie uns doch ruhig und sachlich miteinander reden« oder »Wir sollten uns doch an dieser Stelle wieder beruhigen«.

Sicherlich verspüren Sie bei diesen Aussagen selber innerlich, dass Ihre Erregung zunimmt. So geht es auch Ihrem Gegenüber. Sie verlängern dadurch die Zeitachse, das erkennen Sie an der gestrichelten Linie. Sollte es Ihnen nicht möglich sein, eine räumliche und zeitliche Distanz zu schaffen, so bietet sich eine alternative Vorgehensweise an.

Die hier dargestellte Technik ist insbesondere für die Moderation von Konflikten von Wichtigkeit, kann aber auch, einseitig eingesetzt, als Unterstützung wirken.

2. Der aktive Dialog oder das Paraphrasieren
Stellen Sie sich die folgende Situation vor:

Praxisbeispiel: In einer der heute üblichen Fernsehshows soll ein Konfliktgespräch zwischen zwei unterschiedlichen Positionsinhabern durchgeführt werden. Es geht um das Thema: »Tempobegrenzung 120 auf deutschen Autobahnen«. Auf der einen Seite befindet sich Herr Müller von der Vereinigung »Freie Fahrt für freie Bürger«, auf der anderen Herr Schmitz, Vorstand der Vereinigung »Rettet den Wald«.

Da dem Moderator bekannt ist, dass beide Parteien sich sowohl in anderen Interviews als auch in schriftlichen Auseinandersetzungen schon höchst wüst beschimpft haben, will er diesmal mit zwei Spielregeln die Situation entschärfen. Die beiden Regeln lauten:
- A: Jede Partei darf nur ein Statement bringen, dann ist der andere dran.
- B: Bevor der andere sein Statement bringt, muss er die Aussage des anderen erst einmal zusammenfassen.

Der Dialog stellt sich dementsprechend folgendermaßen dar:

Herr Müller: »Eine schnellere Fahrt führt auch schneller zum Ziel, deshalb bin ich gegen Tempo 120.«

Herr Schmitz: »Aha, wenn ich Sie richtig verstanden habe, dann führt eine höhere Geschwindigkeit zum schnelleren Erreichen eines Ziels (Herr Müller nickt). Meiner Meinung nach führt aber ein schnelleres Fahren zu deutlich mehr Todesfällen auf Autobahnen und auch einer größeren Anzahl von Schwerverletzten.«

Herr Müller: »Ihrer Meinung nach würde es also bedeuten, dass die Anzahl der Schwerverletzten drastisch zunähme und auch mehr Unfälle mit Todesfolge passieren würden (Herr Schmitz nickt). Ich bin aber der festen Überzeugung, dass eher die langsamen Fahrer die Unfälle verursachen, da diese unberechenbarer sind.«

Herr Schmitz: »Okay, Langsamfahrer könnten also Ihrer Meinung nach auch ein Faktor für gehäufte Unfallzahlen sein (Herr Müller nuschelt ein Ja). Dies hilft natürlich dem Wald überhaupt nicht, der einen hohen Schadstoffausstoß nicht mehr verkraftet.«

> Diesen Dialog könnte man jetzt natürlich noch bis ins Unendliche weiterführen. Für unseren Zweck der Darstellung des aktiven Dialogs soll er aber einmal genügen.

Was passiert in diesem Gespräch? Folgende konfliktberuhigenden Elemente treten ein, die ähnlich sind wie das Schaffen von Distanz (Zeitgewinn) und damit den Abbau der Erregung betreffen:

- Die Wiederholung der eigenen Aussage wird als wertschätzendes Element wahrgenommen, dies entschärft die persönliche Sichtweise auf den Konflikt.
- Die geistige Beschäftigung mit dem Gegenargument lässt weniger Speicherplatz im Gehirn für die Angriffsaktion übrig. Dementsprechend wird weniger Energie in den Aufbau der eigenen Argumentation investiert.
- Wer aktiv zuhören muss, um den Punkt des Gegenübers auch richtig wiederzugeben und nicht zu färben, der hat in dieser Zeit kaum die Möglichkeit, seine eigenen Gedanken zu schärfen.
- Während ich das Argument eines anderen wiedergebe, bewege ich es auch in meinen Gedanken. Dies führt in der Regel dazu, dass ich auch bisher noch nicht von mir beachtete Aspekte realisiere und eventuell auch an der einen oder anderen Aussage des Gegenübers plausible Aspekte finde.

Sie sagen sich jetzt sicherlich, dass dies eine rein künstliche Atmosphäre sei. Da gebe ich Ihnen im Grunde recht. Auf der anderen Seite sollten Sie es einmal ausprobieren, auch einseitig die Argumente des anderen zusammenzufassen und dementsprechend diese Form der »rhetorischen Distanz« zu schaffen. Sie werden feststellen, dass die Eskalationsgeschwindigkeit deutlich abnimmt und der andere ruhiger in seiner Argumentation wird. Denn die eben genannten vier Aspekte gelten nicht nur in der Zweiersituation, sondern in abgeschwächter Form auch dann, wenn sie nur von einem Gesprächspartner aktiv praktiziert werden. Mit den skizzierten Methoden lassen sich emotionale Eskalationen wieder in positivere Bahnen lenken.

Stadium 4: Das Konfliktende

Sollte auch der offene Konflikt mit den vorgeschlagenen Methoden nicht in den Griff zu bekommen sein, dann kommt es in der Regel zu einer Verhärtung, und es wird immer schwieriger, die Konfliktparteien zu einem Aufeinanderzugehen zu motivieren. Oftmals greift hier ein Hierarch ein, indem er die Entscheidung an sich zieht. Für die Konfliktparteien folgen Sieg, Verlust, Friede, Niederlage oder Einigung. Die Parteien können an dieser Stelle den Konflikt aus eigenen Ressourcen nicht mehr bewältigen.

Nun schlägt die Stunde eines neutralen Dritten, eines Moderators oder Mediators (Glasl, F., 2004). Sollte ein Konflikt zwischen Ihren Mitarbeitern bestehen, dann können Sie diese Rolle wahrnehmen. Sollten Sie der Betroffene sein, dann wäre es ratsam, diesen Moderator oder Mediator zu fordern.

> **Praxistipp:** So moderieren Sie im Konfliktfall:
> *Schritt 1:* Klären Sie die Rolle Ihrer Moderation! Dies bedeutet, dass Sie Konflikte nur managen und für keine der Seiten eine Stellungnahme abgeben wollen. Die Neutralität des Moderators ist von ganz großer Bedeutung für den Prozess.
> *Schritt 2:* Halten Sie sich an diese Neutralität, geben Sie keine Urteile oder Stellungnahmen zu Sichtweisen und Meinungen Ihrer Mitarbeiter ab, sondern fassen Sie diese lediglich zusammen. Lassen Sie sich diese Neutralität zu den Aussagen immer wieder bestätigen: »Habe ich Sie richtig verstanden, dass ...«
> *Schritt 3:* Erklären Sie den beiden Konfliktparteien, dass diese Unparteilichkeit erst einmal auch den Grundsatz beinhaltet, dass beide Sichtweisen für sich eine Berechtigung haben (transaktionsanalytisch: »Ich bin OK und du bist auch OK«). Analysieren Sie die Beziehung, die Sie aus der Kommunikationsstruktur der beiden ermitteln können. Auf welchem Emotionsniveau sind die beiden, welche Sprache wird gewählt?
> *Schritt 4:* Legen Sie klare Spielregeln fest, beispielsweise »Man muss den anderen ausreden lassen«, aktiver Dialog, Sie unterbrechen bei emotionalen Aussagen und Provokationen, Feedbackregeln in dem oben skizzierten Sinne werden eingehalten et cetera.
> *Schritt 5:* Schauen Sie nicht nach hinten, sondern schauen Sie nach Interessen in der Zukunft. Eine mögliche Frage hierzu könnte sein: »Wie sieht eine konstruktive Lösung für Sie aus?« Unter diesem Aspekt ist es wichtig, bei festgefahrenen Konflikten eventuell sogar in Einzelgesprächen die Interessen aus der Positionsdebatte herauszuarbeiten.

Schritt 6: In diesem Schritt werden die beiden Sichtweisen dem jeweils anderen Gesprächspartner präsentiert und die dahinterliegenden Interessen erläutert. Grundsätzlich gilt für Sie als Moderator erst einmal die Einstellung: In Konflikten ist meist an jeder Position ein Stückchen Wahrheit.

Schritt 7: Wenn Sie die Sichtweisen der einzelnen Parteien herausgearbeitet haben, dann versuchen Sie sich in einer möglichst neutralen Zusammenfassung, und lassen Sie sich diese von den Gesprächspartnern auch bescheinigen. Wichtig ist es, dass sich keine Partei in der Zusammenfassung unverstanden fühlt.

Schritt 8: Treffen Sie mit den Parteien konkrete Vereinbarungen und halten Sie diese schriftlich fest. Wichtige Bestandteile hierbei sind:
– Was will jede der Parteien ändern?
– Wie gehen wir mit Rückfällen um?

Gerade der Umgang mit nicht eingehaltenen Vereinbarungen ist ein sehr zentrales Element und erhöht in der Regel das Commitment der beiden Parteien.

Schritt 9: So, wie Sie sich am Anfang der Moderation das Okay abgeholt haben, dass Sie von beiden Parteien als neutral bewertet werden, benötigen Sie dies jetzt ebenso am Ende der Moderation. Erst wenn beide Parteien Ihnen zusichern, dass Sie nicht parteiisch und damit als akzeptierter Schlichter gehandelt haben, wird das Ergebnis auch von Bestand sein. Ebenso können Sie später, sollte sich eine Partei nicht an die Vereinbarung halten, auf den ordentlichen Prozess noch einmal verweisen.

Seien Sie nicht beleidigt, wenn Ihre Mitarbeiter einen anderen Moderator als Sie bevorzugen. Es ist häufig schwierig, wenn man mit Mitarbeitern längere Zeit zusammenarbeitet, eine neutrale Position für beide zu empfinden. Dies wissen auch die Mitarbeiter. Der guten Sache wegen sollten Sie deshalb auch einen Moderator aus einem anderen Bereich oder sogar einen Mitarbeiter akzeptieren, ohne dass Sie hier für sich selber den Verlust von »Schulterklappen« wahrnehmen.

Daneben gibt es natürlich noch weitere Methoden, eine Verständigung möglich zu machen.

1. Erhöhung der Kosten des Konfliktes

Grundsätzlich hat jeder Konflikt auch Opportunitätskosten, das heißt, dass eine Verhinderung einer Einigung zu schwerwiegenderen Folgen (Kosten) führen kann. Können sich zum Beispiel zwei miteinander in Konflikt liegende Abteilungen nicht auf ein Betreuungskonzept für Kunden einigen, so wird der Gesamtbetreuungsgedanke vernachlässigt. Es kommt zu Schnittstellenproblemen, und unzufriedene Kunden wandern ab. Dementsprechend muss hier eine Lösung gefunden werden, um gravierende Folgen zu vermeiden.

2. Verhandlung gegen die schlechteste Alternative

In diesem Zusammenhang ist es wichtig, sich zu überlegen, welche negativen Konsequenzen sich für beide Parteien einstellen könnten. Wenn sich also zwei Mitarbeiter nicht auf eine Vorgehensweise einigen können, könnte die schlechteste Alternative darin bestehen, dass der Vorgesetzte sich ein Entscheidungsrecht herausnimmt.

Dies kann natürlich dazu führen, dass er in die Bereiche beider Mitarbeiter eingreift und diese nach seinen Sichtweisen gestaltet. Eventuell tauchen dabei Konsequenzen auf, die beide Parteien nicht wünschen, weshalb sie sich noch einmal an den Verhandlungstisch setzen. Dazu ist es nötig, den in starkem Konflikt liegenden Personen die Konsequenzen durchaus auch einmal schriftlich aufzuzeigen.

3. Interessen herausarbeiten

Eine weitere Strategie kann die Extraktion von Interessen sein, anstatt sich mit festgefahrenen Positionen zu beschäftigen. Dies gilt insbesondere dann, wenn Ressourcen von zwei Bereichen von zwei Personen in Anspruch genommen werden.

Praxisbeispiel: Zwei Vertriebsmitarbeiter teilen sich eine Vertriebsassistentin. Beide haben nun festgestellt, dass sie die Assistentin insbesondere am Donnerstag brauchen, was zu einem Ressourcenkonflikt führt. Wie kann man diese Situation nun entschärfen?

Interessant wäre es, beide Mitarbeiter nach ihren Interessen hinsichtlich des Einsatzes der Assistentin zu befragen. Eventuell kommt dabei heraus, dass der eine die Assistentin hauptsächlich am Vormittag und der andere sie hauptsächlich am Nachmittag braucht. Keiner möchte sich aber auf eine konkrete Aussage festlegen. Der andere Mitarbeiter möchte gerne spontan auf die Telefonunterstützung der Assistentin zurückgreifen. Dies ist jedoch nur punktuell nötig und macht zusammengenommen nur einen Bruchteil des Arbeitstages der Assistentin aus. Vereinen ließen sich jetzt diese Interessen dadurch, dass man konkrete Telefonblöcke vereinbart und die Assistentin sich in den Zwischenräumen um die schriftlichen Arbeiten des anderen Kollegen kümmern kann.

Viele Streitigkeiten entstehen aus der Position des Habenwollens. Wenig wird über Bedingungen und auch Begrenzungen dieser Aussage nachgedacht. Natürlich hat dies auch mit Rollen zu tun, die der Einzelne im Unternehmen spielt, und mit sogenannten Machtspielchen.

4. Bedingungen aushandeln

Dieser Aspekt meint, dass nach Bedingungen gesucht werden muss, bei denen ich die Position des anderen zumindest zu einem gewissen Teil mit tragen kann. Bleiben wir noch einmal bei dem Beispiel der Assistentin.

Grundsätzlich könnte hier die Frage an den jeweiligen Partner gestellt werden: »Unter welchen Bedingungen wären Sie bereit, auf einen gewissen Zeitanteil der Assistentin X zu verzichten?« Hier wird der Umstand angenommen, dass eine ganzheitliche Zurverfügungstellung der Assistenzkraft nicht möglich ist. Dementsprechend muss man sich jetzt in Verhandlungsaspekten annähern und den Aspekten nachgehen, die eine geringere subjektive Bedeutung haben. Dies führt konsequenterweise zu einer Kompromisslösung, in der jeder ein wenig abgibt und dafür immer wieder etwas erhält. Nach der Betrachtung der einzelnen Stadien der Konfliktlösung soll im letzten Absatz noch einmal über die Konfliktmoderation nachgedacht werden. Dabei werden alle bereits skizzierten Lösungsansätze wichtig werden.

Zusammenfassung

Es gibt eine Reihe von organisationsbezogenen Konfliktanlässen, beispielsweise ein Ressourcenproblem, sich widersprechende Ziele oder Beziehungsstörungen. Die Betroffenen benötigen ein zielgerichtetes Management, um den Konflikt entweder gar nicht erst entstehen zu lassen oder bei erfolgter Konflikteskalation wieder in einen geregelten Zustand zu überführen, um gelöst werden zu können.

Viele Konflikte beginnen durch eine (mentale) Hofbetretung. Dabei wird gegen Prinzipien oder Einstellungen des Konfliktpartners verstoßen, was schnell zu einem Gefühl der Niederlage beim Betroffenen führt. Die Folge sind emotionale Reaktionen, die nach einer Befriedigung suchen. Diese Reaktion läuft nach einem bestimmten biologischen Prinzip ab. Persönlichkeitsmerkmale haben klare Auswirkungen auf den Konfliktverlauf. Hierbei gibt es für unterschiedliche Persönlichkeitstypen eskalierende und deeskalierende Kompetenzen.

Neben dem Wissen über Konfliktursachen als wichtigem Bestandteil des Konfliktmanagements gibt es vier Stufen der Konflikteskalation: Konfliktfeld, erlebte Spannung, offener Konflikt und Machteingriff – eine Schlichtung wird notwendig, die Konfliktpartner sind nicht mehr in der Lage, selbst zu einer Konfliktlösung zu gelangen.

Das beginnende Konfliktfeld (erste Stufe) ist durch Regelungen und klare Vereinbarungen in einem ersten Stadium zu managen. Hier gilt es auch im Besonderen, den eigenen Ärger zu kontrollieren. Auf der zweiten Stufe muss der Konflikt offengelegt werden, dies geschieht durch gezielte Kommunikation. Hierbei spielen sowohl die Feedbackregeln als auch das Wissen um die vier Seiten einer Nachricht eine zentrale Rolle. Mit den Aspekten Sachperspektive, Appellperspektive, Beziehungsperspektive und Selbstaussagenperspektive ist der Konflikt aktiv vorzubereiten. Ist der Konflikt weiter eskaliert, hilft es, Distanz zu schaffen und zu paraphrasieren, um wieder auf eine Sachebene zu gelangen, die die Grundlage für eine effektive Lösung der unterschiedlichen Sichtweisen ist. Das Endstadium des Konfliktes ist die Schlichtung, hier ist ein Machteingriff von dritter Seite notwendig. Hierbei können verschiedene Vorgehensweisen den Druck auf eine Einigung erhöhen: Verschärfung der Kosten des Konflikts oder das Herausarbeiten von gemeinsamen Interessen (versus Positionsgefeilsche).

Oft werden Führungskräfte in einen Konflikt von Mitarbeitern hineingezogen. Um hier nicht zwischen die Räder zu kommen, sollten die neun Schritte der Konfliktmoderation (Mediation) beherrscht werden. Sie helfen aber auch bei der Vermittlung unter Kollegen.

Die Psychologie von Teams

Was macht ein gutes Team aus?

Schlagen Sie eine beliebige Stellenanzeige auf: Welche Anforderungen finden Sie mit Sicherheit? Neben Engagement und Einsatzbereitschaft wird das magische Wort Teamfähigkeit bestimmt ebenfalls erwähnt werden. Doch warum scheint diese Fähigkeit immer wichtiger für die Bewältigung der täglichen Anforderungen zu sein? Ist es etwas so Besonderes, in einer Gruppe von Kollegen zu arbeiten, haben nicht schon die Neandertaler in Gruppen/Teams gejagt, um ihren Hunger zu stillen? Ist Kooperation nicht eine Selbstverständlichkeit (Malik, F., 2005)?

Nein, sie ist keine Selbstverständlichkeit. Auch wenn Zusammenarbeit so alt ist wie das Leben selbst, ist jeder Einzelne von uns – in unterschiedlichen Ausprägungen – bestrebt, die eigenen Interessen zu maximieren (Grzelak, J., 2001). Tatsächlich wissen wir aus eigener Erfahrung, welchen negativen oder positiven Einfluss eine Gruppe auf uns und unsere Leistung haben kann. Wer hat sich nicht schon mal hinter dem anderen versteckt, Verantwortung abgegeben, getreu dem Motto: »Toll, Ein Anderer Macht's?« Wer hat nicht schon mal das Letzte aus sich herausgeholt, nur um den Teamerfolg zu sichern? Der Roman *Herr der Fliegen* (Golding, W., 2004) oder der Tatsachenbericht über das *Milgram-Experiment* (Stanley, M., 1963) zeigen zum Teil sehr drastisch auf, welche gruppendynamischen Effekte Auswirkungen auf den Zusammenhalt und die Leistungsfähigkeit von Gruppen oder Teams haben können. Wer führt nicht gerne ein funktionierendes und sich ergänzendes Team? Die Teamrealität sieht jedoch oftmals anders aus:

- Sie können Ihr Team nicht völlig frei zusammenstellen, sondern müssen mit den Menschen arbeiten, die nun einmal da sind.
- So finden sich oft sehr unterschiedliche Charaktere zusammen in einem Boot, müssen miteinander klarkommen und zielgerichtet geführt und angeleitet werden.

- Dabei wird es immer auch Teammitglieder geben, die sich überfordert, überlastet oder ausgebrannt fühlen. Manche haben sogar schon ihre innere Kündigung vollzogen.
- Und als wäre das alles noch nicht genug, gibt es fast überall auch ausgesprochen schwierige Mitarbeiter: Sie stören, kommen ständig zu spät, spinnen Intrigen oder entwickeln ein ausgeprägtes Querulantentum. Wie der sprichwörtliche faule Apfel, der die gesamte Stiege schlecht macht.

In der Praxis wie auch in der Wissenschaft haben sich bestimmte Charakteristiken gezeigt, die – sofern vorhanden – den Teamerfolg bestimmen (siehe auch DISG®-Persönlichkeitsprofil, Persolog, 2006):

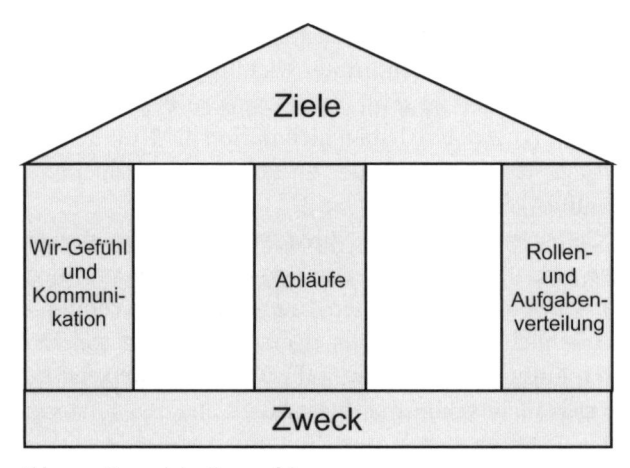

Abb. 39: Tempel des Teamerfolges

Zweck
Der Zweck ist der Rechtfertigungsgrund (Existenzberechtigung) eines Teams. Er entsteht aus dem Bedürfnis Dritter und formuliert so nach außen hin, warum ein Team überhaupt gebraucht wird. Dieser Zweck ist, anders ausgedrückt, die treibende Kraft, die hinter allen seinen Aktionen steht.

Ziele
Die Ziele stellen spezifische, messbare oder zumindest beurteilbare Vereinbarungen dar. Damit die Ziele erreicht werden, sind regelmäßig Kontrollen notwendig. Solche Kontrollen sind immer an entscheidenden, wichtigen Stellen vorzusehen und sollen den Teammitgliedern Vertrauen ver-

mitteln. Ziele operationalisieren die Zweckerfüllung. Sie geben zeitliche Etappen vor (kurz-, mittel- oder langfristige Ziele).

Wir-Gefühl und Kommunikation

Gegenseitige Achtung und effektive Kommunikation sind für eine hohe Teamleistung grundlegende Voraussetzungen. Zwischenmenschliche Konflikte müssen an die Oberfläche gebracht und beseitigt werden. Aus diesem Grund brauchen Teams Normen, Regeln und Vorgehensweisen, aus denen ersichtlich ist, wie die Teammitglieder ihren gegenseitigen Umgang festgelegt haben.

Rollen- und Aufgabenverteilung

Die Kompetenzverteilung innerhalb eines Teams muss von außen deutlich sichtbar sein. Dabei sind die individuellen Fähigkeiten und Stärken der einzelnen Teammitglieder zu berücksichtigen und bestmöglich einzubringen. In der konsequenten Zielorientierung darf dann die permanente Teamentwicklung nicht aus den Augen verloren werden.

Abläufe

Die im Team anzuwendenden Management- und Organisationstechniken sind zu vereinbaren. Allerdings kann es auch sein, dass diese Fähigkeiten erst noch vermittelt werden müssen. Wichtig ist die laufende Überprüfung der Zweckmäßigkeit. So müssen die Teammitglieder beispielsweise in der Anwendung der Methoden zu Problemlösungs- und Entscheidungsfindungsprozessen einen ähnlichen Kenntnisstand haben.

Schärfung des Teamzwecks

Leistungsfähige Teams sind inspiriert von einem Zweck, der über den jährlichen operativen Zielen steht. Er ist idealerweise gestützt von dem Unternehmensleitbild. Es gilt, dem Team eine langfristige, motivierende Existenzgrundlage zu vermitteln. In einem prägnanten und inspirierenden Statement soll vermittelt werden, warum das Team existiert.

> **Praxistipp:** Elemente der Formulierung eines Teamzweckes sind:
> - Was ist die Aufgabe des Teams?
> - Welchem Zwecke dient diese Aufgabe, was ist der Mehrwert?
> - Wie bewältigt das Team die Aufgabe grundsätzlich?

Beispiele sind:
- »Wir, das Qualitätssicherungsteam, entwickeln einen Prozess zur Identifikation, Dokumentation und Kommunikation von Qualitätssicherungserfolgen zur Nutzung in anderen Unternehmensbereichen und -ebenen.«
- »Wir als Inhouse-Consultants agieren als Dienstleister für das Management, indem wir beratende Funktionen bei der Verbesserung von Prozessen, bei der Implementierung neuer Techniken (Veränderungsmanagement) oder der Organisationsentwicklung übernehmen.«
- »Wir, das Controlling-Team, erarbeiten ein umfassendes Steuerungs- und Koordinationskonzept zur Unterstützung der Geschäftsleitung und der führungsverantwortlichen Stellen bei der ergebnisorientierten Planung und Umsetzung unternehmerischer Aktivitäten.«

Übung zur Theorie:

Der Zweck Ihres Teams ist:

_____

_____

Zielklarheit und -akzeptanz

Praxisbeispiel: Herr Karrieresprung hat seit drei Monaten einen neuen Job als Controller und führt ein Team mit zehn Mitarbeitern. Es ist seine erste Führungsaufgabe, er ist sehr motiviert und hat sich vorgenommen, seine Aufgabe so gut wie möglich zu machen. Er schätzt seinen Chef, der sehr klar in der Kommunikation ist, seine Erwartungen sind im Rahmen von mehreren Gesprächen offen kommuniziert. Sein Mentor im Unternehmen hat die Idee für gut befunden, mit jedem Mitarbeiter eine Art Kennenlerngespräch zu führen, dies ist erfolgt.

Herr Karrieresprung ist zufrieden. Nach seiner Meinung kennt jeder Mitarbeiter seine Aufgabe, er hat sogar die an ihn gestellten Erwartungen kommuniziert. Das hält er für einen großen Vertrauensvorschuss an das Team. Trotz dieser Anstrengungen fehlt ihm noch etwas: Er meint, dass die Teammitglieder immer noch zu sehr nur ihre ganz persönliche Aufgabe sehen, über den Tellerrand wird nur selten geschaut. Neulich hat er sogar mit eigenen Ohren anhören müssen, dass Herr Müller auf die Bitte eines Kollegen, ihm doch zu helfen, nur geantwortet hat, dass dies nicht in seiner Aufgabenbeschreibung stände und Zeit hätte er auch nicht.

Er weiß zwar, dass die Mitarbeiter unter einem gehörigen Druck stehen, aber ist diese Reaktion Ausdruck von Teamgeist? Was ihn aber am meisten geärgert hat, war der Verlauf des letzten Teammeetings. Zufälligerweise kam der Chef vorbei und nutzte die Chance, mal dabei zu sein. Auf seine Frage, was die Gruppe am Ende des Jahres denn erreicht haben will, kam außer Plattitüden wie beispielsweise »mehr arbeiten«, »effektiver werden« oder »Kosten einsparen« so gut wie gar nichts.

Das hat auf den Chef keinen guten Eindruck gemacht. Und das, obwohl Herr Karrieresprung mit jedem Einzelnen über die Erwartungen des Unternehmens gesprochen hat. Außerdem hat doch jeder Zugriff auf das Intranet, dort stehen die Unternehmensziele für dieses Jahr doch auch! Aber was will man machen, manche kapieren es eben nie.

Das in dieser oder leicht abgewandelter Form oft erlebte Beispiel zeigt, wie wichtig es für ein funktionierendes Team ist, Zielklarheit zu haben. Zunächst bestimmen die Ziele die benötigten Teamressourcen, Zielkonflikte zu anderen Teams oder Organisationseinheiten können erkannt und abgestellt werden, sie schaffen Sinnhaftigkeit und Zielgerichtetheit. Viel wichtiger ist jedoch, dass ein gemeinsames Ziel eint. Dies setzt aber voraus, dass die Ziele nicht nur bekannt sind, sondern auch von der Gruppe akzeptiert beziehungsweise unterstützt werden. Und dies hat Herr Karrieresprung nicht ausreichend berücksichtigt. Er hat informiert, aber nicht darauf geachtet – psychologisch gesehen –, die Teammitglieder ausreichend zu involvieren. Hier gilt es, Betroffene zu Beteiligten zu machen.

Praxistipp: Schaffen Sie Zieltransparenz gegenüber dem Team, involvieren Sie das Team dabei so weit wie möglich und erzeugen Sie damit Commitment und Akzeptanz.

Was hätte Herr Karrieresprung besser machen können, um die Zielklarheit und -akzeptanz zu erhöhen?

1. Aufbauend auf den Erwartungen seiner eigenen Führungskraft und des Unternehmens wäre eine konkrete Zielformulierung, ausgehend von der Frage: »Was will ich in meinem Verantwortungsbereich am Ende des Jahres erreicht haben?«, notwendig gewesen.
2. Damit zeigt Herr Karrieresprung Führungsanspruch und -klarheit, er setzt sich Ziele, an deren Umsetzung er seinen Erfolg feststellen kann. Die SMART-Formel gibt eine Orientierungshilfe zur verständlichen und eindeutigen Formulierung von Zielen:

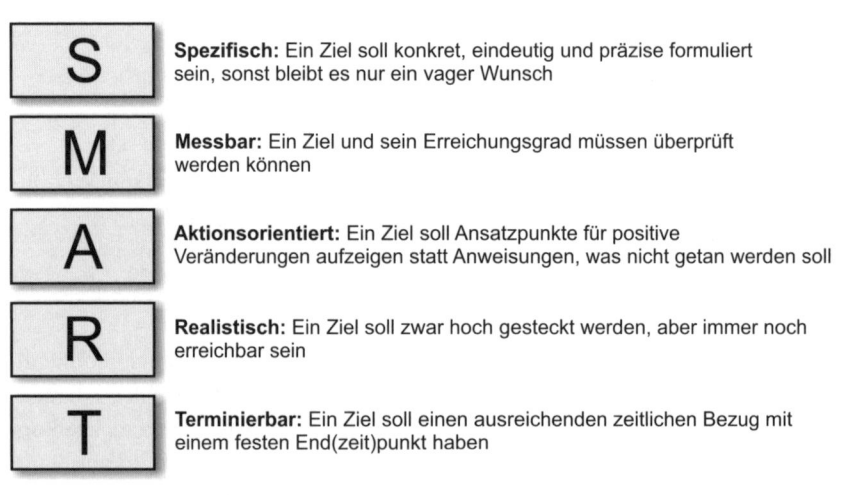

S   **Spezifisch:** Ein Ziel soll konkret, eindeutig und präzise formuliert sein, sonst bleibt es nur ein vager Wunsch

M   **Messbar:** Ein Ziel und sein Erreichungsgrad müssen überprüft werden können

A   **Aktionsorientiert:** Ein Ziel soll Ansatzpunkte für positive Veränderungen aufzeigen statt Anweisungen, was nicht getan werden soll

R   **Realistisch:** Ein Ziel soll zwar hoch gesteckt werden, aber immer noch erreichbar sein

T   **Terminierbar:** Ein Ziel soll einen ausreichenden zeitlichen Bezug mit einem festen End(zeit)punkt haben

Abb. 40:   SMART-Formel zur Formulierung von Zielen

Zur Erleichterung der Zielableitung kann folgende Kategorisierung verwendet werden (in Anlehnung an die Balanced Scorecard):

Interne/externe Kunden	Mitarbeiter
- Kundenzufriedenheit - Liefertreue - Anzahl Neukunden pro Zeitraum - Marktaktivitäten - ...	- Produktivität - Job Enlargement - Job Enrichment - Zufriedenheit - ...
Prozesse	**Finanzen**
- Lager-, Liefer- oder Durchlaufzeiten - Produktionsmenge pro Zeiteinheit - Produktneuheiten - Leistungserstellung - ...	- Umsatz - Deckungsbeitrag - Kostenreduzierung - Rentabilität - ...

Abb. 41: Systematisierung von Zielen innerhalb von vier Handlungsfeldern

3. Danach führt Herr Karrieresprung ein zirka halbtägiges Teammeeting durch, in dem eine Zielvorstellung und -klärung erfolgt. Die Moderation übernimmt entweder die Führungskraft oder ein externer Berater.

Der Aufbau könnte folgendermaßen aussehen:

- A: Brainstorming der beteiligten Mitarbeiter anhand der Leitfrage: »Was wollen wir als Team am Ende des Jahres erreicht haben?«
- B: Vorstellung der Erwartungen der Führungskraft, Angleichung/Harmonisierung der jeweiligen Vorstellungen, stets mit Berücksichtigung der SMART-Formel.
- C: Die Ergebnisse werden schriftlich festgehalten und im Anschluss allen Teilnehmern übergeben. Außerdem werden weitere Treffen vereinbart, die die Umsetzung der Ziele feststellen sollen (beispielsweise halbjährlich).

Übung zur Theorie:

Was möchten/sollen Sie als Führungskraft am Ende des Jahres erreicht/umgesetzt haben?

_____

_____

_____

> Bitte erarbeiten Sie exemplarisch eine Zielformulierung anhand der SMART-Formel:
>
> _____
>
> _____

Überprüfen Sie selbst: Sind folgende Kriterien in der Formulierung umgesetzt?

- *Spezifisch:* Ist das Ziel konkret und unmissverständlich (spezifisch?)
- *Messbar:* Kann am Ende des Jahres (des genannten Zeitraumes) exakt festgestellt werden, ob das Ziel erreicht wurde? Ist es *quantitativ* zu messen oder *qualitativ* festzustellen?
- *Aktionsorientiert:* Ist es aktiv und nicht negativ (»Wir wollen vermeiden, dass ...«) formuliert? Ist es in der Gegenwart und nimmt es einen erwünschten Zustand vorweg (»Wir haben erreicht, dass ...«)?
- *Realistisch*: Stellt das Ziel eine Überforderung oder Unterforderung dar? Ist damit zu rechnen, dass das Ziel auch erreicht werden kann (unter Mobilisierung verfügbarer Ressourcen)?
- *Terminiert*: Ist ein konkreter Zeitpunkt genannt, an dem das Ziel erreicht werden soll? Sind Unterziele erwähnt, an denen eine Zielkorrektur oder eine Veränderung der Zielerreichungsstrategien noch möglich ist?

Rollen- und Aufgabenverteilung

Die Sozialpsychologie versteht unter dem Begriff Rolle die gebündelten Erwartungen an eine Person in einem System. So wird Ihre Familie beispielsweise andere Erwartungen an Sie haben als die Kollegen oder Ihre Mitarbeiter. Sehr wahrscheinlich richten Sie sich größtenteils auch nach diesen Erwartungen, was wiederum zur Folge hat, dass Sie unterschiedliche Verhaltensmuster an den Tag legen.

In einem Team werden ebenfalls Rollen verteilt, das kennen wir bereits aus der Schule, beispielsweise »Pausenclown«, »Streber«, »Sportler« oder »Nörgler«. Nun werden uns diese Rollen manchmal zugeteilt – wer möchte schon als Streber gelten –, oftmals suchen wir uns diese Rolle aber auch selbst, bewusst oder unbewusst, hierauf hat natürlich unsere Persönlichkeit einen bestimmenden Einfluss.

> **Übung zur Theorie:**
>
> Wie würden Sie Ihre typische Rolle im Team beschreiben (Sie als Teammitglied)?
>
> _____
>
> _____
>
> Welche andere Teamrolle würden Sie gerne mehr übernehmen?
>
> _____
>
> _____
>
> Welche Rollen können Sie in Ihrem Team identifizieren?
>
> _____
>
> _____

Nicht geklärte und akzeptierte Rollen können schnell zu Konflikten führen.

Praxisbeispiel: Herr Meier und Frau Sinn sind Teile eines fünfköpfigen Arbeitsteams. Grundsätzlich arbeiten alle ganz gut und produktiv zusammen, aber im letzten Teammeeting gab es eine Auseinandersetzung, die noch Tage nachher zu einer Missstimmung führte.

Herr Meier gilt als praktischer Organisator, der mit Disziplin und Engagement Entscheidungen und Strategien in machbare Arbeitspakete aufteilen kann, die dann auch gut umsetzbar sind. Frau Sinn ist relativ neu in dem Team und hat sich bisher im Hintergrund gehalten. Sie wollte das Team aktiv unterstützen, vermied es, sich in den Vordergrund zu stellen und förderte Harmonie und Verständnis. Sie gilt deshalb unter den Kollegen als recht beliebt und sympathisch.

Während des Teammeetings, in dem es um ein für Frau Sinn persönlich sehr wichtiges Thema ging, änderte sich ihr Verhalten jedoch plötzlich und für die anderen unvermittelt. Ihre analytische Ader brach durch, sie bewertete die Vorschläge von Herrn Meier ungefragt und teilte Kritik aus. Herr Meier und das ganze Team waren über dieses ihnen unbekannte Verhalten irritiert, Herr Meier war sogar ziemlich

> verstimmt. Dabei ging es nicht um die Kritik als solche, denn die war inhaltlich durchaus richtig, sondern es ging darum, dass sich Frau Sinn nach Meinung des Teams eine ihr nicht zustehende Rolle angeeignet hat.

Das Praxisbeispiel zeigt, was in den siebziger Jahren unter anderem durch Dr. Belbin (Belbin, M., 2003) experimentell untermauert wurde, nämlich welche Auswirkungen die Teamzusammensetzung aus verschiedenen Persönlichkeitstypen auf die Teamleistung hat. Er identifizierte neun verschiedene Teamrollen, welche sich aus den Verhaltensmustern der Mitglieder ergeben. Nach Belbin arbeiten Teams dann effektiv, wenn sie aus einer Vielzahl heterogener Persönlichkeits- und Rollentypen bestehen, wobei er in seiner Gliederung drei Hauptorientierungen unterscheidet, welche wiederum jeweils drei der neun Teamrollen umfassen:

- drei handlungsorientierte Rollen: *Macher, Umsetzer, Perfektionist*
- drei kommunikationsorientierte Rollen: *Koordinator, Teamarbeiter, Wegbereiter*
- drei wissensorientierte Rollen: *Neuerer, Beobachter, Spezialist*

> **Praxistipp:** Achten Sie darauf, dass in Ihrem Team eine Vielzahl unterschiedlicher Teamrollen verteilt sind, je mehr und vielfältiger, desto besser. Nutzen Sie die Möglichkeit, beispielsweise im Rahmen von Teambuildings, eine Rollenklarheit unter den Teammitgliedern zu schaffen. Welche Erwartungen sind untereinander zu klären, mit welchen Rollen beziehungsweise mit welchem Rollenverhalten ist das Team am leistungsstärksten?
>
> Selten finden Sie alle Rollen in einem Team, aber vielleicht hat der eine oder andere Mitarbeiter das Potenzial, zwei Rollen auszufüllen? Wahrscheinlich finden Sie auch Mitarbeiter, die sich mit ihren Rollen nicht oder nur teilweise anfreunden können? Jetzt haben Sie die Möglichkeit, Selbst- und Fremdbild miteinander zu vergleichen und möglicherweise in einen Diskussions- und Veränderungsprozess münden zu lassen. Wie interessant wäre es für die einzelnen Teammitglieder, sich selbst einzustufen?

Teamrolle	Rollenbeitrag	Charakteristika	Verbesserungs-möglichkeiten
Neuerer/ Erfinder	bringt neue Ideen ein	unorthodoxes Denken	oft gedankenverloren
Wegbereiter/ Weichensteller	entwickelt Kontakte	kommunikativ, extravertiert	oft zu optimistisch
Koordinator/ Integrator	fördert Entscheidungsprozesse	selbstsicher, vertrauensvoll	kann als manipulierend empfunden werden
Macher	hat Mut, Hindernisse zu überwinden	dynamisch, arbeitet gut unter Druck	ungeduldig, neigt zu Provokation
Beobachter	untersucht Vorschläge auf Machbarkeit	nüchtern, strategisch, kritisch	mangelnde Fähigkeit zur Inspiration
Teamarbeiter/ Mitspieler	verbessert Kommunikation, baut Reibungsverluste ab	kooperativ, diplomatisch	unentschlossen in kritischen Situationen
Umsetzer	setzt Pläne in die Tat um	diszipliniert, verlässlich, effektiv	unflexibel
Perfektionist	vermeidet Fehler, stellt optimale Ergebnisse sicher	gewissenhaft, pünktlich	überängstlich, delegiert ungern
Spezialist	liefert Fachwissen und Information	selbstbezogen, engagiert, Fachwissen zählt	verliert sich oft in technischen Details

Abb. 42: Belbins Rollen im Überblick

Übung zur Theorie:

Tragen Sie in das folgende Diagramm doch einmal ein, ob und in welchem Ausmaße die einzelnen Teamrollen in Ihrem Team vorhanden sind.

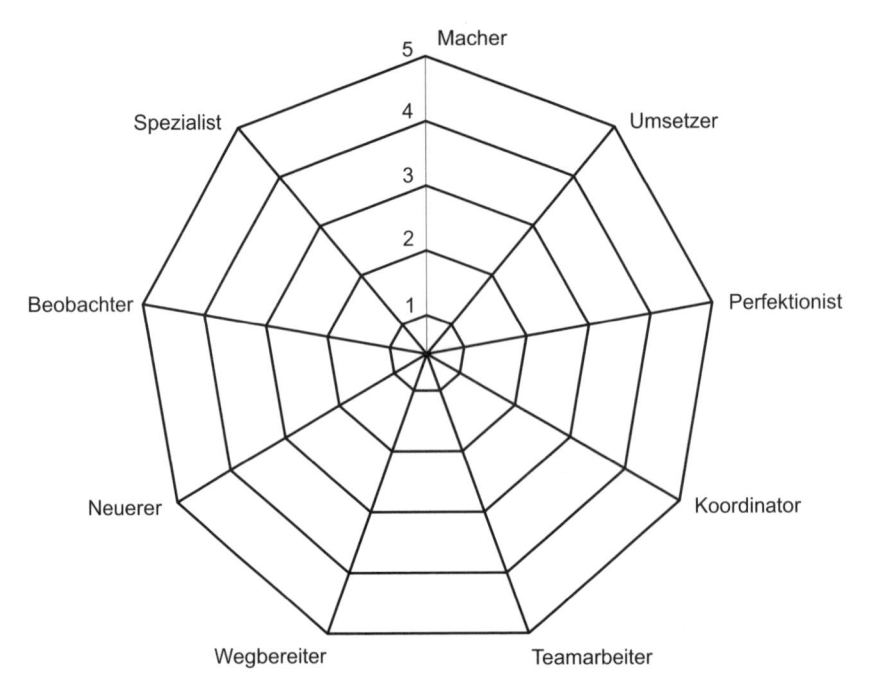

Abb. 43: Welche Teamrollen sind in meinem Team vorhanden?

Wir-Gefühl und Kommunikation

Wo erleben Sie in einer Gruppe Kooperation, Zusammenhalt und Leistungsfähigkeit? Im Arbeitsumfeld oder eher im privaten Bereich? Wer von uns schon einmal Mitglied in einem Verein, einer Sportgruppe oder einer anderen Gemeinschaft gewesen ist, der hat mindestens einmal erfahren, was es heißt, Bestandteil eines Teams zu sein. Er hat erfahren, wie viel Spaß es macht, sich einer Sache oder einer Gruppe zugehörig zu fühlen, und wie einfach es ist, eigene Interessen hinter die Teaminteressen zurückzustellen. Schließlich weiß man, was es heißt, in einem Team zu sein.

Aber was macht diesen Zusammenhalt im privaten Bereich aus? Was ist das Geheimnis des Erfolgs? Was kann auch im beruflichen Bereich genutzt werden? Letztlich geht es im Wesentlichen nur um eines: das Gefühl der Zugehörigkeit zu einer Gemeinschaft. Die Gruppenmitgliedschaft verschafft Individuen eine soziale Identität, in der Psychologie auch bekannt als »Theorie der sozialen Identität« (Tajfel, H., 1982).

Sie beschreibt psychologische Prozesse, die am Zustandekommen von Gruppenprozessen beteiligt sind. Die Interessen und Vorstellungen der eigenen Gruppe werden bevorzugt, das eigene Selbstbewusstsein steigt mit zunehmender positiver Unterscheidung zu anderen Gruppen. Gruppen neigen dazu, Unterschiede zu anderen Gruppen möglichst deutlich hervorzuheben und kontinuierlich zu steigern.

Daraus ergeben sich folgende Schlussfolgerungen:

1. Mitarbeiter streben danach, eine positive soziale Identität zu erhalten beziehungsweise zu verbessern, indem sie sich einer Gruppe, einem Team zugehörig fühlen.
2. Eine positive soziale Identität erhält der Mitarbeiter durch einen Vergleich seiner Gruppe (In-group) mit relevanten anderen Gruppen im Unternehmen (der sogenannten Out-group). Der Vergleich dient der Stärkung der sozialen Identität, wenn sich die eigene Gruppe positiv von der Out-group abhebt.
3. Sollte dieser Vergleich negativ ausfallen, fällt die Identifikation mit der eigenen Gruppe stetig ab, im schlimmsten Fall führt es zu einer inneren Kündigung oder dem Versuch des Mitarbeiters, die eigene Gruppe zu verlassen und einer anderen Gruppe beizutreten.

Die Unternehmensrealität bestätigt das In-group/Out-group-Phänomen täglich. Der Vertrieb ist stolz darauf, an der Front zu arbeiten und der einzige Bereich zu sein, der das eigentliche Geld verdient. Andere Bereiche im Unternehmen erleben die Vertriebsmitarbeiter oft als verschworene Gemeinschaft, die alle irgendwie gleich denken und handeln.

Der Vertrieb reibt sich mit der Produktentwicklung und umgekehrt; wenn erst das Controlling eingreift, ist die Verwirrung komplett. Alle Gruppen untereinander sprechen sich Kompetenzen ab (»Die haben doch eh keine Ahnung, wie es wirklich läuft«), Stereotypen und Verallgemeinerungen ist Tür und Tor geöffnet. Nun möchten Sie nicht dieser Tendenz, also der Abschottung einzelner Bereiche, Vorschub geben, aber diese praxisnahe Beobachtung zeigt das wesentliche Element einer Gemeinschaft oder leistungsfähigen Gruppe auf, nämlich das Ausmaß an Gemeinsamkeiten!

> **Praxistipp:** Wenn Sie das Wir-Gefühl in Ihrem Team steigern wollen, dann schaffen Sie Gemeinsamkeiten im Team! Machen Sie sich – im gesunden Rahmen – das In-group/Out-group-Phänomen zunutze:
> - Stellen Sie Spielregeln auf, die dem Team helfen, miteinander umzugehen.
> - Betonen Sie mit Ritualen das Gemeinschaftsdenken.
> - Nutzen Sie Symbole, die Gemeinsamkeiten aufzeigen.

Identitätsstiftende Gruppennormen, Spielregeln der Zusammenarbeit

> **Praxisbeispiel:** Frau Wessel hat vor zwei Wochen ihre neue Arbeitsstelle angetreten. Bisher ist alles sehr gut verlaufen, ein Mentor und das Organisationshandbuch helfen ihr, sich möglichst schnell zurechtzufinden. Ihr macht die Arbeit Spaß. In der ersten Zeit will sie einen besonders guten Eindruck machen, deshalb ist sie bereit, deutlich mehr zu arbeiten als vorgesehen. Eines Tages nimmt sie ein erfahrener Kollege zur Seite: »So, wie Sie sich verhalten, werden Sie hier nicht lange überleben. Merken Sie das denn nicht?« Frau Wessel weiß zunächst nicht, was sie sagen soll. Was meint der Kollege? Die Erklärung folgt sofort: »Na, die vielen Überstunden, wir gehen eher von dem Motto aus: Nur wer langsam geht, kommt auch ans Ziel!« Nach diesem kurzen Geplänkel ist der Kollege auch schon weg.

Hier hat Frau Wessel Bekanntschaft mit den sogenannten Gruppennormen oder informellen Regeln gemacht. Eine Gruppennorm ist eine mehrheitlich von der Gruppe akzeptierte informelle Verhaltensregel, die sich auf die Denk- und Handlungsweisen der einzelnen Mitglieder auswirkt. Sie regelt die Zusammenarbeit, legt die Leistungskriterien fest und kontrolliert die Erreichung der formulierten Ziele. Eine Gruppennorm kann – wie in obigem Beispiel – leistungshindernd oder leistungsfördernd sein. Im Praxisbeispiel würde die Gruppennorm beispielsweise folgenderweise lauten: »Nur nicht zu viel tun!« oder »Immer in der Komfortzone bleiben!«

Jedes Team hat seine spezifischen Gruppennormen, zumeist sind sie jedoch implizit und stehen nirgendwo geschrieben. Das macht es natürlich schwer, sich danach zu richten.

> **Übung zur Theorie:**
>
> Welche informellen Regeln/Gruppennormen haben Sie in Ihrem Team?
>
> _____
>
> _____
>
> Welche sind leistungshindernd, welche leistungsfördernd?
>
> _____
>
> _____

Das Einhalten der Gruppennorm wird durch Sanktionen durch die eigenen Teammitglieder erreicht. Anerkennung und Bestätigung in der Gruppe sind die stärksten Belohnungen untereinander, der Ausschluss aus der Gruppe, die Nichtbeachtung durch die anderen dagegen die größte Bestrafung im Falle der Missachtung. Hier werden häufig neue Teammitglieder in Unkenntnis der Gruppennormen bereits in den ersten Wochen und Monaten »weggebissen«.

> **Praxistipp:** Lernen Sie die bestimmenden Gruppennormen im Team kennen, indem Sie die Teammitglieder in der Zusammenarbeit beobachten und einen Austausch in der Gruppe anregen, welche Erwartungen man untereinander hat. Verstärken Sie leistungsfördernde und verringern Sie anschließend leistungshemmende informelle Regeln.

Doch wie können Sie implizite, leistungshemmende Gruppennormen beeinflussen? Indem Sie explizite Verhaltensregeln, Regeln der Zusammenarbeit, formulieren. Lassen Sie Ihre Mitarbeiter in einer Teamveranstaltung zu folgenden Themenstellungen drei bis fünf konkrete Verhaltensbeispiele formulieren:

Verhaltensbereich	Beispielhafte Regel
Umgang mit Fehlern	»Nicht der Schuldige eines Fehlers interessiert, sondern wie wir den Fehler in Zukunft verhindern können!«
Umgang mit Informationen von und an andere	»Information ist Bring-, aber auch Holschuld!«
Meetingkultur	»Derjenige, der zu einem Meeting einlädt, sorgt auch für eine Agenda im Vorfeld!«
Umgang mit Feedback	»Der Kritisierende beschreibt das störende Verhalten möglichst verhaltensnah und gibt Tipps zur Verbesserung des Verhaltens in Zukunft!«
Umgang mit Konflikten und schwierigen Situationen	»Keine Kritik ist Zustimmung.«
Umgang mit Teamentscheidungen	»Eine Teamentscheidung ist im Nachhinein zu verteidigen, selbst wenn man nicht ganz dieser Meinung ist.«

Die genannten Verhaltensbeispiele sind teilweise bewusst provokant formuliert, das hat aber den Vorteil, das im Team darüber auch kontrovers diskutiert wird. Der Wortlaut an sich ist nicht entscheidend, sondern dass das Team darüber gesprochen hat und ein Konsens getroffen wurde. Verschriftlichen Sie die Regeln im Nachhinein und geben Sie eine Kopie an alle Mitarbeiter aus.

Treffen Sie sich nach ein paar Monaten erneut im Team, um über die Umsetzung der Regeln in der Praxis zu reflektieren, und nehmen Sie gegebenenfalls Korrekturen oder Ergänzungen vor. Belohnen oder sanktionieren Sie die Einhaltung beziehungsweise Missachtung der Regeln deutlich und zeitnah. Sie sind in dieser Hinsicht das maßgebliche Vorbild Ihrer Mitarbeiter.

Kommen wir wieder zurück auf den Verein, die Gemeinschaft oder den Club, in denen sich viele von uns befinden und in denen wir oftmals leistungsstarke Teamarbeit erleben. Auch dort gibt es Verhaltensregeln, die vielfach in einer Art Satzung festgelegt sind. Auch Gruppennormen sind dort oft deutlicher formuliert, als dies im beruflichen Alltag der Fall ist. Als Mitglied einer Kleingärtnerkolonie werden sie sehr schnell mit entsprechenden Regeln konfrontiert: »... und halten Sie ja Ihren Garten in Ordnung!«

Gemeinsame Rituale und Symbole

Symbole sind Bekenntnisse, man spart sich mit einem Symbol viele Worte. Sie sind Elemente einer besonderen Identifikation. Unternehmensberatern wird beispielsweise oft nachgesagt, sie trügen alle die gleichen Anzüge, das kann ein Symbol sein. Die Anstecknadel mit dem Unternehmenslogo, der gleiche Bildschirmschoner, all das sind Symbole für Gemeinsamkeit. Häufig stehen Symbole für unterschiedliche Hierarchien und tragen zur Unterscheidung bei: der Vorstandsaufzug, der besondere Stuhl, der Arbeitsplatz am Fenster und der Dienstwagen mit den bestimmten PS mehr, dies ist nur eine kleine Auswahl an (Status-)Symbolen.

Ein Ritual (von lateinisch ritualis = »den Ritus betreffend«) ist eine nach vorgegebenen Regeln ablaufende Handlung mit hohem Symbolgehalt. Indem Rituale auf bekannte Handlungsabläufe und einheitliche Symbole zurückgreifen, vereinfachen sie die Bewältigung täglicher Aufgaben und vermitteln Halt und Orientierung. Sie erleichtern die tägliche Kommunikation, besitzen einheitsstiftenden Charakter und fördern den Gruppenzusammenhalt.

Praxistipp: Führen Sie Rituale und Symbole in Ihrem Team ein und nutzen Sie deren identitätsstiftenden Charakter zur Steigerung des Wir-Gefühls. Laden Sie Ihre Mitarbeiter (hand-)schriftlich zur Weihnachtsfeier ein, veranstalten Sie einmal im Jahr ein Teamtreffen bei sich zu Hause, bekochen Sie Ihr Team, sorgen Sie für eine bestimmte Gestaltung der Teammeetings, gestalten Sie die Arbeitsräume einheitlich, gehen Sie einmal monatlich alle gemeinsam zum Mittagessen oder organisieren Sie eine besondere Kaffeemaschine – Ihre Kreativität ist ausschlaggebend für die Bedeutungshaltigkeit der entsprechenden Aktivität oder des genutzten Symbols. Kleinigkeiten reichen oft aus.

Effektive Kommunikation

Kommunikation ist eine entscheidende Voraussetzung einer funktionierenden Gruppenarbeit. Vorhandene Schwierigkeiten werden oftmals an den Beteiligten selbst festgemacht. Hier spielen soziale Kompetenzen eine wichtige Rolle, wie kommunikativ ist ein Mitarbeiter, will er informieren und Ähnliches. Man kann Kommunikationshindernisse aber auch in den Kommunikationsstrukturen suchen. Prüfen Sie für sich und für Ihr Team, ob der vorgeschriebene Dienstweg/Informationsweg nicht schon genügend Barrieren mit sich bringt.

Beurteilungskriterium	Stern	Y	Kette	Kreis	Vollstruktur
Zentralisation	sehr hoch	hoch	mittel	niedrig	sehr niedrig
Kommunikationskanäle	sehr wenige	sehr wenige	mittel	viele	sehr viele
Führung	sehr hoch	hoch	mittel	niedrig	sehr niedrig
Gruppenzufriedenheit	niedrig	niedrig	mittel	mittel	hoch
Individuelle Zufriedenheit	hoch	hoch	mittel	niedrig	sehr niedrig

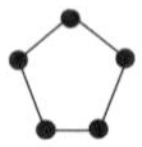

Abb. 44: Typische Kommunikationsstrukturen (aus von Rosenstiel, L., 1992)

Praxistipp: Gestalten Sie die Kommunikationsstrukturen in Ihrem Team entsprechend der von Ihnen festgelegten Erfolgskriterien (zum Beispiel Führungseinfluss, Gruppenzufriedenheit et cetera).

Die Entwicklung eines Teams

Bei der Neugründung eines Team sind die Rollen erst einmal nicht verteilt. Dennoch werden von Beginn an einige Mitglieder erst einmal abwartend und beobachtend agieren, um herauszufinden, was von ihnen erwartet wird, während andere unmittelbar in den Prozess eingreifen. Nach und nach findet der Prozess der Teamentwicklung statt. Teammitglieder finden sich in ihren Rollen zurecht, sie lernen miteinander zu arbeiten, und mit der Zeit werden auch mögliche Konflikte im Team deutlich.

Es gibt eine Vielzahl von Modellen, die versuchen, den Prozess der Teamentwicklung zu veranschaulichen. Meist wird eine Entwicklung in vier vorhersehbaren Stufen angenommen:

- Forming
- Storming
- Norming
- Performing

Jede Stufe hat ihre eigene Charakteristik und baut auf der vorherigen auf. Es wird angenommen, dass alle Teams diese festgelegte Entwicklung durchlaufen müssen, bevor sie sich zu reibungslos funktionierenden Teams zusammenfinden. Abhängig von der Teamzusammensetzung und den identifizierten Spannungen im Team werden die Phasen auch mehrmals durchlaufen.

Forming

Die Stufe des Formings beschreibt eine Phase der Erkundung. Die Teammitglieder sind noch verhalten im Umgang miteinander, da sie noch nicht wissen, was sie voneinander zu erwarten haben. Vielfach durch Versuch und Irrtum tasten sie sich an die Grenzen des akzeptablen Verhaltens. Sie suchen nach Normen und Rollen, mit denen sie sich identifizieren können. Sie verhalten sich in dieser frühen Phase höflich und unverbindlich.

Während des ersten Kennenlernens werden erste Meinungen über die Teammitglieder gebildet. Was sieht man an Gemeinsamkeiten, wo sind die Unterschiede? Der erste Eindruck hat erfahrungsgemäß einen prägenden Einfluss auf den Aufbau von Sympathie und Antipathie. Die weiteren Beziehungen der Teammitglieder werden in dieser frühen Phase geprägt. Obwohl diese Urteile nicht unumstößlich sind, sollte die Führungskraft dennoch darauf achten, Vorurteilen nicht zu viel Raum zu lassen.

Die Teammitglieder sind in dieser Phase mit folgenden Überlegungen beschäftigt:

- Wie sehr bin ich interessiert, Teil des Teams zu sein?
- Was muss ich tun, um akzeptiert zu werden?
- Wie komme ich mit der Führungskraft zurecht?
- Ist sie kompetent genug, das Team zu führen?

Wegen der anfänglichen Unsicherheit berufen sich die Teammitglieder in dieser Phase der Teamentwicklung häufig auf die formelle Führung durch die vorgegebene Hierarchie.

Die Forming-Phase ist gekennzeichnet durch eine geringe Produktivität und Vorsicht in den Beziehungen untereinander.

> **Checkliste:**
>
> Als Führungskraft können Sie in dieser Phase Folgendes berücksichtigen:
>
> - Vermitteln Sie klare Strukturen.
> - Adressieren Sie Teambelange unmittelbar.
> - Fördern Sie ein Klima von Vertrauen und Respekt.
> - Unterstützen Sie bewusst den Austausch von Informationen.
> - Sprechen Sie Probleme im Team frühzeitig und offen an.

Storming

In der Storming-Phase der Teamentwicklung herrschen üblicherweise Wettbewerb und angespannte Beziehungen zwischen den Mitgliedern. Die Teammitglieder sind mutiger geworden, erste Cliquen entstehen, man glaubt zu wissen, wie die anderen sind. Beurteilungen festigen sich, nun probiert man aus, was man sich leisten kann. Die Teammitglieder suchen nach einer Rangordnung, wollen sich positionieren. Deshalb ist diese Phase typischerweise konfliktbehaftet, Fragen der Macht, Führung und Entscheidungsfindung werden relevant.

Individualität und Persönlichkeit werden in dieser Phase großgeschrieben. Man ist stolz auf seine Eigenarten und möchte Stärken einbringen, häufig werden eigene Schwächen in dieser Hinsicht unterschätzt. Die Ungeduld steigt, eine Diskrepanz zwischen dem, was von dem Team erwartet wird, und dem, was es leistet, wird erlebt und führt schnell zu Frustration und Missstimmung. Einige Teammitglieder lehnen sich offen auf, Gruppen unterschiedlicher Interessen und Persönlichkeiten bilden sich. Informelle Absprachen werden relevanter, erste Verhaltensnormen entstehen aus der Gruppe heraus.

Jetzt hat die Führungskraft schnell ein Problem: Die Wahrscheinlichkeit steigt, dass an ihrem Stuhl gesägt wird. Entscheidungen, Maßnahmen, Einstellungen der Führungskraft werden offen oder verdeckt in Frage gestellt. Die Teammitglieder testen Durchsetzungsvermögen und soziale Kompetenzen. Jeder Führungsfehler in dieser Phase, jedes Zurücknehmen getroffener Entscheidungen wird zu einem langfristigen Akzeptanzverlust der Führungskraft führen.

Charakteristische Konfliktmanagementstrategien der Teammitglieder manifestieren sich in dieser Phase. Sachkonflikte steigern sich in Beziehungskonflikte, Kleinigkeiten reichen aus, um Unzufriedenheit zu stiften und einen Flächenbrand auszulösen. Oft wählen die Teammitglieder Flucht und Vermeidung, damit werden die Störfaktoren unter den Tisch gekehrt und belasten den weiteren Teamerfolg, werden aber nicht mehr offensichtlich. Typischerweise engagieren sich die Teammitglieder aktiv in dem Prozess oder ziehen sich wegen der Intensität der Auseinandersetzungen aus dem Team zurück.

Die Teammitglieder sind in dieser Phase mit folgenden Überlegungen beschäftigt:

- Wie erhalte ich mir eine größtmögliche Unabhängigkeit?
- Wie viel Kontrolle über andere möchte ich haben?
- Inwieweit lasse ich zu, dass andere Kontrolle über mich bekommen?
- Mit wem möchte ich eine Allianz bilden?
- Wer unterstützt mich?
- Wie viel Einfluss möchte ich auf das Team haben?

Das Team muss diese konfliktreiche Phase bewältigen, andernfalls kann es sich nicht zu einem voll funktionstüchtigen Team weiterentwickeln.

Während der Phase des Stormings ist die Produktivität des Teams immer noch gering, die Energie des Teams jedoch hoch.

> **Checkliste:**
>
> Als Führungskraft können Sie in dieser Phase Folgendes berücksichtigen:
> - Ermutigen Sie die Teammitglieder darin, Konflikte direkt und offen auszutauschen. Achten Sie darauf, dass verdeckte Konflikte zu offenen Konflikten werden.
> - Etablieren Sie Normen und Verhaltensregeln für die Zusammenarbeit.
> - Sanktionieren Sie Verstöße gegen die Verhaltensregeln frühzeitig, für alle deutlich und konsequent.
> - Belohnen Sie Einhaltungen der Verhaltensregeln frühzeitig, für alle deutlich und konsequent.
> - Machen Sie Entscheidungsprozesse transparent.
> - Betonen Sie die positiven Seiten einer konstruktiven Streitkultur.

Norming

Nachdem Konflikte in der »Sturm- und Drangzeit« bearbeitet und ausgestanden sind, kommt das Team in ein ruhigeres Fahrwasser, der Zusammenhalt im Team ist wesentliches Merkmal der Norming-Phase. Die Teammitglieder wissen, dass sie in einem Boot sitzen, und erkennen, dass das gemeinsame Ziel nur gemeinschaftlich erreicht werden kann. Sie lernen ihre Unterschiede schätzen, nutzen die Stärken der anderen bewusst und akzeptieren die Lernfelder, erstmals wird ein Gemeinschaftsgefühl entwickelt.

Die Teammitglieder überdenken ihre eingenommenen Rollen und Verhaltensweisen und passen sie gegebenenfalls der Teamaufgabe an. Die Sinnhaftigkeit der Teamarbeit wird mittlerweile akzeptiert, »das Ergebnis ist mehr als die Summe der Einzelteile«. Funktionierende und vertrauensvolle Beziehungen haben sich entwickelt, Meinungsunterschiede werden in gegenseitigem Einvernehmen gelöst, Vertrauen entsteht. Die Teammitglieder werden großzügiger, Missverständnisse führen nicht gleich zu Konflikten, man sucht nach Win-win-Strategien in der Zusammenarbeit, Nachgeben wird nicht mehr als Schwäche verstanden, man sucht nach Kompromissen im Sinne des Teamergebnisses.

In dieser Phase verfestigen sich formelle und informelle Normen, damit entsteht ein Gefühl der Nähe und Einheit.

Die Teammitglieder sind in dieser Phase mit folgenden Überlegungen beschäftigt:

- Werden wir als Team erfolgreich sein?
- Wie stehen wir im Vergleich zu anderen Teams da?
- In welchem Verhältnis stehe ich zur Führungskraft?

Wurde diese Phase der Teamentwicklung erfolgreich durchlaufen, so stellen die Teammitglieder fest, dass sie mehr miteinander gemein haben. Sie lernen sich gegenseitig zu respektieren und haben ein größeres Gefühl der Zugehörigkeit.

Während dieser Phase steigt die Produktivität des Teams, und es wachsen Beziehungen, die auf Vertrauen basieren.

Checkliste:

Als Führungskraft können Sie in dieser Phase Folgendes berücksichtigen:

- Ermutigen Sie die Teammitglieder darin, den Teamprozess aktiv zu unterstützen.
- Unterstützen Sie konsensbasierte Entscheidungen.
- Delegieren Sie so viel wie möglich an die Teammitglieder.
- Beteiligen Sie das Team aktiv an der Formulierung von Teamzielen.
- Bauen Sie Ihre Rolle als Prozessmoderator aus, fördern Sie die inhaltliche Beteilung der Teammitglieder.

Performing

Wurden die ersten drei Phasen erfolgreich bewältigt, so befindet sich das Team in der Phase des Performings. Zu diesem Zeitpunkt haben die Teammitglieder gelernt, als voll funktionstüchtiges Team miteinander zu arbeiten. Sie können sich eigene Ziele setzen, pflegen ihre Beziehungen untereinander und bewältigen Konflikte.

Dies ist die harmonischste aller Phasen, die ein Team im Verlauf der Teamentwicklung durchlaufen muss. Die Teammitglieder können genau bestimmen, was es heißt, Mitglied in einem funktionierenden Team zu sein.

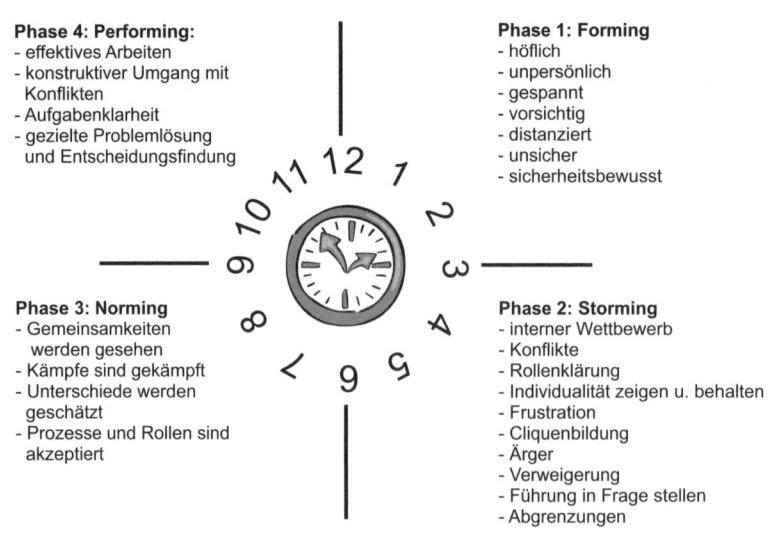

Phase 4: Performing:
- effektives Arbeiten
- konstruktiver Umgang mit Konflikten
- Aufgabenklarheit
- gezielte Problemlösung und Entscheidungsfindung

Phase 1: Forming
- höflich
- unpersönlich
- gespannt
- vorsichtig
- distanziert
- unsicher
- sicherheitsbewusst

Phase 3: Norming
- Gemeinsamkeiten werden gesehen
- Kämpfe sind gekämpft
- Unterschiede werden geschätzt
- Prozesse und Rollen sind akzeptiert

Phase 2: Storming
- interner Wettbewerb
- Konflikte
- Rollenklärung
- Individualität zeigen u. behalten
- Frustration
- Cliquenbildung
- Ärger
- Verweigerung
- Führung in Frage stellen
- Abgrenzungen

Abb. 45: Die Teamuhr

Das Team trifft Entscheidungen, diagnostiziert und löst Probleme und tritt in Aktion. Es herrscht eine offene und unterstützende Kommunikation, und alle Teammitglieder ziehen an einem Strang, ohne Angst vor Ablehnung. Das Team ist an der Führung beteiligt. Verschiedene Sichtweisen können offen mitgeteilt werden, und Konflikte werden als Mittel zum Zweck im kreativen Prozess der Problemlösung angesehen. Das Team hat nun ein Gefühl für seine Identität und die Mitglieder fühlen sich dem Team und seinen Zielen verpflichtet.

Aber nicht alles, was glänzt, ist auch Gold: Diese Phase kann auch von einer gewissen Unflexibilität und Behäbigkeit gekennzeichnet sein. Die Teammitglieder kennen sich wie ein altes Ehepaar. Man befindet sich in einer persönlichen Komfortzone, Veränderungen stoßen oft auf Skepsis, weil man dies »bisher ja noch nie so gemacht hat«. Die festen Normen und Regeln können auch behindern, weil sie geänderten Unternehmenszielen nicht folgen wollen oder können. Deshalb gibt es Unternehmen, die etablierte Teams nach spätestens drei Jahren bewusst verändern.

Checkliste:

Als Führungskraft können Sie in dieser Phase Folgendes berücksichtigen:
- Unterstützen Sie kreative Ideen und Lösungsansätze.
- Unterstützen Sie die Teammitglieder, eigene Potenziale auszuprobieren.
- Suchen Sie nach Wegen, die Teamkapazität weiter zu steigern.
- Stellen Sie eingefahrene Teamnormen in Frage.
- Seien Sie provokant und helfen Sie Teammitgliedern dabei, ihre Rolle im Team zu verändern und auszubauen.

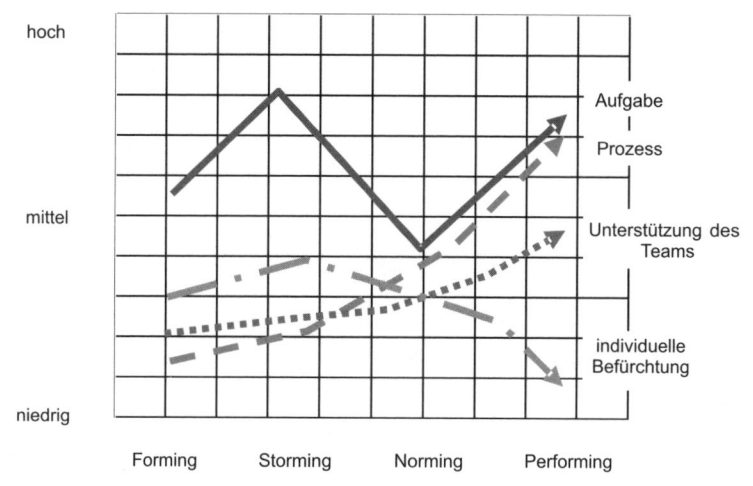

Abb. 46: Aufgaben- und Prozesseffektivität während der einzelnen Phasen der Teamentwicklung

Konflikt und Kooperation

Praxisbeispiel: Herr Jürgens nimmt an einem wichtigen Abteilungsmeeting teil. Da nicht er die Verantwortung für die Präsentation trägt, sondern sein Kollege Herr Dörfner, sieht er dem wichtigen Meeting mit Neugierde und Spannung entgegen. Er weiß, dass von dem Gelingen viel abhängt, vor allem das Prestige der eigenen Abteilung. Schließlich steht die Budgetverteilung für das kommende Jahr an.

> Nachdem das Meeting zunächst erfolgversprechend beginnt, zeigt der weitere Verlauf, dass die Vorbereitung durch Herrn Dörfner detaillierter hätte ausfallen können. Die Fragen des Vorstandes werden nur teilweise beantwortet, schließlich eskaliert die Stimmung, als sich abzeichnet, dass die für die eigene Abteilung wichtige Vorstandsentscheidung vertagt werden soll. Obwohl Herr Jürgens im Innern seines Herzens eine gewisse Schadenfreude nicht verhehlen kann (schließlich kann der Kollege seiner Meinung nach einen kleinen Dämpfer ganz gut gebrauchen), beschließt er, dem Kollegen zur Hilfe zu kommen. Gemeinsam tragen sie dazu bei, dass die wichtige Entscheidung getroffen wird. Anschließend bedankt sich Herr Dörfner und hebt die Kooperationsbereitschaft und den Teamgeist von Herrn Jürgens positiv hervor.
>
> Einen Tag später erlebt Herr Dörfner jedoch einen ganz anderen Herrn Jürgens. Es geht um die Budgetverteilung innerhalb der Abteilung. Das Budget ist selbstverständlich begrenzt, Herr Jürgens betont die Interessen des eigenen Teams und zeigt nach Meinung aller Kollegen nicht im mindesten Verständnis für die Interessen der anderen Teams. Hier präsentiert er sich als wettbewerbsorientiert, ja geradezu konfliktsuchend.

Dieses Praxisbeispiel dokumentiert, wie schwer es im Unternehmensalltag ist, kooperativ zu sein, wenn es doch darum geht, persönliche Interessen – auch im Sinne der eigenen Karriere – zu verfolgen. Am Ende des Tages wird eben doch die eigene Arbeitsleistung beurteilt und nicht, wie häufig man anderen gegenüber kooperativ war. Die Zusammenarbeit in Gruppen findet also entlang eines Kontinuums statt: An dem einen Pol befindet sich die volle Übereinstimmung der Interessen. Was für den einen nützlich ist, ist für den anderen ebenso nützlich. Am anderen Pol sind die Fälle zu finden, in denen das Interesse der einen Person den Interessen der anderen Person konträr widerspricht: Der Gewinn des einen ist der Verlust des anderen. Herr Jürgens profitiert ebenso wie Herr Dörfner davon, wenn die Präsentation ein Erfolg wird, dagegen gibt es im Rahmen der Budgetdiskussion ein Ressourcenproblem. Was Herr Dörfner bekommt, verliert Herr Jürgens.

In der Praxis werden gemischte Situationen dominieren, dennoch verlangen Führungskräfte von ihren Mitarbeitern gerne Kooperation und Teamarbeit, fördern jedoch durch die Schaffung bestimmter Rahmenbedingungen Konflikte und Wettbewerbsdenken – ein Schelm, wer Böses dabei denkt.

Unter welchen Bedingungen kooperieren Mitarbeiter?

Handeln Sie bewusst und rational oder sind Sie ein Gefühlsmensch und handeln intuitiv und spontan? Diese Frage kann sicherlich so pauschal nicht beantwortet werden, aber wenn Sie in einer Situation zwischen Kooperation und Wettbewerb entscheiden müssen, dann ist es nicht unwahrscheinlich, dass Ihr persönlicher Nutzen dabei eine Rolle spielen wird. Das Bild des Menschen als eines *Homo oeconomicus* spielt in der Psychologie dabei eine Rolle – dieser strebt nach der Maximierung des eigenen Nutzens (Kirchgässner, G., 2000).

> **Praxisbeispiel:** In einer Bank gibt es immer wieder Probleme in der Zusammenarbeit zweier Abteilungen. Die Abteilungsleiter Herr Müller und Herr Weniger stehen wiederholt vor dem Dilemma:
> - *Kooperieren?* Ja, ist im Sinne des Unternehmens. Was ist aber, wenn man sich dabei über den Tisch ziehen lässt? Wenn die andere Abteilung das ausnutzt?
> - *Wettbewerb zeigen?* Ja, dann könnte man das Optimum herausholen. Was ist aber, wenn das zu einem offenen Konflikt führt, der im Unternehmen negativ auffällt?

Das Praxisbeispiel bestätigt psychologische Experimente, die im Rahmen der sogenannten Spieltheorie vielfach erforscht wurden. Am bekanntesten hierbei ist das »*Gefangenendilemma*« (Rapoport, A./Chammah, M., 1965; Antons, K., 2000).

Die konstruierte Situation lautet folgendermaßen:

Zwei Verdächtige werden bezichtigt, gemeinsam eine Straftat begangen zu haben. Sie werden verhaftet und voneinander getrennt. Die Höchststrafe für das Verbrechen beträgt zehn Jahre. Beiden Gefangenen wird nun ein Handel angeboten, worüber auch beide informiert sind. Wenn einer gesteht und somit seinen Partner mit belastet, kommt er mit drei Monaten davon – der andere muss dann aber die zehn Jahre absitzen. Entscheiden sich beide zu schweigen, bleiben nur Indizienbeweise, die aber ausreichen, um beide für ein Jahr einzusperren. Gestehen aber beide die Tat, erwartet jeden eine Gefängnisstrafe von acht Jahren. Nun werden die Gefangenen unabhängig voneinander befragt. Es besteht weder vor noch während des Verhörs die Möglichkeit, sich untereinander abzusprechen. Das Problem sähe folgendermaßen aus:

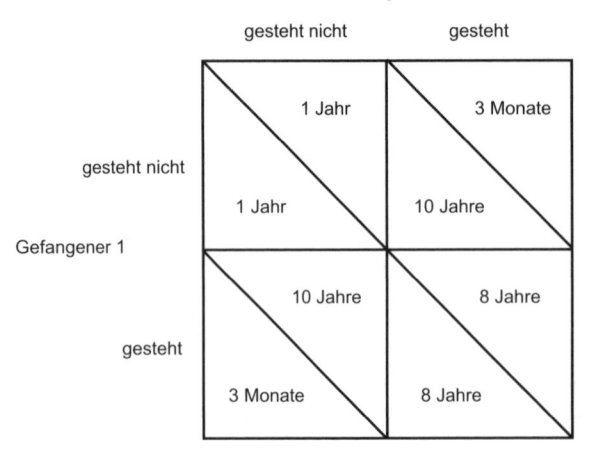

Abb. 47: Das Gefangenendilemma

Wie würden Sie sich entscheiden? Würden Sie gestehen und auf die drei Monate hoffen oder nicht gestehen und Angst haben müssen, zehn Jahre zu sitzen? In der experimentellen Durchführung dieses Dilemmas entschieden sich die Teilnehmer überdurchschnittlich oft für das Geständnis, obwohl die rein rationale Strategie eine andere Entscheidung nahelegen würde, nämlich das Nichtgestehen.

Wendet man diese Erkenntnis auf die Abteilungsleiter in dem eben erwähnten Praxisfall an, dann kann man von folgenden Gedanken ausgehen:

- »Wenn ich wettbewerbsorientiert handle, könnte ich allein am meisten gewinnen, der Kollege geht dann aber leer aus.«
- »Wenn der Kollege allerdings auch wettbewerbsorientiert handelt, haben wir beide Nachteile.«
- »Es besteht aber auch die Gefahr, dass ich übervorteilt werde, wenn nur ich allein kooperativ handle.«
- »Wenn wir beide kooperativ handeln, handeln wir im Interesse des Unternehmens, allerdings müssen wir dann auf Kompromisse zurückgreifen, die eigentlich suboptimal sind.«

Praxistipp:
- Die Entscheidung für eine Kooperation darf nicht dazu führen, dass man Gefahr läuft, das schlechteste aller möglichen Ergebnisse zu erzielen. Im Fall der beiden Abteilungsleiter muss der vorgesetzte Hauptabteilungsleiter die Kosten einer Nichteinigung, eines Wettbewerbs, künstlich erhöhen, beispielsweise indem beiden Abteilungen in diesem Fall Teile des Budgets gestrichen werden. Strukturen, Instrumente sind sinnvoll, die Kooperation untereinander auch systemisch zu unterstützen, beispielsweise durch entsprechende Beurteilungs- und Zielvereinbarungssysteme, integriert in ein entsprechendes Vergütungssystem.
- Das »Gefangenendilemma« funktioniert deshalb besonders gut, weil die Beteiligten sich untereinander nicht austauschen können. Kommunikation und persönliche Nähe fördern kooperatives Verhalten eindeutig. Teammitglieder gehen desto kooperativer miteinander um, je mehr man über die Absichten und Einstellungen der anderen weiß. Fördern Sie deshalb den Austausch und die Kommunikation untereinander, so oft es geht. Und zwar optimalerweise außerhalb der des täglichen Arbeitsumfeldes.
- Je größer die Gruppe, desto geringer ist die Bereitschaft zur Kooperation, das Ausmaß der Kooperation variiert mit der Anzahl der beteiligten Personen. Wenn der Bankvorstand in dem Praxisbeispiel nun vorschlägt, einen Workshop mit allen Mitgliedern der beteiligten Abteilungen zu machen, dann wäre dies nicht zu empfehlen. Vielmehr sollte zunächst ein Treffen der Abteilungsleiter und ausgewählter Personen stattfinden, um die wesentlichen Rahmenbedingungen zu fixieren und grundsätzliche Bedingungen für eine Kooperation zu finden.
- Die Annahme der ausschließlich rationalen Bestimmung einer Person ist nicht realistisch. Persönlichkeit, Werte, Regeln und vor allem das gelebte Vorbild der Führungskraft bestimmen das Ausmaß an gelebter Kooperation im Team.
- Schließlich wird Kooperation auch gelernt. Je häufiger Kooperation durch die Führungskraft für alle ersichtlich belohnt und Wettbewerb sanktioniert wird, desto höher ist die Tendenz zur Kooperation untereinander.

Zusammenfassung

Wesentliche Voraussetzungen für ein leistungsstarkes Team sind das Vorhandensein eines verständlichen und motivationsstiftenden Teamzwecks sowie daraus abgeleitete klare und akzeptierte Gruppenziele. An ihnen werden Arbeitsressourcen ausgerichtet, Zielkonflikte und damit Doppelarbeiten werden ausgeschlossen, sie schaffen ein Gefühl der Zielgerichtetheit und wirken damit über rein inhaltliche Fragestellungen hinaus, sie geben der Gruppe Verbundenheit und Sinnhaftigkeit.

Ein Team profitiert zudem von verschiedenen Persönlichkeiten, die verschiedene Teamrollen verkörpern. Je vielfältiger diese Rollen verteilt sind, desto effektiver wird die Teamarbeit sein. Oftmals unterscheidet man Teamtypen, die entweder handlungs-, kommunikations- oder wissensorientierte Schwerpunkte haben.

Unternehmen, Strukturen werden von Prozessen und vorgegebenen Regeln bestimmt. Aber nicht immer sind die wirklich wichtigen Regeln schriftlich niedergelegt und jederzeit einsehbar. Implizite Gruppennormen, das heißt in der Gruppe akzeptierte informelle Verhaltensregeln, bestimmen direkt die Gruppenleistung. Sie können leistungssteigernd oder -mindernd sein. Spielregeln der Zusammenarbeit, gemeinsame Rituale und Symbole sind identitätsstiftend, erhöhen die Attraktivität der eigenen Gruppe und das Selbstbewusstsein der Teammitglieder. Damit einher geht die Stärkung des Wir-Gefühls.

Kommunikationsschwierigkeiten liegen nicht immer an Kompetenzdefiziten der einzelnen Akteure. Effektive und an einzelnen Erfolgskriterien ausgerichtete Informationsstrukturen können ebenfalls dazu beitragen, Kommunikationshindernisse und dysfunktionale Informationsfilter zu reduzieren und damit das Team leistungsfähiger zu machen.

Wenn ein Team sich neu zusammenfindet, dann sind seine Rollen und Interaktionen noch nicht entwickelt. Der Prozess der Teamentwicklung hin zu einer leistungsfähigen und effizienten Gruppe benötigt Zeit und verläuft in aufeinanderfolgenden, aus Sicht der Gruppendynamik charakteristischen Phasen: Forming, Storming, Norming und Performing. Die Phasen unterscheiden sich voneinander und bauen aufeinander auf, deshalb spricht man auch oft von der sogenannten Teamuhr. Daraus ist zu schließen, dass alle funktionierenden Teams diese Stufen oder Phasen typischerweise durchlaufen müssen.

Es gibt viele Situationen im Arbeitsleben, in denen Teammitglieder einen Konflikt zwischen den eigenen Interessen und den Teaminteressen erleben. Dieses Dilemma kann durch die Führungskraft zwar nicht ausgeschlossen, aber zumindest reduziert werden. Das Ausmaß an Kooperation steigt, wenn der Gewinn aus der Kooperation größer ist als der Gewinn eines Wettbewerbs, die Betroffenen miteinander kommunizieren und sich kennen lernen und die soziale Orientierung der Teammitglieder durch die Führungskraft bestärkt beziehungsweise belohnt wird.

Gute Entscheidungen treffen

Grundgedanken zur Problemanalyse und Entscheidungsfindung

Probleme zu lösen und Entscheidungen zu treffen ist eine Grundaufgabe des Menschen, um in seiner Umwelt zu überleben. Immer wieder treffen wir auf kritische Ereignisse, in denen wir uns aus einer Vielzahl von Möglichkeiten für die eine oder andere Variante entscheiden müssen. Viele Entscheidungen, die wir treffen, durchdenken wir gar nicht mehr, sondern handhaben sie automatisiert (das vereinfacht den Umgang mit der Umwelt und spart Ressourcen). Dies trifft jedoch nur dann zu, wenn die Konsequenzen nicht weiter bedrohlich oder wir bereit sind, die Verantwortung für unser Tun in jede Richtung zu tragen.

Das Abwägen von Konsequenzen ist für den Entscheidungsprozess von zentraler Bedeutung. Hierzu stellen wir Verbindungen zwischen früheren Entscheidungen und den daraus resultierenden Ergebnissen her. Positive Ergebnisse werden dabei von positiven Gefühlen begleitet. Dies erhöht die Wahrscheinlichkeit, sich wieder so zu entscheiden (Thorndike-Gesetz, 1913). Dabei ist es von Person zu Person unterschiedlich, ob diese Rückmeldung der Ergebnisse eher durch Außenstehende oder durch uns selbst erfolgt. Die Ergebnisrückmeldung an sich gibt uns ein Gefühl dafür, ob wir gute oder schlechte Entscheider sind.

Als Manager treffen wir täglich Dutzende von Entscheidungen, die in der Regel nicht lebenswichtig, aber doch von teilweise weit reichender Bedeutung sind. Entscheidungen gehören zu den Kernaufgaben einer Führungskraft. Oft sprechen wir hierbei von weitsichtigen und umsichtigen Entscheidungen, wobei viele kleine Entscheidungen ständig zu treffen sind. Viele Problemlösungen und Entscheidungen werden erst Jahre später sichtbar. Wie soll ich diese also abwägen können? Als Psychologen wissen wir außerdem, dass Intelligenz nicht unbedingt zu besseren Problemlösungen führt und sogar das Lösen von vergangenen Problemen nicht immer für vorliegende Probleme nützlich sein muss (Dörner & Kreuzig, 1983).

Trotz aller Unwägbarkeiten kann ich die Sicherheit meiner Entscheidungen erhöhen: Zuerst einmal ist es bei Entscheidungen wichtig, welche Schwierigkeiten ihnen zugrunde liegen. Eine gängige Klassifizierung liegt in der Unterscheidung nach einfachen, komplizierten und komplexen Entscheidungen.

Einfache Entscheidungen

Einfache Entscheidungen zeichnen sich dadurch aus, dass wir wenige Entscheidungsparameter oder auch Einflussfaktoren zu berücksichtigen haben. Es gibt wenig Wechselwirkung zwischen ihnen, und eine Auswirkung ist häufig nicht von weit reichender Bedeutung. Beispiele: die Auswahl eines Gerichts in einem Restaurant; Auswahl der Schuhe, die man morgens anzieht et cetera.

Komplizierte Entscheidungen

Bei diesen Entscheidungen gilt es, verschiedene Verknüpfungen zu beachten und verschiedene Faktoren gegeneinander abzuwägen sowie den Nutzen zu berechnen. Hierzu benötigt man bereits ein höheres Maß an Detailkenntnis und einen größeren Informationsraum, um Entscheidungen zu treffen. Ein Beispiel könnte hierbei die Anschaffung eines Dienstwagens sein, einschließlich Ausstattung, aller Komponenten und Berücksichtigung der Aspekte, die zum Beispiel eine Privatversteuerung mit sich bringt. Auch die Auswahl einer Urlaubsreise wird von vielen Parametern beeinflusst: zum Beispiel Hitzeverträglichkeit, Reisekosten, Reisezeit, Reisemittel et cetera.

Komplexe Entscheidungen

Neben den vielen Komponenten, die bereits in den komplizierten Entscheidungen enthalten waren, spielen hier auch Wechselwirkung und Dynamiken während des Entscheidungsprozesses eine Rolle. Eine Entscheidung A, die ich treffe, beeinflusst eine Entscheidung B, die wiederum die zentrale Entscheidung C verändert. Häufig ist in diesen Situationen auch die Entscheidung für die eine Variante die Entscheidung gegen eine andere. Zu dieser Art der Entscheidung gehören solche, deren Resultate ich nicht ganzheitlich abwägen kann. In diesen komplexen Entscheidungen befindet man sich häufig, wenn man über den weiteren Karriereweg nachdenkt und sich für bestimmte Aspekte festlegen muss: zum Beispiel Auslandsaufenthalt, Wohnortwechsel, Aufgabe des sozialen Umfeldes et cetera.

Alle Entscheidungen haben eine gemeinsame Grundlage, und das ist das eindeutig herausgearbeitete Problem. Daraus resultierend wollen wir uns zuerst einmal mit der Fragestellung beschäftigen, inwieweit die Problemanalyse ein zentraler Faktor für eine gute Entscheidungsfindung ist.

Das Problem und dessen Analyse als zentrale Grundlage effizienter Entscheidungen

Um sich der Thematik eines Problems zu nähern, sollten wir erst einmal festlegen, wodurch ein Problem gekennzeichnet ist. Es gibt viele Ansätze, wobei der folgende ganz interessant ist:
»Ein Problem liegt immer dann für ein Individuum vor, wenn eine aktuelle Situation (ein Anfangszustand) in eine erwünschte andere Situation (den Zielzustand) überführt werden soll (wobei eine Barriere überwunden werden muss) und das Individuum nicht weiß, wie es diese Änderungen vornehmen kann« (Dörner, 1987). Das heißt, will ich die dritte Wurzel aus 1 ziehen und habe ich einen Taschenrechner mit dieser Funktion, dann stellt dies im eigentlichen Sinne kein Problem dar. Soll ich aber diese Rechenoperation durchführen, ohne dass ich einen solchen Taschenrechner habe oder die Rechenformel kenne, dann tritt eine Barriere auf. Jetzt habe ich ein richtiges Problem!

Zu Beginn der Herangehensweise an eine Fragestellung oder ein Problem ist es deshalb wichtig, das Problem zu beleuchten und sich über die Rahmenbedingungen und die Ausgangslage klar zu werden. Erst dann kann ich die Barriere sinnvoll aus dem Weg räumen. In der Forschung unterscheidet man dabei noch einmal die folgenden Aspekte eines Problems:

- *Komplexität:* Es müssen viele Aspekte bei der Problembearbeitung berücksichtigt werden.
- *Dynamik:* Zustände können sich auch ohne Eingriff des Problemlösers ändern.
- *Intransparenz:* Probleme dieser Art lassen sich vom Problemlöser nicht gänzlich überschauen (die Einflussgrößen sind zum Beispiel nicht benennbar).
- *Vernetzung:* Hier liegen keine einfachen Ursache-Wirkung-Ketten vor, Komponenten haben Einflüsse aufeinander.

Nicht hilfreich ist natürlich in den meisten Fällen ferner, dass ein Problem nicht bis zur Lösung durch den Problemlöser konstant bleibt. Die

Außenwelt wartet nicht, bis man ein Problem endlich beschrieben hat. Deshalb sollte man in der Problembearbeitung zügig vorgehen. Der alte Spruch »Gut Ding will Weile haben« gilt hier nicht.

Zum schnellen Erfassen des Problems lassen sich die folgenden neun Schritte betrachten:

1. Art des Problems

In diesem Bereich sollte man das Problem grob skizzieren, wesentliche Aspekte notieren und so den Problemraum abstecken. Es handelt sich zum Beispiel um mangelnde Ideen, um einen Markt erfolgreich bearbeiten zu können, oder eine technische Lösung, die immer wieder gleiche Fehler aufwirft. Grundsätzlich könnte man sagen: Was fällt uns zu diesem Problem erst einmal ein?

2. Örtlichkeit des Problems

Jedes Problem befindet sich erst einmal in einem Problemraum. Bei einem technischen Problem ist es relativ einfach: es ist der Ort, an dem das Problem auftritt. Bei einem vertrieblichen Szenario ist dies schon gar nicht mehr so einfach. Hier ist die Frage, ob das Problem erst beim Kunden entsteht, bereits in der Lieferkette oder sogar schon im Ursprung der Erzeugung existiert. Bei klassischen Problemen des Managements müssen Schnittstellen und Prozessketten beleuchtet werden. Hilfreich kann es sein, den Problemraum erst einmal auf ein DIN-A4-Blatt aufzuzeichnen.

3. Inhaberschaft des Problems

Örtlichkeit und Inhaberschaft sind nicht das Gleiche. Die Inhaberschaft kennzeichnet die Betroffenheit, wer hat unter den Auswirkungen zu leiden? Dazu gehört auch, wer als Erster ein Bewusstsein für das Problem entwickelt hat, um es an die Oberfläche zu bringen. In der Inhaberschaft wird auch deutlich, wer den Druck in Richtung auf eine Problemlösung verspürt. Häufig ist das derjenige, der den »Igel im Bauch« verspürt.

4. Bedeutung des Problems

In diesem Punkt muss eine klare Priorisierung getroffen werden, mit der das Problem angegangen werden soll. Zusätzlich gilt es zu berücksichtigen, ob es sich um ein lokales oder ein die gesamte Organisation betreffendes Problem handelt. Die Bedeutung des Problems ist wichtig für die spätere Zuteilung von Ressourcen zur Problemlösung und sagt etwas aus über die mentale und materielle Konzentration, die diesem Problem beizumessen ist.

5. Dringlichkeit des Problems

Bis wann muss eine Lösung des Problems erfolgen und was sind Konsequenzen, wenn dies nicht zu einem bestimmten Zeitpunkt oder innerhalb eines Zeitrahmens passiert? Dringlichkeit und Bedeutsamkeit stehen nicht unbedingt in einem konsequenten Zusammenhang (zum Beispiel Räumung des Hochlagers für eine gerade eingetroffene Lieferung, hier ist eher pragmatisches Handeln gefragt, es ist kein zentrales Problem der Unternehmung). Die Dringlichkeit eines Problems kann, wenn nicht richtig eingeschätzt, zu schlechteren Lösungsergebnissen führen (falscher Zeitdruck bei komplexen Problemen).

6. Ursachen des Problems

In diesem Feld ist es wichtig, sich die Ursachen eines Problems konsequent anzuschauen, also die Kräfte, die das Problem erzeugt haben. Für diese Fälle arbeitet man häufig mit Ursache-Wirkung-Diagrammen (zum Beispiel Ishikawa oder Mind-Maps), die später noch genauer erläutert werden. Zentrale Größen sind hierbei in der Regel Personen, Maschinen, Prozesse, Qualität et cetera. Hier macht es auch Sinn, möglichst schnell Außenstehende zu befragen.

7. Einflüsse auf das Problem

In jeder Problemsituation gibt es zusätzlich behindernde Faktoren, die einer Lösung im Wege stehen, oder Aspekte, die eine Lösung fördern. Im unternehmerischen Kontext könnte ein Beispiel sein, dass dringend ein neuer Mitarbeiter mit spezifischen Kenntnissen gebraucht wird. Aufgrund einer Ansage der Geschäftsleitung, dass die Mitarbeiterzahl im nächsten Jahr reduziert werden soll, hat der Betriebsrat jedoch einer Einstellung nicht zugestimmt.

In positiver Hinsicht könnte es sich hierbei um zusätzliche Budgets handeln, die durch eine Neukalkulation plötzlich frei geworden sind und eine Beschleunigung der Problemlösung herbeiführen können.

8. Überlegung möglicher Lösung

Häufig fallen einem bei der Betrachtung eines Problems bereits erste, scheinbar greifbare Lösungen ein. Diese sollte man notieren und als Lösungsalternativen im Hinterkopf behalten. Gerade diese ersten Ideen kommen häufig aus intuitiven oder erfahrungsgestützten Erkenntnissen, sozusagen verwandte Lösungen, die man bereits in ähnlicher Form in der Vergangenheit realisiert hat.

9. Vorteile der Lösung

Erste Ideen zu Vorteilen der verschiedenen Lösungsalternativen sind hierbei zu berücksichtigen, so zum Beispiel Auswirkung auf Motivation, Klima in der Unternehmung et cetera. Die hierzu notwendigen Kriterien und deren Auswertung werden in einem späteren Abschnitt dieses Kapitels betrachtet.

Eine so genaue Betrachtung des Problems, der damit erzeugten Kräfte und der Betroffenen ist wichtig, um ein Problem überhaupt erst einmal umfassend zu fixieren. Wenn man die Literatur zum Thema Entscheidungsfindung betrachtet, wird immer wieder deutlich, dass die Punkte 8 und 9 sehr schnell von Managern in die Wege geleitet werden, bevor 1 bis 7 überhaupt ausreichend geklärt sind. Ein Praxisbeispiel soll dies verdeutlichen.

> **Praxisbeispiel:** Betrachten wir das fiktive Unternehmen Flatscreen GmbH, eine Firma für die Herstellung von Computerbildschirmen. Die Geschäftsleitung hat in den letzten Monaten festgestellt, dass die Umsätze mit den Flachbildschirmen in den verschiedenen Kaufhäusern drastisch gesunken sind. Das führt die Geschäftsleitung auf die mangelnde Motivation ihrer Vertriebsmitarbeiter zurück, die anscheinend aufgrund des erfolgreichen ersten Halbjahres ihre Bemühungen zurückgefahren haben (Art des Problems).
>
> Dementsprechend sollen Trainingsmaßnahmen initiiert werden und ein Motivationsworkshop für die Vertriebsmannschaft zu einer Verbesserung dieser Situation führen. Der Vertriebsleiter der Unternehmung kann ebenfalls einen leichten Rückgang der Motivation seiner Vertriebsmitarbeiter registrieren, hält dies aber nicht für die wirklich grundlegenden Bedingungen des Problems. Er versucht sich also in einer Problemanalyse. Zuerst fällt ihm auf, dass die Rückgaben fehlerhafter Monitore zugenommen haben und die Kaufhäuser mit vielen Beschwerden ihrer Kunden konfrontiert werden. Es ergibt sich für ihn die erneute Situation, dass die Örtlichkeit des Problems nicht der Vertrieb, sondern die Produktion ist.

Es scheint sich hier also ein komplexeres Problem abzuzeichnen, bei dem neben der eventuell sinkenden Motivation der Vertriebsmannschaft auch technische Probleme eine bedeutsame Rolle spielen. Die Inhaberschaft des Problems lässt sich nicht genau lokalisieren und muss weiter verifiziert werden. Grundsätzlich liegt sie bei der Geschäftsleitung, die zumindest emotional beteiligt ist.

Die Bedeutung des Problems ist inzwischen jedoch deutlich größer geworden. Die große Anzahl zurückgegebener Bildschirme überschreitet die Lagerkapazität des Unternehmens. Als Folge muss das Unternehmen zusätzliche Ressourcen hinzukaufen, um die zurückgenommenen Bestände und die neu eintreffenden Lieferungen aus Fernost ordnungsgemäß lagern zu können. Da die zurückgenommenen Bildschirme auch nicht fakturiert werden können, ergibt sich ein weiteres Finanzproblem, was die Liquidität des Unternehmens in große Schwierigkeiten bringt.

Damit trifft Punkt 5 zu, dass die Dringlichkeit des Problems nicht mehr zu unterschätzen ist und ein schneller Handlungsbedarf deutlich wird. Im Fall des Punktes 6 (Ursachen des Problems) bringt eine Analyse zum Vorschein, dass der Kostendruck auf den Einkauf zu fehlerhaften Displays geführt hat. Diese waren am Markt günstiger zu bekommen und wurden in größeren Mengen eingekauft. Ebenso zeigen sich Fehler an elektronischen Bestandteilen. Im Rahmen der mangelnden Motivation zeigte sich auf der anderen Seite, dass das neu eingeführte Vergütungssystem nicht zur Zufriedenheit und unter Einbeziehung der Gedanken der Vertriebsmitarbeiter generiert wurde. Es legt mehr Wert auf quantitative Größen als auf die zentralen Aspekte der qualitativen Betreuung des Kunden. Zu Punkt 7 (Einflüsse auf das Problem) lässt sich festhalten, dass das Vergütungssystem ein rein umsatzbezogenes ist und damit die Rücknahmen aus den verschiedenen Kaufhäusern keinen Einfluss auf die Berechnungsgrundlage haben. Die Vertriebsmitarbeiter sind also unabhängig von Retouren und kümmern sich deshalb auch nur unzureichend um die aus der Reklamation entstandenen Probleme.

Das hier dargestellte Problem macht deutlich, dass die Einschätzung der Geschäftsführung hinsichtlich der Problemursachen viel zu kurzsichtig und nicht auf die breite Betrachtung des Problemraums ausgerichtet war. Dies führt uns sofort zum nächsten Punkt, in dem es um Fehler geht, die in der Problemanalyse häufig auftreten.

Übung zur Theorie:

Betrachten Sie ein Problem der jüngeren Vergangenheit (nicht zu komplex) und versuchen Sie, es nach den neun oben genannten Aspekten zu strukturieren!

1. _____
2. _____
3. _____
4. _____
5. _____
6. _____
7. _____
8. _____
9. _____

Fehler im Problemlöseprozess

Bei der Betrachtung von Problemlöseprozessen fallen immer wieder sieben Punkte ins Auge, welche die Problemanalyse und damit auch die Entscheidungsfindung negativ beeinflussen. Diese möchte ich einmal darstellen und vor dem Hintergrund der Flatscreen GmbH betrachten:

1. Es werden die Symptome für das wahre Problem gehalten.
2. Es existieren im Unternehmen vorgefasste Meinungen über Problemursachen.
3. Die Ursachen für ein Problem werden aus der Machtposition einer Person heraus festgelegt.
4. Es werden Ursachen und Wirkung nicht klar unterschieden.
5. Die Problemdiagnose ist unvollständig.
6. Aspekte des Problems werden übersehen.
7. Teile der Organisation werden nicht genügend einbezogen.

1. Symptome werden für das Problem gehalten

Hinsichtlich unserer Flatscreen GmbH will die Geschäftsführung beobachtet haben, dass Vertriebsmitarbeiter zu oft im Haus und nicht bei den Kunden sind. Grundlage war die Hypothese, dass ein ordentlicher Vertriebsmann eigentlich bei den Kunden zu sein hat. Dies ist jedoch lediglich eine Hypothese oder eventuell nur ein Symptom. Auf jeden Fall ist es nicht die einzig mögliche Erklärung, warum ein Problem entstanden ist.

Ein anderes *Beispiel* soll dies verdeutlichen: Manchmal wird Mitarbeitern vorgeworfen, dass sie zu wenig mutige Entscheidungen treffen. Häufig hat das aber damit zu tun, dass die Unternehmung keine besonders hohe Fehlertoleranz hat. Diese wird zwar in Leitbildern aufgeführt, doch die Praxis belehrt uns oft eines Besseren. Nicht die Mutlosigkeit bei Entscheidungen ist das Problem, sondern die Bestrafung von Fehlentscheidungen durch die Führungsmannschaft. Dies führt häufig zu einer mangelnden Risikobereitschaft, deren Ursache jedoch die Unternehmenskultur ist.

2. Vorgefasste Meinungen zu Ursachen

Ursachen für Probleme werden oft aus der Vergangenheit bemüht. Hier gab es früher einmal in der Unternehmung klare Erklärungsmuster, die heute noch gelten sollen. Hat eine Führungskraft den Glaubenssatz »Ohne Fleiß kein Preis« und »Nur wer in Bewegung ist, bewirkt auch was«, dann trifft dies eventuell nicht die Ursache, schränkt aber die Suchrichtungen für mögliche Problemfelder ein (Treiber Beeil dich! und Streng dich an! können den Problemprozess deutlich beeinflussen). Grundsätzlich sollte man sich hier immer erst einmal die Frage stellen, ob die gefundene Erklärung wirklich die einzige ist. Es empfiehlt sich, sie erst einmal in die Schublade zu legen, um nach weiteren Alternativen zu suchen.

In unserem konkreten Fallbeispiel bedeutet dies, jede der vermuteten Ursachen über alle möglichen Wirkungszusammenhänge des zurückgehenden Geschäfts zu betrachten.

Praxistipp: Es zeigt sich immer wieder, dass gerade in der Anfangsphase einer Problembearbeitung zu wenig Fragen gestellt werden. Eine Untersuchung von R. Weth (1989) zeigte dies sehr deutlich. Dementsprechend sollten Sie die gesunde Neugier walten lassen.

3. Die Ursachen für ein Problem werden aus der Machtposition einer Person heraus festgelegt

Es ist immer wieder feststellbar, dass Ursachen für Probleme aus Machtpositionen von Personen heraus festgelegt werden. Teilweise erleichtert dies den Glauben an die subjektive Beeinflussbarkeit, da die wahren Ursachen in der Regel schwer zu bekämpfen sind. In unserer Flatscreen GmbH wäre dies zum Beispiel dann der Fall, wenn es eine zentrale Einkaufspolitik aus Fernost gäbe und der Einkauf der Bildschirme nur über das Europäische Headquarter geregelt werden könnte. Die damit verbundenen interkulturellen Auseinandersetzungen werden vom Management gescheut und die Ursache ganz einfach auf eine besser handhabbare Variable reduziert, die der »faulen Vertriebsmitarbeiter«.

4. Es werden Ursachen und Wirkung nicht klar unterschieden

Die Qualitätseinbrüche der Flatscreen GmbH können verschiedene Ursachen haben. Wir nehmen an dieser Stelle einmal an, dass die Auseinandersetzungen bezüglich der Arbeitsqualität, die Verlängerung der Arbeitszeiten und die wenig fehlertolerante Unternehmensphilosophie dazu geführt haben, sich eher zu drücken, als in die Offensive zu gehen. Vielleicht haben Mitarbeiter bereits die Fehler der Bildschirme erkannt, diese jedoch nicht an die Oberfläche getragen. Dementsprechend ist die mangelhafte Qualität (Wirkung) in einer breiten Unzufriedenheit der Mitarbeiter und einer Angstsituation im Unternehmen begründet. Jetzt eine reine Qualitätsoffensive zu starten wäre verfrüht.

5. Die Problemdiagnose ist unvollständig

Wie bereits im vorherigen Kapitel berichtet, wird häufig für Problemdiagnosen zu wenig Zeit eingeplant, man beschäftigt sich viel schneller mit Problemlösungen. Eine häufig in diesem Zusammenhang getroffene Aussage ist: »Das Problem liegt doch auf der Hand.« Sollten Sie in Ihrem Unternehmen diese Aussage hören, bedeutet das in der Regel, sich gerade jetzt mit dem Problem etwas intensiver zu beschäftigen. Dies ist häufig der zeitintensivste Teil auf der Suche nach einer Problemlösung.

6. Aspekte des Problems werden übersehen

Menschen neigen dazu, Probleme immer nur aus einer Perspektive zu betrachten. Gerade komplexere Fälle verlangen aber durchaus unterschiedliche Sichtweisen. Jeder von uns kennt diese Situation, wenn er tief versunken in ein Problem und die Stirn runzelnd an seinem Schreibtisch sitzt und auch nach längerem Nachdenken auf keine Lösung kommt. Plötzlich kommt jemand durch die Tür und sagt einem: »Mach es doch einfach mal so!«

Es ist häufig so: Je länger wir uns mit einem Problem beschäftigen, desto eher bekommen wir Scheuklappen und eine eingeengte Sichtweise auf die Lösung. Hätte sich die Geschäftsführung beispielsweise mit der Rücksendequote und der Zunahme der Lagerbestände etwas intensiver beschäftigt, wäre der Fokus nicht nur auf die Vertriebsmannschaft gefallen.

> **Praxistipp:** Grundsätzlich gilt: Es gibt immer mehr Ursachen, als man annimmt!

7. Teile der Organisation werden nicht genügend einbezogen

Wie in der oben skizzierten Situation der Flatscreen GmbH stellen wir häufig fest, dass versucht wird, ein Problem auf einen bestimmten Unternehmensbereich zu beschränken. Dies resultiert daraus, dass man gerne Problemverantwortliche sucht und möglichst schnell benennt, um von eigenen Problemen abzulenken (Bereichsschutz). Hierzu lässt sich festhalten, dass Probleme nicht an Bereichsgrenzen enden, sondern aus breiter gefächerten Ursachen bestehen. Dementsprechend ist es sinnvoll, bereits bei der Problemanalyse alle Betroffenen mit an den Tisch zu holen und nicht erst im Entscheidungsprozess.

Besonders gut lässt sich dies anhand von Projekten skizzieren. Häufig fällt auf, dass der Projektauftrag nicht eindeutig geklärt ist, weil kein eindeutiges Problembild oder auch Zielbild zur Problemlösung besteht. Dies hängt mit einem groben Fehler im Projektmanagement zusammen, nämlich dass häufig nicht das gesamte Projektteam, sondern nur wenige oder einzelne Personen den Projektauftrag spezifizieren. Würde man möglichst viele Personen in diesen Prozess einbinden, die gemäß der »Gelben Seiten« auch etwas zur Problemursache beitragen könnten, wären Problem und Ziel häufig viel deutlicher umreißbar.

> **Übung zur Theorie (Fortsetzung):**
>
> Ihr Problem der jüngeren Vergangenheit (siehe oben): Welche der oben genannten Fehler im Problemlöseprozess könnte bei Ihnen aufgetreten sein?
>
> 1. _____
>
> 2. _____
>
> 3. _____
>
> 4. _____

Methoden zur Problembearbeitung

Zur Annäherung an Problemursachen gibt es verschiedene Ansätze, die einem helfen können, ein Problem zu strukturieren. Nachfolgend sollen zwei Instrumente knapp skizziert werden, die dabei helfen können.

Ishikawa-Diagramm

Das Ishikawa-Diagramm ist ein aus der technisch orientierten Problemlösung kommendes Verfahren, um verschiedene Ursachen für ein Problem systematisch abzuleiten. Ein Beispiel für das Thema Produktivitätssteigerung stellt sich im nachfolgenden Diagramm dar.

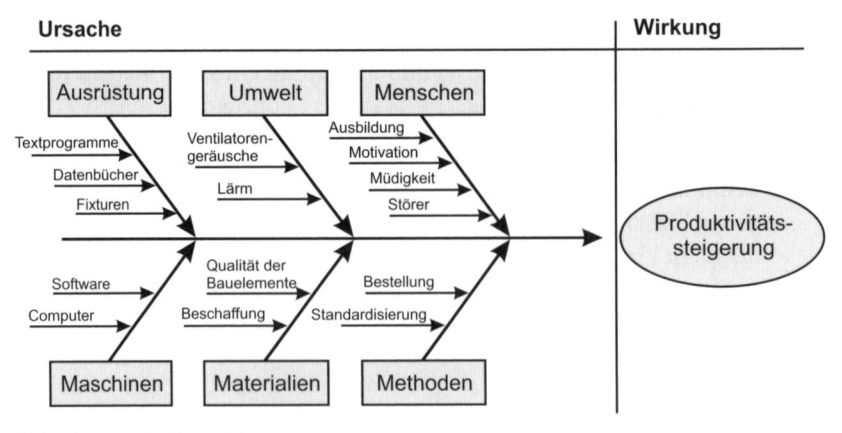

Abb. 48: Das Ishikawa-Diagramm

Ein solches Ishikawa-Diagramm ist ein Mittel zur systematischen Analyse von Problemursachen und den daraus resultierenden Wirkungen. Ein Vorteil dieser Vorgehensweise liegt darin, nicht zu eingeengt an ein Problem heranzugehen, sondern breiter an den Ursachen und vielleicht auch bereichsübergreifenden Themenfeldern zu arbeiten. Die in dem Diagramm genannten Aspekte wie Ausrüstung, Umwelt, Menschen sind hier nur beispielhaft und können natürlich durch andere Kategorien ersetzt werden. Wichtig ist jedoch, dass man sich in einer sogenannten offenen Phase verschiedene Ursachen vorstellt und diese dann mit den entsprechenden Untergrößen abbildet.

Im Anschluss an eine möglichst vollständige Aufzählung der einzelnen Aspekte kann man schon eine erste grobe Gewichtung vornehmen. Vorsicht sei hier aber geboten, indem man sich die im Vorfeld genannten sieben häufig auftretenden Fehler im Problemanalyseprozess stets vergegenwärtigt.

Positiv ist es ebenfalls, wenn man die Ergebnisse anhand von Experten und Erfahrungen anderer noch einmal verifiziert. Grundsätzlich gilt in der Problemanalyse, dass das Fragen anderer ein wichtiger Prozess zur Lösung und kein notwendiges Übel ist.

Welche Vorteile bietet das Ishikawa-Diagramm?

- Es ist eine gute Diskussionsgrundlage für Gruppenarbeiten.
- Es kann sehr gut von Teams bearbeitet werden, die eine vielseitige Betrachtungsweise hineinbringen.
- Es ist ein einfaches Instrument mit wenig Aufwand.
- Es ist leicht erlern- und anwendbar und auf nahezu jedes Problem einsetzbar.
- Es verdeutlicht Ursachen und Wirkungen.

Natürlich hat jedes Verfahren auch seine Grenzen, diese liegen beim Ishikawa-Diagramm in:

- teilweiser Unübersichtlichkeit bei komplexeren Problemen und damit zu umfangreich in der Darstellung.
- vernachlässigt gelegentlich Ursachen-Wirkungs-Zusammenhänge, die nicht klar darstellbar sind.
- auch zeitliche Abhängigkeiten und Interaktionen (Wechselwirkungen) zwischen den verschiedenen Ursachenfeldern sind nicht klar benennbar.

Mind-Mapping

Mind-Mapping ist eine Methode, die von Tony Buzan (1993) ins Leben gerufen wurde. Ihre Vorteile liegen darin, das bildlich-räumliche Denken zu fördern und erst einmal viele, spontan in den Sinn kommende Ideen und Gedanken zum Problem zu Papier zu bringen. Dies kann sich zum Beispiel für das Problem der Flatscreen GmbH folgendermaßen darstellen:

Abb. 49: Beispiel einer Mind-Map zum Problemraum der Flatscreen GmbH

Das Problem wird in der Mitte eines DIN-A4-Blattes lokalisiert. Ausgehend von diesem Problem werden jetzt einzelne Unteraspekte des Problems eingefügt. Sie werden durch Linien verbunden, um den Zusammenhang mit dem Grundproblem darzustellen. Jetzt ist es möglich, in weitere Verzweigungen zu gehen und so das Problem zu spezifizieren. Ganz wichtig ist bei dieser Vorgehensweise, dass man sich selber nicht kontrolliert und erst einmal anfängt, alle Gedanken in ein solch spinnenartiges Gewebe zu kleiden.

Vorteile dieser Methode zeigen sich eindeutig in Problemlöseprozessen, Planungsprozessen, Strategiefindung und einer grundlegenden Strukturierung komplexer Themen. So kann man zum Beispiel über diese Methode auch Reden oder Vorträge vorbereiten, indem man die Einzelbestandteile auf dem Blatt fixiert.

Hilfreich ist ferner, diese Mind-Map an betroffene Bereiche weiterzugeben, um mögliche zusätzliche Ursachen identifizieren zu lassen. Diese Vorgehensweise eignet sich grundsätzlich, um erst einmal ein Problem grob zu strukturieren, eventuell auch die oben genannten neun Aspekte der Problemanalyse systematisch abzubilden.

> **Übung zur Theorie:**
>
> Versuchen Sie, Ihr Problem durch eine Mind-Map darzustellen! Fallen Ihnen zusätzliche Aspekte ein?

Einen guten Einblick in die Thematik gibt auch Morgan Kirckhoff in seinem Buch *Mind Mapping* (2004). Inzwischen gibt es auch recht gute und ausgereifte Softwareprogramme, wie zum Beispiel MindManager® von der Firma Mindjet®. Diese haben den großen Vorteil, dass man wesentlich flexibler mit den aufgeschriebenen Ästen agieren (zum Beispiel Unterpunkte bilden, Umhängen et cetera) sowie auch mit Symbolen für bestimmte Vorgänge (kritisch, brauchen Abstimmung, Gefahr et cetera) und Prioritäten arbeiten kann. Ein weiterer Vorteil liegt eindeutig in der Übersichtlichkeit. Man braucht schon eine gewisse Zeit, damit man aus der Hand eine übersichtliche Mind-Map auf Papier bringen kann. Zudem gibt es bei der Software eine Schnittstelle zu Projektmanagementprogrammen.

Entscheidungen sicher vorbereiten und treffen

Nach einer sauberen Problemanalyse lautet nun die Aufgabe, die verschiedenen Problemursachen sicher in eine Lösung zu überführen.

Auch hier soll erst einmal der Begriff Entscheidung definiert werden:

»Der Begriff Entscheidung bezeichnet eine Situation, in der Entscheidungsträger die Möglichkeit haben, eine Handlung aus mehreren Optionen (Objekte, Handlungen, Strategien) zu wählen« (Jungermann/Pfister/Fischer, 2005).

Was macht Entscheidungen für uns schwierig? Grundsätzlich erst einmal, dass jede Entscheidung mit Konsequenzen verbunden ist: positiven, negativen oder solchen, die gar nicht einschätzbar sind. Ebenso bedeutet das, dass jede Entscheidung für eine Alternative auch eine Entscheidung gegen eine andere bedeutet. Das kennt jeder, der am Wochenende mit seinen Freunden drei Filme für einen Kinoabend diskutiert hat.

Aus der Erfahrung gibt es einen Sechserschritt, der eine effiziente Entscheidung sicherstellen kann.

1. Legen Sie die Fragestellung fest.
2. Analysieren Sie die Ausgangssituation.
3. Klären Sie Ihre Ziele.
4. Entwickeln Sie Ihre Optionen.
5. Treffen Sie Ihre Entscheidungen.
6. Prüfen Sie das Ergebnis.

1. Legen Sie die Fragestellung fest

In der Regel fängt das Problem der Entscheidungsfindung bereits in der Fragestellung an. Wichtig bei dieser ist es, über die eigentliche Frage hinaus schon zu entscheiden, ob es einen eher allgemeinen oder einen speziellen Lösungsprozess gibt. Beispiel: »Wir wollen die Umsatzzahlen steigern.« Dieses Beispiel stellt sich als eher schwierig und allgemein heraus, da es viele Alternativen gibt, um dieses zu bewerkstelligen. Auf der anderen Seite stellt eine Frage wie »Wollen wir die Autos eher grün oder rot lackieren lassen?« ein deutlich geringeres Entscheidungsfeld dar. Das heißt, dass die Frage allein schon über die Größe des Problemraums und die damit verbundenen Ursachen entscheidet.

Gerade bei Gruppen ist es wichtig, dass ein gleiches Verständnis erzeugt wird, alle die Ausgangsfragestellung auch verstanden haben. Ansonsten kann es zu Unzufriedenheit kommen.

> **Praxistipp:** Werden Sie sich also bereits in der Fragestellung darüber klar, was Sie wollen und was Sie nicht wollen. Dies konkretisiert den Umfang der Problemlöseaufgabe.

2. Analysieren Sie die Ausgangssituation

Im Rahmen der Ausgangssituation einer Fragestellung geht es darum, was die Ausgangsgrößen für eine gute Entscheidung sind. Fragen können in diesem Zusammenhang sein:

- Habe ich die Ausgangssituation von allen Seiten betrachtet?
- Habe ich alle Rahmenbedingungen beleuchtet?
- Habe ich mich in der Betrachtung der Ausgangslage von eigenen Emotionen leiten lassen?
- Welche Personen beeinflussen intensiv meine Betrachtung der Ausgangslage?
- Habe ich alle relevanten Informationen für eine Entscheidungsbetrachtung? Welche fehlen? Wie kann ich diese erhalten?

- Bin ich systematisch vorgegangen?
- Wer kann zur Entscheidung noch beitragen?

Hierzu sagte schon Galilei: »Die Neugier steht immer an erster Stelle eines Problems, das gelöst werden will.«

3. Klären Sie Ihre Ziele

In erster Linie ist es wichtig, dass Sie diese niederschreiben, da sich die Verbindlichkeit durch eine Niederschrift der Ziele erhöht. Vorteilhaft ist ferner, dass man sie anderen zeigen und von diesen Bewertungen einholen kann.

Bei der Findung der Ziele ist es wichtig, möglichst konkrete, bildhafte und für unbeteiligte Dritte verständliche Formulierungen zu finden. Dabei ist darauf zu achten, dass externe Anforderungen, interne Anforderungen und übergeordnete Ziele (strategische?) sowie Zeithorizonte entsprechend berücksichtigt werden. Bereits in der Problemanalyse haben wir festgestellt, dass ebenfalls Abhängigkeiten und Notwendigkeiten von Bewandtnis für die Zielformulierung sind.

Formulieren Sie Ziele immer positiv, das macht nämlich deutlich, was Sie erreichen wollen (motivatorischer Aspekt). Bei negativen Zielen, beispielsweise: »Wir wollen weniger Fehler machen«, wird das Endergebnis nicht klar. Die Beschreibung ist unklar und eher global. Wenn ich aber sage, dass die Servicequalität mit den Kennzeichen x und y erreicht werden soll, dann habe ich eine konkrete Linie.

Sie sollten ebenfalls klar formulieren, wann ein Ziel erreicht ist und welche Unterziele dazu zu erreichen sind (Zielkennzeichen). Definieren Sie auch die dazugehörigen Rahmenbedingungen, in unserem Ziel der Servicequalität vielleicht Budgets oder Qualifikationsvoraussetzungen der einzelnen Personen im Service.

4. Entwickeln Sie Ihre Optionen

Seien Sie in der Findung möglicher Alternativen möglichst offen und kreativ. Nutzen Sie die in diesem Kapitel benannten Methoden, um ein breites Alternativenspektrum zu generieren. Legen Sie sich nicht zu früh fest, sondern seien Sie erst einmal sehr ideenreich im Auffinden von Möglichkeiten. Dabei spielen Realisierbarkeiten erst einmal keine Rolle.

Oft geben die unter der Analyse der Ausgangssituation genannten Aspekte schon Ideen und Anregungen. Verlassen Sie auch eingefahrene Wege, der Mensch strebt nämlich immer erst einmal nach konservativen Vorgehensweisen in der Form vorgeprägter Einstellungen. Dies erkannte schon Clausewitz (1780–1831).

Schlechte Entscheider zeichnen sich in dieser Phase eher durch einen hektischen Aktionismus aus, das heißt, dass sie sich zu schnell zur Annahme einer Alternative bereit erklären. Vermeiden Sie diesen Wesenszug, da er in der Regel zu schlechteren Ergebnissen führt.

5. Treffen Sie Ihre Entscheidungen

Erst in dieser Phase bringen Sie die in Punkt 3 formulierten Ziele und die in Punkt 4 entwickelten Alternativen/Optionen zusammen. Bewerten Sie diese nach Wahrscheinlichkeiten und Auswirkungen. Auch hierzu haben wir einige Instrumente dargestellt, die diesen Prozess erleichtern.

6. Prüfen Sie das Ergebnis

Gute Entscheider zeigen eine sehr wichtige Qualität: Sie überprüfen ihre getroffenen Entscheidungen an der Realität und der konsequenten Umsetzung. Dabei sind sie offen für Selbstkritik und lernen aus den aufgetretenen Fehlern. Dementsprechend setzen Sie sich bitte nach Entscheidungen noch einmal mit Zielstellungen und Alternativen auseinander und bewerten Sie diese vor dem Hintergrund der Realisierung. Dies unterscheidet gute von weniger guten Problemlösern.

Folgende Beispielfragen können dabei hilfreich sein:

- Ist die gewünschte Wirkung eingetreten?
- An welchen Stellen wird den Erwartungen nicht entsprochen?
- Welche Ursachen könnten dafür verantwortlich sein?
- Wo treten Nachkorrekturen auf?
- Welche alternativen Lösungen oder Szenarien wären möglich gewesen?
- Welche Aspekte der Entscheidung würden Sie heute noch einmal treffen, welche nicht?
- Welche Fähig- und Fertigkeiten wurden über- beziehungsweise unterschätzt?
- Wen hätten Sie fragen sollen, um Fehler zu entdecken oder zu vermeiden?
- Haben Sie die richtigen Ziele gesetzt, waren die Rahmenbedingungen klar?
- Was würden Sie bei der nächsten Entscheidung anders machen?
- Neigen Sie dazu, Ihr Handeln schönzureden? Rechtfertigen Sie Ihr Vorgehen innerlich, ohne daraus zu lernen?

Im letzten Fall kennen wir in der Psychologie die Attributionstheorie. Diese besagt, dass wir eigene Erfolge gerne der eigenen Person zuschreiben, die eigenen Misserfolge lieber den verkorksten Umweltbedingungen. Bei anderen Personen agieren wir eher etwas zu konsequent und genau umgekehrt. Hier sind wir oft der Meinung, dass die andere Person die Fehler selbst verursacht hat. Vermeiden Sie das durch eine ehrliche und konsequente Analyse!

Fehler in der Entscheidungsfindung

Sehr hilfreich ist im Zusammenhang mit der Entscheidung, typische Fehler von Menschen in Entscheidungsprozessen noch einmal systematisch zu beleuchten. Die wichtigsten Aspekte der Entscheidungsforschung sind hier zusammengefasst.

Die Illusion, das Problem sei klar

Ohne eine gute Analyse des Grundproblems hat es gar keinen Sinn, sich Entscheidungen zu nähern. Das Beispiel für den Umsatzrückgang der Flatscreen GmbH sei hierfür ein Beispiel. Grundsätzlich gilt die Frage, worum es eigentlich wirklich bei der zu lösenden Aufgabe geht (siehe Kapitel zur Problemanalyse).

Die Illusion, wer viele und schnelle Entscheidungen trifft, sei eine gute Führungskraft

Folgt man Fredmund Malik und betrachtet man die Realität, dann herrscht in vielen Köpfen von Managern die schlicht falsche Meinung vor, dass nur derjenige sich als guter Entscheider beschreiben könne, der in klassischer Hollywood-Manier Entscheidungen trifft. Grundsätzlich wird dabei ein wichtiger Grundsatz nicht beachtet, und das ist der der Gründlichkeit.

Sieht man sich die Entscheidungsforschung an, so werden viele wichtige Fehlentscheidungen auf mangelnde Gründlichkeit zurückzuführen sein, die sich sowohl in der Problemanalyse als auch in den möglichen Alternativen ausdrückt. Aktionismus ist selten ein guter Ratgeber (Weth, 1990). Dabei zeigt sich auch bei den mannigfaltigen Auswertungen, dass die Nachbesserung häufig einen beachtlicheren Aufwand verursacht als die Vorbereitung der Entscheidung. Ein Beispiel aus der jüngsten Vergangenheit ist das Thema Toll Collect.

Dennoch gibt es eine Gruppe von Managern, die schnell erfolgreiche Entscheidungen treffen kann. Hierzu sind jedoch drei Grundvariablen von wichtiger Bedeutung: Erfahrung, Vorbereitung und Detailkenntnis. Alle drei zusammengenommen bezeichnen wir auch als Intuition. Manager, die auch in komplexen Entscheidungssituationen schnell und richtig agieren, haben in der Regel Punkt 6 des vorhergehenden Entscheidungsprozesses effektiv reflektiert. Sie arbeiten Entscheidungen nach und verfügen meist über eine gute Sachkenntnis.

Es werden zu wenige Alternativen geprüft

Schlechte Entscheidungen zeichnen sich häufig dadurch aus, dass zu wenige Alternativen hinsichtlich der Lösungsfindung beachtet werden. In der Regel gibt es mehr Alternativen, als wir denken. Hierbei sind natürlich Zeitaspekte zu beachten. Schlechte Entscheider grenzen schnell ein, werten Ideen anderer vorschnell ab und verneinen mögliche Handlungsoptionen.

Die Ansicht, die Entscheidung an sich sei wichtig

Ein weiterer, oft begangener Fehler liegt darin, dass der Manager der Meinung ist, Entscheidungen an sich seien wichtig. Dem ist bei weitem nicht so. Viel wichtiger als die Entscheidung ist der Überblick über die mögliche Realisierung. So sollte in einer Organisation stets überlegt werden, wer an diesem Entscheidungsprozess beteiligt und darin integriert werden sollte, da ansonsten im Nachfeld der Entscheidung mit starken Widerständen zu rechnen ist.

In diesem Zusammenhang hatte Clausewitz bereits Ideen hinsichtlich der Planung der Realisierung, die knapp 200 Jahre später noch Bestand haben: »Der Grund dafür, dass Pläne nicht funktionieren, liegt oft darin, dass man all die kleinen, lästigen, lokalen Bedingungen (Friktionen) nicht einkalkuliert hat, die erfüllt sein müssen, damit der Plan geht.«

Wichtig ist auch, die zur Verfügung stehenden Ressourcen hinsichtlich der Machbarkeit abzuschätzen. Ansonsten werden die Entscheidungen nicht zum Erfolg führen und bei den Mitarbeitern die Entscheidungsfähigkeit der Führung in Frage gestellt. Dies bedeutet, auch ein großes Gewicht auf das Thema Follow-up der Entscheidung und das Thema Follow-through zu legen. Nur so kann sichergestellt werden, dass die eintreffenden Bedingungen in der Umsetzung der Entscheidung den vorgedachten entsprechen.

Der Irrglaube, Konsens sei wichtig

Ein weiterer Irrtum besteht darin, dass es zur Entscheidungsfindung wichtig sei, einen Konsens zu erzielen. Viel wichtiger als der Konsens in der Entscheidungsphase ist der Dissens. Erst dieser macht es möglich, in verschiedene Richtungen zu denken und sich nicht sofort der Thematik »Die Entscheidung liegt ja auf der Hand« zu beugen. Hierzu eine kurze Anekdote.

> **Praxisbeispiel:** Der Vorstand eines großen amerikanischen Unternehmens hatte einmal eine Entscheidung zu treffen und wollte seine Führungskräfte in die Entscheidungsfindung einbeziehen. Er stellte kurz die Problemlage dar und skizzierte eine mögliche Entscheidung. Danach fragte er seine Führungskräfte, ob sie weitere Ideen oder Gedanken hätten, um die Entscheidung eventuell noch in die eine oder andere Richtung abzusichern. Die Führungskräfte schüttelten einmütig den Kopf und sagten, dass ihr Chef schon eine gute Entscheidungsvorbereitung getroffen habe. Der Vorstand wurde darüber sehr wütend und sagte zu seinen Führungskräften, dass er sie nicht für die Bestätigung, sondern fürs Querdenken und Selberdenken bezahle.

Diese kurze Geschichte macht einen Aspekt sehr deutlich: Wichtig ist es, einen gezielten Dissens in der Meinungsbildung herbeizuführen und vor allen Dingen auch Querdenkern den Weg zu öffnen. Peter Kern von Europcar hat einmal in einer Führungskräfteklausurtagung einer mittelgroßen Beratung einen Satz geprägt, der sehr in Erinnerung geblieben ist: »Wenn man in einem Unternehmen wirklich etwas bewegen will, dann braucht man mindestens zehn Prozent Querdenker und eine Geschäftsführungsriege, die diese zehn Prozent vor den anderen 90 Prozent schützt.« Hier wird der Gedanke noch einmal klar aufgeführt: Wer etwas bewegen will, der muss es aus vielen Perspektiven tun!

Nur komplizierte Methoden führen zur guten Entscheidung

Häufig unterliegen Manager dem Vorurteil, dass nur komplizierte Methoden zu einem Ziel führen. Immer wieder wird gezeigt, dass man mit einfachen Methoden und einer klaren, nachvollziehbaren und damit konsequenten Vorgehensweise zu sehr guten Ergebnissen kommen kann. Häufig verwirren schwierige Entscheidungsmodelle nur den klaren Entscheidungsprozess. In der Entscheidungsfindung zeigen sich manchmal einfache Modelle komplizierteren deutlich überlegen.

Neben diesen Aspekten gibt es noch weitere, die ebenfalls häufiger in der Entscheidungsforschung genannt werden.

Weitere Fehler in Entscheidungen

Zum Teil wird viel zu viel Energie in die Entscheidungsfindung investiert, was auf den ersten Blick vielleicht der »sauberen« Problemanalyse widerspricht. Dies ist aber so gemeint, dass man in der Regel mit 80 Prozent der Energie (gemäß dem Pareto-Prinzip) sinnvolle Entscheidungen treffen kann. Viele Entscheidungen entwickeln nämlich im Laufe der Umsetzung eine Eigendynamik, die man mit den letzten Prozentpunkten sowieso nicht bestimmen kann. Eine hundertprozentige Planung ist deshalb unrealistisch!

Darüber hinaus muss auch noch ein Rat für die Beraterzunft ausgesprochen werden, der unserer Erfahrung nach in vielen Unternehmen nicht berücksichtigt wird. Viele Unternehmen verlassen sich viel zu stark auf Experten und denken zu wenig selbst. Dabei sind sie es häufig, die die Rahmenbedingungen, Umstände und Problemursachen viel klarer benennen könnten, als dies ein Berater kann. Sollten Sie dennoch einen Berater in den Entscheidungsprozess einschalten, bedenken Sie die folgenden Aspekte:

- Die Berater sollten keine eigenen Interessen und Ziele verfolgen, die nicht im Sinne der Unternehmensziele sind.
- Sie sollten für Empfehlungen auch die Verantwortung übernehmen, was sie vorsichtiger in den einzelnen Vorschlägen macht und den Aspekt »Nach mir die Sintflut« minimiert.
- Führen Sie zusätzlich ein Mindestmaß an unabhängigen Erfolgskontrollen ein, um die Beratungsleistung zu messen.

Aus der Entscheidungsforschung zeigt sich ein weiteres Phänomen: Es ist besser, eine Entscheidung zu treffen, als gar keine Entscheidung zu treffen. Dennoch neigen wir in der Realität häufig zum Aufschieben von Entscheidungen. Woher kommt das?

Grundsätzlich bedeutet natürlich jede Entscheidung immer den Verzicht auf positive Aspekte der abgelehnten Alternative. Die nicht mehr gewählte Alternative steht meist auch nicht mehr zur Verfügung, was die Chance einer Fehlentscheidung erhöht. Hinzu kommt ein weiteres psychologisches Phänomen, dass wir nach Entscheidungen die nicht gewählte Alternative aufwerten (Fachbegriff: Nachentscheidungs-Dissonanz). Diese rein psychologischen Faktoren ändern aber nichts an der Grundaussage, dass es besser ist, mit Gründlichkeit und Verstand eine Entscheidung zu treffen, als diese auf Sankt Nimmerlein zu vertagen. Insgesamt sind hier jetzt viele Faktoren für eine gute Entscheidung und Vorsichtsfaktoren zur Vermeidung einer schlechten Entscheidung angeführt worden. Im nächsten Kapitel soll es nun darum gehen, mit gezielten Methoden sichere Entscheidungen herbeizuführen.

Methoden zur positiven Entscheidungsfindung

Zur Findung sinnvoller Entscheidungen ist es zielführend, sich Entscheidungstechniken vor dem Hintergrund der Zielsetzung und ihrer möglichen Reichweite anzuschauen. Hierzu lassen sich verschiedene Alternativen grob skizzieren:

Das Worst-Case-Szenario

- Sinnvoll bei Entscheidungen, die mit großer Unsicherheit und hohen Risiken verbunden sind.
- Man benötigt Aufschlüsse über mögliche Schwachstellen und Gefahren.
- Es soll die Möglichkeit bestehen, frühzeitig auf Risiken mit Gegenmaßnahmen zu reagieren.

Wie geht man vor?
Für jede Entscheidungsalternative werden die Einflüsse und beteiligten Personen separat benannt. Hinzu kommen die Wahrscheinlichkeiten der Handlungsalternativen im Rahmen dieser Szenarien und die damit verbundenen Folgen. Das heißt, dass für jede Alternative in Gedanken die schlimmstmöglichen Folgen durchgespielt und niedergeschrieben werden. Die dazu gehörenden Fragen lauten wie folgt:

- Wie sieht das Szenario aus? Welche Ausgänge sind möglich?
- Mit welcher Wahrscheinlichkeit tritt das Worst-Case-Szenario ein?
- Welche Grundmaßnahmen können ergriffen werden, um das Worst-Case-Szenario zu verhindern oder die Auswirkung abzumildern?

- Wann müssen die Gegenmaßnahmen spätestens eingeleitet werden?
- Welche Kosten würden sie verursachen?
- Welche Folgen hätten die Gegenmaßnahmen?

Gerade diese Szenariotechnik gibt einen sehr guten Überblick über die spätere Umsetzung und deren Gefahren. Es sei noch einmal auf die Fehler im Entscheidungsprozess verwiesen und dass es nicht darum geht, möglichst schnell Entscheidungen zu treffen, sondern sich Gedanken über deren Umsetzung zu machen.

Entscheidungsbäume

- Sinnvoll, um Transparenz in komplexen Entscheidungsprozessen zu erzielen.
- Zusammenhänge und Prozesse werden deutlicher dargestellt.
- Nachträgliche Identifikation von Fehleinschätzungen und nicht ausgereiften Alternativen.

Wie geht man vor?
Die Fragestellung wird oben auf einem Blatt notiert. Anschließend werden Verzweigungen für zwei oder mehr Alternativentscheidungen (Äste) gezeichnet. Für einzelne Entscheidungsaspekte gibt es nun Symbole:

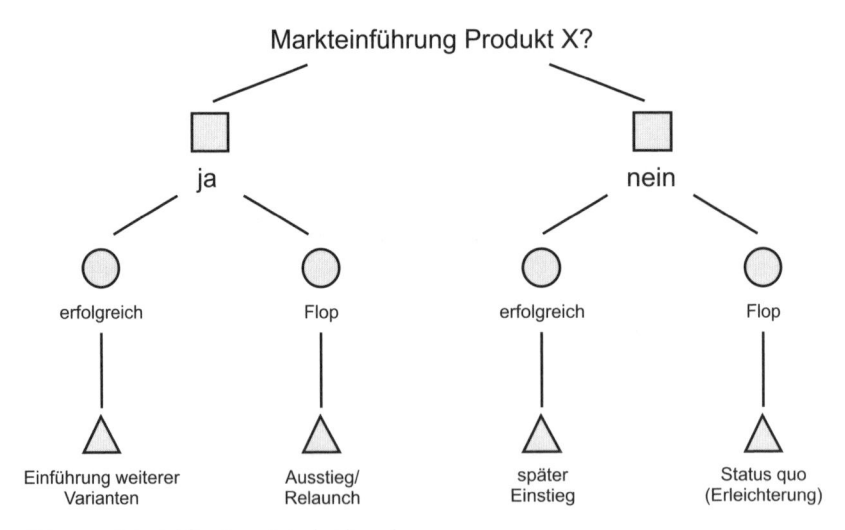

Markteinführung Produkt X?

ja — erfolgreich → Einführung weiterer Varianten
ja — Flop → Ausstieg/Relaunch
nein — erfolgreich → später Einstieg
nein — Flop → Status quo (Erleichterung)

Abb. 50: Beispiel für einen Entscheidungsbaum

- das Viereck für Entscheidungen
- den Kreis für Ereignisse
- das Dreieck für Konsequenzen

Auf jeder Ebene gibt es nur einen Typ von Symbolen. Im Anschluss daran gibt es weitere Verzweigungen.

Die obige Abbildung verdeutlicht dieses Vorgehen anhand der Einführung eines Produktes X.

Das Bilanzmodell

Das Bilanzmodell ist eine der einfachsten Entscheidungstechniken, die sich in der Forschung zu der Thematik aber sehr bewährt hat.

- Sinnvoll bei Entscheidungen, die eine gewisse Komplexität nicht übersteigen.
- Bei der Integration von Gruppen in Entscheidungsprozesse und damit auch bei Themen des Brainstormings.
- In Fällen beispielsweise der Mitarbeiterbeurteilung, indem man sich über das Jahr auf beide Aspekte spezifiziert hat (positive Situationen des Mitarbeiters bezüglich einer Dimension, zum Beispiel Durchsetzungsvermögen, sowie auf der anderen Seite das optimierbare Verhalten).

Wie geht man vor?

Man schreibt die entsprechenden Alternativen nebeneinander in ein so genanntes T-Konto (siehe Abbildung 51). Anschließend schreibt man für jede Entscheidungsalternative Plus- und Minus-Aspekte in die entsprechenden Spalten. Hierbei hat sich gezeigt, dass ein reines Auszählen der Plus- und Minus-Aspekte einer Gewichtung überlegen ist.

Menschen sind nur schlecht in der Lage, die Alternativen richtig zu gewichten. Ein Aufsummieren und Festlegen der größeren Summe ist gemäß der Forschung der deutlich erfolgversprechendere Weg.

> **Übung zur Theorie:**
>
> Erinnern Sie sich noch an Ihre letzte private Entscheidung, bei der Sie zwischen zwei bis drei Alternativen wählen konnten? Treffen Sie diese Entscheidung noch einmal mit dem Bilanzmodell.

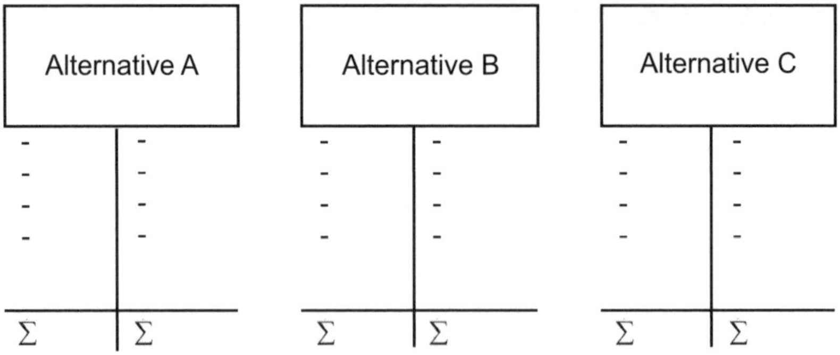

```
┌─────────────┐         ┌─────────────┐         ┌─────────────┐
│ Alternative A│        │ Alternative B│        │ Alternative C│
└──────┬──────┘         └──────┬──────┘         └──────┬──────┘
   -   │   -                -  │  -                -   │   -
   -   │   -                -  │  -                -   │   -
   -   │   -                -  │  -                -   │   -
   -   │   -                -  │  -                -   │   -
───────┼───────         ───────┼───────         ───────┼───────
   Σ   │   Σ                Σ  │  Σ                Σ   │   Σ
```

Abb. 51: T-Konten als sichere Entscheidungsmodelle
(Σ = Summe der Aspekte)

Brainstorming

- Sinnvoll, wenn man eine Gruppe zur Verfügung hat, die über unterschiedliche Sichtweisen auf das Problem verfügt.
- Wenn man einen Abriss über mögliche Ursachen und Alternativen gewinnen will.
- Bei sehr konkreten Fragestellungen, die einen gewissen Komplexitätsgrad nicht übersteigen.
- Zusammenfinden von Expertisen/Experten verschiedener Ausprägungen, die es zusammenzubringen gilt.
- Nicht sinnvoll bei komplexen Problemstellungen.
- Wenig hilfreich, wenn eine Gruppe von Laien zu Themen befragt wird. Wichtig sind in diesem Prozess Experten.

Wie geht man vor?

Auf einem Blatt Papier oder einem Flipchart wird die Fragestellung oder die Alternative notiert, dann kann jeder der Beteiligten seine Ideen und Gedanken abgeben. Diese werden direkt und unkommentiert notiert.

Hier gelten die folgenden Grundregeln:

- Kritik ist nicht erlaubt (in der Ideenfindungsphase).
- Auch die ausgefallensten Ideen sind erlaubt.
- Quantität geht vor Qualität.
- Ideen anderer dürfen aufgegriffen und weiterentwickelt werden.

Diese Technik eignet sich auch ganz besonders in Meetings, in denen schnell einmal Ideen und Gedanken skizziert und Probleme von verschiedenen Seiten betrachtet werden sollen.

Osborn-Checkliste

Hierbei handelt es sich um eine Kreativitätstechnik, die von Alex Osborn entwickelt wurde und sich an einem Vorgehen mit Checklisten orientiert. Mit ihr kann man bestehende Ideen modifizieren und neue Perspektiven einnehmen.

- Sinnvoll als Weiterführung, wenn bereits erste Ideen vorliegen.
- Wenn eingefahrene Perspektiven vorliegen.
- Wo neue Ideen für alte Produkte gebraucht werden.
- Verarbeitung von Brainstorming-Ergebnissen.
- Nicht sinnvoll bei einer ganz neuen Entwicklung, bei der keine Grundlagen vorliegen.
- Wenn keine originellen Ideen gebraucht werden.

Wie geht man vor?
Es gibt nach Osborn zehn Leitfragen, die man systematisch durcharbeitet:

1. Anders verwenden?
Wo kann man es noch einsetzen? Für andere Personen nutzen? Neue Funktionen herausholen?
2. Anpassen?
Wem ähnelt die Idee, das Produkt? Was könnte man davon übernehmen?
3. Verändern?
Kann man Form, Zweck, Aussehen, Farbe, Geruch, Ton, Ausstrahlung ändern?
4. Vergrößern?
Kann man etwas hinzufügen? Frequenzen erhöhen? Größer, länger, höher machen? Den Preis erhöhen? Abstände verändern? Übertreiben?
5. Verkleinern?
Kann man etwas entbehren? Kleiner, kompakter, flacher machen? Es in Einzelteile zerlegen?
6. Kombinieren?
Neu zusammensetzen? Zerlegen? Mit etwas anderem zusammenfügen? Reihenfolgen verändern? In ein größeres Ganzes einfügen?
7. Austauschen?
Was kann man an der Idee austauschen? Welche anderen Bestandteile sind möglich? Kann man Positionen verändern? Lässt sich der Prozess verändern?

8. Umstellen?
Kann man Aspekte austauschen? Reihenfolgen ändern? Ursache und Wirkung vertauschen? Neue Modelle ableiten?

9. Umkehren?
Ist auch das Gegenteil der Idee möglich? Sind Rollenveränderungen möglich? Positives negativ sehen und umgekehrt? Abläufe verkehren?

10. Transformieren?
Kann man es ausdehnen oder pressen? Kann man es in andere Aggregatzustände überführen? Kann man es transparent machen?

Diese Technik eignet sich auch ganz besonders, wenn Sie auf alten Produkten sitzen und dringend einen neuen Input brauchen. Dann können konventionelle Ideen in kreative Ansätze verändert werden.

Auf komplexe Modelle der Entscheidungsfindung wird hier verzichtet, für Interessierte seien noch Vertiefungen im Rahmen der Nutzwertanalyse und zur Vertiefung des Brainstormings auch das Brainwriting angesprochen.

Anmerkung zu Entscheidungen in Gruppen

Bei Entscheidungen in Gruppen gibt es einige Grundannahmen aus der Psychologie, die generell Beachtung finden sollten.

Risky-Shift-Phänomen

In der Forschung (aber ebenso in der realen Unternehmenswelt) hat man festgestellt, dass Gruppen immer zu risikoreicheren Entscheidungen neigen als Einzelpersonen. Dies ist das alte Phänomen, dass man sich in der Gruppe stark fühlt und hofft, dass man es gemeinsam schon schaffen werde. Es ist also durchaus eine gesunde Vorsicht bei Entscheidungen in der Gruppe angebracht, damit keine vorschnelle Euphorie ausbricht.

Viele von uns kennen dies in der Anfangsphase eines Projektes, in der häufig aufgrund dieser Euphorie Meilensteine und auch Zeitfenster nicht richtig abgeschätzt und die Performance der Gruppe durch diesen Optimismus überschätzt wird.

Unterschiedliche Motivatoren bei den einzelnen Mitgliedern der Gruppe

Jede Problemstellung und Entscheidung betrifft die einzelnen Beteiligten häufig direkt. Das bedeutet, dass man in einer Gruppe auch darauf achten muss, inwieweit von den einzelnen Mitgliedern verdeckte Ziele verfolgt werden. Machtstatus, Prestige und andere (nicht offen gezeigte) Motivatoren sind hier wichtige Aspekte, die insbesondere in Gruppenentscheidungsprozessen nicht immer zu den besten Entscheidungen führen. Hinzu kommen unterschiedliche Dominanztendenzen. Dabei können gute Ideen schwächerer Mitglieder unterdrückt werden.

Umgang der Gruppe mit nicht-konformen Personen

Querdenker sind in Gruppen nicht sehr beliebt. Gerade stabile Gruppen (hohe Gemeinsamkeiten – psychologische Kohäsion) zeigen in der Realität immer wieder, dass sie Träger alternativer Positionen ausgrenzen und diese schnell wieder zu einem Verhalten gemäß der Gruppennorm veranlassen (erhöhter Druck/Zwang zur Rückkehr zur Gruppenentscheidung).

Wann sind Entscheidungen in der Gruppe sinnvoll?

- In Aufgabenstellungen, die eine komplexe Informationsverarbeitung bedingen und verschiedene Perspektiven benötigen.
- Bei kreativen Aufgabenstellungen, die viele Ideen und Meinungen zusammenbringen und damit über den Horizont und den Bezugsrahmen einer Person hinausgehen.
- In der Regel dann, wenn es sich um Entscheidungen handelt, die die Gruppe als Ganzes betreffen (zum Beispiel Pausen, Rauchen, Handynutzung et cetera).
- Die Ergebnisse der Entscheidungen liegen im Verantwortungsbereich der Gruppe (Mitgliedschaften, Beschwerdeausschuss et cetera).
- Es gibt eine breite Ressourcenkompetenz, das heißt, wenn Mitarbeiter maximal unterschiedliches Wissen und Können einbringen. In solchen Fällen wurde deutlich, dass die Gruppe der Einzelentscheidung oft doch sehr überlegen ist.

- In Fällen, in denen Betroffene zu Beteiligten gemacht werden, das heißt Entscheidungen, die jeden Einzelnen betreffen (Schichten, Eigentümergemeinschaften et cetera).
- Bei Entscheidungen, die eine Abgrenzung gegenüber Dritten erfordern. Grundsätzlich sind dies solche Entscheidungen, bei denen im Nachgang eine Einheit gefordert ist (zum Beispiel Fraktionszwang, Pressemitteilungen et cetera).

Unterschiedliche Kommunikationsstile von Problemlösern

In einer Untersuchung von Roth (1986) wurden Kommunikationsstile von Problemlösern anhand einer Computersimulation untersucht. Diese unterschieden sich recht deutlich in der Sprachwahl bei der Beschreibung der Problemzustände.

Schlechte Problemlöser benutzen eher Ausdrücke wie: immer, jederzeit, alle, absolut, gänzlich, restlos, total, fraglos, nur et cetera – also Begriffe, die eher absolute Aussagen sind und wenig Raum für andere Möglichkeiten und Bedingungen lassen.

Gute Problemlöser setzten die folgenden Ausdrucksweisen ein: ab und zu, gelegentlich, gewöhnlich, einzelne, bisschen, gewisse, denkbar, fraglich, unter anderem, auch, dürfen, können, etwas et cetera – also betrachten eher Bedingungen, Ausnahmen, Randaspekte. Dabei haben sie auch eine Hauptrichtung, lassen aber Nebenaspekte zu.

Humorvoller Praxistipp: Sprechen Sie beim Problemlösen in ein Diktiergerät. Sollten Sie hauptsächlich die erstgenannten Worte benutzen – wiederholen Sie dieses Kapitel.

Zusammenfassung

Entscheidungen treffen ist eine wichtige Kernaufgabe von Führungskräften. Mitarbeiter achten sehr intensiv darauf, ob getroffene Entscheidungen auch zu Erfolgen führen (psychologisch: Reiz-Reaktion-Verknüpfungen). Führt eine Mehrzahl der Entscheidungen nicht in eine positive Richtung, kann die Legitimation als Führungskraft abgeschwächt werden.

Gute Entscheidungen ergeben sich aus drei Aspekten:

1. einer genauen und fokussierten Problembeschreibung,
2. einer systematischen Zielsetzung und deren Abgleich mit Entscheidungsalternativen,
3. einer systematischen Bewertung getroffener Entscheidungen und der eingetretenen Konsequenzen (Lernen aus positiven Ergebnissen, aber auch aus möglichen Fehlern).

Schon im Problembetrachtungsprozess treten oft Fehler auf, die die Entscheidung erschweren. Insbesondere sollten in solchen Prozessen in Unternehmen vorgefasste Meinungen und Machtpositionen bei der Bewertung von Problemen skeptisch betrachtet werden. Daneben gibt es noch fünf andere Fehler, die in diesem Stadium des Entscheidungsprozesses oft gemacht werden.

Die Entscheidung kann abgesichert werden, wenn ich mich an ein klares Schema des Entscheidungsprozesses halte. Dieser stellt sich wie folgt dar:

1. Legen Sie die Fragestellung fest.
2. Klären Sie Ihre Ziele.
3. Betrachten Sie die Ausgangslage.
4. Entwickeln Sie Ihre Optionen.
5. Treffen Sie Ihre Entscheidung.
6. Prüfen Sie das Ergebnis.

Auch in diesem Prozess muss ich auf Fehler achten! Insbesondere die Betrachtung von zu wenig Lösungsalternativen ist ein häufiges Problem. Hier hilft oft zu einer ersten Annäherung die Methode des Brainstormings. Dabei stehen Aufwand und Nutzen in einem guten Verhältnis. Benutzen Sie dabei Methoden, um Probleme zu analysieren und Entscheidungen vorzubereiten (zum Beispiel Mind-Mapping, Bilanzmodelle et cetera).

Gruppen sind in Entscheidungen nicht immer erfolgreicher als Einzelpersonen. Insbesondere sind sie risikofreudiger und zu offensiv in der Hoffnung auf gute Rahmenbedingungen. Einzubeziehen in Entscheidungen sind Gruppen auf jeden Fall, wenn sie Betroffene der Entscheidung sind.

Effektive Verhandlungen führen

Führungskräfte verhandeln ständig

Ein tägliches Geschäft einer Führungskraft besteht im Verhandeln mit Kollegen, Chefs, Mitarbeitern oder externen Partnern wie Lieferanten oder Kunden. Auch hier kann ein Schuss Psychologie helfen, um erfolgreicher mit solchen Situationen umzugehen. Wenn man eine Person von etwas überzeugen möchte, dann benötigt man zwei Grundlagen, um dies erfolgreich zu tun. Zum einen eine gute inhaltliche Argumentationsreihe, die in sich stringent, logisch und nachvollziehbar ist. Zum anderen muss der Inhalt auch entsprechend verpackt sein, damit der Gegenüber sich durch die Verpackung angesprochen fühlt. Wir unterscheiden hier als Psychologen zwischen der Inhalts- und Beziehungsebene, die ich aufbauen muss, und deren Wirkung auf das Verhandlungsergebnis. In der Kommunikation kennen Sie dieses Phänomen, dass ein gut gemeinter Inhalt mit unsicherem Habitus an »vermeintlicher Wahrheit« verliert. Wen das tiefer interessiert, der sei auf Watztlawick (2000) verwiesen.

Ziel dieses Kapitels soll es deshalb sein, sich eine zielführende Struktur für eine Verhandlungssituation zu schaffen und sich schwerpunktmäßig auf die Teile der Verhandlung zu konzentrieren, die Ihre Erfolgschancen durch psychologische Aspekte erhöhen.

Alle Verhandlungen beginnen mit einem ganzheitlichen Bild

In der Literatur zur Verhandlungsführung gibt es immer wieder unterschiedliche Modelle, mit denen ein Verhandlungszyklus dargestellt wird. Ich möchte Ihnen hier ein Modell darstellen, das wir in unseren Trainings und Coachings zu dem Thema gerne verwenden und das Ihnen dazu dienen soll, die nachfolgenden Methoden im Zusammenhang der jeweiligen Phase zu veranschaulichen.

Führen mit Psychologie. Peter Krumbach-Mollenhauer und Thomas Lehment
Copyright © 2010 WILEY-VCH Verlag GmbH & Co. KGaA, Weinheim
ISBN: 978-3-527-50506-7

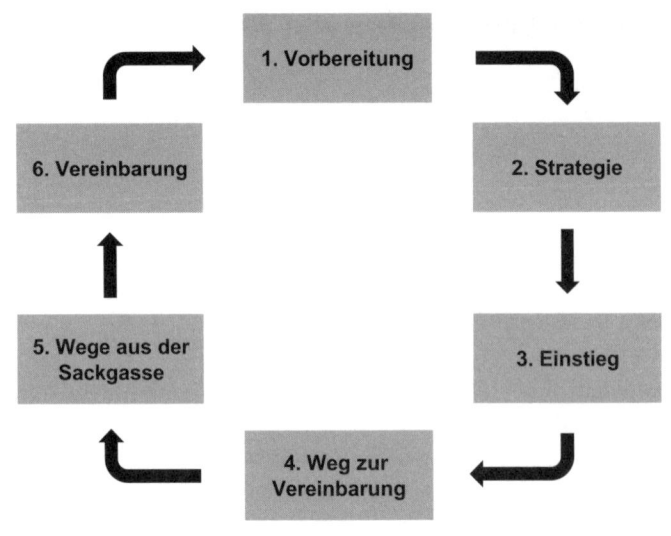

Abb. 52: Systematik eines Verhandlungsgesprächs

Vorbereitung

Die Vorbereitung auf Verhandlungen ist nach wie vor eine der größten Mängel in der systematischen Führung von Verhandlungsgesprächen. Viele Verhandlungen scheitern schon deshalb, da man von Situationen überrascht wird, auf die man vorbereitet sein könnte. Dies bezieht sich sowohl auf den Teil der sachlichen Argumente als auch das Feld der persönlichen Einschätzung des Verhandlungspartners (wenn der als emotional aufbrausend bekannte Kollege im Meeting dann auch so reagiert, wie kann mich das überraschen?).

Folgende Aspekte sollten eine effektive Vorbereitung auf jeden Fall enthalten:

A: Antworten auf die Fragen aus folgender Checkliste:
Fragen, die ich mir stelle:

- Welche Motive habe ich?
- Welche Interessen verfolge ich?
- Was bin ich bereit aufzugeben?
- Welche Personen sind auf meiner Seite an dem Ergebnis interessiert?
- Welche formellen Voraussetzungen brauche ich für den Abschluss?

- Wer muss auf jeden Fall beteiligt werden?
- Zu welchen offenen Fragen muss ich Stellung beziehen?
- Meine Argumente: Was spricht aus meiner Sicht dafür? Was spricht aus meiner Sicht dagegen?
- Welche Differenzen gibt es?
- Welche Gemeinsamkeiten gibt es?
- Wo ist ein Kompromiss möglich?
- Wo ist kein Kompromiss möglich?
- Was kann ich als Ersatz anbieten, das den Verhandlungspartner interessiert?
- Welches Maximalziel habe ich für meine Verhandlung?
- Welches Minimalziel (die absolute Untergrenze) habe ich für meine Verhandlung?
- Wie kann ich den Nutzen für mich vergrößern?

Fragen zu dem Verhandlungspartner

- Welche Motive hat mein Verhandlungspartner?
- Welchen Nutzen erwartet er? Welchen Nutzen kann ich ihm geben?
- Wie kann ich den Nutzen für den Verhandlungspartner vergrößern?
- Wer entscheidet eventuell auf seiner Seite noch mit?
- Welchen fachlichen Hintergrund erwartet er (inhaltliche Vorbereitung)?
- Welche Personen sind auf der »anderen Seite« an dem Ergebnis interessiert?
- Seine Argumente: Was spricht von Seiten des Verhandlungspartners dafür? Was spricht von Seiten des Verhandlungspartners dagegen?

Fragen zu den Rahmenbedingungen

- Welchen Zeitrahmen habe ich für Ergebnisse?
- Welche Fristen gibt es?
- Welche formellen Voraussetzungen brauche ich für die Vereinbarung?

B: Fragen zur Persönlichkeit

Die Analyse der Persönlichkeitstypen auf Seiten des Verhandlungspartners ist ebenfalls ein sehr wichtiger Baustein in der Vorbereitung des Verhandlungsgesprächs (gilt, wenn Personen bereits bekannt sind, aber ansonsten auch hilfreich im Erstkontakt). Immer wieder zeigt sich in unseren Verhandlungscoachings, dass sich damit ein größerer Nutzen erreichen lässt, die Steuerung des Gegenübers erleichtert wird. Aus den wiederkehrenden Verhaltensweisen von Menschen kann ich Muster erkennen und Vorhersagen auf deren Reaktionen treffen. Auch wenn diese nicht 100-prozentig zutreffen, erleichtern sie dennoch meine Vorbereitung. So brauchen analytisch geprägte Personen einen ganz anderen Angang als eher intuitiv agierende. Gerade der ersten Gruppe sollte ich nicht mit der Blauäugigkeit entgegentreten »das wird schon«. Wie ich die verschiedenen Persönlichkeiten erkenne und was ich tun muss, um diese gezielt zu managen, war bereits Bestandteil des Kapitels »Der Umgang mit Persönlichkeiten«. Deshalb hier nur ein paar konkrete Tipps für die Vorbereitung von Verhandlungen:

Dominante Persönlichkeit:

- Alternativen überlegen, die ich anbieten kann. Er entscheidet gerne und wenn ich ihn hier leiten kann, dann kommt es zu eingegrenzten Entscheidungen (»Wäre Ihnen der Montag oder Dienstag lieber?«).
- Mir Punkte überlegen, bei denen ich nachgeben kann, denn dann hat der Dominante das Gefühl, dass er in diesem Punkt gewonnen hat (Wettbewerbsmotiv).
- Sollte erkennen, dass mein Ergebnis eigentlich seins ist. Hier brauche ich eine gute Vorbereitung von Argumenten und am Ende die Fähigkeit, auch zu ertragen, dass er das Ergebnis als seins verkauft.

Initiative Persönlichkeit:

- Insbesondere in Feldern, in denen ich Wertschätzung zeigen und das Prestigestreben dieses Personenkreises unterstützen kann, sollte ich Argumente und Ansätze anbieten (haben ein stetes Streben nach Applaus).
- Seine Besonderheit herausstellen, viel Lob streuen: »Was ich wieder Positives von Ihnen gehört habe.«
- Vorsicht: guter Netzwerker. Kennt Hinz und Kunz, dementsprechend überlegen, wen dieser Personenkreis auf seine Seite gezogen haben könnte.

Stetige Persönlichkeit:

- Spricht kritische Punkte nicht an. Dementsprechend sollte man sich Fragen überlegen, um diese herauszufinden.
- Geht nicht gerne in Konflikte, welche Themen sollte ich vermeiden? Welche Probleme der Vergangenheit lieber nicht ansprechen?

- Da diese Person oft nicht der Entscheider ist, ist es sinnvoll zu überlegen, wie man diese Person »munitioniert«. Oft ist diese Ihnen dankbar, dass Sie ihr Unterstützung beim »Weiterverkauf« des Verhandlungsergebnisses anbieten.

Gewissenhafte Persönlichkeit:

- Eine fachlich versierte Vorbereitung ist unerlässlich, bringen Sie ruhig ein paar Ordner mit, um dies zu dokumentieren. Diese können auch zusätzlichen Füllstoff enthalten, macht aber Eindruck, wenn Sie diese auf dem Tisch ablegen (Klappern gehört zum Handwerk). Ihnen sollte aber klar sein, dass dieser trotz Materialfülle einen Experten erwartet.
- Bringen Sie Belege oder besser noch Beweise zur Verhandlung mit (Referenzen, Testergebnisse, Fachartikel etc.).
- Überlegen Sie sich Komplimente, die Sie ehrlich vorbringen können (Experte, tolle Ergebnisse der Vergangenheit, seinen Anteil am Ganzen etc.). Wichtig ist dabei, dass Sie dabei die Ergebnisse (Person hat oft so etwas wie das Motiv Werkstolz) und nicht die Person loben.

C: Management des eigenen emotionalen Zustands

Es ist immer wieder auffällig, wie viele Führungskräfte nicht gerne verhandeln und sich dann auch eher sehr vorsichtig hinsichtlich ihrer Verhandlungsfähigkeiten betrachten. Grundsätzlich sei diesen einmal gesagt, dass auch der Verhandlungspartner selten das Gefühl der absoluten Dominanz der Verhandlung hat. Sehr wahrscheinlich fühlt er ähnlich wie Sie! Aus der Forschung zur Verhandlungsführung wissen wir aber, dass man mit negativen Gefühlen selten positive Ergebnisse erzielt. Was also tun?

In dieser Beziehung kann man recht gut Anleihen aus der Stressforschung nehmen, da diese ähnliche Phänomene beschreiben. Hier zeigt sich, dass Stress durch sogenannte Stressoren erst zu einer Belastung wird, was dann zu Leistungseinbußen führt. Neben dem Üben von Entspannungstechniken wie Relaxive Muskelentspannung und Autogenem Training gibt es auch Spontantechniken, um erste Erfolge zu erzielen. Dies sind z. B. positive Selbstgespräche. In jeder Situation stecken doch auch Chancen und nicht nur Hürden. Meist fallen einem aber negative Sätze deutlich schneller und ohne Mühe ein, wie:

1. »Das wird schief gehen ...«
2. »Ich weiß nicht, wie ich das schaffen soll ...«

3. »Ich werde schon wieder nervös ...«
4. »Ich habe versagt ...«
5. »Das kann ich nie ...«

Positive Selbstgespräche sollten die oben zitierten negativen Emotionen eher in neutrale oder positive Gefühle und eine positive Energie verwandeln. Meine Stimmung verbessert sich, die Grundhaltung ist erfolgsorientiert, Dinge sind machbar. Selbstgespräche heißen sie übrigens deshalb, weil wir sie in unserem Kopf kreisen lassen, selten über sie mit anderen sprechen. Die entsprechenden Antworten als positives Selbstgespräch zu den obigen Aussagen lauten dann eher so:

1. »Erst einmal ausprobieren ...«
2. »Ich beginne langsam und deutlich zu sprechen ...«
3. »Bleib ruhig, entspanne dich ..., zähle bis 10«
4. »Es war besser, als ich gedacht hatte ...«
5. »Jedes Mal, wenn ich solch ein Gespräch führe, wird es besser werden ...«

Überlegen Sie einmal, welche negativen Gefühle sich bei Ihnen vor Verhandlungen einstellen und schreiben sie diese auf. Wie kann man diese in positive Selbstgespräche umwandeln?

Übung zur Theorie:

Negatives Selbstgespräch:

1. _____
   _____

2. _____
   _____

3. _____
   _____

Ihre positive Selbstgesprächsantwort:

1. _____

2. _____

3. _____

Praxistipp: Wenn ich meine Emotionen nicht in den Griff kriege

Sollten Sie auch kein positives Selbstgespräch finden, das Sie wieder ruhiger macht, dann beantworten Sie sich doch einmal die Frage: Was kann mir eigentlich schlimmstenfalls passieren? Die meisten unserer Coachees merken dann, dass die Folge meist gar nicht so schlimm wird, wie das Kreisen der negativen Gedanken im Kopf vermuten lässt.

Strategie

In den oben gennannten Fragestellungen der Checkliste wurden schon einige Grundlagen der Strategie bedacht, die es nachträglich zu ordnen gilt. Dabei ist es natürlich wichtig, welche Verhandlungssituation man hat, weil dieses über eine eher partnerschaftliche oder aber druckvollere Vorgehensweise entscheidet. Schranner (2004) stellt in seinem Buch hierzu die folgenden Fragen, um sich seiner Verhandlungsposition klar zu werden:

1: Wie wichtig ist Ihnen die Vertragsvereinbarung?

_____

2: Wie ist die Macht verteilt?

_____

3: Welche gemeinsamen Interessen gibt es?

_____

_____

4: Welche persönlichen Beziehungen haben Sie zu Ihrem Verhandlungspartner?

_____

_____

5: Wie soll die Beziehung zu Ihrem Verhandlungspartner nach der Einigung sein?

_____

_____

Einstieg

Der Einstieg gibt Ihnen die Möglichkeit, von der Begrüßung zur Beziehung zu kommen. Es ist eine sehr sensible Phase, insbesondere wenn man sich noch nicht kennt. Kann aber genau dann schwierig werden, wenn man den anderen kennt und gerade deshalb skeptisch ist. Auch hier kann das positive Selbstgespräch zu der handelnden Person eine sehr gute Alternative sein, um den Satz »ach der schon wieder« positiv zu beeinflussen.

In der Trainerwelt werden unterschiedliche Zeiträume diskutiert, die man hat, um einen guten Eindruck zu machen. Kaum einer geht dabei von mehr als 10 Sekunden aus, bis ein »erster Eindruck« gebildet ist. Inwieweit es mir gelingt, eine gewisse Sympathie zu schaffen, ist von zentralen Merkmalen abhängig: Attraktivität, Ritualen, Ähnlichkeit, Körpersprache etc. (siehe hierzu den Unterpunkt Sympathie weiter unten im Feld der positiven Einflussnahme).

Weg zur Vereinbarung

Der richtige Aufbau der Argumentation ist immer wieder klassischer Bestandteil der Kommunikationsliteratur oder -trainings. Wir haben im nachfolgenden Kasten einmal drei Methoden dargestellt, mit denen man seine Argumentation aufbauen kann. Diese gelten insbesondere für das Eingangsstatement und die Eröffnung der Verhandlung.

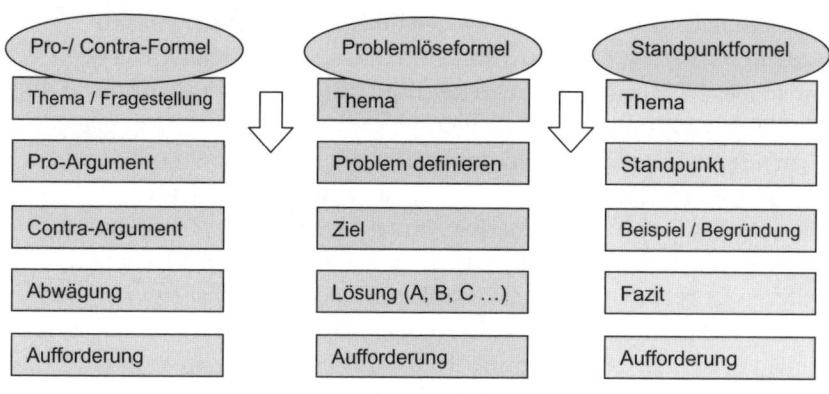

Pro-/ Contra-Formel	Problemlöseformel	Standpunktformel
Thema / Fragestellung	Thema	Thema
Pro-Argument	Problem definieren	Standpunkt
Contra-Argument	Ziel	Beispiel / Begründung
Abwägung	Lösung (A, B, C ...)	Fazit
Aufforderung	Aufforderung	Aufforderung

Abb. 53: Verschiedene Argumentationsmöglichkeiten

Praxistipp: Argumentation und Einwandbehandlung

Beachten Sie folgende 2 Grundsätze bei Ihrer Argumentation:
- KISS – Keep it simple and short
- Das beste Argument kommt zum Schluss, das zweitbeste zum Beginn.

Wahre Meister zeigen sich darin, dass sie auch komplexe Zusammenhänge oder Themen so einfach darstellen können, dass es jeder verstehen kann. Je verschachtelter Sie Sätze bilden (denen keiner mehr folgen kann) oder Gesprächspartner mit Stafetten von Fachbegriffen in die Knie zwingen, desto weniger werden Sie überzeugen. Zwar sind viele Menschen im ersten Ansatz beeindruckt, die Erfahrung zeigt aber, dass damit auch oft eine Skepsis verbunden ist, die bis zur Empfindung von Arroganz gesteigert werden kann. Deshalb bewahren Sie die Bodenhaftung und reden Sie Klartext!

Wichtig in der Argumentation ist natürlich auch die Einwandbehandlung, eine Basiskompetenz. Einwände sind zuallererst einmal ein Hinweis auf ein gewisses Interesse des Verhandlungspartners, ansonsten würde er Dinge nicht hinterfragen. Sie machen auch deutlich, dass man das Thema noch nicht ausreichend ge- bzw. erklärt hat. Nutzen Sie also diese Chance!

Viele Verhandler gehen dennoch mit dieser Thematik nachlässig um. Immer wieder überraschen mich Verhandlungspartner, die glauben, dass Ihnen auf Argumente des Gegenübers schon etwas einfallen werde, da Sie bereits einen großen Erfahrungsschatz hätten. Versucht man diese Erfahrung in konkreten Trainingssituationen abzurufen, fallen Ihnen diese aber nicht ein. Hier zeigt sich erneut die Wichtigkeit der Vorbereitung, da interessanterweise fast jeder Verhandler 80 % des Gegenwindes (der klassischen Einwände seiner Gesprächspartner) kennt. Was spricht dagegen, sich einmal die Top 10 Gegenargumente des Gesprächspartners aufzuschreiben und jeden mit drei treffenden Sätzen zu beantworten. Viele Politiker tun dies vor Talkshows übrigens auch. Wie viel inneren Stress kann man sich nehmen!? Nehmen Sie einmal 3 klassische Gegenargumente, die Ihrer Abteilung/Ihrem Bereich/Ihrer Sichtweise entgegengebracht werden und schreiben Sie sich die treffenden Antworten auf (bringen Sie diese dabei auf den Punkt):

Klassische Einwände ...	Meine Antwort ...

Gezielte Einflussnahme auf Verhandlungsergebnisse

Widmen wir uns jetzt neben den klassischen Feldern der Argumentation den möglichen psychologischen Einflussfaktoren auf das Verhandlungsergebnis. Hier liegen diverse Untersuchungen zu den Feldern der Einflussnahme vor, die sich nachhaltig als zutreffend erwiesen haben. Immer wieder treffen wir auf Teilnehmer, die uns fragen, ob diese Herangehensweisen nicht zu »manipulativ« sind. Wir können dies nur bejahen. Aber jetzt gehen wir einmal davon aus, dass Ihr zu erzielendes Ergebnis der Verhandlung ein positives ist und es deshalb auch mit allen Mitteln gelingen sollte, dieses erfolgreiche Verhandlungsergebnis zu erreichen. Eine bekannte Brauerei formulierte dies einmal so: »Wir führen Gutes im Schilde«. Wenn dem so ist, dann sollten Sie auch alle Register ziehen! Auf der anderen Seite ist es aber auch wichtig, manipulative Versuche der anderen Verhandlungspartei zu erkennen, um diese auch ins Leere laufen zu lassen oder entsprechend reagieren zu können.

Macht und Autorität

Das Thema der Macht und Autorität ist ein besonders guter Einflussfaktor, wenn die entsprechende, mit Macht ausgestattete Person eine gute Überzeugungskraft oder auch Vorbildfunktion hat. Eine oft vorschnell akzeptierte Machtperson ist z. B. der Experte. Grundsätzlich sind wir in der Regel relativ empfänglich für Experten, die uns ein bestimmtes Fachwissen entweder aufzeigen oder auch gelegentlich »vorgaukeln«. Solche Experten erhalten ein gewisses Maß an Autorität und, so zeigt die psychologische Forschung, ihnen wird oft gefolgt. Autoritäten erleichtern mir den Entscheidungsprozess, da sie vermeintlich neue Probleme schon öfter gelöst haben und zu einer Art Expertise gekommen sind. Dementsprechend sind Autoritäten oft hilfreiche Entscheidungsmodelle.

In der Forschung werden immer wieder verschiedene Aspekte von Macht und Autorität untersucht, die anscheinend einen starken Einfluss auf das gewünschte Verhalten anderer Personen haben. Einige dieser Einflussfaktoren auf das Erzeugen von Autorität möchte ich im Nachfolgenden auflisten:

Status
Grundsätzlich sind wir Menschen relativ empfänglich für Titel und Orden, die sich jemand anheften kann. Ein Experte im Fernsehen hat umso mehr Bedeutung, je deutlicher er sich als Professor oder Doktor titulieren kann. Dementsprechend kann es durchaus sinnvoll sein, den Titel der Visitenkarte, entsprechend den Erwartungen der Gesprächspartner, anzupassen und so eine höhere Wirksamkeit in der Überzeugung zu generieren. Dies führt teilweise zu Auswüchsen in der Form, dass es z. B. Kundenberater einer Bank gibt, die mit einer Pseudoprokura ausgestattet sind oder dass Titel über zwei Zeilen einer Visitenkarte gehen.

Eine weitere verstärkende Variable zum Thema Titel ist die Körpergröße. Immer wieder werden diese miteinander in Verbindung gebracht und erhöhen auch noch einmal den autoritären Einfluss. Dennoch kann sich dieser

Zustand der Einflussnahme über Titel auch umkehren, z. B. ist bei vielen Menschen eine gewisse Skepsis mit dem Thema »Honorarkonsul« verbunden. Dennoch soll hier einmal festgehalten werden, dass eventuell schon alleine das Auftreten mit einem aussagekräftigen, aber auch fundierten Titel Bereitschaft bei Gegenübern erzeugt, sich eher einer Meinung oder einem Vorhaben anzuschließen. Es klingt schon teilweise recht interessant, wenn jemand »Head of International Research« genannt wird.

Statussymbole machen in der Regel auch ein wichtiges Maß an Überzeugung aus, hierbei sind klassische Aspekte wie Kleidung, Autos, Uhren etc. gemeint. Dennoch gibt es ein gewisses Maß an Vorsicht und auch Widersprüchlichkeit. Grundsätzlich gilt aber der Wahlspruch »Kleider machen Leute«. Dies lässt sich in der Verhandlungssituation folgendermaßen nutzen: Wählen Sie die Kleidung immer so aus, dass Sie nicht »underdressed« bei Ihrem Verhandlungspartner erscheinen und überlegen Sie, welche Statussymbole denn für Ihr Gegenüber von vorrangiger Bedeutung sind. Sollte dies z. B. ein Assistent sein, so bringen Sie durchaus eine weitere Person zur Verhandlung mit. Je größer die Delegation desto mehr Status sprechen wir einer Person zu.

Eine kleine Anekdote aus der Forschung zur Autorität, die noch einmal die Zusammenhänge verdeutlicht. Grundsätzlich hat man festgestellt, dass mehr Leute einer Person bei der Überquerung einer roten Ampel folgen, wenn diese mit einem seriösen Business-Anzug bekleidet ist, als wenn diese einen Jogginganzug trägt. Auch wurde deutlich, dass im Straßenverkehr Nobelautos weniger angehupt werden als Durchschnittsautos, wenn diese an einer grünen Ampel einfach stehen bleiben. Bei der Macht/Autorität handelt es sich um eine recht wirkungsvolle Form der Überzeugung, da diese häufig bei der emotionalen Verarbeitung unterschätzt wird. Vielleicht ist Ihnen dies beim Lesen dieses Absatzes auch so gegangen, aber dennoch sollten Sie sich der Wirkung immer bewusst sein.

Sollten Sie selbst einmal vor die Frage gestellt werden, ob es sich hinsichtlich der Person, mit der Sie verhandeln, um eine echte oder vorgetäuschte Autorität geht, stellen Sie sich am besten diese beiden Fragen:

1. Ist die Autorität wirklich ein Experte, d. h., kann ich mir das Expertentum durch Referenzen auch erklären und beweisen lassen?
2. Was hätte der sogenannte Experte davon, wenn ich ihm in seinen Ausführungen folge?

Die Frage ist also: Wie ehrlich ist der Experte mit uns?

Gerade bei diesem letzten Punkt kann es noch eine Verschärfung in der Weise geben, dass ein Experte uns gegenüber kleine Zugeständnisse vor der großen Forderung macht, um uns von seiner Ehrlichkeit zu überzeugen. Seien Sie in diesem Fall besonders kritisch und seien Sie aufmerksam für diese kleinen Gesten der Machtstrategie.

Machen Sie sich jetzt zu diesem Prinzip einige Gedanken zu folgenden Fragestellungen:

1. In welchen Situationen haben Sie bereits die Wirksamkeit dieses Prinzips erlebt (eventuell auch von der Gegenseite)?

_____

_____

2. In welchen Verhandlungssituationen könnten Sie dieses Prinzip für sich nutzen oder haben es zu wenig genutzt?

_____

_____

Sympathie

Die Sympathie für einen Menschen ist die zentrale Größe, warum wir uns von jemandem überzeugen lassen (neben dem Inhalt). Viele entgegnen an dieser Stelle, dass Antipathie und Sympathie doch etwas sind, was man innerhalb der ersten Sekunden entwickelt und was nicht veränderbar ist. Dies ist nur bedingt richtig. Sicherlich wissen wir aus der Forschung zum ersten Eindruck, dass wir innerhalb der ersten sieben bis zehn Sekunden ein erstes Bild zu einem Menschen bilden, also auch recht spontan entscheiden, ob dieser sympathisch oder unsympathisch ist. Dennoch zeigen Untersuchungen immer wieder, dass man den Grad der Sympathie durchaus auch nach dieser Zeit verändern und man dadurch von seiner eigenen Person oder seinem Vorhaben besser überzeugen kann.

Sehr gut gelingt das in der immer wiederkehrenden Show »Deutschland sucht den Superstar«, wo solche Sympathiefaktoren häufig wesentlich mehr überzeugen als die Gesangsdarbietung. Im amerikanischen Umfeld gibt es dazu auch den Satz unter Anwälten: »Die Hauptarbeit eines Anwalts besteht darin, die Geschworenen im Rahmen eines Prozesses dazu zu bringen, seinen Mandanten sympathisch zu finden!« Wenn man teilweise die Berichterstattung zu Prozessen in den USA verfolgt, wird hier besonders deutlich, dass der Sympathiefaktor auch in daraufffolgenden Urteilen nicht unentscheidend bleibt.

Was bedeutet das nun für den Verhandlungsprozess? Grundsätzlich sind wir eher bereit, den Bitten von Menschen nachzukommen, die wir kennen und mögen. Wir sind bereit, deren Argumentationsketten eher zu folgen und ihnen überhaupt zuzuhören.

Gut funktioniert hat dieses Phänomen schon in meiner Kindheit. Gerne erinnere ich mich noch an Tupper- oder Avonparties, in denen bei sympathischen und freundlichen Menschen gekauft wurde und nicht bei dem anonymen Verkäufer. Insgesamt lösen diese Veranstaltungen häufig eine höhere Verpflichtung aus, da man sich in lockerer und eher »freundschaftlicher« Atmosphäre bewegt. Ebenfalls bekommt die Ausrichterin der Party, meine »Freundin«, einen Teil des Umsatzes in Form von Sternen, um sich dann auch Produkte zuzulegen.

Welche Einflussfaktoren bewirken nun aber, ob wir jemanden sympathisch oder weniger sympathisch finden?

Attraktivität einer Person

Die Forschung macht immer wieder deutlich, dass die äußerliche Attraktivität eines Menschen von uns mit mehr Sympathie bedacht wird. Wir schreiben ihnen in der Regel weitere gute Eigenschaften zu, auch wenn wir diese gar nicht beobachtet haben. Mit diesem Menschen geht man freundlicher und netter um, diese reagieren ebenfalls freundlicher und so setzt sich ein Kreislauf in Gang. Gerne bestätigen wir uns dann auch noch selber (»Habe ich wieder einmal gut erkannt.«). Man kann also immer feststellen, dass einzelne Merkmale diesen Personen zugeschrieben werden, die sie gar nicht unbedingt haben müssen. Beispielsweise schreibt man attraktiven Personen häufig eine höhere Intelligenz, mehr Dynamik oder auch teilweise ein freundlicheres Auftreten zu (in der Psychologie nennen wir dies Halo- oder Überstrahlungseffekt). Hier ist wichtig zu berücksichtigen, dass wir dies nicht bewusst tun, sondern nur unbewusst gesteuert werden. Neben diesen weniger beeinflussbaren Merkmalen des Äußeren können aber auch Äußerlichkeitsmerkmale aktiv gestaltet werden. Dazu gehören Aspekte der Kleidung und erneut wieder Statusaspekte, die vom Gegenüber als attraktiv empfunden werden (steigert sich, wenn man diese selber nicht erreichen kann).

Ähnlichkeit

Ein wesentlicher Faktor für das Thema Sympathie ist die Ähnlichkeit, die wir mit anderen Personen empfinden. Immer wieder kann man feststellen, dass wir Leute besonders mögen, die uns ähnlich sind (Byrne, 1971) und dies lässt sich ebenfalls über bestimmte Merkmale feststellen. Ähnlichkeiten können existieren in Meinungen, Charaktereigenschaften, Lebensstilen oder auch Herkunftsbereichen. Auch dieses Phänomen der Sympathie wird in der Regel in Bruchteilen von Sekunden gebildet und der Einfluss der Ähnlichkeitsempfindung wird häufig unterschätzt. In der Kommunikation reden viele Trainer in diesem Bereich auch von der Spiegelung der Körpersprache des Gegenübers, um so ein gewisses Maß an Ähnlichkeit zu erzeugen. Dies funktioniert recht gut, da dem Gegenüber häufig gar nicht bewusst geworden ist, dass der andere seine Verhaltensweisen in Form von Sitzhaltung oder auch Mimik und Gestik intuitiv gespiegelt hat. Profis in Verhandlungen atmen sogar in ähnlichen Sequenzen, wie dies ihre Gesprächspartner tun. Letztendlich ist in diesem Fall hilfreich, Ausdrucksweisen und Stimmungen zu reflektieren und dem Gegenüber so das Gefühl zu geben, dass man doch in seinen Verhaltensweisen recht ähnlich strukturiert ist.

In Verhandlungen können wir dies bei bekannten Verhandlungspartnern sehr aktiv dadurch nutzen, dass wir möglichst viele Signale sammeln, die wir dann zu einem gewissen Zeitpunkt einsetzen (gemeinsame Hobbys, Ausbildungsorte, Universitäten, berufliche Hintergründe etc.).

Kontaktrate

Ein immer wieder beobachtetes Phänomen in der Psychologie ist auch, dass die Anzahl der Kontakte und der Kooperationen mit dem potenziellen Gesprächspartner die Sympathie steigert. Dies kennen wir schon aus unserem täglichen Leben im Hinblick auf Produkte, wir nennen es Markentreue: »Wir mögen, was wir kennen (Zajonc, 1968)«. Die Häufigkeit des Kontaktes führt zu einer gewissen Vertrautheit, die wiederum die Einstellung des Menschen zu dieser Sache positiv beeinflusst. Profis in Verhandlungen nutzen diesen Aspekt dazu aus, Gesprächspartner auch dann zu kontaktieren (gemeinsames Essen in der Kantine), wenn eigentlich gar kein konkreter Anlass besteht. Erfolgreiche Verhandler unterscheiden sich von den weniger erfolgreichen teilweise in genau diesem Aspekt.

Komplimente

Ein weiterer, Sympathie schaffender Faktor sind Komplimente. Komplimente erhöhen in der Regel den Selbstwert einer Person in Form eines positiven Feedbacks und geben Sicherheit und Zufriedenheit. Häufig werden Komplimente auch als Bestätigung oder Lob für ein Verhalten betrachtet. Lob (oder Belohnung) führt aber nach der Lerntheorie zu einer Verstärkung des Verhaltens, das heißt: Es wird immer wieder gezeigt. Robert Cialdini beschrieb in seinem Buch *Psychologie des Überzeugens* (2006) ein Beispiel, was eigentlich unglaubwürdig klingt, aber funktioniert.

Beispiel:
Der Autoverkäufer Gerard schickte seinen 13.000 ehemaligen Kunden jeden Monat eine Postkarte mit den neuesten Informationen. Auf der Vorderseite dieser Postkarte stand der Satz: »Ich mag Sie.« Natürlich wusste jeder Käufer sofort, dass es sich bei diesem Vorgehen um eine verkäuferische Aktion handelte, dennoch wurde Gerard einer der erfolgreichsten Verkäufer in der amerikanischen Automobilgeschichte.

Was lehrt uns jetzt dieses Beispiel? Grundsätzlich scheinen Komplimente auch dann zu wirken, wenn wir wissen, dass sie entweder unehrlich oder nicht von ganzem Herzen kommend ausgedrückt wurden (Byrne, Rasche & Kelly, 1974). Knapp ausgedrückt könnte man sagen, wir lassen uns ganz gerne täuschen.

> **Praxistipp:** Streuen Sie gelegentlich Komplimente in ihre Verhandlungen ein, auch wenn Sie nicht 100-prozentig davon überzeugt sind, dass Sie diese immer ehrlich meinen. Überlegen Sie diese aber vorher gut, um diese auch betonend zu setzen!

Kooperation

Eine weitere Möglichkeit, Sympathie zu schaffen, ist die Darstellung einer Kooperation mit dem Verhandlungspartner. Profis sind recht gut in der Lage, sich so darzustellen, als würden Sie mit dem Verhandlungspartner an einem Strang ziehen (ein Team bilden). Dazu kann gehören, dass man sich einer gemeinsamen Leidensgruppe zugehörig fühlt oder unter den gleichen schwierigen Unternehmensbedingungen agieren muss. Gerne zunutze gemacht wird sich diese Kooperationsstrategie auch in Gruppenverhandlungen, in denen es immer öfter dieses so genannte »Bad Guy – Good Guy – Spiel« gibt. Während der »Bad Guy« hier eine konfrontative Verhandlungsstrategie wählt, springt der »Good Guy« ein und versucht, über die Kooperation einen Kompromiss oder eine Lösung herbeizuführen. Grundsätzlich steigen in diesem Moment die Sympathien für den kooperativen Mitspieler und die Bereitschaft steigt, sich dessen Ideen und Gedanken anzuschließen.

Sehr effizient sind unter dem Kooperationsaspekt auch Aussagen wie: »Gemeinsam werden wir das schaffen« und »Wir sitzen da ja in einem Boot«. Überhaupt die Argumentation in Wir-Argumenten dient schon dazu, den Verhandlungspartner mit ins Boot zu holen. Vorsicht ist jedoch geboten, wenn die Kooperation mit einer gewissen »Kumpelhaftigkeit« verbunden wird. Hier kann das Ergebnis der Sympathie schnell umkippen.

Assoziation mit positiven Dingen
Ein weiteres Phänomen in der Sympathie ist die Assoziation mit positiven Dingen. Dies bedeutet, dass, wenn der Verhandler mit positiven Dingen oder Ereignissen in Zusammenhang gebracht wird, er auch eine höhere Wahrscheinlichkeit hat, bei anderen beliebt zu sein. Lott und Lott (1965) haben dies folgendermaßen ausgedrückt: »Die bloße Assoziation mit schlichten oder guten Dingen hat einen Einfluss darauf, wie beliebt wir bei anderen sind.« Besonders beliebt ist diese Vorgehensweise in der Werbung, wo durch die Kombination mit dem Thema »Äußerliche Attraktivität« eine Verbindung des Produktes mit hübschen Menschen hergestellt wird oder auch der idealtypischen Familie. Daraufhin steigt in der Regel auch die Attraktivität des Produktes und wir ziehen den Erwerb in näheren Betracht. Für den Verhandler eignet sich dieses Vorgehen insbesondere im Rahmen der Referenzmethode, um z. B. auf erfolgreiche Projekte (Tätigkeiten der Vergangenheit) zu verweisen oder bestimmte Ereignisse (Vorträge, Konferenzen, Festivitäten etc.) als positive Assoziationsbeispiele hervorzurufen. Kleine Geschenke (Informationen im betrieblichen Umfeld, Berücksichtigung von Mitarbeitern des Verhandlungspartners etc.) erhalten die Freundschaft und damit auch die Sympathie.

In welchen Fällen sind Sie eher anfällig für das Thema Sympathie und wo konnten Sie dies an sich beobachten?

_____

_____

Wie können Sie das Prinzip der Sympathien in konkreten Verhandlungssituationen für sich besser nutzen?

_____

_____

Wie kann man sich selber gegen das Thema Sympathie wappnen?

Versuchen Sie, sich zu allererst in der Aufmerksamkeit darauf zu konzentrieren, ob bereits eine unangemessene Sympathie entstanden ist. Unangemessen meint dabei, dass keine inhaltliche Begründung für die Akzeptanz der Position Ihres Verhandlungspartners bei Ihnen aufkeimt. Wie bereits erwähnt, kann es insbesondere innerhalb der ersten sieben bis zehn Sekunden passieren und deshalb sollte die Aufmerksamkeitsschwelle in dieser Spanne besonders hoch angesetzt werden. Eine zweite Methode liegt darin, sich voll auf die Sache zu konzentrieren und eine klare Trennung zwischen Mensch und Verhandlungsgegenstand zu ziehen. Diese klare Ebenentrennung kann helfen, sich Einflüssen aufgrund der Sympathie zu widersetzen.

Praxistipp: Schreiben Sie sich nach 10 Sekunden ein »S« (sympathisch) oder »U« (unsympathisch) auf Ihren Block, um sich so Ihrer Grundstimmung für das Folgegespräch bewusst zu werden.

Knappheit

Grundsätzlich stellen wir fest, dass Menschen Dinge als wertvoller oder qualitativ hochwertiger einschätzen, wenn diese weniger erreichbar oder später nur noch mit Einschränkungen zu erwerben sind. Über dieses Phänomen der Knappheit lassen sich Trödelmarktkauf, Wühltisch und alle Formen von Sammeln erklären. Grundsätzlich arbeiten aber auch viele Kauf- und Versandhäuser mit dieser Methode, indem sie begrenzte Stückzahlen ausrufen oder mit dem Slogan werben: »Wenn weg, dann weg«. Wenn man sich dieses Phänomen etwas genauer ansieht, dann stellt man immer wieder fest, dass die folgende Aussage im menschlichen Verhalten verankert sein muss: »Der Gedanke, etwas zu verlieren, hat eine stärker motivierende Wirkung als der Gedanke, etwas Gleichwertiges gewinnen zu können.« Daraus folgen z. B. Aspekte wie die »Taktik der kleinen Menge« und auch die »Taktik des Zeitlimits«. Im Ersteren geht es darum, dass Angebote nur in begrenzter Anzahl vorhanden und vermutlich nicht mehr lange zu haben sind. Dies ist der Auslöser des motivatorischen Verlangens. Eine weitere künstliche Verknappung im Rahmen des Zeitlimits besteht darin, dass nach Ablauf der Angebotsbefristung ein Erwerb der Sache zum genannten Preis nicht mehr möglich ist. Diese Erkenntnis lässt sich auch für Ihre Verhandlung nutzen!

Was ist nun das psychologische Phänomen hinter dem Aspekt der Verknappung? Grundsätzlich strebt der Mensch danach, frei entscheiden zu können und erlebt jede Einschränkung dieser Freiheit als Begrenzung (psychologisch: Reaktanz). Dementsprechend erlebt der Mensch hier eine Entscheidungseinschränkung und eventuell entsteht sogar eine Unerreichbarkeit der gewünschten Möglichkeit. Dies erleben wir als Verlust von Freiheit und streben danach, die Kontrollmöglichkeit zu behalten und frei wählen zu können (Brehm, 1981). Dies reicht aus, um eine motivatorische Wirkung auszulösen, sich der Sache zu bemächtigen, um hinterher nicht mit einer minderen Qualität oder gar dem Verzicht auf den Nutzen dastehen zu müssen. Dieses Vorgehen muss sich nicht nur auf materielle Dinge beschränken, sondern kann sich auch auf Informationen beziehen. Informationen, die eine gewisse Exklusivität haben, haben eine stärkere Überzeugungswirkung (Brock, 1968). So ist z. B. erklärbar, dass der »Flurfunk« in Unternehmen immer eine deutlich höhere Gewichtung bekommt, da es sich um eine knappe Information handelt und das »Verbotene« an der Information ihren Wert noch weiter steigert. Paradoxerweise vertrauen wir dann auch häufig dieser Flurfunkinformation mehr, als wir der wahren Information glauben. Dies macht ebenfalls deutlich, weshalb wir teilweise im Alltag so lange benötigen, um eine Information wieder richtig zu stellen.

Praxistipp:
Exklusive Informationen in der Verhandlung haben eine höhere Überzeugungskraft, müssen aber das Phänomen der Knappheit oder gar der Insiderinformation besitzen, um die maximale Wirkung zu erzielen.

Das Phänomen der Knappheit lässt sich noch weiter steigern. So haben Psychologen herausgefunden, dass das Knappheitsprinzip umso stärker steigerbar ist, je neuer die Knappheit ist. Dies bedeutet, dass eine neue Knappheit besser ist, als eine schon immer da gewesene Knappheit. Verschiedene Institutionen arbeiten ganz gezielt mit dieser Information.

Beispiel: Sie betreten einen Buchladen und schauen sich in den Auslagen einige Bücher an, die Sie schon lange interessieren. Dabei stellen Sie fest, dass von dem Kriminalroman, der Ihnen neulich von einer Freundin empfohlen wurde, nur noch wenige Exemplare im Regal liegen. Doch Sie entscheiden sich, das Buch erst einmal nicht zu kaufen und gehen wieder nach Hause. Am Abend stöbern Sie bei Amazon und stellen fest, dass das Buch dort mit dem Hinweis versehen wurde: »Nur noch ein Stück auf Lager«. Sofort drücken Sie den Kaufen-Button und legen das Buch in Ihren Warenkorb.

Was ist passiert? Eigentlich waren Sie der Überzeugung, dass das Buch aufgrund der doch ausreichenden Anzahl im Buchladen jederzeit verfügbar sei. Der jetzige Check bei Amazon machte aber deutlich, dass das Buch anscheinend einen sehr guten »Lauf« hat und man erst wieder warten muss, um dieses in Zukunft zu bekommen. Dies erleben wir als neue Freiheitseinschränkung und greifen sofort zu. Eine weitere Steigerung des Knappheitsgrades kann man durch den Aspekt des Wettbewerbs veranlassen. So bekommen Dinge eine höhere Wertigkeit zugeschrieben, wenn sie knapp und mit anderen in Konkurrenz stehen. So lässt sich z. B. erklären, warum die Menschen bei eBay häufig in letzter Sekunde mehr für eine Auktion bieten, als die Sache teilweise neu kostet. In Fernsehsendungen wird dieser Effekt mit einem Zähler erreicht, der immer weiter herunter zählt. Je schneller sich der Zähler nach unten bewegt und je weniger Teile absolut verfügbar sind, desto mehr Anrufe gehen bei den Firmen ein (es wird immer wahrscheinlicher, dass ich nichts mehr bekomme).

In welchen Verhandlungs-Situationen bin ich selber anfällig für das Prinzip der Knappheit geworden?

_____

_____

In welchen Bereichen kann ich das Prinzip der Knappheit für mich in der Verhandlung nutzen?

_____

Was kann ich selber tun, wenn ich merke, dass das Prinzip Knappheit mir gegenüber »gezogen« wird?

Zuerst einmal sollten Sie sich Ihrer Emotionen bewusst werden, da Knappheit kein rationaler, sondern ein emotionaler Verarbeitungsprozess ist. Dabei überlagern die Emotionen das Rationale und führen zu unüberlegtem Handeln. Das Erleben der inneren Anspannung (Emotion) sollte deshalb auf jeden Fall ein wichtiges Alarmsignal sein, um sich noch einmal die folgende Frage vor Augen zu halten: »Was reizt mich eigentlich an der Sache?« Daneben sollten Sie sich ebenfalls überlegen, ob die induzierte Knappheit wirklich eine ist, oder ob sie nicht auch zukünftig mit einem ähnlichen und gleichwertigen Verhandlungsergebnis rechnen können. Meist ist ja auch Ihr Verhandlungspartner bei Nichterreichung seines Ergebnisses bereit, die Verhandlungen wieder aufzunehmen. Eine Technik zur Vermeidung von Knappheit ist auch die Unterbrechung der Verhandlung, um das Thema neutral zu bewerten.

Soziale Bewährtheit

Bei Entscheidungen ist es für Menschen in der Regel sehr wichtig, was andere in gleichen oder ähnlichen Situationen getan haben. Man orientiert sich dann daran, was diese für richtig hielten und entscheidet sich in ähnlicher Weise. In amerikanischen Sendungen wird dies sehr häufig verwendet; jeder von uns kennt die klassischen Einspielungen von Lachern. Obwohl wir immer meinen, dass diese eigentlich nicht sein müssten (dies meinen in der Regel auch Regisseure und Schauspieler), führen sie doch dazu, dass wir in der Situation häufig mit lachen und in einer anschließenden Bewertung (wie Forschungen der Sozialpsychologie zeigen) diese Sendung auch für komischer halten.

Bei Entscheidungen für Werbeprodukte ist es ferner wichtig, dass die soziale Gruppe, die z. B. in einem Werbespot gewählt wurde, uns ähnlich ist oder deren Lebenslage und -umstände für uns wünschenswert sind. Recht gut kann man dies z. B. an der Becks-Werbung erkennen, die gewisse Gefühle von Freiheit, Spaß und Ausgelassenheit demonstriert. Dass hierzu ein Becks-Bier gehört, scheint nach der Werbung für uns eigentlich nur eine Selbstverständlichkeit. Ist die Zielgruppe für uns nicht relevant, dann tritt dieser Effekt nicht ein oder schlimmstenfalls kann sogar eine Ablehnung des Verhaltens dieser Gruppe entstehen. Dann ergibt sich auch eine Abneigung gegenüber dem Produkt.

Die soziale Bewährtheit geht also davon aus, dass möglichst viele Menschen bestimmte Bestandteile eines Bezugsrahmens als ähnlich empfinden und dementsprechend das Verhalten der Gruppe für richtig erachten. Dann bleibt einem gemäß diesem Gesetz nichts anderes übrig, als sich ebenfalls so zu verhalten. Teilweise stützen aber auch Untersuchungen diese These, dass die Gruppe in der Regel besser entscheidet, als dies der Einzelne tut. So wurde z. B. herausgefunden, dass der Publikumsjoker der mit Abstand erfolgreichste Joker bei »Wer wird Millionär« ist. Es kann also in einer Verhandlung wichtig sein, Referenzgruppen zu zitieren, die sich in ähnlichen Verhandlungen in meine Richtung entschieden haben.

Wichtig beim Verhandeln kann noch ein weiteres Phänomen sein. Grundsätzlich hat sich bei dem Prinzip der sozialen Bewährtheit herausgestellt, dass mehrdeutige und damit unsichere Situationen häufig eine Orientierung am Verhalten der Gruppe begünstigen. Sollte also beim Verhandeln eine gewisse Unsicherheit entstehen, dann orientiert man sich eher an dem Verhalten von anderen und nimmt dieses leichter an. Ganz besonders gut sehen wir dies im Rahmen von Tests oder Bewertungen von Gegenständen, Büchern oder Lieferanten im Internet (oder wenn Kollegen vermeintliche Artikel in die Verhandlung einstreuen, wie man Dinge in anderen Unternehmen löst – Benchmarks). Wir alle sind inzwischen darauf geeicht, dass man Bücher ohne Bewertung im Internetbuchhandel in der Regel nicht kauft. Dies könnte damit zusammenhängen, dass die Gruppe hier keine Entscheidungsvorgaben liefert und ich auf mein eigenes Urteil angewiesen bin.

Das Prinzip der sozialen Bewährtheit benutzen wir in der Regel recht intensiv bei dem Herausstellen von Referenzen. Hier suchen wir nach Ähnlichkeiten, gemeinsamen Problemen oder Fragestellungen und geben damit nichts anderes ab als ein Faktum sozialer Bewährtheit. Grundsätzlich sollte ich mir bei Verhandlungen deshalb überlegen, inwieweit ich die soziale Bewährtheit im Vorfeld erzeugen und auch kommunikativ darstellen kann: »Firma X ist mit dem Vorgehen bereits sehr gut gefahren ...«. Die Einwandbehandlungstechnik der Vorwegnahme arbeitet ebenfalls mit der sozialen Bewährtheit. Aussagen klingen dann wie folgt: »Andere haben auch zuerst so gedacht, konnten sich dann aber von der Wirksamkeit unserer Vorgehensweise überzeugen ...«.

In welchen Verhandlungssituationen haben Sie bereits die Wirksamkeit dieses Prinzips bei sich erlebt?

_____

_____

Wie können Sie das Prinzip in Ihren Verhandlungssituationen nutzen?

_____

_____

Wie kann ich den Einfluss sozialer Bewährtheit in einer Situation auf meine Person vermeiden?

Als Erstes sollten Sie die Aufmerksamkeit für solche Art der Manipulationsversuche erhöhen. Dies können Sie z. B. tun, indem Sie immer wieder reflektieren, in welchen Situationen auf vermeintliche Referenzgruppen Bezug genommen wird und dabei überlegen, welche unterschiedlichen Grundvoraussetzungen vielleicht eine Rolle gespielt haben. Daneben ist es wichtig, dass zwei Entscheidungssituationen nie ganz gleich sind und man mit dem Gesprächspartner überprüfen sollte, inwieweit die Ausgangsparameter denn wirklich identisch waren. Sehr häufig stellen wir insbesondere fest, dass in Statistiken eine falsche Vergleichbarkeit geschaffen worden ist und damit Äpfel mit Birnen verglichen werden. Wichtig ist also, ob die soziale Gruppe, die für die soziale Bewährtheit steht, überhaupt für mich relevant ist.

Fuß-in-die-Tür-Technik

Die Fuß-in-die-Tür-Technik geht davon aus, dass einem erst einmal gelingen muss, eine kleine Zusage zu bekommen, um dann darauf eine größere aufzubauen. Dieses Phänomen wurde schon in den späten 60iger Jahren von den Psychologen Friedman und Fraser (1966) aufgezeigt. Sie machten in den USA die folgende Untersuchung: Hausbesitzer wurden gefragt, ob sie bereit wären, ein kleines Schild in das Fenster zu hängen, auf dem stand: »Fahren Sie vorsichtig«. Dies wurde von nahezu 100 % der Hausbesitzer auch in die innere Fensterscheibe geklebt. 14 Tage später wurden in diesem Experiment die gleichen Hausbesitzer gefragt, ob sie eine große Plakatwand in ihrem Garten aufstellen würden. Zur Verdeutlichung der Größe wurde ihnen ein Foto gezeigt, auf dem ein Haus von einer riesigen Plakatwand fast verdeckt wurde. Insgesamt waren aber immer noch erstaunliche 76 % der angesprochenen Hausbesitzer bereit, ihre Vorgärten zur Verfügung zu stellen. Deutlich geringer war diese Anzahl bei den Hausbesitzern, die nicht vor 14 Tagen den kleinen Zettel in ihre Fensterscheibe gehängt hatten. Grundsätzlich schlossen Friedman & Fraser daraus, dass Menschen entsprechend ihrer Einstellung, sich für den Straßenverkehr zu interessieren, diese auf der Grundlage der »kleinen« Zusage geändert und sich die Bereitschaft für ein weiteres Engagement erhöht hatte.

Infolge dieser Untersuchung kann man immer wieder auch bei Wohltätigkeitsthematiken feststellen, dass eine geleistete Unterschrift oft auch dazu führt, sich weitergehenden Forderungen der Organisation schneller anzuschließen, als wenn man diese unverbindliche »Unterschrift« nicht abgeliefert hat.

Welche Schlüsse lassen sich nun für die Verhandlungssituation ableiten? Grundsätzlich ist es möglich, über kleine Gesten und Arten des Entgegenkommens die Tür für größere Forderungen zu öffnen. So können z. B. kleinere Zugeständnisse, die noch gar nichts mit der guten Verhandlungslösung zu tun haben, die Bereitschaft des Gegenübers für größere Aufgaben seiner Position erhöhen. In Verhandlungssituationen kann das bedeuten, sich in kleineren Punkten erst einmal zu einigen, bevor man die größeren Fragezeichen auf den Verhandlungstisch legt. Viele Verhandler sind fälschlicherweise aber der Meinung, erst einmal den schwersten »Hammer« rauszuholen, damit man den Verhandlungspartner erst einmal beeindruckt.

Überlegen Sie Situationen, in welchen Sie selber auch zu kleinen Gefälligkeiten gebeten wurden und woraus sich dann vielleicht größere Anforderungen an Sie ergeben haben (Vereine etc.)?

In welchen Verhandlungssituationen können Sie das Prinzip Fuß-in-die-Tür-Technik einsetzen?

Praxistipp:
Ein ebenfalls interessantes Phänomen lässt sich beobachten, das mit der Fuß-in-die-Tür-Technik verwandt ist. Diese Technik setzt daran an, dass wir, wenn wir von Menschen etwas empfangen haben, gerne auch wieder etwas zurückgeben (psychologisch: Reziprozität). In der Neuverhandeln-nach-der-Zurückweisung-Technik geht man davon aus, dass sich die Wahrscheinlichkeit einer Zusage zu einem Vorhaben erhöht, wenn ein zuvor größeres abgelehnt wurde.

Wem dieser kurze Ausflug in die Thematik des psychologischen Überzeugens gefallen hat, wer sich gerne noch tiefer in die Ideen zur psychologischen Einflussnahme vertiefen möchte und keine Angst vor theoretischen Hintergründen hat, der sollte sich einmal das Buch von Robert C. Cialdini (*Die Psychologie des Überzeugens*) zu Gemüte führen.

Wege aus der Sackgasse

Auch die besten Verhandler kommen immer wieder in Situationen, in denen es keinen einfachen Ausweg gibt. Die Verhandlungen haben sich fest gefahren. In solchen Momenten braucht man geeignete Strategien, um diese Situationen zu analysieren und Lösungsansätze zu generieren. Einen interessanten Ansatz möchte ich hier kurz skizzieren:
Verhandeln nach dem Harvard-Modell (Fisher et al., 2000)

»Trenne Menschen und Probleme«

Wichtig ist es, die Emotionalität draußen zu lassen und auch auf, als solche empfundenen, Ungerechtigkeiten sachlich zu reagieren. Auf der anderen Seite sitzt ein Verhandlungspartner mit klaren Zielen und Vorstellungen, niemand, der Ihnen in der Regel etwas Schlechtes will. Er vertritt nur seine Interessen. Verhandeln ist keine Frage des Prinzips, sondern eine gemeinsame Suche nach einer optimalen Lösung! Den Verhandlungspartnern, die diese Strategie der Emotionalität wählen, fehlt es oft an guten, sachlichen Argumenten. Um dennoch den Punkt zu erhalten, werden persönliche Aspekte eingebracht. Beispiel: »Das würden Sie mit etwas mehr Berufserfahrung sicherlich anders sehen.« Häufig wirkt das emotionale »Anzählen« umso besser, je genauer man den »wunden« Punkt bei uns trifft. Diese sind individuell sehr unterschiedlich, sind aber umso wirksamer, je sicherer unser Gegenüber eine von uns selbst empfundene Schwäche anspricht (erst kurz Führungskraft, Gelassenheit, fachlichen Kompetenzmangel, mangelnde Entscheidungsfreude etc.).

Welches sind Ihre Punkte (»psychologische Haken«), in denen Sie emotional reagieren oder sich in der Verhandlung schnell reizen lassen?

An dieser Stelle möchten wir auch einen kurzen Exkurs zum Thema Schlagfertigkeit machen. Denn wenn uns die Luft weg bleibt, neigen wir doch oft zur Empörung und starten einen emotionalen Gegenangriff. Wichtig ist uns aber, dass Sie durch die Schlagfertigkeit lediglich den Prozess des Verhandelns wieder sachlich aufnehmen und mit der Schlagfertigkeit (anders wie einige Trainer auf diesem Feld vermitteln) die Emotionalität nicht weiter steigern. Man ist schließlich nicht in einem Fernsehduell, wo es oft gar nicht um die Inhalte, sondern um die Darstellung geht.

Zur Schlagfertigkeit muss auch bedacht werden, dass einem die besten Schlagfertigkeits-Argumente nicht erst im Auto einfallen (was bei den meisten der Fall ist). Schlagfertigkeit muss schnell erfolgen und darf nicht langes Nachdenken beinhalten. Ebenso dürfen Sie sich niemals rechtfertigen, denn der Angriff ist nicht inhaltlich erfolgt, sondern um Sie aus dem Konzept zu bringen.

> **Praxistipp: Einfache Schlagfertigkeit**
> 1. Ja-Sagen
> 2. Gegenfrage stellen: Was meinen Sie konkret damit?
> 3. Schweigen – klaren Blickkontakt mit dem Gegenüber, evtl. »versüßt« durch leichtes Lächeln
> 4. Positiv deuten (verlangt etwas Übung)
> Beispiel: »Sie sind ja noch so jung, wenn Sie älter sind, werden Sie das auch verstehen«.
> Zu 1.: Antwort: »Ja«. Anschließend müssen Sie Ihr Thema umgehend wieder aufnehmen, als ob es den Einwurf gar nicht gegeben habe. Ihr Gegenüber wird erstaunt sein, da Sie die erwartete Rechtfertigung vermieden haben.
> Zu 2.: Antwort: »Was genau wollen Sie damit sagen?« Sollte es eine Erklärung der Gegenseite geben, dann antworten Sie: »interessant« und wechseln wie unter Punkt 1 das Thema.
> Zu 3.: Verhalten wie angegeben, kurz bis 3 zählen, dann Themenwechsel
> Zu 4.: »Ja, die Jugend hat tatsächlich das Privileg, Eingefahrenes in Frage zu stellen« und anschließend gehen Sie im Thema auf der Sachebene einfach weiter.

Eine andere Möglichkeit, sich dem Thema Emotionen zu nähern, ist das Modell des »Locus of control«. In der Psychologie wird davon ausgegangen, dass jeder Reiz zu einer Reaktion führt. Aber es gibt eine beeinflussende Größe zwischen den beiden, ansonsten würden wir von Reflex sprechen. Diese beeinflussende Größe ist beim Menschen die Möglichkeit, nicht auf jeden Reiz zu reagieren (sich selbst die Entscheidung herauszunehmen, ob man reagiert) und damit dem Gesprächspartner mitzuteilen, dass ein einfaches Reiz-Reaktionsmuster nicht erfolgt. Nicht der Reiz entscheidet, ob ich handle, sondern ich (Ort der Kontrolle ist bei mir). Hierzu ein Beispiel:

Beispiel:
Herr Müller-Lüdenscheid aus dem Vertrieb ist in Verhandlungen dafür bekannt, dass er gerne sarkastische Bemerkungen über andere Bereiche macht. Heute findet eine solche Verhandlung statt, in dessen Verlauf er Ihren Bereich (die Produktion) als »Kundenverscheucher« bezeichnet. Dies löst natürlich bei Ihnen eine Empörung aus.

Grundsätzlich muss ich mich an dieser Stelle fragen, warum ich mich von Herrn Müller-Lüdenscheid überhaupt provozieren lasse. Nach dem Prinzip des »Locus of control« setzt er ja lediglich einen Reiz, meine Reaktion kann ich selbst bestimmen. Wenn ich mir jetzt sage, dass der Reiz für mich nicht wichtig ist, dann sinkt auch die Emotion. Ebenfalls lässt auf Seiten des Reizgebers in der Regel nach zwei bis drei unerfolgreichen Versuchen das Interesse nach, da keine gewünschte Reaktion erfolgt. Gerade bei bekannten Personen kann ich mir also erfolgreich sagen: »Der nicht!«.

›Verhandle Interessen, keine Positionen‹

Es gilt, Interessen zu extrahieren und festgefahrene Positionen zu verlassen. Dabei muss es das Ziel sein, wieder in die auslösenden Interessen der Verhandlung zurückzukehren und die pauschale Ebene des Ja/Nein zu verlassen.

Beispiel:
Sie wollen einen Jubiläumsrabatt (ihr Unternehmen wird 50 Jahre alt) mit allen Lieferanten verhandeln, der 1,5 % auf den Umsatz betragen soll. Dies unabhängig von den regulären Jahresverhandlungen. Beide Positionen sind eindeutig.

Position Lieferant: Ich gebe keine weiteren Rabatte!
Position Einkauf: Jeder Lieferant muss diesen Rabatt geben!
Welche Interessen stehen jetzt hinter jeder Position?
Interessen Lieferant, z. B.: Rabatte nur bei Umsatzsteigerung, möchte mehr Werbefläche, Geld wird eh nicht für unsere Produkte verwandt etc.
Interessen Einkauf, z. B.: Muss Aktion zum »Tag der offenen Tür« finanzieren, umfangreicher Prospekt wird gedruckt, unser Anteil ist schon hoch genug etc.

In der Denke des »Interessen vor Positionen«-Ansatzes ist es nun wichtig, wo die einen Interessen zu finden sind, z. B. könnte dies aus Sicht des Einkäufers sein:

»Wir räumen Ihnen im Jubiläumsprospekt einen Sonderplatz ein«, »Erfahrungen aus der Vergangenheit haben gezeigt, dass Jubiläen wesentlich mehr Kunden anlocken«, »Wir tragen auch noch einmal den gleichen Betrag bei, von dem profitieren Sie ja dann ebenfalls« etc.

Denken Sie einmal an eine solche verfahrene Verhandlungssituation zurück und beantworten Sie sich die folgenden Fragen:

Welche Interessen/Motive haben Sie gehabt?

_____

_____

Welche Interessen/Motive könnte der Verhandler gehabt haben?

_____

_____

Wo gab es Gemeinsamkeiten Ihrer Interessen?

_____

_____

›Entwickle möglichst viele Alternativen‹

Überlegen Sie Alternativen zu eigentlich klaren Lösungswegen bereits proaktiv vor dem Verhandlungsgespräch. Welches Limit geben Sie sich? Wann ist eine Einigung noch sinnvoll? Was können Sie machen, wenn es zu keiner Einigung kommt? Oft gibt es Alternativen, die erst während der Verhandlung ersichtlich werden. Aus diesem Grund macht es häufig Sinn, die Verhandlung kurzzeitig zu unterbrechen und dann mit frischen Ideen an die Thematik erneut heranzugehen.

Was kann ich noch tun?

Welche Alternative haben wir, wenn wir die gewählte einmal zur Seite tun?

Im Gespräch kann ich noch die folgenden Maßnahmen aktivieren: den Prozess des Findens von Alternativen von einer direkten Beurteilung trennen *oder* die Zahl der Optionen erhöhen (z. B. Brainstorming), nicht die »richtige« Lösung suchen *oder* Vorschläge entwickeln, die dem Verhandlungspartner eine Entscheidung erleichtern. Gelegentlich macht es auch Sinn, die Lage kurz festzuhalten und mit dem Verhandlungspartner nach einer Kaffeepause gemeinsam Alternativen zu suchen.

Stellen Sie im Gespräch auch die Möglichkeit eines Scheiterns der Verhandlung heraus, was kann das für beide Seiten schlimmstenfalls bedeuten (Fisher et al. sprechen hierbei von einer Einigung gegen die schlechteste Alternative.)?

Insgesamt können Sie beim Suchen nach Alternativen auch noch einmal in das Kapitel »Gute Entscheidungen treffen« blättern. Auch hier war das Treffen einer schlechten Entscheidung mit der zu frühen Eingrenzung von Alternativen verbunden. Machen Sie diesen Fehler nicht auch in der Verhandlung, es gibt immer mehr Wege als man denkt.

›Baue das Ergebnis auf objektiven Entscheidungskriterien auf‹

Es gibt immer Bedingungen, die zu einer »guten« Lösung führen. Beugen Sie sich aber nicht irgendwelchen abstrusen Forderungen. Geben Sie niemals irgendwelchem Druck nach, beugen Sie sich nur sinnvollen Kriterien. Drohungen, manipulative Vertrauensappelle oder schlichtweg Weigerung – in allen Fällen geben Sie nicht nach: Fordern Sie die andere Seite zum vernünftigen Argumentieren auf!

Beispiel:
Verhandlungspartner Controlling: »Wenn Sie nicht das Investitionsbudget um 20 % kürzen, dann können wir das Gespräch abbrechen.«
Sie: »Würde ich gerne tun, kann ich aber nicht, da der Vorstand Innovation ganz oben auf die Agenda gesetzt hat« oder »Ich habe Ihnen einmal die Veränderung der Zulieferpreise mitgebracht«. Merken Sie nun, warum die Vorbereitung, insbesondere in kritischen Verhandlungssituationen, so wichtig ist?

Zusammenfassung

Führungskräfte verhandeln fast täglich und dies in die verschiedensten Richtungen. Das Verhandeln stellt für viele Führungskräfte aber immer wieder eine Herausforderung dar, insbesondere, wenn man sich von der Persönlichkeit her nicht so gerne in »konfliktäre« Situationen begibt oder auch weniger gern Entscheidungen trifft. Konflikte managen und Entscheidungen treffen sind also zwei Aspekte, die in nahem Zusammenhang mit dem Verhandeln stehen und diese beiden Kapitel unseres Buches sollten Sie sich im Rahmen Ihrer Verhandlungsführung auch immer wieder einmal anschauen.

Grundsätzlich ist es für jede Verhandlung wichtig, dass man zu den einzelnen Phasen (Vorbereitung, Strategie, Einstieg, Weg zur Vereinbarung, Wege aus der Sackgasse) Modelle hat, um diese Phasen jeweils erfolgreich zu gestalten.

- Vorbereitung: Fachlich fit sein, Ziele definieren, Motive auf beiden Seiten kennen, Persönlichkeiten diagnostizieren und entsprechende Verhaltensstrategien ableiten, bekannte Einwände im Vorfeld beantworten, Emotionen mittels positiver Selbstgespräche steuern
- Strategie: Ziele ausformulieren, Abbruchkriterien festlegen (Minimalziele), Machtverhältnisse erkennen, Kompromisslinien erarbeiten
- Einstieg: Ersten Eindruck bewusst machen, Blickkontakt pflegen, Körpersprache einsetzen, Rituale beachten
- Weg zur Vereinbarung: Argumentationsformeln berücksichtigen, Psychologische Einflussnahme-Prozesse kennen, anwenden oder abwehren (Autorität, Sympathie, Knappheit, Soziale Bewährtheit, Fuß-in-die-Tür-Technik)
- Wege aus der Sackgasse: Harvard-Modell beachten, Emotionen lenken (Psychologische Haken kennen, Schlagfertigkeit üben), Interessen herausarbeiten, Alternativen suchen, objektive Kriterien finden

Insgesamt kann man festhalten, dass viele psychologische Techniken zusammen erst ein Verhandlungsergebnis bringen und ich mir im Rahmen des Kreislaufs des Verhandelns stets vergegenwärtigen muss, welche Technik denn nun an welchem Punkt zielführend einsetzbar ist!

Die Führungskraft als Manager von Veränderungsprozessen

Das Managen von Veränderungen als wesentliche Kompetenz heutiger Führungskräfte

Praxisbeispiel: Herr Jones hat eine schwere Führungsherausforderung vor sich und überlegt, wie er diese bewältigen kann. Er hat vor ein paar Monaten eine neue Aufgabe als Teamleiter übernommen. Das Unternehmen hat einige Restrukturierungen hinter sich, eigentlich ist es in den letzten 4 Jahren kaum zur Ruhe gekommen. Man hat das Tagesgeschäft vor der Brust, zahlenbezogene Ziele sind zu erreichen, Kundenzufriedenheit zu erhalten und umfassende Projekte zu bewältigen. Alles gleichzeitig. Herr Jones hat 15 Mitarbeiter und erlebt zum ersten Mal in seiner Führungslaufbahn, dass sich eine ganze Gruppe von Mitarbeitern reaktiv verhält, wenig Selbstverpflichtung zeigt, müde wirkt und sich alles in allem gegen die vom Management geforderten Veränderungen stellt. »Früher war alles besser!«, »So kann das nie etwas werden!« sind typische Aussagen. Zusätzlich verstummt die Forderung nach mehr Personal (»Mehr als arbeiten können wir auch nicht!«) nicht. Er ist verzweifelt und hat bereits vieles probiert (siehe z. B. auch Kapitel »Veränderungen initiieren«):

- Er hat versucht, das Selbstvertrauen aller Beteiligten zu stärken,
- die sogenannte Veränderungsformel bei Einzelnen anzuwenden,
- Problembewusstsein zu schaffen (Stufen der Problemerkenntnis),
- oder auch einfach nur dominant Gefolgschaft einzufordern (»Die drei Wege der Führung«).

Nichts hat wirklich funktioniert, die Gruppendynamik der insgesamt 15 Mitarbeiter ist derart dysfunktional, dass mittlerweile Kleinigkeiten genügen, um explosive Situationen entstehen zu lassen: Vor ein paar Tagen ging es um die Notwendigkeit von Mehrarbeit. Da hat sich sogar ein Mitarbeiter dazu hinreißen lassen, sich vor der gesamten Gruppe zu verweigern. Herr Jones hat sich nicht zu helfen gewusst und wenig souverän reagiert. Das ärgert ihn noch heute.

Führen mit Psychologie. Peter Krumbach-Mollenhauer und Thomas Lehment
Copyright © 2010 WILEY-VCH Verlag GmbH & Co. KGaA, Weinheim
ISBN: 978-3-527-50506-7

> Herr Jones sucht nach einem Weg, Folgendes zu erreichen:
>
> – Sensibilisierung aller Mitarbeiter für die Notwendigkeit der laufenden und zukünftigen Veränderungsprozesse,
> – Reflexion der persönlichen Einstellungen, bezogen auf erlebte Veränderung,
> – Übernahme von individueller Selbstverantwortung im Veränderungsprozess
> – und nicht zuletzt die notwendige Offenheit für aktuelle und zukünftige Veränderungen.

Die Problematik, vor die sich Herr Jones gestellt sieht, ist ganz typisch. In unserer Beratungspraxis nehmen die Projekte zu, die sich ganz allgemein mit den Themen Change oder Transformation beschäftigen. Ganz im Stil des Charakters dieses Buches, soll dieses Kapitel pragmatische und praxisgerechte Tipps geben und nutzbares Hintergrundwissen vermitteln, um mit diesen Herausforderungen im Führungsalltag umzugehen.

Warum Mitarbeiter so reagieren, wie sie reagieren – Die Psychologik des Misslingens von Veränderungen

Bevor Tipps zum Umgang mit solchen Veränderungen gegeben werden können, ist es sinnvoll, die »Psychologik« der Mitarbeiter zu erkennen, Veränderungshindernisse kennen zu lernen und damit ein wenig Verständnis für deren Sicht- und Handlungsweise abzuleiten. Daraus lassen sich dann praxisgerechte und sinnvolle Verhaltensweisen zum Umgang mit dieser Situation entwickeln.

Mitarbeiter sind wenig veränderungsbereit, wenn

- sie nicht erkennen, warum eine Veränderung überhaupt notwendig ist, bzw. wenn sich eine Art »Selbstgefälligkeit« eingeschlichen hat.
- sie keinen Zusammenhalt untereinander erleben, sich auf sich allein gestellt fühlen und keine orientierenden Vorbilder haben, die positiv mit der Veränderung umgehen.
- sie nicht wissen, welchen Sinn eine Veränderung haben könnte, wohin es geht, welchen größeren Zusammenhang es gibt und was sie an dem erzielten Endzustand überhaupt interessieren könnte.

- sie Hindernisse, tagtägliche Schwierigkeiten erleben und alleingelassen werden, indem die Führungskräfte rückdelegieren, nicht entscheiden oder an die höchste Führungsebene weiterdelegieren, die wenig Zeit und Lust hat, sich mit diesen operativen Problemen auseinander zu setzen.
- Veränderungsfortschritte, mögliche Erfolge nicht ausreichend oder gar nicht kommuniziert und öffentlich gemacht werden.
- die Strukturen, Prozesse und Arbeitsweisen nicht kontinuierlich mit den erreichten Veränderungen und Erfolgen weiterentwickelt werden.
- ein Anspruchsdenken etabliert ist, das sich auf Bewahrung des Status quo konzentriert und die Notwendigkeit einer stetigen Weiterentwicklung als störend charakterisiert.

Übung zur Theorie

Wenn Sie vor einer ähnlichen Situation wie Herr Jones in unserem Praxisbeispiel stehen und bevor Sie weiterlesen, versuchen Sie doch einmal, mögliche Gründe für die Veränderungsdefizite Ihrer Mitarbeiter zu bestimmen und bearbeiten Sie die Checkliste:

Psychologik des Misslingens von Veränderung	Ja	Nein
Das Bewusstsein bei meinen Mitarbeitern für die Notwendigkeit der Veränderung ist vorhanden.	☐	☐
Die Mitarbeiter wissen, dass wir, wenn wir uns nicht verändern, demnächst viele Schwierigkeiten haben werden.	☐	☐
Ich glaube selbst an die Notwendigkeit der Veränderung.	☐	☐
Ich bin Vorbild im Umgang mit der Veränderung, rede z. B. nie schlecht über die damit verbundenen Maßnahmen und Entscheidungen (»... die da oben wissen ja gar nicht, was sie damit anrichten ...«).	☐	☐
Ein paar meiner Mitarbeiter habe ich für die Veränderungsmaßnahmen gewinnen können, sie ziehen mit mir an einem Strang.	☐	☐

Ich habe eine genaue Vorstellung davon, wo wir in den kommenden Jahren stehen wollen, was wir erreicht haben und wofür die Veränderung notwendig war.	☐	☐
Auch meine Mitarbeiter wissen, wofür die Veränderung steht und was wir damit in Zukunft erreichen wollen.	☐	☐
Ich bin ein Ansprechpartner bei den täglichen Schwierigkeiten, kümmere mich um die Mitarbeiter und bewältige Hindernisse selbst mit ganzer Kraft.	☐	☐
Ich habe Merkmale bestimmt, die für mich erkennen lassen, welche Fortschritte wir im Rahmen der Veränderung gemacht haben.	☐	☐
Ich kommuniziere Veränderungsfortschritte, selbst wenn sie noch so klein sind, stetig an die Mitarbeiter.	☐	☐
Ich bin offen genug, einmal getroffene Entscheidungen (z. B. bezogen auf Prozesse und Arbeitsweisen) stets zu hinterfragen, ob sie denn noch passend sind im Sinne der gewünschten Veränderung und nehme ggf. Anpassungen vor.	☐	☐
Wir haben in meinem Team eine Kultur des Lernens. Wissensvermittlung, persönliche Entwicklung und Veränderungen werden als positiv und erstrebenswert beurteilt.	☐	☐
Anzahl der »Ja« bzw. »Nein« Antworten		

Nun, was haben Sie ermittelt? Überwiegen die »Nein«- oder »Ja«-Stimmen? Wenn das erstere der Fall sein sollte, dann ist es doch nur wenig verwunderlich, dass die Mitarbeiter sich so verhalten, wie sie sich verhalten! Ist es im Sinne der »Psychologik« nicht logisch, dass sie sich reaktiv, wenig positiv und tendenziell verärgert verhalten?

Diese »Psychologik« ist seit mehreren Jahren gut untersucht, Kurt Lewin hat bereits 1947 ein 3-Phasen-Modell entwickelt, das die oben genannten Schwierigkeiten thematisiert und in Grundzügen Gegenmaßnahmen empfiehlt. Seitdem haben sich viele unterschiedliche Ansätze entwickelt, der

Ansatz von John P. Kotter wird im Folgenden immer wieder in modifizierter Form aufgegriffen.

Prozessstufen der Veränderung – Wie Veränderung wirkungsvoll gesteuert wird

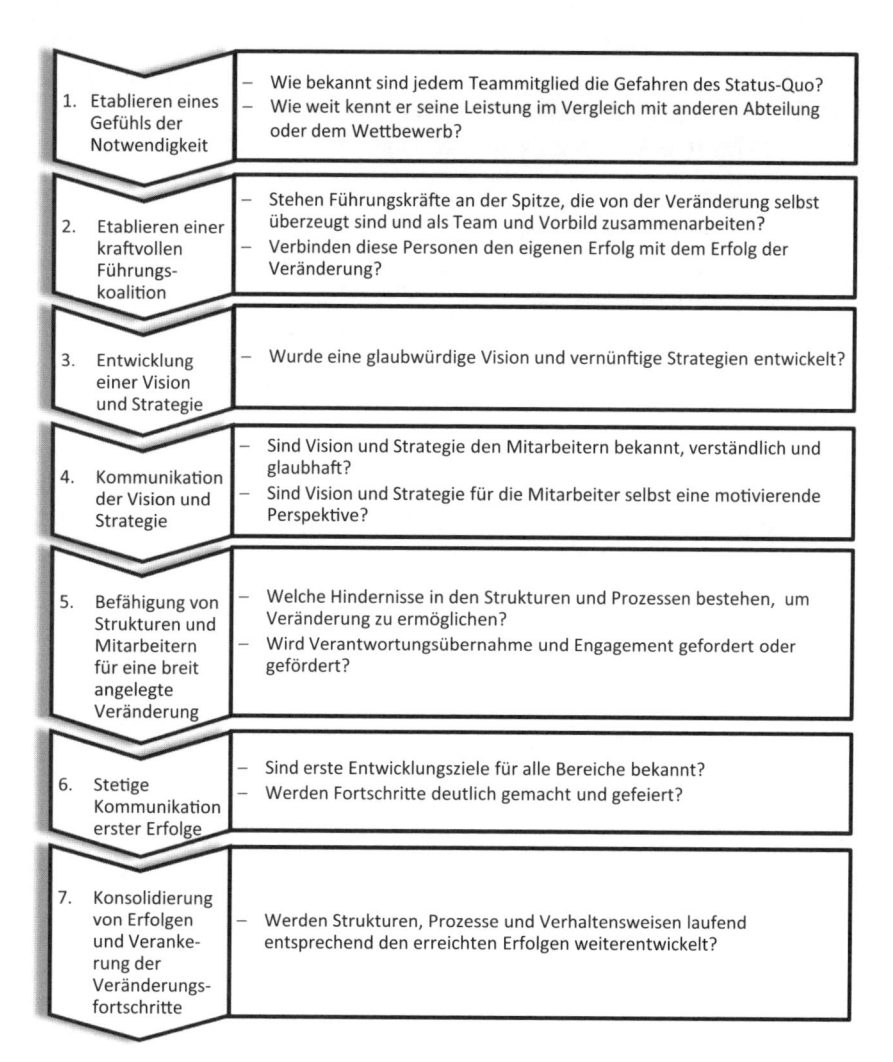

1. Etablieren eines Gefühls der Notwendigkeit
   - Wie bekannt sind jedem Teammitglied die Gefahren des Status-Quo?
   - Wie weit kennt er seine Leistung im Vergleich mit anderen Abteilung oder dem Wettbewerb?

2. Etablieren einer kraftvollen Führungskoalition
   - Stehen Führungskräfte an der Spitze, die von der Veränderung selbst überzeugt sind und als Team und Vorbild zusammenarbeiten?
   - Verbinden diese Personen den eigenen Erfolg mit dem Erfolg der Veränderung?

3. Entwicklung einer Vision und Strategie
   - Wurde eine glaubwürdige Vision und vernünftige Strategien entwickelt?

4. Kommunikation der Vision und Strategie
   - Sind Vision und Strategie den Mitarbeitern bekannt, verständlich und glaubhaft?
   - Sind Vision und Strategie für die Mitarbeiter selbst eine motivierende Perspektive?

5. Befähigung von Strukturen und Mitarbeitern für eine breit angelegte Veränderung
   - Welche Hindernisse in den Strukturen und Prozessen bestehen, um Veränderung zu ermöglichen?
   - Wird Verantwortungsübernahme und Engagement gefordert oder gefördert?

6. Stetige Kommunikation erster Erfolge
   - Sind erste Entwicklungsziele für alle Bereiche bekannt?
   - Werden Fortschritte deutlich gemacht und gefeiert?

7. Konsolidierung von Erfolgen und Verankerung der Veränderungsfortschritte
   - Werden Strukturen, Prozesse und Verhaltensweisen laufend entsprechend den erreichten Erfolgen weiterentwickelt?

Abb. 54: Erfolgsfaktoren in Veränderungsprozessen
(nach Kotter, J.P., 1996)

Diese 7 Erfolgsfaktoren werden im Folgenden am Beispiel von Herrn Jones (siehe vorher) erläutert, um konkrete Verhaltenstipps zu geben:

Etablieren eines Gefühls der Notwendigkeit

Herr Jones sieht die Chance, die Veränderungsnotwendigkeit bei seinen Mitarbeitern zu identifizieren bzw. zu steigern. Mit ausgewählten Mitarbeitern sucht er das Gespräch und alle sind grundsätzlich der Meinung, dass eine Veränderung natürlich sinnvoll ist. Und nun? Ist die Einsicht in die Veränderungsnotwendigkeit nun vorhanden? Herr Jones wird misstrauisch, er fragt weiter, gibt sich mit schnellen Antworten nicht zufrieden und hört schließlich die ersten Einschränkungen:

- »... aber alle haben doch diese Probleme ...!«
- »... aber wir machen doch auch so Fortschritte ...!«
- »... aber nicht wir sind das Problem, die anderen Abteilungen sollen sich zunächst verändern ...!«
- »... aber es liegt doch eigentlich an der Führung und an dem Management, die ›kleinen Leute‹ baden doch nur aus, was 'oben' entschieden wird ...!«

Kennen Sie diese Aussagen? Wie reagieren Sie? Ärgerlich und tendenziell ungeduldig? Nun schauen Sie aber auch mal in Ihre Management-Meetings! Was wird nicht alles unternommen, um zu zeigen, dass doch alles eigentlich o.k. ist, wie viel Anstrengungen werden investiert, um vorhandene Zahlen, Beschwerden, Unzulänglichkeiten zu verkleinern und zu verdrängen?

- »Wenn die Krise beendet ist, dann kommen wir schon wieder in Fahrt!«
- »Wenn die bereits angelaufenen Sparmaßnahmen greifen, dann sind wir wieder ganz vorne!«

Wenn Sie diese oder ähnliche Aussagen und Reaktionen kennen, dann sind die folgenden Praxis-Tipps hilfreich für Sie:

> **Praxis-Tipp:**
>
> 1. Lassen Sie Eskalationen und Schwierigkeiten zu, greifen Sie so spät wie möglich ein und lassen Sie alle Beteiligten die damit verbundenen Konsequenzen spüren.

2. Vergleichen Sie Kennzahlen und erreichte Ziele mit den Planungszahlen und Zielen und lassen Sie keine »Verharmlosung« in der Interpretation zu.

3. Führen Sie Meetings und Präsentationen durch, in denen Sie den Mitarbeitern auch visuell Kennzahlen, Entwicklungen und Benchmarks abteilungsübergreifend und aus dem Wettbewerb präsentieren.

4. Spiegeln Sie die Meinungen und Überzeugungen der Kunden immer wieder ihren Mitarbeitern zurück und geben Sie diesen die Gelegenheit, dies auch direkt zu erfahren.

5. Nutzen Sie Berater (interne oder externe), um Markt- und oder Wettbewerbsentwicklungen mal aus anderer Sicht zu schildern.

6. Gehen Sie nicht ebenfalls in die Falle, Veränderungsnotwendigkeiten zu verharmlosen und zu banalisieren.

Etablieren einer kraftvollen Führungskoalition

Herr Jones achtet nun im Weiteren darauf, das Problembewusstsein im Sinne der Veränderung und als Basis der weiteren Entwicklung darzustellen. Nun braucht er Mitstreiter auf Vorgesetzten-, Kollegen- und Mitarbeiterebene.

Er wendet sich zunächst an seinen Vorgesetzten und vereinbart mit ihm bestimmte Regeln im Rahmen der Veränderung. Er versichert sich wesentlicher Entscheidungskompetenzen, er spricht Informations- und Kommunikationsregeln ab, er vereinbart, wie der Vorgesetzte den Veränderungsprozess auf der Ebene des Teams unterstützen kann.

Herr Jones hat aber noch mehr vor. Er lädt einige ihm vertraute Teamleiterkollegen ein und thematisiert die aus seiner Sicht wichtigen Erfolgsfaktoren der Veränderung, er sucht nach einem »Schulterschluss« und einem Commitment der gegenseitigen Unterstützung. Er spricht Verhaltensweisen durch, die als Vorbildverhalten gegenüber den Mitarbeitern gelten können.

Er belässt es aber nicht bei diesen beiden Zielgruppen, er spricht (im Vertrauen) ein bis zwei Mitarbeiter an, denen er am meisten Offenheit und Veränderungskompetenz zutraut, thematisiert seine Einschätzung der aktuellen Veränderungssituation transparent und sucht nach deren Unterstützung. Er spricht darüber, wie man als Multiplikator agieren kann und welche Mitarbeiter über welchen Weg gewonnen werden können. Er vereinbart regelmäßigen Austausch miteinander und schafft eine tragfähige Vertrauensbasis.

Praxis-Tipp:

1. Vereinbaren Sie mit Ihrem Vorgesetzten, wie er Sie in dem Veränderungsprozess aktiv unterstützen kann. Welche Unterlagen stellt er Ihnen zur Verfügung, um den Veränderungsdruck zu offenbaren? Was kann er über die aktuelle Situation berichten? Welche Rolle wird er bei der Kommunikation in Richtung Mitarbeiter übernehmen? Welche Entscheidungskompetenzen gewährt er Ihnen und welche Handlungsfreiheiten gewährt er Ihnen? Wie geht er mit Beschwerden seitens Dritter um und welches Vertrauen spricht er Ihnen zu?

2. Gehen Sie auf Ihre Kollegen zu und sprechen Sie offen über die »Führungskoalition«. Tauschen Sie Erfahrungen aus, thematisieren Sie Widerstände. Sie sind nicht allein! Sprechen Sie gemeinsam Maßnahmen ab, vereinbaren Sie den gegenseitigen Informationsaustausch untereinander und planen Sie Ihre Vorgehensweise gemeinsam. Hinterfragen Sie Ihre Entscheidungen im Kollegenteam gegenseitig, um eine Vergleichbarkeit spontaner Reaktionen und Handlungen zu gewährleisten (z. B. Umgang mit Überstunden etc.).

3. Schaffen Sie sich Multiplikatoren in Ihrem Team! Wem vertrauen Sie am meisten? Wie steht er zu der Veränderung? Kommunizieren Sie offen, sprechen Sie über Ihre Befürchtungen, aber auch Ihre Überzeugungen angesichts des Veränderungsprozesses. Nehmen Sie Ihre Vorbildfunktion wahr und starten Sie die Veränderung selbst, indem Sie symbolisch handeln. Setzen Sie sich selbst in das Großraumbüro, obwohl Sie dies vielleicht gar nicht müssten! Arbeiten Sie selbst nach neuen Prozessen, auch wenn es mühselig ist! Kommen Sie früher oder gehen später! Hauptsache, Ihre Mitarbeiter sehen und registrieren es. Nutzen Sie ausgewählte Mitarbeiter, damit diese das Positive an der Veränderung stetig wiederholen und als positiver Unterstützer gelten.

Entwicklung einer Vision und Strategie

Herr Jones wähnt sich auf dem richtigen Weg: Er spürt bei den Mitarbeitern so etwas wie Veränderungseinsicht und hat eine tragfähige Führungskoalition geschaffen. In einem Teammeeting erlebt er nun einen jähen Rückschlag: Er wird gefragt, wozu das denn alles gemacht werden soll? Was soll erreicht werden? Spontan referiert er über Wachstum, Marktstärke und nicht zuletzt beschwört er den Geist des möglichen Untergangs (»Wer nicht kommt zur rechten Zeit ...!«). Aber seine Mitarbeiter reagieren eher defensiv und skeptisch. Höher, tiefer, weiter .... das hören sie seit langem.

»Wer Visionen hat, der soll zum Arzt gehen«, sagte schon Helmut Schmidt (Bundeskanzler a.D.). Dennoch, eine Vision erzeugt Gefolgschaft, Verbundenheit und emotionale Kraft. Es ist nur ein Element zwischen Strategien, Plänen und Aufgaben, aber es ist das tragende Element. Nun ist Herr Jones ganz sicher nicht in der Lage oder willens, eine Vision für das Unternehmen zu formulieren. Viele Unternehmen haben diese bereits vorliegen und nun muss sie an die Mitarbeiter handlungsgerecht kommuniziert werden. Das ist schon schwierig genug. Oftmals reicht es bereits, die Vision auf die Erlebniswelt der Mitarbeiter zu konzentrieren. Auch wenn es keine offizielle Unternehmensvision gibt, kann dies teamspezifisch erfolgen. Eine gute Vision kann die Stellung und Wertigkeit als Abteilung innerhalb des Unternehmens oder des Bereichs zum Inhalt haben (»Wir als Abteilung stehen für ...«, »Unser Team schafft unternehmensweite Lösungen zur ...«), sie transportiert eine emotionale Botschaft (»Alle Abteilungen nutzen unsere IT-Dienstleistungen um ...«) oder stellen einen besonderen Kundennutzen hervor (»Wir tragen dazu bei, den Kunden ...«). Auch eine besondere Fach- oder Prozessexpertise dient diesem Zweck. Die Vision schafft Befriedigung, Wertschätzung und ein Gefühl der Gemeinsamkeit sowie der Zugehörigkeit. Maßnahmen und Strategien werden festgelegt, aber auch verändert, um sich der Vision anzunähern.

Praxis-Tipp:

Merkmale einer guten Vision

Vorstellbar: Visualisiert ein Bild über die Zukunft, wie sie sein könnte.

Erstrebenswert: Appelliert an die langfristigen Interessen der Mitarbeiter, Kunden oder anderer Stakeholder. Beinhaltet eine gewisse Wertigkeit, so dass man stolz darauf sein kann, daran mitzuarbeiten.

Machbar: Die wesentlichen Inhalte müssen erreichbar und realistisch sein. Aber auch anspruchsvoll und schwierig genug zu erreichen.

Fokussiert: Sie muss so formuliert sein, dass sie ausreichend Klarheit gibt, Strategien und Maßnahmen abzuleiten und den Fortschritt entsprechend zu bewerten.

Flexibel: Muss allgemein genug sein, um auch vor dem Hintergrund geänderter Rahmenbedingungen eine Art größten gemeinsamen Nenner zu bieten.

Kommunizierbar: Prägnant formuliert, angemessen kurz, in fünf Minuten erklärbar sein.

> **Übung zur Theorie**
>
> Welche Vision hat Ihr Unternehmen?
> Wie kann die Vision für Ihr Team oder Ihre Abteilung lauten? Sind alle Merkmale einer guten Vision enthalten?

> **Praxis-Tipp:**
>
> Warum müssen Sie immer alles alleine machen? Binden Sie doch Ihre Mitarbeiter (entweder alle oder nur ausgewählte Personen) bei der Erarbeitung der Vision ein. Sie werden sehen, dass die 1–2 Stunden gut investierte Zeit sind, um alle Betroffenen zu Beteiligten zu machen.

Kommunikation der Vision und Strategie

Herr Jones freut sich, er hat auf Basis der Unternehmensvision (die er persönlich für etwas allgemein hält) mit Unterstützung einiger seiner Mitarbeiter eine Vision und einige wesentliche Strategien für das Team erarbeitet. Er findet diese motivierend und bewertet sie als sehr erstrebenswert. Jetzt ist es an ihm, seine Überlegungen an das gesamte Team zu kommunizieren und derart die Basis für die weitere Veränderung zu legen. Er nutzt dabei alle Medien und Foren, die ihm zur Verfügung stehen: Die Mail an seine Mitarbeiter, das Teammeeting, Besprechungsprotokolle, das Mitarbeitergespräch, der informelle Austausch untereinander beim Kaffee oder während der Mittagspause. Er ist sich auch einer wesentlichen Erkenntnis bewusst: Damit eine Botschaft sitzt, muss er sie mehrmals wiederholen. Dabei denkt Herr Jones mit Vergnügen an den letzten Werbespot im Fernsehen, über den er so lachen musste. Er nutzt jede Gelegenheit, um immer wieder und wieder seine Überlegungen darzustellen, er wirbt für seine Vision. Er sucht den Austausch mit seinen Mitarbeitern. Er weiß, die einseitige Kommunikation hilft nicht viel, eine Beteiligung muss erfolgen, vielleicht sind sogar kleine Veränderungen an der Vision und an der Strategie noch sinnvoll. Eine Tat sagt mehr als tausend Worte: Herr Jones achtet sehr darauf, seine Vision nicht mit Handlungen oder konträren Entscheidungen zu konterkarieren. Alles wird bezogen auf die Vision und die Strategie hinterfragt, er agiert als Vorbild.

Praxis-Tipp:

Schlüssel-Elemente einer erfolgreichen Kommunikation (nach Schulz von Thun (4))
1. Einfachheit <u>nicht</u> Kompliziertheit
   - Einfache, verständliche Ausdrucksweise
   - Geläufige Wörter verwenden
   - Fachwörter vermeiden
   - Kurze Sätze formulieren, keine Schachtelsätze
   - Abkürzungen vermeiden
2. Gliederung und Ordnung <u>nicht</u> Unübersichtlichkeit
   - Systematisch, der Reihe nach
   - Roten Faden aufzeigen
   - Zeitlichen Rahmen festlegen
   - Pausen machen
   - Antwortmöglichkeiten geben
3. Kürze, Prägnanz <u>nicht</u> Weitschweifigkeit
   - Wesentliches kurz- und bündig vortragen
   - Nicht abschweifen, beim Thema bleiben
   - Wiederholungen auf die wesentlichen Appelle beschränken
4. Zusätzliche Stimulanz <u>nicht</u> Monotonie
   - Beispiele aus dem Erlebensbereich der Zuhörer bringen
   - Sprachliche Bilder und Analogien verwenden
   - Visualisierungen nutzen
   - Fragen stellen, die Zuhörer einbinden
   - Betonung, Lautstärke wechseln

Befähigung von Strukturen und Mitarbeitern für eine breit angelegte Veränderung

Herr Jones ist überrascht, seine Mitarbeiter freuen sich über die neue Vision und haben in den Meetings bereits über Veränderungsansätze diskutiert. Sie haben Ideen und sind scheinbar motiviert, die anstehenden Veränderungen mitzutragen. Aber sofort erfolgt ein Dämpfer: Herr Barmer, ein Mitarbeiter, berichtet, dass die notwendigen Kompetenzveränderungen in der anderen Abteilung nicht akzeptiert werden und auf Widerstand stoßen. Wieder andere Mitarbeiter sind schnell mit ihrer Motivation am Ende und teilweise hat Herr Jones das Gefühl, dass nicht jeder auch wirklich über alle Fähigkeiten verfügt, die vereinbarten Maßnahmen umzusetzen.

Zusammengefasst zeigen sich vier Defizitsituationen, die in dieser Phase der Veränderung Widerstände erzeugen können:

- Unkenntnis (Nicht-Kennen)
- Überforderung (Nicht-Können)
- Schlechterstellung, Ängste (Nicht-Wollen)
- Ohnmacht (Nicht-Dürfen)

Diese vier Aspekte sind sehr individuell, sie bedürfen einer umsichtigen und geeigneten Vorgehensweise, wie sie dem Kapitel »Veränderungen initiieren« zu entnehmen sind.

Stetige Kommunikation erster Erfolge

Herr Jones kann über das Erreichte sehr zufrieden sein, die ersten Früchte seiner Bemühungen scheinen sich zu zeigen, auch wenn es den meisten (und ihm selbst oft auch) eigentlich immer noch zu langsam vorangeht. Nun erweist es sich als Vorteil, dass er im Zuge des dritten Schrittes (Entwicklung einer Vision und Strategie) eine Maßnahmen-/Nutzen-Matrix (siehe Abb. 55) erstellt hatte, mit der Ergebnisse der aktuellen Bemühungen abgeglichen werden können, um zu entscheiden, ob man noch »auf dem Weg ist«.

Auch wenn die kurzfristigen Erfolge, die sogenannten »low hanging fruits«, nicht immer die nutzenträchtigsten sind, so ist doch zu erkennen, dass Fortschritte gemacht wurden.

Zeithorizont

- langfristig (24 Monate)
- mittelfristig (12 Monate)
- kurzfristig (5 Monate)

Nutzen: gering — groß

Maßnahme 1, Maßnahme 2, Maßnahme 3, Maßnahme 4, Maßnahme 5, Maßnahme 6, Maßnahme 7

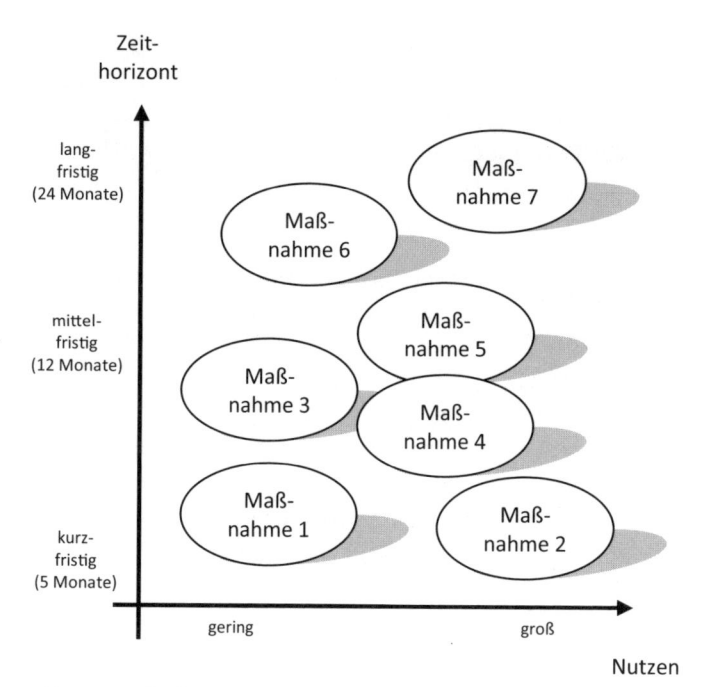

Abb. 55: Maßnahmen-/Nutzen-Portfolio

Übung zur Theorie

Wie könnte Ihr Maßnahmen/Nutzen-Portfolio gestaltet sein? Bestimmen Sie vorher auf der Zeitachse, welche Fristen Sie sich setzen möchten (bzw. welche vorgegeben sind) und bestimmen Sie auf der Nutzenachse, wie Sie diesen Begriff bestimmen. Es können Zahlen- und oder Kennwerte dahinter stehen (z. B. erreichte Kundenzufriedenheit oder Kostenziele), es können Prozesskennwerte sein (z. B. Zeiteinsparungen o.ä.) oder der Aspekt bezieht sich auf »weichere Aspekte« (z. B. Akzeptanz bestimmter Maßnahmen bei den Mitarbeitern, Commitment etc.). Schließlich gilt es noch, die Maßnahmen zu bestimmen, die visions- und strategiekonform sind (z. B. Aufsetzen einer organisatorischen Veränderungsstruktur (Heitger, B., Doujak, A., 2002).

Wie definieren Sie die Zeitachse?
kurzfristig _____ mittelfristig _____ langfristig _____
Wie definieren Sie die Nutzenachse?
Welche Maßnahmen sind notwendig im Rahmen der anstehenden Veränderung?

Maßnahmen 1 _____	Maßnahme 2 _____
Maßnahmen 3 _____	Maßnahme 4 _____
Maßnahmen 5 _____	Maßnahme 6 _____

Abb. 56: Zeit-/Nutzen-Achse

Konsolidierung der Erfolge und Verankerung der Veränderungsfortschritte

Herr Jones ist sich bewusst, dass Veränderungsprojekte oftmals nicht in den ersten Monaten an Kraft verlieren, sondern vielmehr nach einer mittleren Laufzeit, dann, wenn die ersten Schritte gemacht und die natürlichen Komfortzonen aller Beteiligten wieder erreicht sind (siehe auch den folgenden Abschnitt »Typische Phasen in Veränderungsprozessen«). Herr Jones möchte eigentlich auch noch mehr: Die Kraft und Lebendigkeit der Mitarbeiter beim Tragen der Veränderung möchte er auch weiterhin nutzen. Er weiß, dass es sehr sinnvoll sein kann, eine Art »lernende Kultur« für die Zukunft zu etablieren.

Diese Stufe der Veränderung ist häufig die am wenigsten greifbare. Zunächst ist es wichtig, nicht der Versuchung zu erliegen, die Kraft der Veränderungsmaßnahmen zurückzuschrauben.

> **Praxis-Tipp:**
> - Nutzen Sie die ersten Erfolge, um auf die weiteren Veränderungsziele hinzuweisen. Verstärken Sie Ihre Bemühungen auf der Basis des Erreichten.
> - Weisen Sie auf die veränderten Verhaltensweisen hin, die den bisherigen Erfolg möglich gemacht haben (z. B. Kooperation, Engagement, Mut zum Risiko etc.). Nutzen Sie diese Verhaltensweisen, die damit verbundenen Werte und integrieren Sie diese in Ihre Mitarbeitergespräche, Beurteilungssysteme und in die entsprechenden Qualifizierungsmaßnahmen.
> - Achten Sie auch weiterhin darauf, die Erfolge und die damit verbundenen Personen hervorzuheben (»Best-practice«).

Typische Phasen in Veränderungsprojekten

Wie bereits weiter vorne in diesem Kapitel beschrieben, tat sich Kurt Lewin mit einem 3-Phasen-Modell der Veränderung (»Auftauen«, »Veränderung«, »Einfrieren«) hervor und legte wesentliche Grundlagen für weitere Forschungen im Bereich des Veränderungsmanagements. Auch in der Medizin sind Untersuchungen, z. B. im Umgang mit Trauerreaktionen, vorgenommen worden (Kübler-Ross, E. 2006). Auch bei Veränderungsprozessen ergibt sich eine ganz typische Reaktion bei den Betroffenen (je nach Autor ein 5 bis 8-stufiger Verlauf, z. B. Heitger, B., Doujak, A. 2002), die im Folgenden aufgegriffen werden und mit geeigneten Ansatzmöglichkeiten für eine Führungskraft versehen werden soll (siehe Abb. 57).

Phase 1: Vorahnung

In der Regel wird eine anstehende Veränderung im Unternehmen mit vielen Gerüchten vorbereitet. Jeder hat irgendetwas gehört, jeder kennt jemanden, der etwas gehört hat und es ist alles doch viel schlimmer als man annehmen mag. Die effektive Arbeitszeit nimmt ab, man beschäftigt sich mit Vermutungen, Annahmen und Verdächtigungen. Die Führungskräfte wissen von nichts, es wird bagatellisiert und beruhigt. Was schließlich dazu führt, dass die Gerüchte noch mehr angeheizt werden. In dieser Phase fühlen wir uns weitgehend fremdbestimmt, die wahrgenommene Kompetenz ist relativ gering.

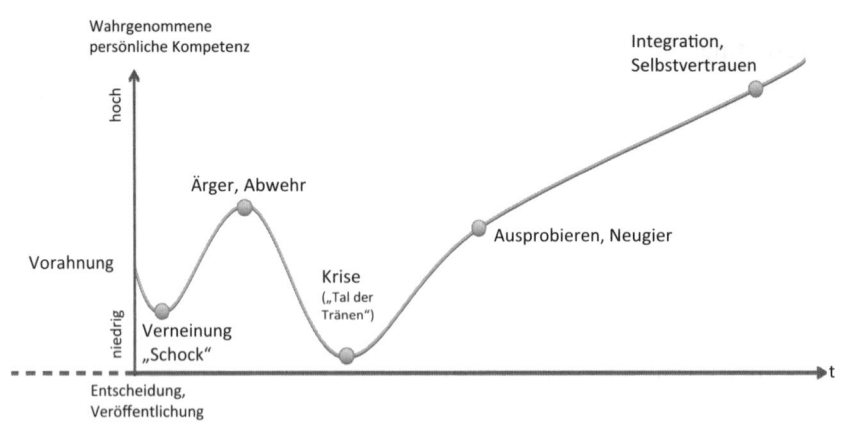

Abb. 57: Phasen der Veränderungsprozesse

Diese Phase klingt zunächst etwas beunruhigend. Was können aber die betroffenen Führungskräfte tun, wie damit umgehen und das Beste daraus machen? Wie immer gibt es zwei Seiten, was kann man dieser Phase an Positivem abgewinnen?

Praxis-Beispiel:

Kommen wir zurück auf Herrn Jones und sein Team, das in diesem speziellen Fall mit einer beginnenden Veränderung konfrontiert werden wird. Herr Jones hat sich mit wesentlichen Inhalten zum Thema Veränderungsmanagement beschäftigt und spiegelt seine Erlebnisse und Beobachtungen, seine Interventionen und Maßnahmen vor dem Hintergrund seiner methodischen Erkenntnisse wider.

Phase 1 der Veränderung: Die Vorahnung	
Merkmale	
– Spannung bei allen Mitarbeitern und Führungskräften – Viele Meetings finden statt, Ressourcen werden gebunden – Gerüchte, eventuell Sorge + Neugierde + Vorfreude auf Zukünftiges	☐ ☐ ☐ ☐ ☐

Praxis-Tipp:

- Zeigen Sie als Führungskraft so viel proaktive Kommunikation und Interaktion wie möglich. Soweit es Ihnen bekannt ist und Sie es kommunizieren dürfen, geht es an dieser Stelle darum, Beweggründe der Veränderung offenzulegen, Zahlen und Fakten zu kommunizieren.
- Zeigen Sie an dieser Stelle die vorher dargestellte Dringlichkeit auf, eine Handlungsnotwendigkeit zu schaffen und ein Problembewusstsein zu etablieren.
- Bereits an dieser Stelle kann es sinnvoll sein, Multiplikatoren für sich zu gewinnen und eine starke Führungskoalition zu etablieren (siehe vorher »Prozessstufen der Veränderung – Wie Veränderung wirkungsvoll gesteuert wird«).
- Spannung kann behindernd wirken, Neugierde kann Motivation für Veränderung schaffen. Gründe für die Veränderung und die ausdrückliche Unterstützung durch die Führungskraft, die Vermittlung von Zuversicht und Offenheit ist an dieser Stelle besonders wichtig.
- Nehmen Sie sich Zeit für die Mitarbeiter, versprechen Sie nichts (!), was Sie nicht halten können, aber machen Sie auch nicht unnötigerweise ein Geheimnis aus jeder Kleinigkeit. Erfahrungen zeigen, dass die Mitarbeiter offener und konstruktiver reagieren, wenn ihnen Vertrauen entgegengebracht wird. Erklären Sie ruhig, dass Sie auch nicht wissen, was passieren wird (wenn es stimmt), aber dass Sie ruhig auf die Ergebnisse warten und dann schnellstmöglich mit allen die notwendigen Fakten durchsprechen werden.
- Hilfreich sind auch bestimmte Alternativszenarien, die mit den Mitarbeitern in einer abstrahierenden Art und Weise durchgesprochen werden.

Phase 2: Verneinung/Schock

Jetzt ist es passiert, die Unternehmensleitung hat die notwendigen Veränderungen beschlossen, je nach Vernetzung im Unternehmen, laufen die Nachrichten mal schneller mal langsamer durch das Unternehmen. Neue Erwartungen, Anforderungen werden kommuniziert, einschneidende Maßnahmen dargestellt, die für alle Beteiligten zunächst irreal, abseits jeder

Vorstellungskraft sind. Sie beruhen in der Regel auf Fakten und Forderungen, für die die Organisation noch kein wirkliches Verhaltensrepertoire aufgebaut hat, entsprechende Erfahrungen liegen noch nicht vor. Viele haben über die möglichen Optionen bereits vorher spekuliert, aber die tatsächlichen Entscheidungen sind dann doch überraschend. Viele unterschiedliche Informationen liegen vor, immer noch werden Gerüchte gestreut.

Praxis-Beispiel:

Herr Jones kann es auch noch nicht glauben. Die Entscheidungen des Managements sind tief greifend, es ist noch nicht klar, wie die entsprechenden Forderungen und Ziele umgesetzt werden können. Eins aber ist aber klar: Keiner bleibt unbetroffen und die Unsicherheit bei allen Mitarbeitern ist sehr groß. Die Unsicherheit bei Herrn Jones übrigens auch: Wird er die Veränderungen meistern? Wird es Entlassungen geben und wie wird er die gestiegenen Ziele umsetzen können? Die Mitarbeiter von Herrn Jones denken ebenso wie er. Dazu kommt noch, dass sie noch kein richtiges Vertrauen in die Führungsfähigkeit von Herrn Jones haben entwickeln können, dafür ist er nicht lang genug dabei. Je nach Persönlichkeit sagen sie dies mehr oder weniger offen. Sie haben viele Fragen, die Herr Jones nicht alle beantworten kann. Werden die Mitarbeiter seine Verunsicherung erkennen? Am liebsten würde er sagen, dass er es auch nicht weiß, würde seine eigene Unzufriedenheit mit den Mitarbeitern teilen und sich darauf berufen, dass er ja nicht gefragt wurde und das Management sehen sollte, was es davon hat. Aber intuitiv weiß Herr Jones, dass dies zu diesem Zeitpunkt wohl sehr kontraproduktiv wäre.

Phase 2 der Veränderung:
Der Schock / Die Verneinung
Merkmale

Merkmale	
– Mitarbeiter können es nicht glauben (Was nicht sein darf, kann nicht sein!)	☐
– Angst kommt hinzu, ein Gefühl der Lähmung, die wahrgenommene persönliche Kompetenz nimmt im Vergleich zu Phase 1 sogar noch ab	☐
– Verhalten aller Beteiligten, Verdrängung (»Wir haben schon ganz andere Stürme überstanden.«) und Verantwortungsdiffusion (»Andere werden schon etwas tun.«)	☐
– verlangsamen sich, jeder konzentriert sich nur noch auf die gefürchtete Veränderung	☐

Praxis-Tipp:

- Achten Sie weiterhin darauf, so intensiv wie möglich mit den Mitarbeitern zu kommunizieren und derart den Gerüchten entgegenzuwirken. Durch eine frühzeitige Kommunikation zeigen Sie Verantwortung auf.
- Verharmlosen Sie in keinem Fall. In dieser Phase ist es wichtig, die Entscheidungen und alle damit verbundenen absehbaren Konsequenzen eindeutig zu kommunizieren. Auch schlechte Nachrichten sind uneingeschränkt weiterzugeben, Ihre Mitarbeiter können damit oft besser umgehen als mit Uneindeutigkeiten und vagen Aussagen.
- Unterschätzen Sie nicht die Schwierigkeit, die Mitarbeiter aus ihrem Schockzustand herauszuholen, auch wenn Ihnen dies nicht so offen entgegengebracht wird.
- In dieser Phase wird es bereits notwendig sein, die Vision, das Ziel möglichst konkret zu erklären.
- Sie als Führungskraft sind in dieser Phase eine Schlüsselfigur und alles wird auf Sie achten: Wie reagieren Sie, wie sehr stehen Sie hinter den Veränderungszielen und wie gehen Sie damit um.

- Erstellen Sie mit Vertrauten einen ersten Aktionsplan für Ihren Verantwortungsbereich, etablieren Sie Kommunikations- und Informationszyklen, positionieren Sie Mitarbeiter, die als Promotoren und zentrale Ansprechpartner dienen.
- Es gibt eine Reihe von Literatur, die sich auf Interventionsmethoden, speziell bezogen auf diese Phase, fokussiert (Leao, A., Hofmann, M., 2009).
- Der Umgang mit der Angst und Unsicherheit der Mitarbeiter erfordert Zeit. Diskutieren Sie Ängste nicht weg, hören Sie zu und lassen Sie die Möglichkeit zu, in kleineren Gruppen relevante Erlebnisse zu diskutieren. Greifen Sie bei Bedarf als Moderator ein und verwenden Sie persönliche Botschaften.

Phase 3: Ärger/Abwehr

Nach dem ersten Schock wird es ernst. Einige Mitarbeiter freuen sich sogar und sprechen sehr positiv von den neuen Zielen und Vorstellungen. Leider aber nicht alle: Der Großteil der Mitarbeiter »redet« die Notwendigkeit der Veränderung weg, sie betonen die positiven Seiten des Status quo, die beschlossenen Maßnahmen und Ziele werden als praxisfremd und beherrschend abgetan. Implizite Drohungen werden laut, »man wird ja sehen, was man davon hat«, »... das wird ja sowieso alles nicht funktionieren!«. Schuldzuweisungen der Mitarbeiter rücken schnell in den Mittelpunkt, hier ist jede Zielgruppe recht, ob es das Management, die Mitarbeiter oder die Kunden bzw. der Markt sind. Schuld sind die anderen, Konflikte untereinander können in dieser Phase schnell entstehen. Im Vergleich zu der vorherigen Phase (Phase 2: Verneinung/Schock) steigt hier sogar die erlebte wahrgenommene Kompetenz, weil Ärger und Frust auch Kraft und Mut zum Widerstand wachsen lassen. Konflikte geben auch Energie, leider manchmal in eine nicht beabsichtigte Richtung, weil man eher aufzeigen will, warum manche der beschlossenen Maßnahmen nicht funktionieren können.

Praxis-Beispiel:

Herr Jones merkt, wie sich die Stimmung im Team verändert. Cliquen beginnen sich zu formieren, die »Stürmer«, der Veränderung aufgeschlossen, positionieren sich, aber leider auch die »Passiven«, die nächste Phase vorwegnehmend und ebenso viele »Verärgerte«, deren Frust fast körperlich spürbar ist. In vielen informellen Zirkeln wird darüber diskutiert, wie falsch doch alle liegen und welchen Unsinn die Verantwortlichen produziert haben. Viele Alternativvorschläge werden generiert, die natürlich alle besser sind, aber dann doch nicht bis zum Ende gedacht sind. Immer noch wird die aktuelle Realität, die zu einer Veränderungsnotwendigkeit geführt hat, negiert oder verharmlost. Herr Jones weiß nicht genau, was er machen soll, er tendiert zu der Einschätzung: »Die sollen sich zusammenreißen, das muss ich ja immerhin auch!«. Er sucht den Kontakt mit Mitarbeiten, deren Reaktion er verstehen kann, er vermeidet den Austausch mit denjenigen, die ihn momentan eher nerven.

Phase 3 der Veränderung: Ärger, Abwehr	
Merkmale	
+ Ein Teil der Mitarbeiter unterstützen die Veränderung und erleben eine positive Veränderung	☐
− streiten den Veränderungsbedarf ab, reagieren mit Angst und Ärger	☐
− Tunnelblick (nur noch die negativen Facetten werden beachtet)	☐
− der Ereignisse, Beschleunigung und gegenseitige Vorwürfe (siehe Kap. 6 Konflikte managen)	☐
− Nebendiskussionen, Verzettelung	☐
− negieren die Schwierigkeiten oder agieren banalisierend bzw. die Zukunft verherrlichend	☐

Praxis-Tipp:

- Erkennen Sie Widerstände und thematisieren Sie diese proaktiv. In dieser Phase besteht die Empfehlung eher darin, die darin enthaltenen Emotionen zu kanalisieren, anstatt sie zu minimieren.

- Vernachlässigen Sie nicht Ihre Rolle im Veränderungsprozess. »Stecken Sie den Kopf weder in den Sand« noch verschärfen Sie die Emotionen durch Negierung und entsprechende Verbote. Ähnlich einer Trauerreaktion gehört diese Phase zu einem wichtigen Entwicklungsschritt.
- Zeigen Sie Verständnis für die Emotionen, verlangsamen Sie die möglicherweise eskalierende Kommunikation, stehen Sie als Moderator, ggf. Schiedsrichter zur Verfügung.
- Schaffen Sie Möglichkeiten für Aussprachen, bieten Sie entsprechende »geschützte« Möglichkeiten, z. B. im Rahmen von Besprechungen, Meetings.
- Leiten Sie Ihre Mitarbeiter an, sich gemeinsam mit Ihnen zu überlegen, was sich ändern wird. Was soll unbedingt behalten werden? Wovon muss, will man sich verabschieden?
- Sensibilisieren Sie Ihre Mitarbeiter dafür, dass die Energie aus den möglicherweise entstehenden Konflikten auch falsch eingesetzt werden kann, dass es kontraproduktiv wäre, jetzt zu zeigen, warum die getroffenen Entscheidungen falsch sind.
- Wirken Sie der Tendenz der Enttäuschten und der Verärgerten entgegen, auf »Pflicht« umzuschalten und nicht mehr als notwendig zu machen (passiv, aggressiv).
- Zeigen Sie Gemeinsamkeiten auch in der Veränderung auf, weisen Sie auf erste kleine Erfolge hin (Quick-wins) und schaffen Sie ein Gefühl des Zusammenhalts (»Nur wenn wir zusammenhalten, können wir das Beste herausholen ...!«).
- Setzen Sie sich auch mit denjenigen auseinander, deren Reaktion Sie nicht verstehen oder schätzen. Thematisieren Sie diese Reaktionen und lassen Sie eine womöglich distanzierende Haltung nicht zu.

Phase 4: Krise/Tal der Tränen

Nachdem der Ärger in der Phase 3 vorherrschte und damit Energie und Aktivität verbunden waren (wenn auch nicht immer im produktiven Sinne), merkt man in dieser Phase, dass es vielen Beteiligten an Energie fehlt. Die wahrgenommene Handlungskompetenz ist an dieser Stelle vergleichsweise am niedrigsten. Eine Negierung, Verdrängung ist nicht mehr möglich, die Stimmung ist schlecht, das allgemeine Leistungsniveau sinkt deutlich. Nun sind nicht nur die Veränderungen von dieser allgemeinen Depression betroffen, sondern auch die Prozesse und Strukturen, die bisher immer gut funktioniert haben. Es ruckelt und stockt an allen Ecken und Enden, das Management ist verzweifelt, dass es immer schlimmer wird anstatt besser. Die neuen Prozesse haben noch keine richtige Wirksamkeit, sie »stottern« noch oder sind erst in Ansätzen erkennbar, es gibt viele Mitarbeiter, die genau dieses »Versagen« vorhergesehen haben.

Praxis-Beispiel:

Herr Jones hat viel zu tun. Er setzt die beschlossenen Veränderungsmaßnahmen um, hat sich eigentlich schon arrangiert mit den damit verbundenen Konsequenzen. Er versteht nicht ganz, warum die Mitarbeiter in der eigenen »Trauer« versinken, er geht ganz anders damit um. Er tendiert dazu, sich auf andere Aspekte zu konzentrieren, das Tagesgeschäft erneut in den Fokus seiner Konzentration zu bringen und endlich wieder den Kundennutzen in den Vordergrund zu stellen. Er überlässt den Mitarbeitern die Detailgestaltung neuer Prozesse, eigentlich ist er mit der Veränderung gedanklich schon durch, er muss nun anderen Dingen seine Aufmerksamkeit widmen. Doch irgendwie hilft das nichts! Die Mitarbeiter »suhlen« sich seiner Meinung nach in der aktuellen Situation, selbst seine Appelle werden nur abgetan. Er agiert als Vorbild, ohne jedoch tatsächlich Nachahmer zu finden. Nun weiß auch Herr Jones nicht mehr weiter, er ist ratlos und fängt an, Entscheidungen und Aktionen zunehmend an seine Führungskraft »hoch zu delegieren«, »sollen die doch damit umgehen«.

Phase 4 der Veränderung: Krise, Tal der Tränen	
Merkmale	
+ Die Veränderungen sind nicht mehr umkehrbar, alle wesentlichen Entscheidungen sind getroffen	☐
− Vergangene wird vermisst (»Früher war alles besser«), der absolut emotionale Tiefpunkt wird erreicht	☐
− typischen Emotionen in dieser Phase sind Trauer, Enttäuschung und Depression	☐
− werden ausgeschwiegen (»kalte Konflikte) und können jederzeit unvermittelt ausbrechen	☐
− auf breiter Ebene, selbst die einfachsten Prozesse laufen schief	☐
− »Verlernen des Gewohnten« ist schwer, Neues muss eingeübt werden	☐
− werden von Beziehungsstörungen überlagert	☐

Praxis-Tipp:

- Nutzen Sie die vorherrschenden Gefühle der Trauer und Depression für sich. Lassen Sie sie zu, zeigen Sie auf, dass nicht alles »Alte« auch wirklich schlecht war, geben Sie eine Möglichkeit (Abschiedsrituale), Wertschätzung für das Vergangene zu zeigen.
- Stellen Sie alte und neue Identität nebeneinander, zeigen Sie Unterschiede auf, betonen Sie positive Elemente des Neuen.
- Reflektieren Sie die Bedeutsamkeit des Wandels und weisen Sie immer wieder auf das Stärkende der Vision, der Zukunft hin.
- Positionieren Sie ausgewählte Mitarbeiter entsprechend, Ihnen immer wieder die Emotionen und Reaktionen der Mitarbeiter zu reflektieren und zugänglich zu machen.
- Bieten Sie Rückzugsmöglichkeiten im Alltag an und verschaffen Sie den Mitarbeitern immer wieder Gelegenheit für etwas »Bekanntes«, »Vertrautes«.
- Weisen Sie auf Erfolge hin, zeigen Sie Entwicklung immer wieder aktiv auf, kommunizieren Sie aber auch immer wieder die Misserfolge offen und schaffen damit die notwendige Transparenz.
- Schaffen Sie neue Perspektiven (Reframing, siehe dazu auch Kap. 4 »Veränderungen initiieren«, S. 145).

- Schließen Sie den Veränderungsprozess nicht vorzeitig gedanklich ab, jetzt kommen die wichtigen Phasen der Hoffnung und Stabilisierung.

Phase 5: Ausprobieren, Neugier

Die Zeit der Energielosigkeit ist vorbei, Hoffnung, Neugierde und Optimismus gewinnen die Oberhand. Die nicht zu leugnenden Tatsachen wurden bereits in der Phase vorher erkannt, jetzt hat man sich langsam damit arrangiert. Zukünftige Perspektiven werden erkannt und die ersten, vielleicht etwas unbeholfenen und nur selten von Erfolg gekrönten, Anstrengungen zur Umsetzung neuer Prozesse und Methoden zeigen Potenzial für mehr. Die wahrgenommene Handlungskompetenz steigt, man agiert hoffnungsvoll. Der »Appetit kommt beim Essen«, wie man so sagt, im Veränderungsmanagement steht das für steigende Erfolgsmotivation, je mehr Erfolg man spürt. Die Mitarbeiter werden mutiger, alte Verhaltensweise, die vormals vermeintliche Sicherheit gegeben haben, loszulassen und Neues auszuprobieren, sich auf Neues einzulassen. Dies ist die Phase des bewussten Lernens, wichtig ist es nun, die Ergebnisse stets zu evaluieren und eventuell Anpassungen vorzunehmen.

Praxis-Beispiel:

Herr Jones freut sich. Motivation, Freude und Optimismus seiner Mitarbeiter nehmen zu. Er hört in Meetings nicht mehr so oft, dass es früher doch besser gewesen sei. In Gesprächen der Mitarbeiter untereinander unterstützen sich diese ohne Aufforderung durch ihn, sie machen sich gegenseitig Mut und bestätigen sich gegenseitig ihre Überraschung, dass sich doch nun vieles »eingeruckelt« hätte. Projekte werden initiiert, neue Ideen entwickelt, man spricht von der Zukunft, Stolz und Selbstwertgefühl nehmen spürbar zu. Man traut sich wieder Herausforderungen zu, neue Aufgaben werden angepackt und die Einsatzbereitschaft und Leistungsmotivation werden greifbar. Dennoch zeigen sich bei einigen Mitarbeitern auch Verhaltensweisen, die Herrn Jones zeigen, dass der Weg noch nicht zu Ende ist: Teilweise spürt er, dass man sich mit dem Erreichten, mit den Quick-Wins zufrieden gibt, man sich auf den vermeintlichen Erfolgen ausruht und wieder in das alte

Denken in Komfortzonen zurückfällt. In den wenigen stillen Minuten schämt er sich wegen dieser Gedanken aber auch. Er möchte den Optimismus mit seinen Befürchtungen nicht vorzeitig zerstören, die zarten Pflänzchen des Optimismus sind zu wichtig für ihn. Er ist sich unsicher, wie er weiter machen soll.

Phase 5 der Veränderung: Ausprobieren, Neugier	
Merkmale	
+ Motivation, Energie und wahrgenommene Handlungskompetenz nehmen zu	☐
+ Hoffnung entwickelt sich, Optimismus	☐
+ Stolz auf das Erreichte	☐
+ Wir-Gefühl, Zusammenhalt; gemeinsam hat man die Probleme erfolgreich bewältigt	☐
– nach vorn (»Das haben wir noch vor uns«) anstatt zurück (»Das haben wir hinter uns«)	☐
– Zu schnelle Zufriedenheit mit Erreichtem	☐
– Idealisierung, Cliquenbildung, Selbstgefälligkeit	☐

Praxis-Tipp:

- Verfolgen Sie die Leistungsverbesserungen genau und spiegeln Sie die Erfolge kontinuierlich an die Mitarbeiter zurück.
- Benennen Sie die Erfolge und die am Erfolg beteiligten Personen ausdrücklich, heben Sie deren Leistungen hervor.
- Weisen Sie auf das Erreichte hin, auf den Weg, der hinter Ihnen liegt, aber zeigen Sie auch auf, dass die Anstrengungen jetzt nicht nachlassen dürfen.
- Achten Sie jetzt vermehrt auf die Qualifikation der Mitarbeiter, bieten Sie Trainingsmaßnahmen (on- oder off-the job) an.
- Starten Sie jetzt Teambuilding-Prozesse und definieren Sie Teamrollen (siehe auch Kapitel »Die Psychologie von Teams«, »Die Entwicklung eines Teams«).
- Schaffen Sie gemeinschaftsstärkende Elemente wie bestimmte Symbole oder Rituale zur Identifikation.

Phase 6: Integration, Selbstvertrauen

Normalität kehrt wieder ein, man arbeitet in den neuen Prozessen und Strukturen, als ob sie lange bekannt wären. Man denkt nicht mehr in »früher« und »heute«-Kategorien. Die Leistungsfähigkeit und die wahrgenommene Handlungskompetenz haben ihren höchsten Stand erreicht, höher als vor dem Veränderungsprozess. Neue Alltagsroutinen sind etabliert, alles ist selbstverständlich geworden, der Blick zurück ist anekdotenhaft (»Weißt du noch vor ein paar Monaten ...«). Natürlich gibt es noch Schwierigkeiten hier und da, aber im Großen und Ganzen passt alles. Die Probleme der Vergangenheit werden vergessen, teilweise sogar im Spiegel der Vergangenheit romantisiert. Diese Phase der Veränderung dauert am längsten.

Praxis-Beispiel:

Herr Jones blickt die langen Monate zurück und Erleichterung macht sich breit. Letzten Endes hat er intuitiv vieles richtig gemacht, einiges hätte er aber auch besser durchdenken und besser machen können. Er sieht jetzt die Chance, die während des Veränderungsprozesses gemachten Erfahrungen für weitere Veränderungen zu nutzen. Er ruft seine Mitarbeiter zusammen und fordert diese auf, die Erfahrungen zu systematisieren, Konsequenzen für neue Veränderungen abzuleiten und diese Gedanken in einer Art »Veränderungsagenda« festzuhalten. Er fasst die durchlaufenen Gefühle während der vergangenen Monate zusammen (siehe Abb. 58).

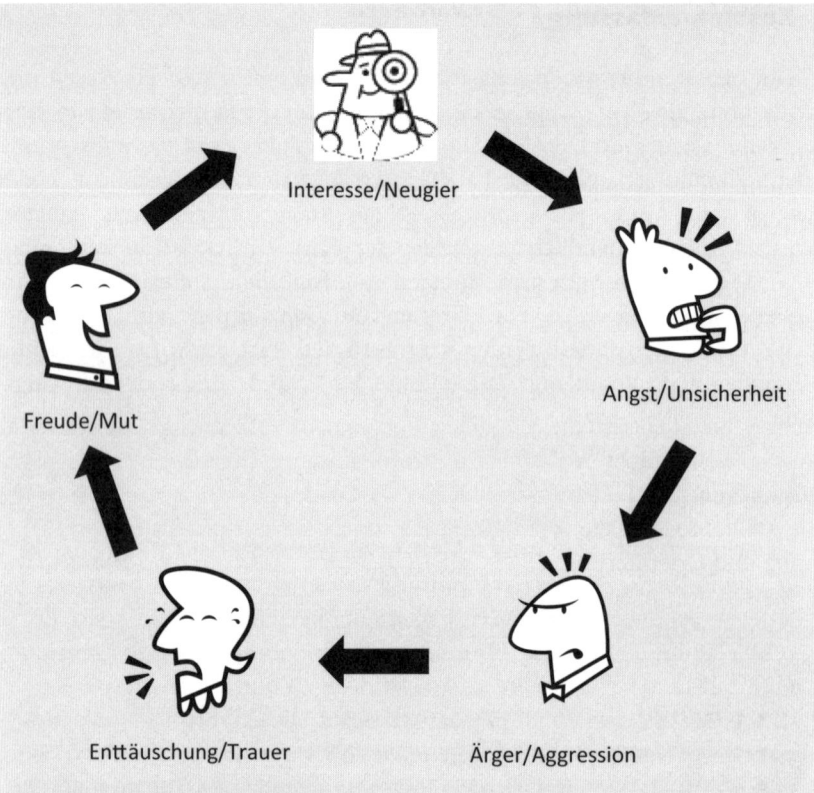

Abb. 58: Ablauf der Emotionsphasen

Er beabsichtigt, den »Geist des Neuen« in das Tagesgeschäft zu verankern, indem er Grundsätze des »Kontinuierlichen Verbesserungsprozesses (KVP)« umsetzt, die Erfahrungen in Trainings einfließen lässt, seine Beurteilungsgespräche entsprechend anpasst und immer wieder die persönlichen Kompetenzen seiner Mitarbeiter im Bewältigen von Veränderungen entwickelt. Er fördert Offenheit, belohnt diese aktiv, unterstützt Mitarbeiter, die sich als Multiplikatoren hervorgetan haben, er achtet auf seine Vorbildwirkung und fordert auch andere auf, diese zu zeigen. Die nächste Veränderung kann kommen ...!

Zusammenfassung

Heutige Führungskräfte sind nicht zu beneiden: Die Fähigkeit, mit uneindeutigen Strukturen umzugehen, wird immer wichtiger. Die Verantwortung insbesondere auf den mittleren Ebenen nimmt zu, es wird immer dezentraler gearbeitet, feste Strukturen nehmen ab, die Bürokratie wird immer unwichtiger. Die Informationsvielfalt steigt unaufhörlich, es geht darum, die Mitarbeiter zu mehr Selbstverantwortung und Selbstverpflichtung zu ermutigen und zu befähigen. Wir lernen immer mehr während der Handlung, des eigentlichen Verhaltens (Doppler, K., Lauterburg, C., 2008). Die typische Vorgehensweise, Planung, Entscheidung, Handlung, Ergebnis wird immer verschwommener, der Preis ist: mehr kleinere Fehler. Aber es bietet ebenso die Möglichkeit, ganz neue Erfahrungen zu sammeln und schneller nicht funktionale Prozesse und Entscheidungen rückgängig zu machen. Die Führungskraft agiert als Coach, gibt Hilfe zur Selbsthilfe. Sie stellt Modelle zur Verfügung, die abstrahieren, schafft dadurch Ordnung und Orientierung.

Sie schafft (in ihrem begrenzten Umfeld und mit den ihr zur Verfügung stehenden Mitteln) eine strukturierte Dynamik in Veränderungsprozessen. Sie

- schafft ein Gefühl für die Notwendigkeit der Veränderung,
- etabliert eine kraftvolle Führungskoalition,
- entwickelt eine tragfähige Vision und Strategie für ihren Verantwortungsbereich,
- kommuniziert diese an die Mitarbeiter,
- befähigt innerbetriebliche Strukturen und Mitarbeiter, die Veränderung zu managen,
- kommuniziert stetig die erreichten Erfolge und
- konsolidiert bzw. verankert die Erfolge, um weitere Veränderungen vorzubereiten.

Führungskräfte können sich dabei an dem dreistufigen Phasenmodell von Lewin (1) orientieren.

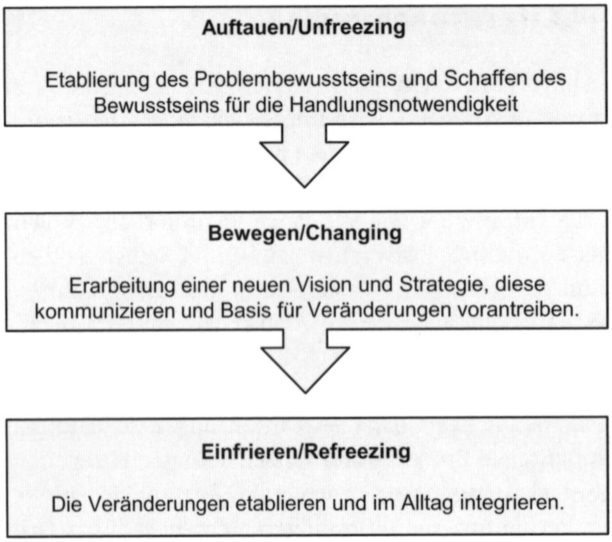

```
┌─────────────────────────────────────────────┐
│           Auftauen/Unfreezing               │
│                                             │
│  Etablierung des Problembewusstseins und    │
│       Schaffen des Bewusstseins für         │
│         die Handlungsnotwendigkeit          │
└─────────────────────────────────────────────┘
                     ▽
┌─────────────────────────────────────────────┐
│            Bewegen/Changing                 │
│                                             │
│  Erarbeitung einer neuen Vision und         │
│  Strategie, diese kommunizieren und Basis   │
│       für Veränderungen vorantreiben.       │
└─────────────────────────────────────────────┘
                     ▽
┌─────────────────────────────────────────────┐
│           Einfrieren/Refreezing             │
│                                             │
│   Die Veränderungen etablieren und im       │
│           Alltag integrieren.               │
└─────────────────────────────────────────────┘
```

Abb. 59: 3-Phasen-Modell nach Lewin

Darüber hinaus verschafft sie den Mitarbeitern Orientierung in Veränderungsprozessen und rationalisiert die damit verbundenen, oft dysfunktionalen unbewussten Emotionen, um diese für eine konstruktive Bewältigung zu öffnen. Dabei greift sie auf typische Veränderungsphasen zurück,

- der Vorahnung auf die kommende Veränderung,
- die Realisierung der Veränderung und die damit verbundene Verneinung, eine Art Schockzustand,
- der schnell aufkommende Ärger und der Versuch, die Veränderung zu unterlaufen,
- die Realisierung, dass man nichts ändern kann, dass man ausgeliefert ist, das Tal der Tränen,
- der dann aber immer schneller aufkommende Optimismus, die abgeschlossene Trauerarbeit und die Freude auf das Ausprobieren, auf Neues, der zunehmende Erfolg und
- schließlich die Integration neuer Verhaltensweisen in die Tagesroutine, das Wissen, erfolgreich Veränderung erlebt zu haben.

Literaturhinweise

Allport, G., Odbert, H. S.: »Trait names. A psychol.-lexical study: 097«. In: *Psychological Monographs*, New York 1936, S. 47, 211

Amelang, M., Bartussek, D.: *Differentielle Psychologie und Persönlichkeitsforschung*, Stuttgart 2006 (6., vollst. überarb. Auflage)

Andreas, S., Faulkner, C.: *Praxiskurs NLP. Mit 21-Tage-Trainingsprogramm*, Paderborn 2005 (5. Auflage)

Antons, K.: *Praxis der Gruppendynamik. Übungen und Techniken*, Göttingen 2000 (8., durchges. und erg. Auflage)

Asendorpf, J. B.: *Psychologie der Persönlichkeit*, Berlin 2004 (3., überarb. und erw. Auflage)

Atkinson, J. W.: *Einführung in die Motivationsforschung*, Stuttgart 1975

Belbin, R. M.: *Management Teams: Why they succeed or fail*, Elsevier LTD, Oxford 2003 (2nd edition)

Berkel, K.: *Konflikttraining. Konflikte verstehen, analysieren, bewältigen*, Frankfurt a. M. 2005 (8., durchges. Auflage)

Berne, E.: *Spiele der Erwachsenen. Psychologie menschlicher Beziehungen*, 2002 (5. Neuausgabe)

Berne, E.: *Spiele der Erwachsenen. Psychologie menschlicher Beziehungen*, Reinbek 2002 (9. Auflage)

Bisani, F.: *Personalwesen und Personalführung – der state of the art der betrieblichen Personalarbeit*, Wiesbaden 2000 (5. Auflage)

Brehm, S. S., Brehm, J. W.: *Psychological reactance*, New York 1981

Brock, T. C.: »Implications of commodity theory for value change«. In A.G. Greenwald, T.C. Brock & T.M. Ostrom (Eds.), *Psychological foundations of attitudes*, New York 1968

Buckingham, M., Coffmann, C.: *Erfolgreiche Führung gegen alle Regeln. Wie Sie wertvolle Mitarbeiter gewinnen, halten und fördern*, Frankfurt a. M. 2005 (3., akt. Auflage)

Buzan, T.: *Das Mind-Map-Buch. Die beste Methode zur Steigerung Ihres geistigen Potenzials*, Heidelberg 2005 (5., akt. Auflage)

Byrne, D.; Rasche, L. & Kelley, K.: »When ›I like you‹ indicates disagreement«. *Journal of Research in Personality*, 8/1974, S. 207–217

Byrne, D.: *The attraction paradigm*, New York 1971

Capgemini: *Change Management Studie 2008*, Berlin 2008

Cialdini, R. B.: *Psychologie des Überzeugens*, Bern 2006 (4. Auflage)

Clausewitz, C. von: *Vom Kriege*, Berlin 1880, Erftstadt 2005

Dehner, U.: *Die alltäglichen Spielchen im Büro*, Frankfurt/Main 2003 (2. Auflage)

Dehner, U., Dehner, R.: *Coaching als Führungsinstrument*, Frankfurt/Main 2004

Dehner, U., Dehner, R.: *Als Chef akzeptiert. Konfliktlösungen für neue Führungskräfte*, Frankfurt a. M. 2001

Dieterich, R.: Gesamtkonzepte der Persönlichkeit. In: Sarges, W. (Hrsg.): *Managementdiagnostik*, Göttingen 2000, S. 341–348 (3., unveränd. Auflage)

Dörner, D.: *Problemlösen als Informationsverarbeitung*, Stuttgart 1987 (3. Auflage)

Dörner, D., Kreuzig, H.W.: »Problemlösefähigkeit und Intelligenz«. In: *Psychologische Rundschau*, 34/1983, S. 185–192

Dörner, D.: *Die Logik des Misslingens. Strategisches Denken in komplexen Situationen*, Reinbek 2003 (5. Auflage)

Doppler, K., Lauterburg, C.: *Change Management – Den Unternehmenswandel gestalten*, Frankfurt 2008 (12. Auflage)

Fischer-Epe, M.: *Coaching: Miteinander Ziele erreichen*, Hamburg 2004 (überar. Neuausgabe)

Fisher, R., Shapiro, D.: *Erfolgreicher Verhandeln mit Gefühl und Verstand*, Frankfurt 2007

Fisher, R., Ury, W., Patton, B.: *Das Harvard-Konzept. Sachgerecht verhandeln, erfolgreich verhandeln*, Frankfurt 2000 (21. Auflage)

Freedman, J.L., Fraser, S. C.: »Compliance without pressure: The foot-in-the-door technique«. *Journal of Personality and Social psychology*, 4/1966, S. 195–203

Fuchs, H., Huber, A.: *Die 16 Lebensmotive – Was uns wirklich antreibt*, München 2002

Gay, F.: *Das DISG-Persönlichkeitsprofil*, Remchingen 2004 (31. Auflage)

Gay, F.: »Verhaltensstile entdecken mit dem DISG-Persönlichkeitsprofil«. In: Schimmel-Schloo, M., Seiwert, L. J., Wagner, H. (Hrsg): *Persönlichkeits-Modelle*, Offenbach 2005, S. 95–111

Glasl, F.: *Konfliktmanagement. Ein Handbuch für Führungskräfte, Beraterinnen und Berater*, Bern 2004 (8., überarb. Auflage)

Golding, W.: *Herr der Fliegen*, Frankfurt 2004 (48. Auflage)

Grzelak, J.: »Konflikt und Kooperation«. In: Stroebe, Hewstone, Codol, Stephenson: *Sozialpsychologie*, 2001, S. 305–330 (3., erw. und überarb. Auflage)

Haeske, U.: *Team- und Konfliktmanagement. Teams erfolgreich leiten und Konflikte konstruktiv lösen*, Berlin 2002 (2. Auflage)

Heckhausen, H.: *Motivation und Handeln*, Berlin 2005 (3., überarb. und akt. Auflage)

Heitger, B., Doujak, A.: *Harte Schnitte, neues Wachstum*. München 2002

Herkner, W.: *Lehrbuch Sozialpsychologie*, Bern 2001 (2., unveränd. Auflage)

James, W.: *The Principles of Psychology*, New York 2006

Jungermann, H., Pfister, H.-R. und Fischer, K.: *Die Psychologie der Entscheidung*, Heidelberg 2005 (2. Auflage)

Kälin, K., Müri, P., Bernhard, H.: *Sich und andere führen*, Thun 2005 (15. Auflage)

Kahler, T.: »Das Miniskript«. In: Barnes, G. et al.: *Transaktionsanalyse seit Eric Berne*, Bd. 2/1980, S. 91–132

Keller, S.: *Motivation zur Verhaltensänderung. Das Transtheoretische Modell in Forschung und Praxis*, Freiburg 1999

Kellner, H.: *Konflikte verstehen, verhindern, lösen*, München 2000

Kirchgässner, G.: *Homo oeconomicus - Das ökonomische Modell individuellen Verhaltens und seine Anwendung in den Wirtschafts- und Sozialwissenschaften*, Tübingen 2000 (2., erg. und erw. Auflage)

Kirchler, E.: *Arbeits- und Organisationspsychologie*, Wien 2005

Kirckhoff, M.: *Mind Mapping*, Berlin 2004 (12. Auflage)

Kotter, J. P.: *Leading Change*, Harvard Business School Press, Boston 1996

Krumbach-Mollenhauer, P.; Lehment, T. (Hrsg.): *Die Praxis des Verkaufs – Vertriebssteuerung, Pre-Sales, Sales, Key-Account-Management*, Weinheim 2008

Krumbach-Mollenhauer, P.: »Anforderungsanalyse und -definition der Stelle mit PaiRS«. In: Dr. Thienel, A.: *Webbasierte Assessments, Online-Akademien und Change Management Portale*, Saarbrücken 2006, S. 33–47

Krumbach-Mollenhauer, P.: »Aktuelle Methoden und Einsatzgebiete der Anforderungsanalyse«. In: Jochmann, W. (Hrsg.): *Innovationen im Assessment Center*, Stuttgart 1999

Kübler-Ross, E., Kessler, D.: *Dem Leben neu vertrauen: Den Sinn des Trauerns durch fünf Stadien des Verlusts finden*, Stuttgart 2006 (Übersetzer Schaup, S.)

Leao, A., Hofmann, M.: *Fit for Change*, Bonn 2009 (2. Auflage)

Lehment, T.: »Führungsverhalten analysieren und gezielt entwickeln – Einsatz des DISG-Persönlichkeitsprofils«. In: Dr. Thienel, A.: *Webbasierte Assessments, Online-Akademien und Change Management Portale*, Saarbrücken 2006, S. 63–75

Lehment, T.: Ganzheitliche Leistungsbeurteilung mit 360-Grad-Feedback. In: Walter Jochmann (Hrsg.): *Innovationen im Assessment-Center*, Stuttgart 1999, S. 333–353

Lehment, T.: Neuere Assessment-Center Bausteine. In: Jochmann, W. (Hrsg.): *Innovationen im Assessment-Center*, Stuttgart 1999, S. 109–120

Lewin, K.: »Frontiers in group dynamics«. In: *Human Relations Vol. 1*, 6/1947, S. 5–41

Lott, A. J., Lott, B. E.: »Group cohesiveness as interpersonal attraction: A review of relationships with antecedent and consequent variables«. *Psychological Bulletin*, 64/1965, S. 259–309

Malik, F.: *Führen, Leisten, Leben. Wirksames Management für eine neue Zeit*, Frankfurt 2006 (überarb. und erw. Neuauflage)

Malik, F.: *Gefährliche Managementwörter und warum man sie vermeiden sollte*, Frankfurt a. M. 2005 (3. Auflage)

Maslow, A.: *Motivation und Persönlichkeit*, Reinbek 2002 (10. Auflage)

Mielke, R.: *Lernen und Erwartung. Zur Selbst-Wirksamkeits-Theorie von Albert Bandura*, Bern 1984

Nöllke, M.: *Entscheidungen treffen*, Planegg 2005 (3. Auflage)

Nöllke, M.: *Kreativitätstechniken*, Planegg 2006 (5. Auflage)

Pervin, L.A.: *Persönlichkeitstheorien*, München 2005 (5., vollst. überarb. und erw. Auflage)

Popitz, H.: *Der Begriff der sozialen Rolle als Element der soziologischen Theorie*, Tübingen 1975

Prochaska, J. O, Velicer, W. F.: »The transtheoretical model of health behaviour change«. In: *American Journal of Health Promotion*, 12/1997, S. 38–48

Rapoport, A., Chammah, M.: *Prisoner's Dilemma*, Michigan 1965

Redlich, A., Elling, J. R.: *Potential Konflikte*, Hamburg 2000

Reiss, S.: *Who am I? The 16 basic desires that motivates our behaviour and define our personality*, New York 2002

Rogoll, R.: *Nimm dich, wie du bist*, Freiburg im Breisgau 2006 (überarb. Neuausgabe)

Rosenstiel, L.: *Grundlagen der Organisationspsychologie*, Stuttgart 1992 (3., überarb. und erg. Auflage)

Roth, T.: *Sprachstil und Problemlösekompetenz: Untersuchung zum Formwortgebrauch im »Lauten Denken« erfolgreicher und erfolgloser Bearbeiter »komplexer« Probleme*, Göttingen 1988

Sarges, W.: *Managementdiagnostik*, Göttingen 2000 (3., unveränd. Auflage)

Schranner, M.: *Verhandeln im Grenzbereich*, München 2004 (4. Auflage)

Schuler, H.: *Das Einstellungsinterview*, Göttingen 2002

Schulz von Thun, F., Ruppel, J., Stratmann, R.: *Miteinander reden: Kommunikationspsychologie für Führungskräfte*, Hamburg 2003 (5. Auflage)

Schulz von Thun, F.: *Miteinander reden. Störungen und Klärungen Bd. 1*, Hamburg 2006 (43. Auflage)

Seiwert, L. J.: *Wenn du es eilig hast, gehe langsam. Mehr Zeit in einer beschleunigten Welt*, Frankfurt a. M. 2006 (11. Auflage)

Stanley, M.: »Behavioural study of obedience«. In: *Journal of abnormal and social psychology*, Lancaster Pa, 67/1963, S. 371–378

Staufenbiel, T., Kleinmann, M.: »PaiRS – Ein Skalierungsverfahren die Eignungsdiagnostik«. In: *Zeitschrift für Personalpsychologie*, 1/2002, S. 27–34

Stöwe, C., Keromosemito, L.: *Führen ohne Hierarchie*, Wiesbaden 2004

Stroebe, Hewstone, Codol, Stephenson: *Sozialpsychologie*, Berlin 2001 (3., erw. und überarb. Auflage)

Tajfel, H.: *Gruppenkonflikt und Vorurteil*, Bern 1982

Vopel, K. W.: *Kreative Konfliktlösung*, Salzhausen 2001 (2. Auflage)

Wack, O. G., Detlinger, G., Grothoff, H.: *Kreativ sein kann jeder. Ein Handbuch zum Problemlösen*, Hamburg 1998 (2. Auflage)

Watzlawick, P.: *Menschliche Kommunikation: Formen, Störungen, Paradoxien*, Bern 2000 (10. unveränd. Auflage)

Weiner, B.: *Motivationspsychologie*, Weinheim 1994 (3. Auflage)

Weth, R. von der: *Zielbildung bei der Organisation des Handelns*, Bamberg 1990

Zajonc, R. B.: »The attitudinal effects of mere exposure«. *Journal of Personality and Social Psychology Monographs*, 9/1968, No. 2, Part 2

Index

A

Absichtlosigkeit 133
Absichtsbildung 133
Ach-wie-schrecklich-Spiel 171
Ähnlichkeit 294
Aktionismus 267
Aktive Dialog 210
Aktives Zuhören 83
Aktivierung 32
Anerkennung 26
Anerkennungsmotivation 162
Anforderung
– Gewichtung 66
Anforderungen an Führungskräfte 311, 313, 315, 317, 319, 321, 323
Anforderungsanalyse 58
Angepasstes Kind-Ich 154
Angreifer 165
Anordnung 22, 53
Anreiz 34
Antreiber 151, 168
Apotheker-Waagen-Modell 43
Argumentation 289–290, 297
Argumente 282–284, 290, 306
Arousal 50
Assoziation 297
Attraktivität 288, 294, 297
Attributionstheorie 266
Aufrechterhaltung 134
Aufwands-Ertragsmodell 43, 46, 53, 56
August der Starke 48
Auswahlgespräch 69
Auswahlprozess 69
Autorität 30, 291–292, 310

B

Balanced-Score-Card 222
Bedürfnis 32
Bedürfnispyramide nach Maslow 33
Bedürfnisse 39
Beeil-Dich! 181, 257
Belbin 226
Beobachtung 70
Beobachtungsmethode 61
Beschreibung 70
Beurteilungsgespräch 69
Bewertung 70
Bewertungsskala 71
Bezugsrahmen 72, 135, 171, 180, 185, 301
Big-Five 98, 126
Bilanzmodell 273
Biologische Ärgerreaktion 190
Black-Box 90
Blöd-Spiel 169
Brainstorming 273–274

C

Commitment 29, 94, 221
Critical-Incident-Methode 58

D

Deal 43, 45, 56
Defizitbedürfnis 44
Demotivation 41
Diagnostischer Prozess 70
DISG®-Persönlichkeitsprofil 105, 197, 218
Dissens 189, 269
Dominante 41
Dominante Persönlichkeit 284
Dominanter Verhaltensstil 111, 197
Drama-Dreieck 163
Drehbuch 177
Drei Wege der Führung 32
Dynamisches Funktionsprofil 62

E

Eigenschaft 90
Einschätzung 282

Einsicht in die
  Veränderungsnotwendigkeit 316, 318
Einsicht oder Pflicht 50, 56
Einstellung 72, 96
Einwandbehandlung 289–290
Eltern-Ich 152, 174
Emotionale Sensibilität 98
Entscheidungen 21, 27, 249, 263
– einfach 250
– Gruppen 276–277
– komplex 250
– kompliziert 250
Entscheidungsbäume 272
Entscheidungsfindung 249, 281
Entspannungstechniken 285
Entzug von Privilegien 52
Erfolgsfaktoren 316
Erfolgsmethode 59
Erfolgs-Misserfolgsbilanz 35
Erfolgszuversichtliche 35
Erster Eindruck 288
Erwachsenen-Ich 152–153
Erwartungen 25
Erzählstrom 69
Eskalationsstufen bei Spielen 165
Extraversion 98
Extrinsische Motivation 33

F
Fachkompetenz 64
Feedbackregeln 203
Fehlertoleranz 257
Flächenbrandphänomen 54
Flurfunk 299
Follow-up 268
Forming 235
Fragen
– selbstreflektorisch 78
Fragentypen
– Alternativfragen 82
– Angriffs-Fragen 82
– geschlossene Frage 82
– Informationsfragen 82
– Kontrollfragen 82
– offene Frage 82
– Rhetorische Fragen 82
– Suggestiv-Fragen 82
Fragestellung 264
Fragetechnik
– selbstreflektorisch 79

– Situative Fragen 80
– Verhaltensdreieck 75
Freies Kind-Ich 154
Fremdbild 42
Führungsrolle 19, 22, 24, 55
Fuß-in-die-Tür-Technik 303

G
Gefangenendilemma 243
Gegenkonditionierung 137
Gekreuzte Transaktion 156
Gemeinschaft 27
Gerichtssaal-Spiel 174
Gestik 70
Gewissenhafte 42
Gewissenhafter Verhaltensstil 110, 198
Gewissenhaftigkeit 98
Gezielte Einflussnahme 290
Glaubenssätze 72, 157
Großhirn 190
Gruppennorm 230, 246

H
Häuptling 24
Halo-/Überstrahlungseffekt 294
Handlung 133
Harvard-Modell 305
Herrschaft 31, 52, 56
Hirnstamm 191
Homo oeconomicus 243
Horizontale soziale Beziehung 21

I
Individuum 72
Informationsstrukturen 246
in-group 229
Inhalts- und Beziehungsebene 281
Initiative 41
Initiative Persönlichkeit 284
Initiativer Verhaltensstil 108, 198
Innere Antreiber 177, 179, 181, 183
Innere Motivatoren 38
Innerer Drang 36
Innovation 48
Inspirator 48
Instinkt 34
Integrative 42
Interaktion 20
Interaktionen 261
Intrinsische Motivation 33, 40, 56

Intuition 268
Ishikawa-Diagramm 260, 291

J
Ja-aber-Spiel 170

K
Kernaufgabe 63
Kind-Ich 152–153
KISS 289
Knappheit 298
Knappheitsprinzip 299
Köder 162
Körpersprache 70
Kognition 95
Kommunikation 151, 203, 228–229, 231, 233–234, 281, 295, 320
Kommunikationshindernisse 246
Kommunikationsprozess 20
Kompetenz 49, 94
– Motive und Einstellungen 103
– soziale 103
– Veränderbarkeit 102
– Wissen 102
Kompetenz der Führungskraft 22
Kompetenzen 26
Kompetenzpyramide 96
Komplexität 25, 27, 30
Komplexität reduzieren 23
Komplimente 295
Konflikt 55, 158, 187, 241, 243, 245
Konfliktanalyse 187, 189, 191, 193, 195
Konfliktanlass 192
– Beziehungskonflikt 194
– Verteilungs- und Ressourcenkonflikt 194
– Wertekonflikt 194
– Zielkonflikt 194
Konfliktende 212
Konfliktentwicklung 200–201, 203, 205, 207, 209, 211, 213
Konflikteskalation 190
Konfliktfeld 200
Konfliktpartei 212
Konfliktursachen 196
Konsequenz 54
Konsistenzkoeffizient 67
Kontaktrate 295
Kontrolle der Umwelt 137
Kooperation 228, 241, 243, 245, 296
Kreativität 29

Kümmerer 49

L
Lean Management 27
Lebensdrehbuch 151
Lebensmotive 39
Legitimation 55–56
Lehrer 49
Leistungswillen 41
Lernforschung 53
Lernmotivation 49
Lern-Psychologie 52
Letztbedürfnisse 56
Letztmotive 44
Limbische System 191
Lob 26
Locus of control 306–307

M
Machbarkeit 268
Macht 20, 22, 41, 291
Makel-Spiel 173
Management 19
Materieller Weg 46
Maximalziel 283
Mediator 212
Mentale Landkarte 72, 135
Meta-Kommunikation 207
Mimik 70
Mind-Mapping 262
Minimalziel 283
Misserfolgsvermeider 35
Mitarbeiterbeurteilung 273
Moderation 212
Moderator 212
Motiv 32, 96
Motivation 20–21, 32
Motivationslandkarte 42, 56

N
Nachentscheidungs-Dissonanz 271
Neuverhandeln-nach-der-Zurückweisung-Technik 304
Norming 235, 238
Nutzen 166
Nutzen hilfreicher Beziehungen 137

O
Offenheit 98
Opfer 165

Ordnung 48
Ordnungsmotiv 157
Osborn Checkliste 275
out-group 229

P

Paarvergleich 67
PaiRS
– Anforderungsanalyse 67
Paralleltransaktion 155, 165
Paraphrasieren 210
Pareto-Prinzip 270
Pay off 167
Performing 235, 239
Persönlichkeit 89–90, 245
– dominant 106
– gewissenhaft 106
– initiativ 105
– stetig 106
Persönlichkeitsdimension 64
Persönlichkeitseigenschaft 93, 96
Persönlichkeitskompetenz 64
Persönlichkeitsmerkmal 94
Persönlichkeitspsychologie 90
Persönlichkeitsstruktur 97
Persönlichkeitstypen 41, 283
Persönlichkeitstypenmodell 105
Personalentwicklung 104
Pflichtbewusstsein 51
Phasen der Veränderung 326
Physiologische Wahrnehmungsfilter 135
Positive Selbstgespräche 285–286
Prestigestreben 284
Problemanalyse 249, 251
Problembewusstsein 133
Problemdiagnose 258
Problemerkenntnis 137
Problemlöseprozess
– Fehler 256–257, 259
Problemraum 252
Prozessstufen 315
Psychologik 312
Psychologische Spiele 51, 151, 159, 161, 163, 165, 167, 169, 171, 173, 175
Psychologische Wahrnehmungsfilter 135

Q

Qualität des gemeinsamen Weges 46–47
Qualität des Weges 50, 56

R

Rebellisches Kind-Ich 153
Referenzgruppe 302–303
Referenzmethode 297
Reframing 147
Regeln 25–26, 31
Reiss-Profil 31, 34, 36, 39
Reiz-Reaktionsmuster 306
Relaxive Muskelentspannung 285
Retter 165
Rettung 165
Reziprozität 304
Risky-Shift-Phänomen 276
Rituale 230, 233
Rolle 92, 224
Rollentheorie 92
Rückdelegation 159

S

Sanktion 53
Schlagfertigkeit 305–306, 310
Sei gefällig! 180
Sei perfekt! 179
Sei stark! 184
Selbstaufmerksamkeit 185
Selbstbelohnung 137
Selbstbewertungsmodell der Leistungsmotivation 34
Selbstbild 42
Selbstreflexion 20
Selbstverpflichtung 137
Selbstvertrauen 26, 180
Selbstverwirklichung 44
Selbstwert 35, 179
Self-Hugging 84
Sinnhaftigkeit vermitteln 51
Sinn stiften 21, 27, 30
Sinnstiftung 26
Skalenmodell 171
Skript 177
Skript-Analyse 151
SMART-Formel 222
Soziale Ausweitung 54
Soziale Bewährtheit 301
Soziale Beziehung 47
Soziale Beziehungen 19, 21, 179, 182–184
Soziale Einflussnahme 20, 31
Soziale Identität 229
Sozialen Beziehungen 26
Soziale Prozesse 55

Spannung   *203*
Spiel-Analyse   *151*
Spielregeln   *230*
Spielregeln der Konfliktmoderation   *212*
Spielregeln der Zusammenarbeit   *246*
Spieltheorie   *243*
Stabilisierung   *134*
Status   *291–292*
Statusmotivation   *162*
Stereotype   *229*
Stetige Persönlichkeit   *284*
Stetiger Verhaltensstil   *113, 199*
Steuerung   *283*
Storming   *235–236*
Strategien der Verhaltensveränderung   *137, 139, 141, 143*
Streng-Dich-an!   *183, 257*
Stress   *285, 290*
Struktur-Analyse   *151*
Subjektives Erfolgserlebnis   *44*
Symbole   *230, 233*
Sympathie   *29, 288, 293–298, 310*
Sympathiefaktor   *293–294*
Szenariotechnik   *272*

T
Team   *29*
Teamerfolg   *218*
Teamressourcen   *221*
Teamrollen   *226*
Teamtypen   *246*
Teamuhr   *240*
Teamzwecks   *219*
Theorie der sozialen Identität   *228*
Thorndike-Gesetz   *249*
T-Konto   *273*
Transaktionen   *185*
Transaktionsanalyse   *151, 212*
Transtheoretisches Modell   *133*
Typenmodell   *90*

U
Überzeugungskraft   *291, 299*

V
Veränderungsformel   *128*
Veränderungsprozess   *318*
Verantwortung   *249*
Verdeckte Transaktion   *157, 159*
Verhalten   *32*

Verhaltensflexibilität   *94*
Verhaltenskompetenz   *64*
Verhaltensstil   *105, 107*
Verhandlungsergebnis   *281, 285, 290–291, 301, 310*
Verhandlungsfähigkeit   *285*
Verhandlungszyklus   *281*
Vertikale Beziehung   *19*
Vertikale soziale Beziehung   *21*
Vertikalität   *22, 55*
Verträglichkeit   *98*
Vier-Seiten-einer-Nachricht   *159*
Vier Stufen zur Problemerkenntnis   *137*
Vorbereitung   *133*
Vorbild   *28–29, 49*
Vorbildfunktion   *291*

W
Wahrnehmung förderlicher Umweltbedingungen   *137*
Wahrnehmungstendenzen   *84*
– Analogie-Schluss   *85*
– Der erste Eindruck   *84*
– Halo- oder Überstrahlungseffekt   *86*
– Mildetendenz   *85*
– Primacy-Effekt   *86*
– Projektion   *85*
– Psychologische Nähe   *85*
– Recency-Effekt   *86*
– Stimmungs-Effekt   *85*
– Strengetendenz   *85*
– Sympathie-Effekt   *86*
– Tendenz zur Mitte   *85*
– Trichterdenken   *84*
– Umgebungs-Effekt   *85*
– Verdrängung   *85*
Werkstolz   *285*
Werte   *25, 72*
Wettbewerbsmotiv   *284*
Widerstand   *52*
Wir-Gefühl   *228–229, 231, 233, 246*
Worst Case-Szenario   *271*
Worthülse   *79*

Z
Ziele   *27*
Zielklarheit   *220–221, 223*
Zielkonflikt   *246*
Zieltransparenz   *221*

HR-HORIZONTE
PERSONALBERATUNG

Liebe/r Leser/in,

vielen Dank für Ihr Interesse an unserem Buch!

Mit diesem **Gutschein** erhalten Sie eine 40%ige Ermäßigung für die Durchführung des:

☐ **Reiss-Profils**® inkl. 30 Min. Coachinggespräch
(statt € 250,– für Sie € 150,–)

☐ **DISG-Profils**® inkl. 30 Min. Coachinggespräch
(statt € 250,– für Sie € 150,–)

Bitte kreuzen Sie an, welchen Test Sie durchführen möchten, füllen Sie Ihre Anschrift aus und senden Sie uns die Karte entweder per Post oder per Fax zu. Wir melden uns dann umgehend bei Ihnen.

hr-horizonte GmbH
Tel.: 040 – 22 92 71 11   Fax: 040 – 22 92 71 80
info@hr-horizonte.de

Wir stehen Ihnen bei Rückfragen jederzeit gerne zur Verfügung!

Abs.: _____

Mail: _____

Firma
hr-horizonte GmbH
Hartwicusstraße 3
D – 22087 Hamburg